国家卫生健康委员会"十三五"规划教材

全 国 高 等 学 校 教 材

供基础、临床、预防、口腔医学类专业用

医患沟通

Doctor-Patient Communication

第**2**版

主 编　王锦帆　尹 梅

副主编　唐宏宇　陈卫昌　康德智　张瑞宏

人民卫生出版社

PEOPLE'S MEDICAL PUBLISHING HOUSE

图书在版编目（CIP）数据

医患沟通/王锦帆,尹梅主编.—2版.—北京:人民
卫生出版社,2018
全国高等学校五年制本科临床医学专业第九轮规划
教材
ISBN 978-7-117-26404-4

Ⅰ.①医…　Ⅱ.①王…②尹…　Ⅲ.①医药卫生人员-
人际关系学-医学院校-教材　Ⅳ.①R192

中国版本图书馆 CIP 数据核字(2018)第 116677 号

人卫智网	www.ipmph.com	医学教育、学术、考试、健康,
		购书智慧智能综合服务平台
人卫官网	www.pmph.com	人卫官方资讯发布平台

版权所有,侵权必究!

医 患 沟 通

第 2 版

主　　编:王锦帆　尹梅
出版发行:人民卫生出版社(中继线 010-59780011)
地　　址:北京市朝阳区潘家园南里 19 号
邮　　编:100021
E - mail: pmph @ pmph.com
购书热线:010-59787592　010-59787584　010-65264830
印　　刷:人卫印务(北京)有限公司
经　　销:新华书店
开　　本:850×1168　1/16　印张:18
字　　数:533 千字
版　　次:2013 年 3 月第 1 版　　2018 年 7 月第 2 版
　　　　　2023 年 10 月第 2 版第 9 次印刷(总第 31 次印刷)
标准书号:ISBN 978-7-117-26404-4
定　　价:68.00 元
打击盗版举报电话:010-59787491　E-mail:WQ @ pmph.com
(凡属印装质量问题请与本社市场营销中心联系退换)

编　者

以姓氏笔画为序

王金泉	南京大学医学院附属金陵医院	赵红如	苏州大学医学部
王锦帆	南京医科大学	胡　建	南京医科大学
尹　梅	哈尔滨医科大学	姜柏生	南京医科大学
尹忠诚	徐州医科大学	姚　进	南京医科大学
占伊扬	南京医科大学	夏文芳	华中科技大学同济医学院
叶胜难	福建医科大学	高焱莎	北京大学医学部
白文佩	首都医科大学	郭述良	重庆医科大学
刘惠军	天津医科大学	唐丽丽	北京大学医学部
宋守君	滨州医学院	唐宏宇	北京大学医学部
张瑞宏	昆明医科大学	康德智	福建医科大学
陈　未	北京协和医学院	程国斌	东南大学医学院
陈　虹	中山大学附属第一医院	滕士超	南京中医药大学
陈卫昌	苏州大学医学部	潘志刚	复旦大学上海医学院
孟殿怀	南京医科大学	薛海虹	上海交通大学医学院
赵　群	中国医科大学		

编写秘书

郑爱明　南京医科大学

融合教材阅读使用说明

　　融合教材介绍:本套教材以融合教材形式出版,即融合纸书内容与数字服务的教材,每本教材均配有特色的数字内容,读者阅读纸书的同时可以通过扫描书中二维码阅读线上数字内容。

　　《医患沟通》(第 2 版)融合教材配有以下数字资源:

🄧 教学课件　　🄧 视频案例　　🄧 自测试卷

❶ 扫描教材封底圆形图标中的二维码,打开激活平台。

❷ 注册或使用已有人卫账号登录,输入刮开的激活码。

❸ 下载"人卫图书增值"APP,也可登录 zengzhi.ipmph.com 浏览。

❹ 使用 APP "扫码"功能,扫描教材中二维码可快速查看数字内容。

配套教材(共计 56 种)

全套教材书目

《医患沟通》(第 2 版)配套教材

《医患沟通学习指导与习题集》　主编:王锦帆、尹梅

读者信息反馈方式

　　欢迎登录"人卫 e 教"平台官网"medu.pmph.com",在首页注册登录后,即可通过输入书名、书号或主编姓名等关键字,查询我社已出版教材,并可对该教材进行读者反馈、图书纠错、撰写书评以及分享资源等。

党的十九大报告明确提出,实施健康中国战略。 没有合格医疗人才,就没有全民健康。 推进健康中国建设要把培养好医药卫生人才作为重要基础工程。 我们必须以习近平新时代中国特色社会主义思想为指引,按照十九大报告要求,把教育事业放在优先发展的位置,加快实现教育现代化,办好人民满意的医学教育,培养大批优秀的医药卫生人才。

着眼于面向 2030 年医学教育改革与健康中国建设,2017 年 7 月,教育部、国家卫生和计划生育委员会、国家中医药管理局联合召开了全国医学教育改革发展工作会议。 之后,国务院办公厅颁布了《国务院办公厅关于深化医教协同进一步推进医学教育改革与发展的意见》(国办发〔2017〕63 号)。 这次改革聚焦健康中国战略,突出问题导向,系统谋划发展,医教协同推进,以"服务需求、提高质量"为核心,确定了"两更加、一基本"的改革目标,即:到 2030 年,具有中国特色的标准化、规范化医学人才培养体系更加健全,医学教育改革与发展的政策环境更加完善,医学人才队伍基本满足健康中国建设需要,绘就了今后一个时期医学教育改革发展的宏伟蓝图,作出了具有全局性、战略性、引领性的重大改革部署。

教材是学校教育教学的基本依据,是解决培养什么样的人、如何培养人以及为谁培养人这一根本问题的重要载体,直接关系到党的教育方针的有效落实和教育目标的全面实现。 要培养高素质的优秀医药卫生人才,必须出版高质量、高水平的优秀精品教材。 一直以来,教育部高度重视医学教材编制工作,要求以教材建设为抓手,大力推动医学课程和教学方法改革。

改革开放四十年来,具有中国特色的全国高等学校五年制本科临床医学专业规划教材经历了九轮传承、创新和发展。 在教育部、国家卫生和计划生育委员会的共同推动下,以裘法祖、吴阶平、吴孟超、陈灏珠等院士为代表的我国几代著名院士、专家、医学家、教育家,以高度的责任感和敬业精神参与了本套教材的创建和每一轮教材的修订工作。 教材从无到有、从少到多、从多到精,不断丰富、完善与创新,逐步形成了课程门类齐全、学科系统优化、内容衔接合理、结构体系科学的立体化优秀精品教材格局,创建了中国特色医学教育教材建设模式,推动了我国高等医学本科教育的改革和发展,走出了一条适合中国医学教育和卫生健康事业发展实际的中国特色医药学教材建设发展道路。

在深化医教协同、进一步推进医学教育改革与发展的时代要求与背景下,我们启动了第九轮全国高等学校五年制本科临床医学专业规划教材的修订工作。 教材修订过程中,坚持以习近平新时代中国特色社会主义思想为指引,贯彻党的十九大精神,落实"优先发展教育事业""实施健康中国战略"及"落实立德树人根本任务,发展素质教育"的战略部署要求,更加突出医德教育与人文素质教育,将医德教育贯穿于医学教育全过程,同时强调"多临床、早临床、反复临床"的理念,强化临床实践教学,着力培养医德高尚、医术精湛的临床医生。

我们高兴地看到,这套教材在编写宗旨上,不忘医学教育人才培养的初心,坚持质量第一、立德树人;在编写内容上,牢牢把握医学教育改革发展新形势和新要求,坚持与时俱进、力求创新;在编写形式上,聚力"互联网+"医学教育的数字化创新发展,充分运用 AR、VR、人工智能等新技术,在传统纸质教材的基础上融合实操性更强的数字内容,推动传统课堂教学迈向数字教学与移动学习的新时代。 为进一步加强医学生临床实践能力培养,整套教材还配有相应的实践指导教材,内容丰富,图文并茂,具有较强的科学性和实践指导价值。

我们希望,这套教材的修订出版,能够进一步启发和指导高校不断深化医学教育改革,推进医教协同,为培养高质量医学人才、服务人民群众健康乃至推动健康中国建设作出积极贡献。

2018 年 2 月

全国高等学校五年制本科临床医学专业
第九轮　规划教材修订说明

　　全国高等学校五年制本科临床医学专业国家卫生健康委员会规划教材自1978年第一轮出版至今已有40年的历史。几十年来，在教育部、国家卫生健康委员会的领导和支持下，以裘法祖、吴阶平、吴孟超、陈灏珠等院士为代表的我国几代德高望重、有丰富的临床和教学经验、有高度责任感和敬业精神的国内外著名院士、专家、医学家、教育家参与了本套教材的创建和每一轮教材的修订工作，使我国的五年制本科临床医学教材从无到有，从少到多，从多到精，不断丰富、完善与创新，形成了课程门类齐全、学科系统优化、内容衔接合理、结构体系科学的由规划教材、配套教材、网络增值服务、数字出版等组成的立体化教材格局。这套教材为我国千百万医学生的培养和成才提供了根本保障，为我国培养了一代又一代高水平、高素质的合格医学人才，为推动我国医疗卫生事业的改革和发展做出了历史性巨大贡献，并通过教材的创新建设和高质量发展，推动了我国高等医学本科教育的改革和发展，促进了我国医药学相关学科或领域的教材建设和教育发展，走出了一条适合中国医药学教育和卫生事业发展实际的具有中国特色医药学教材建设和发展的道路，创建了中国特色医药学教育教材建设模式。老一辈医学教育家和科学家们亲切地称这套教材是中国医学教育的"干细胞"教材。

　　本套第九轮教材修订启动之时，正是我国进一步深化医教协同之际，更是我国医疗卫生体制改革和医学教育改革全方位深入推进之时。在全国医学教育改革发展工作会议上，李克强总理亲自批示"人才是卫生与健康事业的第一资源，医教协同推进医学教育改革发展，对于加强医学人才队伍建设、更好保障人民群众健康具有重要意义"，并着重强调，要办好人民满意的医学教育，加大改革创新力度，奋力推动建设健康中国。

　　教材建设是事关未来的战略工程、基础工程，教材体现国家意志。人民卫生出版社紧紧抓住医学教育综合改革的历史发展机遇期，以全国高等学校五年制本科临床医学专业第九轮规划教材全面启动为契机，以规划教材创新建设，全面推进国家级规划教材建设工作，服务于医改和教改。第九轮教材的修订原则，是积极贯彻落实国务院办公厅关于深化医教协同、进一步推进医学教育改革与发展的意见，努力优化人才培养结构，坚持以需求为导向，构建发展以"5+3"模式为主体的临床医学人才培养体系；强化临床实践教学，切实落实好"早临床、多临床、反复临床"的要求，提高医学生的临床实践能力。

　　在全国医学教育综合改革精神鼓舞下和老一辈医学家奉献精神的感召下，全国一大批临床教学、科研、医疗第一线的中青年专家、学者、教授继承和发扬了老一辈的优秀传统，以严谨治学的科学态度和无私奉献的敬业精神，积极参与第九轮教材的修订和建设工作，紧密结合五年制临床医学专业培养目标、高等医学教育教学改革的需要和医药卫生行业人才的需求，借鉴国内外医学教育教学的经验和成果，不断创新编写思路和编写模式，不断完善表达形式和内容，不断提升编写水平和质量，已逐渐将每一部教材打造成了学科精品教材，使第九轮全套教材更加成熟、完善和科学，从而构建了适合以"5+3"为主体的医学教育综合改革需要、满足卓越临床医师培养需求的教材体系和优化、系统、科学、经典的五年制本科临床医学专业课程体系。

其修订和编写特点如下：

1．教材编写修订工作是在国家卫生健康委员会、教育部的领导和支持下，由全国高等医药教材建设研究学组规划，临床医学专业教材评审委员会审定，院士专家把关，全国各医学院校知名专家教授编写，人民卫生出版社高质量出版。

2．教材编写修订工作是根据教育部培养目标、国家卫生健康委员会行业要求、社会用人需求，在全国进行科学调研的基础上，借鉴国内外医学人才培养模式和教材建设经验，充分研究论证本专业人才素质要求、学科体系构成、课程体系设计和教材体系规划后，科学进行的。

3．在教材修订工作中，进一步贯彻党的十九大精神，将"落实立德树人根本任务，发展素质教育"的战略部署要求，贯穿教材编写全过程。全套教材在专业内容中渗透医学人文的温度与情怀，通过案例与病例融合基础与临床相关知识，通过总结和汲取前八轮教材的编写经验与成果，充分体现教材的科学性、权威性、代表性和适用性。

4．教材编写修订工作着力进行课程体系的优化改革和教材体系的建设创新——科学整合课程、淡化学科意识、实现整体优化、注重系统科学、保证点面结合。继续坚持"三基、五性、三特定"的教材编写原则，以确保教材质量。

5．为配合教学改革的需要，减轻学生负担，精炼文字压缩字数，注重提高内容质量。根据学科需要，继续沿用大 16 开国际开本、双色或彩色印刷，充分拓展侧边留白的笔记和展示功能，提升学生阅读的体验性与学习的便利性。

6．为满足教学资源的多样化，实现教材系列化、立体化建设，进一步丰富了理论教材中的数字资源内容与类型，创新在教材移动端融入 AR、VR、人工智能等新技术，为课堂学习带来身临其境的感受；每种教材均配有 2 套模拟试卷，线上实时答题与判卷，帮助学生复习和巩固重点知识。同时，根据实际需求进一步优化了实验指导与习题集类配套教材的品种，方便老师教学和学生自主学习。

第九轮教材共有 53 种，均为**国家卫生健康委员会"十三五"规划教材**。全套教材将于 2018 年 6 月出版发行，数字内容也将同步上线。教育部副部长林蕙青同志亲自为本套教材撰写序言，并对通过修订教材启发和指导高校不断深化医学教育改革、进一步推进医教协同，为培养高质量医学人才、服务人民群众健康乃至推动健康中国建设寄予厚望。希望全国广大院校在使用过程中能够多提供宝贵意见，反馈使用信息，以逐步修改和完善教材内容，提高教材质量，为第十轮教材的修订工作建言献策。

全国高等学校五年制本科临床医学专业第九轮规划教材
教材目录

序号	书名	版次	主编			副主编			
1.	医用高等数学	第7版	秦 侠	吕 丹		李 林	王桂杰	刘春扬	
2.	医学物理学	第9版	王 磊	冀 敏		李晓春	吴 杰		
3.	基础化学	第9版	李雪华	陈朝军		尚京川	刘 君	籍雪平	
4.	有机化学	第9版	陆 阳			罗美明	李柱来	李发胜	
5.	医学生物学	第9版	傅松滨			杨保胜	邱广蓉		
6.	系统解剖学	第9版	丁文龙	刘学政		孙晋浩	李洪鹏	欧阳宏伟	阿地力江·伊明
7.	局部解剖学	第9版	崔慧先	李瑞锡		张绍祥	钱亦华	张雅芳	张卫光
8.	组织学与胚胎学	第9版	李继承	曾园山		周 莉	周国民	邵淑娟	
9.	生物化学与分子生物学	第9版	周春燕	药立波		方定志	汤其群	高国全	吕社民
10.	生理学	第9版	王庭槐			罗自强	沈霖霖	管又飞	武宇明
11.	医学微生物学	第9版	李 凡	徐志凯		黄 敏	郭晓奎	彭宜红	
12.	人体寄生虫学	第9版	诸欣平	苏 川		吴忠道	李朝品	刘文琪	程彦斌
13.	医学免疫学	第7版	曹雪涛			姚 智	熊思东	司传平	于益芝
14.	病理学	第9版	步 宏	李一雷		来茂德	王娅兰	王国平	陶仪声
15.	病理生理学	第9版	王建枝	钱睿哲		吴立玲	孙连坤	李文斌	姜志胜
16.	药理学	第9版	杨宝峰	陈建国		臧伟进	魏敏杰		
17.	医学心理学	第7版	姚树桥	杨艳杰		潘 芳	汤艳清	张 宁	
18.	法医学	第7版	王保捷	侯一平		丛 斌	沈忆文	陈 腾	
19.	诊断学	第9版	万学红	卢雪峰		刘成玉	胡申江	杨 炯	周汉建
20.	医学影像学	第8版	徐 克	龚启勇	韩 萍	于春水	王 滨	文 戈	高剑波 王绍武
21.	内科学	第9版	葛均波	徐永健	王 辰	唐承薇	肖海鹏	王建安	曾小峰
22.	外科学	第9版	陈孝平	汪建平	赵继宗	秦新裕	刘玉村	张英泽	李宗芳
23.	妇产科学	第9版	谢 幸	孔北华	段 涛	林仲秋	狄 文	马 丁	曹云霞 漆洪波
24.	儿科学	第9版	王卫平	孙 锟	常立文	申昆玲	李 秋	杜立中	母得志
25.	神经病学	第8版	贾建平	陈生弟		崔丽英	王 伟	谢 鹏	罗本燕 楚 兰
26.	精神病学	第8版	郝 伟	陆 林		李 涛	刘金同	赵旭东	王高华
27.	传染病学	第9版	李兰娟	任 红		高志良	宁 琴	李用国	

序号	书名	版次	主编	副主编			
28.	眼科学	第9版	杨培增　范先群	孙兴怀　刘奕志　赵桂秋　原慧萍			
29.	耳鼻咽喉头颈外科学	第9版	孙　虹　张　罗	迟放鲁　刘　争　刘世喜　文卫平			
30.	口腔科学	第9版	张志愿	周学东　郭传瑸　程　斌			
31.	皮肤性病学	第9版	张学军　郑　捷	陆洪光　高兴华　何　黎　崔　勇			
32.	核医学	第9版	王荣福　安　锐	李亚明　李　林　田　梅　石洪成			
33.	流行病学	第9版	沈洪兵　齐秀英	叶冬青　许能锋　赵亚双			
34.	卫生学	第9版	朱启星	牛　侨　吴小南　张正东　姚应水			
35.	预防医学	第7版	傅　华	段广才　黄国伟　王培玉　洪　峰			
36.	中医学	第9版	陈金水	范　恒　徐　巍　金　红　李　锋			
37.	医学计算机应用	第6版	袁同山　阳小华	卜宪庚　张筠莉　时松和　娄　岩			
38.	体育	第6版	裴海泓	程　鹏　孙　晓			
39.	医学细胞生物学	第6版	陈誉华　陈志南	刘　佳　范礼斌　朱海英			
40.	医学遗传学	第7版	左　伋	顾鸣敏　张咸宁　韩　骅			
41.	临床药理学	第6版	李　俊	刘克辛　袁　洪　杜智敏　闫素英			
42.	医学统计学	第7版	李　康　贺　佳	杨土保　马　骏　王　彤			
43.	医学伦理学	第5版	王明旭　赵明杰	边　林　曹永福			
44.	临床流行病学与循证医学	第5版	刘续宝　孙业桓	时景璞　王小钦　徐佩茹			
45.	康复医学	第6版	黄晓琳　燕铁斌	王宁华　岳寿伟　吴　毅　敖丽娟			
46.	医学文献检索与论文写作	第5版	郭继军	马　路　张　帆　胡德华　韩玲革			
47.	卫生法	第5版	汪建荣	田　侃　王安富			
48.	医学导论	第5版	马建辉　闻德亮	曹德品　董　健　郭永松			
49.	全科医学概论	第5版	于晓松　路孝琴	胡传来　江孙芳　王永晨　王　敏			
50.	麻醉学	第4版	李文志　姚尚龙	郭曲练　邓小明　喻　田			
51.	急诊与灾难医学	第3版	沈　洪　刘中民	周荣斌　于凯江　何　庆			
52.	医患沟通	第2版	王锦帆　尹　梅	唐宏宇　陈卫昌　康德智　张瑞宏			
53.	肿瘤学概论	第2版	赫　捷	张清媛　李　薇　周云峰　王伟林　刘云鹏　赵新汉			

第七届全国高等学校五年制本科临床医学专业教材评审委员会名单

顾　问

吴孟超　王德炳　刘德培　刘允怡

主 任 委 员

陈灏珠　钟南山　杨宝峰

副主任委员（以姓氏笔画为序）

王　辰　王卫平　丛　斌　冯友梅　李兰娟　步　宏

汪建平　张志愿　陈孝平　陈志南　陈国强　郑树森

郎景和　赵玉沛　赵继宗　柯　杨　桂永浩　曹雪涛

葛均波　赫　捷

委　员（以姓氏笔画为序）

马存根　王　滨　王省良　文历阳　孔北华　邓小明

白　波　吕　帆　刘吉成　刘学政　李　凡　李玉林

吴在德　吴肇汉　何延政　余艳红　沈洪兵　陆再英

赵　杰　赵劲民　胡翊群　南登崑　药立波　柏树令

闻德亮　姜志胜　姚　智　曹云霞　崔慧先　曾因明

颜　虹

王锦帆

　　教授，博士生导师。 现任南京医科大学医患沟通研究中心主任，健康江苏建设与发展研究院健康文化与传播研究中心常务副主任；兼任教育部医学人文素质教学指导委员会委员、中国医学教育慕课联盟专家委员会委员、《医学与哲学》编委、《中国医学人文》特约编委、《南京医科大学学报》常务编委等。

　　从事医学教育工作 35 年。 主编我国首部高等学校《医患沟通学》教材，并被遴选为"十一五""十二五"普通高等教育本科国家级规划教材和国家卫生计生委规划教材；主编国家医学数字教材《医患沟通》；主编教材《诊疗思维实例解析》和《临床思维导引》，实施"模拟诊疗法"，科学培养医学生临床思维能力。 主讲国家级精品视频公开课"医患沟通的共知共享"，主讲 2017 年国家精品在线开放课程"医患沟通"，主讲全国医科院校研究生院联盟"临床思维与人际沟通"慕课课程。 8 次主持国家级继续医学教育项目，独家创办我国"医患沟通"网站；主持多项国家社会科学基金和省社会科学基金项目，并列主持原卫生部《医院医患沟通指南》多项课题，发表论文 50 余篇。 曾获国家教学成果二等奖 1 项、江苏省教学成果特等奖 2 项和二等奖 2 项；获"江苏省优秀教育工作者"称号，主编的《医患沟通学》获全国医学人文优秀著作奖。

尹　梅

　　教授，博士生导师。 现任哈尔滨医科大学人文学院院长，教育部高等学校医学人文素质教学指导委员会委员，中国自然辩证法研究会医学哲学专委会常务理事，中国医师协会医学人文专委会常委，中华医学会医学伦理学分会常务理事，国家辅助生殖技术管理专家库成员，中国医师协会整合医学医师分会整合医学人文专委会副主任委员兼秘书长，黑龙江省政协委员，省科顾委委员会专家，黑龙江省医学会医学伦理学分会主任委员，黑龙江省卫生法学研究会会长，黑龙江省医师协会医学人文专委会主任委员。

　　坚持一线教学工作 28 年。 主讲的人卫慕课"医学伦理学"获中华医学会第八届全国医学教育优秀成果奖二等奖，"医学沟通学"课程获教育部 2012 年度精品视频公开课第一批建设课程；主编"十二五"普通高等教育本科国家级规划教材《护理伦理学》，并列主编《医患沟通》、八年制《医学伦理学》，为国家核心期刊《医学与哲学》《中国医学伦理学》及《学术交流》杂志编委，《中华结直肠疾病电子杂志》副总编辑。 获得全国师德标兵、黑龙江省卫生系统"有突出贡献中青年专家"等荣誉称号。

唐宏宇

教授，博士生导师。 现任北京大学第六医院主任医师，中国医师协会毕业后教育精神科专委会主任委员，中国医师协会精神科医师分会名誉会长。

从事精神科临床和教学工作 30 年。 深度参与北京大学医学部"临床沟通"课程设计和教师培训，是总论主讲人之一。 参与中国精神卫生立法的专家咨询和相关研究工作多年，在精神科临床和精神疾病司法鉴定的理论和实践方面有丰富经验和较深造诣。 2002 年以来参与制定并主持修订《精神科住院医师规范化培训细则》和《基地标准》，主编国家住院医师规范化培训《精神病学》等规划教材和专著，是多本精神科专业著作的临床沟通章节的撰稿人。

陈卫昌

教授，博士生导师，医学博士。 苏州大学附属第一医院消化内科教授、主任医师。 现任苏州大学副校长、中华医学会消化病分会委员、中国医师协会消化病分会委员、江苏省医学会消化病分会主任委员、苏州市消化专业委员会主任委员、中国医师协会内镜医师分会第三届委员会副会长。

从事教学工作 33 年，具有较高的学术造诣。 先后获得省部级科技成果奖 5 项、省医学科技奖 2 项、苏州市科技成果奖 4 项。 省教学成果奖 2 项。 发表论文近 200 篇，SCI 收录 30 余篇，5 年来主编、副主编、参编专著 4 部。 目前承担国家自然基金面上项目在内的省级以上科研项目 4 项。

康德智

教授，博士生导师。 福建医科大学附属第一医院及第一临床医学院副院长，福建省神经医学中心主任，福建省神经病学研究所副所长，外科学教研室主任，神经外科学科带头人、主任医师。 享受国务院政府特殊津贴，国家卫生计生突出贡献中青年专家，福建省科技创新领军人。 兼职国家卫生健康委员会脑防委出血性卒中外科专业委员会主委，中国医师协会神经外科医师分会副会长等。

在大学从事教学工作 20 余年。 为 *Chinese Neurosurgical Journal*、《中华神经医学杂志》、《中华神经创伤外科电子杂志》、《Neurosurgery（中文版）》副主编及 *Chinese Medical Journal*、《中华神经外科杂志》等编委。

张瑞宏

教授，硕士生导师。 现任昆明医科大学人文与管理学院院长，医学人文教育与研究中心主任；兼任教育部医学人文素质教学指导委员会委员，国家卫生健康委员会医学伦理专家委员会委员，国家医学考试中心命题专家，云南省医学伦理专家委员会委员，云南省人体器官移植技术临床应用与伦理委员会主任委员。

在大学从事《医学伦理学》《医患交流与沟通》等课程教学与研究 25 年。 曾主持国家社会科学基金项目、教育部规划课题、洛克菲勒基金会项目等 10 余项；著有《医学伦理学》《医患交流与沟通》等 10 余部专著，发表论文 40 余篇。

前　言

本教材的前身《医患沟通学》（第1版），创作于2003年"非典"来临时期。为完善医学和医学教育的整体结构、优化医学实践的过程与方法、提高医务人员的医学人文实践能力、构建新型医患关系、推进医学模式的转型，本教材顺应现实需要，遵循临床医学经验性和循证性的规律，将"医患沟通"推上医学历史舞台。

《医患沟通学》（第2版）于2006年9月出版，当年被遴选为"十一五"普通高等教育本科国家级规划教材。它优化了第1版教材的编写宗旨和模式，更加深入地进行医患沟通原理的探索，注重理论的现实性、通俗性和应用性。新增加了医患沟通目的与机制、医患沟通构建、国外医患沟通、内科各系统医患沟通等内容。2012年10月，《医患沟通学》（第2版）被教育部遴选为"十二五"普通高等教育本科国家级规划教材。

2012年2月，《医患沟通学》被列入我国医学教育"干细胞"教材——全国高校五年制本科临床医学专业第八轮规划教材系列中，并更名为《医患沟通》（第1版）。该版教材仍然沿用前两版教材的模式和大部分内容，精简了总论中部分理论内容，特别强化了技能应用的内容与形式。优化和新增加了：医患沟通概念、国内医患沟通学术、医学史中的医患关系、医学中人文内涵、医患沟通社会意义、医患沟通的原则、策略及模式、医患沟通语言和行为技能、医患沟通的机制与制度、外科医患沟通、医技科室和临床药学及全科医学的医患沟通等。此外，作为教材，还编写了附件《教学与学习指南》，制作了录像《医患沟通基本技能规范》。

本书保持了前3版教材的内容、特色、体例及风格，并将《医患沟通》的数字教材与纸质教材有机融合，创新编写成为"融合教材"。本版教材主要增加了10个重要内容：健康中国和医改深化的背景、社会主义核心价值观下的医患沟通理念、国外医患沟通学术概要、医学人文热点和趋势、临床思维和就医思维融合中临床环节的医患沟通、同理心表达技能、情绪管理技能、临床路径和网络医疗中的医患沟通、医患纠纷第三方处理机制及《医患沟通通俗形象语言精选》。作为全新的融合教材，本版新增76个视频案例，几乎每一章节都有生动形象的临床医患沟通情景再现。总之，本版教材与时俱进，紧扣新时代下中国国情，弘扬社会正能量，坚持将政治标准、学术创新、教学规范、学生主体等有机结合，编写水平和质量有了进一步提高。

共同编写本书的有北京大学、北京协和医学院、南京医科大学、哈尔滨医科大学、复旦大学、上海交通大学、苏州大学、中山大学、福建医科大学等19所著名院校的30位专家学者。在此，感谢创作本书的新老作者和相关人员，感谢全国高等医学院校临床医学专业教材评审委员会的重视和支持，更要衷心感谢原卫生部高强部长和朱庆生副部长、原全国高等医学教育学会王德炳会长、教育部林蕙青副部长为前3版教材作序并给予关心和支持，积极推动了我国医学教育中医患沟通课程的建设和发展。

尽管本书已经是第4次创作，也在不断充实和优化，但"医患沟通"仍是十分年轻的教材，并属应用性学术范畴，其中必然会有许多疑惑及疏漏之处，我们真诚期望使用本教材的师生、医护员工、专家及同道予以批评指正，促进我们不断提高进步。

南京医科大学　　王锦帆

哈尔滨医科大学　尹　梅

2018年5月

目　录

第一篇　医患沟通总论

第三章　医患沟通原理

第四章　医患沟通技能与实施　　79

第二篇　医患沟通各论

第五章　门诊与急诊医患沟通
108

第六章　内科医患沟通
115

第十二章　其他临床科室医患沟通　189

本书测试卷

第 一 篇
医患沟通总论

第一章　医患沟通导论

第一节　医患沟通概述

现实中的重要问题

- 医患沟通的内涵有哪些?
- 医患沟通为什么成为医疗行业和社会的热点?
- 医患沟通对和谐社会有什么价值?
- 医患沟通是医学与医疗的一部分吗?
- 医患沟通的宗旨是什么?

一、医患沟通的含义

由于中国与西方国家在文化、法律、经济及医疗制度与管理等方面有较大的差别,特别是在中国当代经济社会环境下,我国医患沟通的内涵与国外有不同之处。

"医"的涵义:狭义上指医疗机构中的医务人员;广义上指全体医务工作者、卫生管理人员及医疗卫生机构,还包括医学教育工作者。

"患"的涵义:狭义上指患者和家属亲友及相关利益人;广义上指除"医"以外的社会人群。在我国社会环境下,医疗机构处理医患矛盾不仅需要面对患者还常常要面对社会舆论,因此,广义的患者概念更有利于医患关系和谐。

"沟通"(communication)的含义:是人际间通过全方位信息交流,建立共识、分享利益并发展关系的过程。沟通,不是通常说的"交流",也不是单纯的"技巧",其核心内涵是:人与人相互理解、相互信任。人际交流的全方位信息,包括人的四种语言信息,即口头语言、书面语言、肢体语言及环境语言。环境语言,是指人们有目的安排在特定空间内的文化物体场景,及物理环境等知觉与感觉信息,如房屋结构、家具陈设、书画花草、卫生及温度湿度,等等。

医患沟通(doctor-patient communication)的含义:在医疗卫生和保健工作中,医患双方围绕诊疗、服务、健康及心理和社会等相关因素,以患者为中心,以医方为主导,将医学与人文相结合,通过医患双方各有特征的全方位信息的多途径交流,使医患双方形成共识并建立信任合作关系,指引医护人员为患者提供优质的医疗服务,达到维护健康、促进医学发展的目的。医患沟通不仅是长久以来医疗卫生领域中的重要实践活动,而且也是当代经济社会发展过程中凸显出来的医学学术范畴。

由于"医"和"患"都有狭义与广义的区分,因此,医患沟通也有狭义与广义的内涵。狭义的医患沟通,是指医疗机构医务人员在日常诊疗过程中,与患者及亲属就诊疗、服务、健康及心理和社会相关因素,主要以医疗服务的方式进行沟通交流,它构成了单纯医学科技与医疗综合服务实践中的基础环节,发生在所有医疗机构每次医疗服务活动中,是医患沟通活动的主要构成。它的重要价值在于科学的指引诊疗患者伤病,并提高医疗卫生服务整体水平,使患者和社会满意;广义的医患沟通,是指医学和医疗卫生行业人员,主要围绕医疗卫生和健康服务的法律法规、政策制度、伦理道德、医疗技术与服务规范、医学人才标准和方案等方面,以非诊疗服务的各种方式与社会各界进行的沟通交流,如制定新的医疗卫生政策、修订医疗技术与服务规范和标准、公开处理个案、健康教育等。它是在狭义医患沟通的基础上衍生出来的医患沟通，由许多未处理好且社会影响较大的医患沟通（关系）个案所引发，广义的医患沟通产生的社会效益和现实意义是巨大且长久的，它不仅有利于医患双方个体的信任、合作及关系融洽，更重要的是它能推动医学发展和社会进步（图 1-1）。

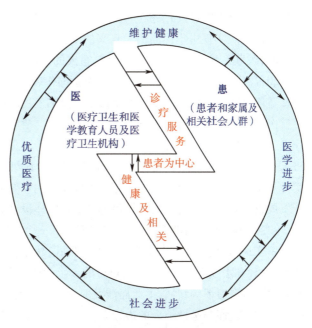

图 1-1　医患沟通的定义

二、医患沟通的背景与意义

（一）现代社会迫切需要医患沟通

20 世纪 90 年代中后期，我国步入市场经济，经济快速发展，人民开始走向富裕和文明之路。经济基础决定上层建筑，但上层建筑一般来说要相对滞后于经济基础的变化，经济的发展使得人们的观念、心理、需要、行为也在发生变化。当医疗机构被要求独立生存于市场经济环境之中后，医方的思想观念和职业行为不得不随之改变，以往无条件"救死扶伤"的人道主义精神被"经济"这只无形的手掌控，不得不关注"经济之利"以谋生存和发展。而患者和社会仍对医务人员抱守着"白衣天使"和"悬壶济世"的期盼，因此，医患"天然盟友"的传统关系受到强烈撼动，医患矛盾陡然增加，医患纠纷普遍出现，医患关系变得不和谐。

事实上，医患矛盾在世界各国都有不同程度的反映，如美、英、法、德、日、韩等国。只是这些国家的医疗保障、法制建设、医生条件、国民素质、卫生管理等较我国更有利于解决和缓解医患矛盾。在我国，医务人员仅专注疾病的行医方式已不能适应经济社会的发展要求，人民群众在呼唤人文关怀，患者和社会在渴望与医务人员进行有效的沟通交流，获取医学人文精神的"甘露"。医患双方站在各自立场，从各自利益出发，提出了融洽医患关系的许多观点和建议，双方都有着迫切的沟通愿望和需要，然而由于视角不同，利益难合，医患双方不易达成共识。

我国党和政府及全社会更是重视建立和谐的医患关系，并做出了积极努力。2002 年 12 月，卫生部在重庆医科大学附属儿童医院召开了"全国医患沟通经验交流现场会"，由此拉开了我国推行医患沟通工作的帷幕。各省卫生行政部门、各医疗机构纷纷探索实施医患沟通制度和相关工作；法律界先后出台了《医疗事故处理条例》和《侵权责任法》等法律法规，规定了在医疗卫生工作中处理医患矛盾的医患沟通相关条款。2004 年起，党和政府还从全民医疗保障、药品和医院管理等方面进行一系列重大改革，为构建和谐医患关系创造良好环境和基础。

2009 年 3 月，按照中国共产党第十七次全国代表大会精神，《中共中央国务院关于深化医药卫生体制改革的意见》中明确要求："构建健康和谐的医患关系。加强医德医风建设，重视医务人员人文素养培养和职业素质教育，大力弘扬救死扶伤精神。优化医务人员执业环境和条件，保护医务人员的合法权益，调动医务人员改善服务和提高效率的积极性。完善医疗执业保险，开展医务社会工作，完善医疗纠纷处理机制，增进医患沟通。在全社会形成尊重医学科学、尊重医疗卫生工作者、尊重患者的良好风气。"2012 年 7 月，卫生部颁布了《医疗机构从业人员行为规范》，强调提出了以人为本、医患和谐、尊重患者知情同意权及加强与患者沟通的行为规范。

2016 年 8 月，习近平总书记在全国卫生与健康大会上说："没有全民健康，就没有全面小康。要把人民健康放在优先发展战略地位，以普及健康生活、优化健康服务、完善健康保障、建设健康环境、发展健康产业为重点,加快推进健康中国建设,努力全方位、全周期保障人民健康,为实现'两个一百年'奋斗目标、实现中华民族伟大复兴的中国梦打下坚实健康基础。"让人民群众有更多健康的获得感,和谐医患关系是医疗卫生行业非常重要的工作目标。

2017年10月,中国共产党第十九次全国代表大会报告中提出,我国社会主要矛盾已经转化为人民日益增长的美好生活需要和不平衡不充分的发展之间的矛盾,表现在医疗卫生事业中,即人民群众对就医需求与和谐医患关系发展不平衡不充分。要解决这个问题,应深化医药卫生体制改革,促进医疗卫生事业持续发展,全社会共同努力,此为改善医患关系的治本之策。最高人民法院2017年12月13日发布了《最高人民法院关于审理医疗损害责任纠纷案件适用法律若干问题的解释》,这是贯彻落实党的十九大精神和习近平总书记关于健康中国重要论述,依法保护患者合法权益,保障医药卫生事业发展,推动构建和谐医患关系,促进平安医院建设,助推健康中国战略实施的有力举措。

（二）探索构建和谐医患关系的路径

事实证明,现代社会中实现新的医学模式,建立良好的医患关系,解决医患矛盾,用任何一门传统学科、一种方法或方案,已无法达到目的。影响医患关系的因素涉及政治、经济、意识形态、文化、教育、法律、风俗习惯等领域,由此而涉及的骨干学科主要有哲学、政治经济学、医学、伦理学、心理学、社会学、法学等,而与医学结合的边缘学科则更多,如医学伦理学、医学心理学等。正因为"医"和"患"之间的复杂因素,要找到医患和谐共享的客观规律,必须将这些学科综合分析研究,必须在这些领域内进行综合性实践探索。医患沟通,不仅是医学科技和医疗服务的新实践平台,还是一个新的医学综合性学术园地。

（三）现代医学自身发展有其内在要求

在医学四千多年发展进程中,以治疗形态性躯体疾病为特征的生物医学模式占有绝对的主导地位。当人类历史进入到现代社会时,医学也被现代化的设备所武装,似乎无所不包。然而,现代医学不得不承认,它最棘手的是人的心理和社会无形的因素对疾病和健康的影响,这些因素既能致病,又能治病,心身疾病就是医学不易攻克的典型堡垒。

医学家们发现,现代医学诊治疾病的能力是有局限性的,医疗活动越来越需要患者和社会人群的主动参与和配合,愈来愈需要医患有共同的思维和语言,构建医患合作共同体,才能应对和战胜更多的疾病。千百年来"单兵作战"的医生,今天已迫切感到需要患者和社会协同对抗疾病,尤其是心脑血管系统病、内分泌系统病及恶性肿瘤等各种现代病。怎样把毫无"作战经验"的社会人群同"久经沙场"的医务人员组成强大的同盟军,医患沟通成为当务之急,这是医疗卫生行业提高工作效率和服务质量十分重要的途径。医患沟通将探究怎样把心理和社会因素转化为积极的手段与方法,推进现代医学诊治疾病和维护健康。因此,医患沟通是现代医学的重要组成部分。

（四）培养适合现代医学模式的人才

实现现代医学模式,需要有现代观念、现代思维、现代知识及现代技能的医疗卫生人才。由于长期生物医学模式的影响及中国国情的局限性,中华人民共和国成立以来,医学教育培养人才注重单纯的生物医学知识和技能,而忽视人文素养和实践能力的培养。尽管近些年来这种状况有了较大改善,但如何更有效的将众多理论性的人文课程有机整合,强化人文理论与医学实践结合的能力,升华临床经验,形成现代医学教育的有机组成,培养更适合现代医学模式的优秀医学人才,医患沟通的实践与研究为新型医学人才的培养提供了一条很有价值的途径。

三、医患沟通的宗旨与理念

（一）医患沟通的宗旨

医患沟通的宗旨必须在新时代社会主义核心价值观引领下构建。2012年11月,中国共产党十八大报告对全党全国人民明确提出"三个倡导"的社会主义核心价值观,即"倡导富强、民主、文明、和谐,倡导自由、平等、公正、法治,倡导爱国、敬业、诚信、友善"。三个倡导分别对应于国家层面、社会层面及个人层面,对巩固全党全国人民团结奋斗的共同思想基础,对于促进人的全面发展、引领社会全面进步,对于集聚全面建成小康社会、实现中华民族伟大复兴中国梦的强大正能量,具有重要现实意义和深远历史意义。在新时代医疗卫生事业发展中,更需要从国家、社会、个人三个层面整体弘扬和贯彻社会主义核心价值观。

要把践行社会主义核心价值观作为医疗卫生工作特别是和谐医患关系建设的重要内容,融入医疗服务过程和制度建设中,形成科学有效的医患表达机制、医患利益协调机制、医患矛盾调处机制、医患权益保障机制,最大限度增进医患关系和谐。因此,社会主义核心价值观能够最直接最有效的指导医患沟通的宗旨。

医患沟通,是在中国改革开放市场经济环境下,医疗卫生行业工作者科学思考,勇于探索,开拓创新而孕育出的新型医疗服务实践与学术研究方向。它旨在医务卫生工作者践行新时代社会主义核心价值观,确立现代健康与医学人文精神,与时俱进的升华医德水平、文化素养、法制观念、心理素质、管理能力,掌握医患建立共识并分享利益的客观规律和应用技能,实施现代医学模式的渐变与转型。同时,医患沟通也旨在充实患者和社会人群的基本医学知识和健康意识,义不容辞地承担起医务工作者促进大众身心健康和社会文明进步的责任,其现实和历史意义将随着医患沟通新的实践与研究而日趋重要。

(二) 医患沟通的理念

1. 医患沟通是现代医学实践的思维方式和行为准则,是医疗卫生服务重要的过程环节,是医学专业与人文言行融合的平台。它的作用是:提高诊疗技术与人文服务水平,取得患者和社会的信任与合作,促进医学事业与社会文明进步和发展。

2. 近些年来我国医患关系不和谐的直接原因,是市场经济发展和社会转型造成的利益格局调整以及新旧观念的碰撞;而根本原因是医患双方对人自我身心全面认知的不足,导致医疗保障、法律法规、人文环境及医院管理建设的欠缺。

3. 医务工作者应以人为本,践行救死扶伤的人道主义职业宗旨,努力担当社会责任,发挥医疗行业的主导作用,全面开展医患沟通,善意化解医患纠纷,全面实施生物-心理-社会医学模式,以医患沟通为桥梁重建医患信任合作关系。

4. 医患沟通,即人与人的沟通,本质上是医患对自身的认知与觉醒:医患一体——人人皆患者,人人皆医者;医者维护人的生命健康;患者是医学和医者最好的助手,是医者生存和发展的根本所在。

5. 医患沟通是生物医学与多门人文社会学科综合而成的实践与学问,是医学、科技、伦理、心理及法规等联合应用的艺术;医患沟通有一定技巧性而非技巧,需要从思想观念、知识结构、机制制度及法规上整体构建与实施。

（王锦帆）

第二节　医患沟通的研究对象与内容

现实中的重要问题

- 医患沟通仅仅研究患者吗?
- 医患沟通为什么要综合相关学科进行研究?
- 医患沟通为什么要深入各临床学科研究、探索?
- 实践并研究医患沟通要达到什么目标?
- 在临床医疗服务中,医患沟通能有哪些研究课题?

一、医患沟通的研究对象

医患沟通的研究对象是医者、患者及相关因素。医者和患者是同一体中不同角色、不同利益的两个主体,既受到各自的影响因素,又有共同的制约条件。因此,医患沟通既需要重点研究医者和患者的个性特征和规律,又要寻找启动医患动机的共同规律,简言之,就是要发现医患双方和谐互动的契合轨迹,并使之良性运行。

二、医患沟通的研究内容

医患沟通主要是以医学专业和多门人文社会学科及相关边缘学科的基本理论为指导,研究现代医学与现代医患关系的客观实际和变化规律,内容由三部分组成,一是医患沟通的基础理论,它是由哲学、政治经济学、医学、社会学(社会医学)、伦理学(医学伦理学)、心理学(医学心理学和社会心理学)、法学(医学法学)、人际沟通原理等理论体系中涉及人主体和人际关系的理论所组成;二是医患沟通基本原理;三是医患沟通的分类(科)原则和方法及经验等。

医患沟通的研究方法是由其基础理论的性质决定的,因此,它一方面借用了哲学、伦理学、心理学等学科的理论研究方法,另一方面,医学的实践性和经验性决定了它必须重视实践探索、重视经验总结的研究方法。

具体而言,医患沟通的研究内容包括以下四个方面(图1-2):

医患沟通研究内容			
地位与作用	状况及成因	一般规律	分科规律
为什么要医患沟通	现代社会下的医患沟通	医患沟通的共性原理	沟通方法与经验各类医疗服务中的不同

图1-2   医患沟通研究内容

1. 医患沟通在医学中的地位和作用   医患沟通首先应研究医患双方的信息沟通在生物医学特别在临床医学、口腔医学、护理学、保健医学、康复医学等中的地位和应发挥的积极作用,要确立医患沟通在医学发展和进步中的价值与意义,要重点研究医患沟通对促进实践现代医学模式的作用。

2. 现代医患关系的状况及成因   医患沟通还要厘清现代医患关系在政治、经济、法律、卫生政策、文化、教育、社会心理、行为生活方式等背景下的实际情况,要透过现象看本质,把握医患关系中各因素的内在联系,尤其应抓住主要矛盾的主要方面,这样才能从医患沟通的层面有的放矢地解决医患矛盾中的根本问题。

3. 医患沟通的一般规律   在明确医患关系的基础上,应全面地找出阻碍医患沟通的各种原因并加以细致分析,用多种研究方法来总结出医患沟通的一般原理,形成医患双方共享利益的双赢规律,用来指导医患沟通的各类实践。

4. 医患沟通的分类(科)规律   临床工作中,医务人员会发现,不同的疾病、不同的性别和年龄、不同的患者等在医患沟通中都会有其特殊性,就如医生诊治同一种疾病,对不同的病人会采用不同的治疗方案一样。从一定意义上说,医患沟通就是一种特殊的整体治疗方案。因此,在医患沟通一般规律的指导下,医务人员和卫生管理人员需特别注意从实践中探索新方法,总结新经验,形成经验型的知识,在医疗卫生服务的技术层面上真正实现生物-心理-社会医学模式。

三、医患沟通的任务

人类进入21世纪,市场经济全球化,政治趋向民主化、文化价值多元化,科学知识和高科技全方位渗透到社会生活中,医学模式转型的社会需求日益增强。正是在这种社会大变革、大发展的特殊时期,医患沟通将为现代医学承担自己应尽的责任和义务,架起医方和患者理解、信任与合作的桥梁,成为医患双方共同的新财富,它要将因历史发展不规则所"断裂"的医患关系重新修复,用人类理性的思维抚慰医患双方受伤的情感,携手共进,和谐共存,一同克服疾病带来的痛苦,一同享受身心健康带来的美好人生。

（一）基本任务

1. **确立新理念** 要将医学科技与人文言行结合,确立医患沟通在现代医学中的重要地位和积极作用。要从经济发展和社会进步的现实出发,站在人类共同利益的高度,转变传统生物医学的思维方式,树立新的医患关系理念,形成医患和谐相处,诚信沟通的心灵桥梁。

2. **构建新机制** 医患沟通要从法律、政策、医疗卫生服务管理机制和医疗技术规范制度的层面上营造出医方与患者相互理解、信任与合作的人文环境,形成医患理性沟通的长久性基础构架。

3. **实现新模式** 医患沟通要根据不同疾病和不同个体,在医疗卫生服务工作中,渗入各有特色的人性关爱服务方式,形成临床上医患沟通的操作平台,实现比较科学、规范、统一的生物-心理-社会医学模式。

4. **培养新人才** 医患沟通要为医学教育(包括继续医学教育)适应现代医学模式的实现,充填必需的教学内容,更新医学人才培养模式,培养出具有人文精神的优秀医疗卫生人才。也要提高现今工作在一线的医务人员的人文素质和沟通能力。

（二）探索诸多现实课题

1. 医患沟通在实施健康中国中的作用?

2. 医患沟通在深化医改中的作用?

3. 医患沟通在推进全民健康生活方式中的作用?

4. 医患沟通在临床诊断中的地位与作用?

5. 医患沟通在治疗各种疾病中的具体应用?

6. 医患沟通在优化服务质量中的应用研究?

7. 医护人员哪些言行会影响患者康复?

8. 影响医务人员沟通能力的分析与对策?

9. 医疗机构要制订怎样的医患沟通制度?

10. 怎样与新闻媒体建立真诚有效的沟通?

11. 医患沟通在循证医学中的意义和价值?

12. 医患沟通对实现生物-心理-社会医学模式的应用?

（王锦帆）

第三节 医患沟通的学科关系

现实中的重要问题

- 医患沟通是一门怎样的学科?
- 哲学与医患沟通有何关系?
- 政治经济学与医学有何联系?
- 心理学在医患沟通中的作用是什么?
- 法律法规对医患沟通有何影响?
- 管理学能提高医患沟通的效率吗?
- 当今医患沟通学术研究的重点是什么?
- 医患沟通学术研究与探索发挥了什么作用?

一、医患沟通学科性质

医患沟通是研究医务工作者与患者之间如何互相理解、信任并合作以共同克服疾病,并维护身心健康的一门交叉性、应用性的新学科。它的理论知识来源于两大方面,一是生物医学、临床医学等医学相关学科,二是人文社会科学,如心理学、伦理学、法学等。医患沟通是综合医学科技和人文社会科学的实践,形成具有自然科学和社会科学双重性质的应用型学科。医患沟通不仅是在生物医学层面上,更多是心理、社会、经济、法律等层面上的沟通。因此,医患沟通自然就成为现代医学的重要组成部分,生物医学与人文社会科学的有机融合则是时代进步发展的必然。

二、医患沟通与相关学科关系

由于医患沟通是探究现代医学模式的一门新的应用型交叉学科,所以它需要理论支持,特别需要人文社会科学中成熟的学科支撑、交叉与融合(图1-3)。

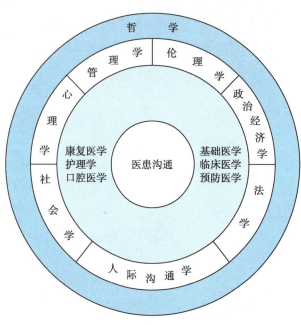

图1-3　医患沟通与相关学科关系

1. **医患沟通与哲学**　哲学研究的是人们对整个世界(包括自然界、社会和人类思维)的总的看法和观点,即世界观。马克思主义关于唯物辩证法的理论为医学中的医与患、人与社会、人与自然、人与医学的辩证关系奠定了总思维模式。历史唯物主义的根本观点——物质资料生产方式是社会发展的决定力量以及经济基础和上层建筑的关系理论,则在哲学的高度,诠释了社会大转型时期医患关系变化的根本原因以及新型医患关系的发展方向,为医患沟通确立了理论基石。

2. **医患沟通与医学**　现代医学是研究人类维护身心健康、提高生存质量、延长生命时间的科学体系与实践活动。医学中的基础医学、临床医学、预防医学、口腔医学、护理学、康复医学等学科都是从不同的方位来具体探索研究这些规律。医患沟通就是医学的一部分,完全遵循医学的目的、原则及理论,只是它以医患双方全方位信息的沟通为视角和方法来促进医学目的的实现。它更加注重将心理和社会因素与生物医学中自然科学部分的结合,成为积极有效的手段与方法,推进现代医学诊治伤病和维护健康。

3. **医患沟通与政治经济学**　政治经济学研究的是经济运动的规律,实际上是人和人的关系,即社会生产关系。生产关系随着生产力的发展而发展变化,每一种生产关系都只是暂时存在于一定历史阶段。尤其是市场经济的原理及实践中带来的经济活动运行方式的改变与社会价值观、道德观、文化观的转变,为医患沟通充实了理论基础,为医患如何理性沟通铺设了道路。

4. **医患沟通与伦理学**　伦理学研究的是社会道德原则与规范,医学伦理学将伦理学的基本原则和方法应用到医学领域中,并注重研究医患角色行为的权利和义务,研究医患人际沟通的行为准则。因此,医患沟通在调整和改善医患关系中都必须遵循医学伦理学的基本原则和规范,而另一方面,医患沟通又从现实出发,用发展和辩证的思维来应用医学伦理学。

5. **医患沟通与心理学**　心理学研究的是人的认知、情感、意志等心理过程和能力、性格等心理特征的规律。医学心理学主要研究人类健康与疾病相互转化过程中的心理现象及其规律;社会心理学主要研究人类社会现实和人际关系对人心理影响的规律。不论是心理学还是它的分枝医学心理学和社会心理学,其主要理论都是医患沟通中的骨架理论和应用依据。

6. **医患沟通与法学**　法学研究的是国家与社会的法律和法规的形成、发展、变化的规律。现代社会进入了法制阶段,法律在调整人际关系中所起的作用愈来愈大。医患沟通以法律的精神和民法的基本原则以及《侵权责任法》《医疗事故处理条例》《执业医师法》等有关卫生法规为重要理论依据,强调依法行医、依法沟通、依法经营,并突出医学法学为处理好医患关系和医患纠纷的重要手段。

7. 医患沟通与人际关系学   人际关系学研究的是影响人际关系的主观和客观因素以及改善人际交往、建立人际沟通等规律,尤其是人际沟通的原理,也是医患沟通的骨架理论,医患沟通将普通的人际沟通原理与以上相关学科有机融合,来解决现在人际关系中更为复杂的医患关系。

8. 医患沟通与管理学   管理学是研究现代社会如何通过合理的组织和配置人、财、物等因素,提高生产力的水平。其中核心理论之一是人本原理,即人是管理活动的核心,应在尊重人的思想、感情和需要的基础上,充分发挥人的主动性、创造性和积极性。在管理学原理的指导下,医患沟通要研究如何使医务人员理解、尊重、同情患者,积极有效地协调管理患方的就医行为,提高医患沟通的效果,更好地发挥医疗服务中医患双方合作的作用。而卫生和医院管理学是医患沟通特别需要的管理理论。

9. 医患沟通与社会医学   社会医学是研究社会因素与健康、疾病之间相互联系及其规律的一门学科。它其中的主要理论:医学模式、社会因素与健康、卫生服务的需要与利用等,是医患沟通所要探索并实践的重要内容。社会医学提出了人类在医学与社会相矛盾的许多问题和解决的基本策略,医患沟通则是以此为导向和靶点,研究如何具体解决这些问题。

三、国内外医患沟通学术发展概要

(一) 国内外医患沟通学术论文概况

1. 国内医患沟通学术论文发表   根据中国知网全文数据库跨库高级检索关键词—医患沟通,2000—2016 年 12 月,匹配检索结果为 7594 篇论文。2000 年以前,论文年平均发表不到 1 篇,2000 年开始明显上升,2005 年开始陡增,2015 年达到最高—803 篇。这个数字与 20 余年来我国医患关系被关注的状况非常吻合(图 1-4)。

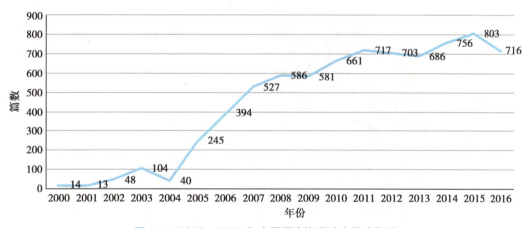

图1-4   2000—2016 年中国医患沟通论文发表概况

此外,以百度搜索"医患沟通",2002 年 12 月仅有不足 10 条医患沟通相关信息,2017 年 12 月医患沟通相关信息已达到约 1310 万条。医患关系相关信息则达到约 1250 万条。

2. 国外医患沟通学术发表   通过牛津大学图书馆 solo 平台,以医患沟通、医患关系及临床沟通关键词英文检索,2000—2016 年,外国医患沟通学术发表匹配检索结果为 5356 篇论文(含很少量书籍)(图 1-5)。

以谷歌搜索"医患沟通",2017 年 12 月,医患沟通相关信息为 12.7 万条,医患关系相关信息则达到约 34.3 万条。

(二) 国内外医患沟通学术研究内容概况

1. 国内医患沟通学术研究内容   2000—2016 年,国内近 7600 篇以医患沟通为主题的论文研究了什么?通过进一步高级检索相关关键词(主题词),发现文章侧重于医患关系的有 4154 篇、医

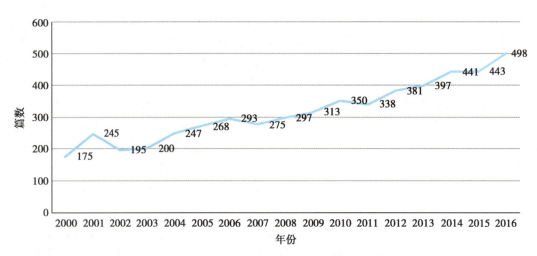

图1-5 2000—2016 年外国医患沟通学术发表概况

患沟通内涵15 篇、医院管理与制度 689 篇、沟通技巧 748 篇、医护服务流程 114 篇、临床诊疗过程 105 篇、医患纠纷处理 580 篇、医学教育（沟通能力）456 篇，另 700 多篇为综合类等。这些论文既有理论研究，又有实践探索，各具特色。尽管其学术深度和广度还有待拓展，但有一个共同的特征，就是他们都围绕当前社会环境下如何改善医患关系、提高医疗服务质量、改进医学人才培养等方面进行理想的学术探究，近 20 年的研究成果，为今后更高水平的学术研究与实践奠定了坚实的基础（图 1-6）。

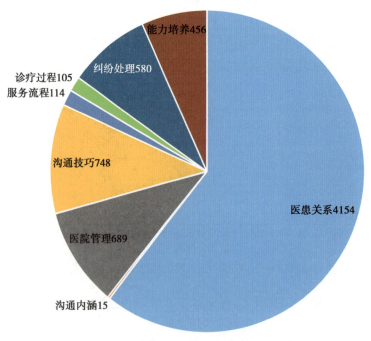

图1-6 2000—2016 年中国医患沟通论文研究主要内容

2. 国外医患沟通学术研究内容 2000—2016 年，国外 5300 多篇以医患沟通为主题的论文研究了什么？通过进一步高级检索相关关键词（主题词），发现文章侧重于医患沟通 2459 篇、医患关系 1121 篇、医疗方法 935 篇、医生因素 337 篇、患者因素 226 篇、公共健康 163 篇、沟通技能 125 篇、临床技能 144 篇、癌症沟通 91 篇、互联网 101 篇及医学教育和专科沟通等百余篇，其中近 500 篇是多重点的（重复计数）。显然，国外医患沟通的研究领域的宽度和深度都比国内要大许多（图 1-7）。

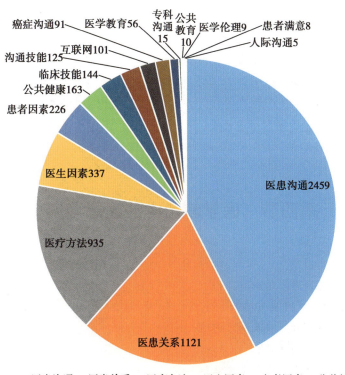

图 1-7 2000—2016 年外国医患沟通论文研究主要内容

（三）国内医患沟通学术研究主要成效

十多年来，研究探索医患沟通相关文章的作者多是临床医务人员、医学院校师生及少数人文社会学者等，给医学学术界和广大医务人员以及全社会带来了广泛而深刻的影响，充分说明了"医患沟通"在医疗卫生行业和医学教育领域被普遍认识和重视，说明医学领域为了适应经济社会的发展，正在进行一场深刻的自我变革。主要表现在五个方面：

1. 促进医学与相关学科融合 以生物医学为特征的现代医学，在市场经济社会环境中，经外因和内因作用，开始走出自我封闭的殿堂，主动适应国家和社会多元化需求，融入心理学、伦理学、社会学、经济学、管理学及法学等人文社会学科，尝试多视角、大视野的分析事物和解决问题。在此过程中，医学已经在向本性回归，拓宽了医学进步的路径，近几年来，医学界提出了"整合医学""转化医学""人文医院"及"健康人文"等新概念，医学人文在医疗卫生行业如火如荼地开展，开辟了现代医学研究和实践发展的新方向。

2. 理性认识医患关系 由于历史和现实的多种因素，医患双方及社会各界都曾经不能客观理性的认识医患关系，医疗机构和医务人员成为不良医患关系的责任者。在研究和实施医患沟通中，大家终于厘清了影响医患关系的多种元素，找到了主要矛盾，对老百姓"看病难"和"看病贵"的根源已形成共识，并增强了共同改善医患关系的信心，更理解了医疗卫生作为民生的重大社会责任。

3. 科学认识现代医疗内涵 当我们医者同时展开医患两条思维轨迹时，生物医学单项思维就显得不科学、不合理、更不人性了。尽管现代医药科技飞速进步，医疗物质条件十分优越，但必须是由医患双方理性控制的。医患沟通研究告诉我们，现代医疗活动应该是生物医学科技与人文社会活动的有机组合，医学要实现的是治疗疾病、康复身心、维护健康及和谐社会的综合目的。

4. 积极指导医疗服务实践 在政府主管部门积极推动和引导下，医疗机构和医务人员在临床一线开展了大量富有成效的医患沟通实践活动。他们边探索、边研究、边总结，不断完善医患沟通的制度,积极实行各种沟通方法和技巧,特别在人性化服务、医疗流程、医患纠纷处理等环节,建立了许多人性化、科学化、高效化、经济化的制度与举措,使医患沟通基本工作水平得到大幅度提升,患者和社会的满意度也显著提升,医患关系趋于和谐。

5. **优化医学教育**　全面的医患沟通探究中,人们意识到,传统的医学教育远离了快速发展的社会需求,医学人才缺乏人文精神及实践能力,必须对中国医学人才培养进行改革。因此,近些年,我国医学院校纷纷开设医患沟通的相关课程,并在人才培养方案、课程设置、实践教学及毕业考核等环节不断增加医学人文的内涵,也取得了一定效果。继续医学教育中,卫生主管部门也积极开始了相关内容的更新。

(王锦帆)

第四节　医学教育中的医患沟通

现实中的重要问题
- 历史上中西医治疗中有医患沟通吗?
- 大医精诚的内涵是什么?
- 当今国际医学教育标准有哪些涉及医患沟通?
- 我国医学教育的薄弱环节是什么?
- 近几年来我国医患沟通教育取得哪些成效?

一、医学历史中的医患关系教育

古代至近代,中外医学的传承和教育,并没有当今系统规范化的医学教育体系,都是依靠医生的言传身教和医学名家的医学著作。特别是这些看似完全专业的医学著作,是医学大家们将医学本质、技术、人文及社会等因素融合在一起精练地表述出来的,医患关系教育和医患沟通技能的精髓也就在其中。

《黄帝内经》是中国历史上首部医学经典巨著,其中不乏医患关系的论点:如"医患相得,其病乃治。"说明了医患合作的目的就是治病;内经中《素问·汤液醪醴论》说:"病为本,标为工。"指出在医患关系上,病人为本,医生为标。患者有着强烈的被认识、被理解、被尊重、被关爱以及知晓诊疗信息和早日康复的心理需求,医者要给予他们认知指导、情志支持及精心医疗等帮助;内经《灵枢·师传》篇说:"人之情,莫不恶死而乐生,告之以其败,语之以其善,导之以其所便,开之以其所苦,虽有无道之人,恶有不听者乎?"诚恳热心地对待患者,善言疏导,可以解除患者的思想顾虑,使他们配合医生的治疗。

唐朝大医孙思邈所著《备急千金要方—大医精诚》,是千年来我国医学界的金玉良言。《大医精诚》论述了医学的两个基本问题:第一是"精",即要求医者须有精湛的医术,要把"至精至微之事",做到"博极医源,精勤不倦"。第二是"诚",即要求医者要有高尚的品德修养,以"见彼苦恼,若己有之"感同身受的心,行"饥渴疲劳,一心赴救"的天使之命。文中将医患关系的内涵与应用精辟表述,展现了"苍生大医"的灵魂。

希波克拉底(Hippocrates,约公元前460年生)是古希腊最负盛名的医学家,被西医界誉为"医圣"和"医学之父"。在颇有权威的《希波克拉底全集》的60篇论著中,多次论述医患关系和医患交流的意义与技巧。如在《誓词》中说:"凡入病家,均一心为患者,切忌存心误治或害人,无论患者是自由人还是奴隶,尤均不可虐待其身心。我行医处世中之耳闻目睹,凡不宜公开者,永不泄漏,视他人之秘密若神圣。";他在《格言医论》中写道:"医生之责,非一己可完成,无患者及他人合作,则一事无成。"

在《礼仪论》里,他对医学特性和医生言行做了较为细致的阐述:如"医学有无私、大方、谦虚、含蓄、深思熟虑、判断准确、举止安详、积极进取、廉洁忠贞、语言庄重、善于谋生、业务兴旺、摒除迷信等优秀非凡的品格。"关于医患闲聊，他说："健康人和病人都讨厌执拗的人，医生必须十分留心自己的举止，不能过多地流露出不屑同外行人闲聊的情绪，而只说几句非说不可的话。"临床上如何与患者沟通，他说："进入病人房间之前，一定要知道必须做什么。要注意你坐着的姿势和预定的座位及衣着整理；说话果断、简明、沉着、镇静；靠近病人时，要表示关心；解释反对意见、遇见麻烦时，要使自己冷静，制止别人慌乱，继续准备做要做的事。"显然，希波克拉底在临床医患沟通中有着丰富的经验和很强的控制力。

爱德华·利文斯顿·特鲁迪奥（Edward Livingston Trudeau，1848—1915），一位极受尊重的美国医师，他在抗肺结核的工作中，具有开拓性。他建立了美国第一个肺结核研究实验室和举世闻名的纽约萨拉纳克湖阿德隆戴克乡村肺结核疗养院。他去世后，墓志铭上刻着："有时去治愈；经常去帮助；总是去安慰(To cure sometimes, To relieve often, To comfort always)"，这不仅是他对医生职业的认识，也是他行医生涯的写照，简洁而又深刻的诠释了医学的局限、医疗的作用及人文的价值，这句名言已在各国医界中广为流传并影响着一代代的医生。

二、当代医学教育标准与医患沟通

当今国际医学教育界有三个较大影响的国际性组织——国际医学教育专门委员会（IIME）、世界医学教育联合会（WFME）、世界卫生组织西太平洋地区办事处（WHO 西太区），他们在 21 世纪初制定了各自的医学教育国际标准，都将人际沟通能力列为医学生的基本能力之一。如 IIME 制定的《全球医学教育最低基本要求》的七个能力领域（60 条标准）中，特别凸显了毕业生的医患沟通能力，仅在"沟通技能"领域中专门有 9 条标准，而且在"职业价值、态度、行为和伦理""医学科学基础知识""临床技能""群体健康和卫生系统"及"批判性思维和研究"等五个能力领域中都有涉及医患沟通的具体标准。如"医学科学基础知识"中的"在急、慢性疾病防治；康复和临终关怀中，恰当地使用药物的、手术的、心理的、社会的各种干预措施。""临床技能"中的"对病人的健康问题进行评价和分析，并指导病人重视生理，心理，社会和文化的各种影响健康的因素"，等等。

世界医学教育联合会在 1989 年日本福冈宣言中指出："所有医生必须学会交流和处理人际关系的技能。缺少共鸣（同情）应该看作与技术不够一样，是无能力的表现。"在临床技能中强调了沟通交流的能力；WHO 西太区的"本科医学教育质量保障指南"中的知识目标、技能目标、态度目标中都涉及人际沟通能力的培养。此外，在 20 世纪 80 年代，西方发达国家如美国、英国、德国及加拿大等国医学教育界在培养医学生与病人的沟通能力上已经先行一步。

2008 年，根据国际医学教育标准结合本国实际，我国教育部和卫生部颁布了《本科医学教育标准——临床医学专业（试行）》，分别在思想道德与职业素质目标、知识目标和技能目标中规定了医患和人际沟通的具体要求。在 2010 年的全国执业医师考试中，增加了职业素养内容，人际沟通能力作为医生的基本素质之一显得越来越重要。

三、我国医患沟通教育的开展

（一）开展医患沟通教育的意义

1. **弥补传统医学教育的先天不足**　自中华人民共和国成立以来，我国的医学教育主要借鉴了前苏联医学教育的模式，这种模式较注重医学生职业技能的培养，对人文素质和社会实践能力的培养重视不够，使我国医学生的人文素质和社会实践能力较低，医患沟通教育在一定程度上将弥补医学教育中人文知识结构及实践应用能力培养的不足，在医疗的现实环境中进行教学和培养，填补医学技术与人文实践相结合课程的空白，这既符合教育规律，也符合医学的经验性特征，有助于形成我国医学人才培养的新模式。

2. **提高临床教师的人文素养**　医学教育的基本规律，在于医学人才必须经过临床教师在医院里进行严格的培养训练才能完成。目前大批的临床教师由于历史的原因,其知识结构和人文素养一时难以适应医学人文课程的教学任务。医患沟通的教学过程中,教学相长的规律将促使临床教师提高自身的人文素质,追求高质量医疗服务的内在动力也会促使他们积极主动地完善自我的人文素质和能力。

3. 成为继续医学教育的新目标　医学科学的人文性、经验性、实践性和非精确性决定了医学教育不可能一次性完成,它必须是终身的教育,继续医学教育制度是医生终身教育的基本保证。但目前继续医学教育的内容仅限于医疗业务范围,缺乏人文类的教育内容。医患沟通教育涵盖了医学与人文的综合应用学问和技能,它成为继续医学教育的新目标应是顺理成章和大势所趋。

(二)我国医患沟通教育的进展

2002 年以前,我国医学教育中几乎没有院校开设医患沟通课程,个别院校开设了"临床交流技巧"类的讲座,也没有正式教材。2002 年下半年,南京医科大学联合首都医科大学、上海第二医科大学、福建医科大学及南京中医药大学五家院校,共同编写了我国首部高等医学教育《医患沟通学》教材,并于 2003 年 9 月出版发行。时任卫生部副部长朱庆生和全国高等医学教育学会会长王德炳亲自为该教材作序。当年,南京医科大学首先在临床医学、口腔医学及护理学专业中开设了 36 学时的必修课程,受到学生和临床教师的广泛欢迎。

2006 年,教育部首次在我国医学教育课程体系中增设了医学沟通学课程。同年 8 月,《医患沟通学》第 2 版发行,并被遴选为"十一五"普通高等教育本科国家级规划教材,时任卫生部部长高强和全国高等医学教育学会会长王德炳作序,充分说明了卫生部门和教育部门对医患沟通教育的高度重视。2012 年《医患沟通学》再次被遴选为"十二五"普通高等教育本科国家级规划教材。如今,江苏大学、北京大学、哈尔滨医科大学及浙江大学等学校也相继编写了医患沟通类的教材,并开设了必修课或选修课。据不完全统计,国内已有过百家医学院校开设医患沟通类的课程。2014 年出版发行了《医患沟通》的数字教材,2015 年 10 月,人卫慕课"医患沟通"上线运行,并于 2017 年被评为教育部首批国家精品在线开放课程。经过十余年的医患沟通教学,我国医学教育已初步形成了一支由医院临床教师与大学人文社会学科教师相结合的医患沟通课程的师资队伍,并开始形成临床教师言传身教、学生亲身感受、师生互动研讨的医患沟通课程教学模式。此外,在一些医学院校毕业生临床实践技能考核中也增加了医患沟通能力的考核。从 2010 年开始的全国高等医学院校大学生临床技能竞赛中,已经将医患沟通的技能融入操作技能中。

（王锦帆）

【作业题】

1. 小组讨论:联系实际谈医患沟通的重要性。归纳小组讨论结果,写一篇《医患沟通之我见》。

2. 你对本章中的观点是否同意,如赞同,请选 2~3 个观点谈一下自己的体会;如不完全同意,请提出新的观点并加以简要阐述。

第五节　国外医患沟通概要

现实中的重要问题

- 国外医患关系为什么没有中国医患关系那样紧张?
- 不同国家的社会文化传统对医患沟通模式的影响是什么?
- 国外如何做到以患者为中心的沟通?
- 国外医患沟通在医患纠纷处置过程中发挥了何种作用?
- 国外良好的医疗保障体系对医患沟通和医疗纠纷处置的促进作用有哪些?

一、国外医患关系概况

西方医圣希波克拉底说过,比了解疾病更为重要的是了解患者。著名医学史专家西格里斯认为,每一个医学行动始终涉及两类当事人:医生和患者,或者更为广义地说,医学团体和社会,医学无非是这两群人之间多方面的关系。由此可见,医患关系应该是医学实践的核心环节。医疗纠纷、医患矛盾作为医疗服务行业的产物,是普遍性的世界问题,在各国都有不同程度的反映,近年来呈现上升增多的趋势。

美国是医疗技术最发达的国家之一,但据美国科学研究院医药研究所报告统计,全美每年因为医疗事故死亡的患者就达 4.4 万 ~ 9.8 万人,这个数字相当于工伤、车祸和艾滋病死亡人数的总和,年损失达 290 亿美元。2013 年的一份报告指出,该年度美国医疗场所共发生暴力事件 9000 余起,大部分是由患者或其家属实施的,占所有工作场所暴力事件的 67%。可见,美国的医疗事故及医患纠纷案件也不少见。但因为美国在医疗方面的立法、保险及相关配套措施较为完备,一般医疗纠纷发生后,医院管理部门、律师和保险公司等机构都会发挥积极作用,使得医生和患者之间的关系相对和谐。

加拿大同属于北美发达国家,但与美国不同,加拿大实施的是全国统一的社会医疗保险制度,这使民众有较高的安全感和公平感,因为医疗费用原因发生纠纷的可能性较低。良好的医疗保障使患者都能够拥有自己的家庭医生,只有急诊或大病的患者才会转入医院,而家庭医生与患者之间能够建立长期的医疗保健与信任关系。这些都有效地降低了医患纠纷的发生率。

德国是欧洲经济和科技最发达的国家之一,医疗水平也比较先进,但是,就这样一个中等人口的发达国家(8200 余万人),每年医疗事故总数达 10 余万起,其中有 2.5 万起事故导致了患者的死亡。但是,德国医疗供给体系的设置使民众在医生和医疗机构中有较多的选择权,健全的医疗保险制度很大程度上减轻了患者的负担,基本避免了"以药养医"的现象,所以医生的公信力在民众心目中普遍比较强。因此,德国人对待医疗事故的态度比较明智,医患关系并没有成为突出的社会问题。

英国、日本、韩国和其他欧洲发达国家的情况都体现出类似特征,即良好的医疗保障、高效的司法体系和高水平的专业团体可以有效地促进医患关系和谐,减少医疗纠纷的发生。虽然这些国家的制度并不是完美无缺的,但他们的思路与做法值得我们借鉴。

二、国外医患沟通概况

(一) 美国的医患沟通

在 18 世纪与 19 世纪初,美国已经在临床工作中实行知情同意(informed consent)制度,即在医务人员为患者提供足够的医疗信息的基础上,由患者做出自主医疗决定(同意与否)。随着知情同意权逐渐被确立为患者的一项基本权利,医患关系开始向平等化和共同参与的方向发展。知情同意是一个持续的临床沟通过程,而不只是签署一张表格,依据美国法律条例,知情同意必须含有四种成分:①知情(informing);②信息(information);③理解(understanding);④同意(consent)。一旦医生转达了基本的病情和推荐的诊治建议,他们必须要确定患者是否明白并且能否同意医生的诊治计划。对于有相当危险性的介入性操作和特殊诊疗方法,就其危险性和基本知识,患者都应该清楚地了解并明确表示是否同意。知情同意不只是用来满足医生和患者之间的法律需要,更提供了机会让临床实践中的不确定危险性转移到了为减少危险而努力的医患联盟。

正确处理医患关系,需要了解医疗关系的不同类型和特点。1976 年,美国学者萨斯(Szase)、荷伦德(Hollender)将医患关系划分为三种类型:主动-被动型(active-passive model)、指导-合作型(guidance-cooperation model)、共同参与型(mutual participation model)。主动-被动型的特征是:"医生为我做什么",处于重危、休克以及失去知觉的患者及对婴儿等某些难以表达主观意识的患者,均是这种类型;指导-合作型的特征是:"听从医生的吩咐",此种医患关系多适用于急性病患者;共同参与型的特征是:"接受医生帮助的自主治疗,这种类型多见于慢性病患者,他们不仅是清醒的,而且对诊断和治疗都有所了解。针对不同类型的医患关系,医生需要找到正确的沟通对象,采取合适的沟通方式,方能实现良好的沟通效果。

大量研究证明了良好的沟通在医患交互作用中能发挥积极的作用,所以,美国医学界非常重视医患沟通能力的教育,认为医患沟通技能是临床医生必备的技能之一,也应该是医学生的必修课程之一。一项美国医学院校协会关于沟通技能教学的调查表明,115 所医学院校中有 87%(100 所)的院校开设了专门课程来讲授沟通技能,其中 85% 以上的学校在第一年就开始为医学生授课。

除了在学校开展医患沟通技能教育外,美国还在临床工作中普遍推广了以患者为中心的沟通模式(patient-centered communication,PCC),帮助医生给患者提供有针对性的医疗服务。这一模式要求医生充分关注患者的各方面情况,通过开放式提问、倾听、积极关注等具体技术鼓励患者充分表达,探索和理解患者的观念、意愿、感觉、疾病体验和对医生的期望,使患者能够积极参与到临床治疗过程中,形成一种共同参与的医疗决策和医疗照护模式。作为高质量的医疗照护的中心组成部分,PCC 已被广泛的认可接受(图 1-8)。

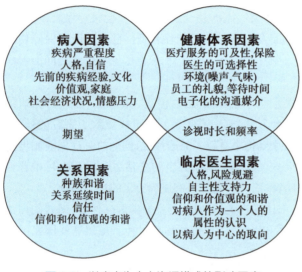

图1-8   以患者为中心沟通模式的影响因素

调查显示,患者不遵从医生的医嘱,与其个人性格、心理、人际关系以及其认知水平是有关的。医生与患者交谈时,患者当时仅仅能记得医生所说内容的 50% ~ 60%,而几周后只记得 45% ~ 55%。因此,医生首先要做的是弄清患者是否能理解并记住所传达的信息,美国医学界提出了以下具体实施方法:①应用便于患者理解的单词或短语,用日常化的语言代替医学专业词汇;②考虑问题的具体性和特殊性,以及患者对结果的期待;③询问患者理解了多少,并对其理解给予评判;④鼓励患者提问。目前,给患者提供高效的解释和教育已不再被视为医生职业素养高的表现,而是被视为履行医务工作必须要做到的基本要求,有关这个方面的教育培训已经普遍展开,相关的教育软件和各种网络教育课程也都应运而生。

(二) 欧洲发达国家的医患沟通

一项在 10 个欧洲国家(荷兰、英国、德国、西班牙等国)进行的关于医患沟通的比较研究表明,目前欧洲国家临床上同时存在着生物医学、生物-心理-社会医学、社会心理医学三种医患沟通模式。选择怎样的沟通模式及如何有效地沟通,除了受医生和患者的性别影响外,还取决于不同国家的文化特征,以及人们对健康、健康行为规范和价值观念的认识。研究显示,沟通中积极的情感表达行为,如向病人表达同情、关心和支持等,在英国、德国和瑞士更加普遍,荷兰、波兰和爱沙尼亚的医生更倾向于实施生物医学的沟通。

作为一个老牌现代化国家,英国除了与其他欧洲国家相同的做法外,还有一些独特之处值得借鉴。首先是英国的全科医生(general practitioner,GP,即英国社区医生)制度。英国的医疗系统是以社区为基础的医疗系统,所有居民都必须在就近的全科医生诊所注册,预约看病,如有必要,才由其转诊到专科医院或综合医院就诊。全科医生体系深刻影响着英国的医患沟通水平,他们与自己的患者关系更加紧密、相互了解更加全面、沟通时间也相对充裕,医患沟通的效率较高,且相互信任程度也比较好;其次,在英国的医院体系中,一般都专门设立医务社会工作者(medical social worker)部门,他们接受过与医疗、社会服务、心理和临床沟通相关的专业培训,与主任、教授一起查房,如发现患者对医疗过程产生疑惑或不理解,社会工作者会马上与之沟通或通知其相关亲属进行解释。另外,医院以专科为单元,印制多种生动活泼的患者须知和健康指导,加强患者对疾病知识的了解,病区均设立专门的医患沟通办公室,方便与患者进行单独的交流与沟通。

（三）日本的医患沟通

进入 21 世纪以后,日本公众对医疗服务和医患沟通质量的不满逐渐成为重要的社会议题。2003年日本《读卖新闻》的一项调查显示,60% 的日本公众对他们所接受的医疗服务不满意,并希望与医生之间有更多的沟通,这一态势已经影响到患者的就医选择行为(doctor-shopping behaviors)。根据日本一项研究,在 19 个相关变量中,医生解释沟通水平(the level of doctor explanation)是影响患者就医选择最主要的因素。另一项关于日本与美国的医患沟通比较研究也表明,日本医生和患者间的总体互动时间短于美国,在沟通中日本医生花费在体格检查和与诊断相关的沟通上的时间更多,而且,医生在与患者沟通中占据了更主动的地位,相反,美国医生花费在社交性交谈的时间更多,患者在沟通中也更加积极。对此,日本医学界已经开始在医学教育、医生执业考核和临床工作中加大了对医患沟通的强调,通过采取一系列措施,有效地提高了医患沟通的水平。

这一变化缘起于日本医患关系模式的社会心理转变,随着全球化进程的不断加深,传统的日本式医患关系开始发生改变,在传统上被标记为沉默、顺从的日本病人已经越来越少见,这些转变迫使医疗界积极地做出应对。首先,是积极促进服务质量的提高,促进医患关系信任度的提升。2004 年 6 月起,由日本厚生省、医师协会、医院协会、健康保健联合会共同发起成立的医疗评估机构,开始定期对所有医院在医疗记录是否严格管理、有没有主治医生责任制、每个病例是否进行了认真研究、有无医生进修制度、患者权利是否有明文规定等五个方面进行评估,评估合格者发合格证书,并在多种媒介上公开发布评估结果。这些措施有利于患者选择优质的医疗,同时增加了患者对医生的信任;其次,是在医学教育中加强了对医患沟通技能教育和培训的要求。2005 年,日本文部科学省明确地将有关沟通的技能和行为培训列入了医学教育核心课程体系,所有的医学院校都必须调整自己的教学体系以满足这一要求,这些都极大地促进和改善了日本医患沟通的质量和水平。

（四）俄罗斯的医患沟通

俄罗斯的医患沟通理念也具有一些非常有借鉴意义的特点。例如,非常注重谈话的语言技巧和内容,特别关注患者下意识的反应和感觉,医生在不知不觉中把话题转移到要问询的内容上来。通常与患者沟通的技巧包括:①初次接触中了解患者的一般情况;②医生往往从普通的交流开始,诸如工作、学习、业余爱好和家庭等情况,给患者自由表达的空间,然后转向比较隐私的问题来获得有益于诊断的具体信息;③医生注意观察患者的反应,帮助患者正确表述事实,以确保信息的准确性;④鼓励患者充分的诉说,在谈话中,通过肢体动作和语言给患者信心;⑤谈话中使用适时沉默等共情技术,给患者思考和反应的空间,且获得被尊重、被理解的体验;⑥谈话过程中,医生要坦诚主动地与患者交流,以轻松的方式获得患者的信任。所有这些方法和技术的应用,都应贯穿诊断、治疗的全过程。

（五）东南亚国家的医患沟通

大多数东南亚国家都还处在发展中阶段,往往又面对着非常多元和复杂的民族、宗教和文化环境,这使得他们的医患沟通情况与中国、日本等东亚国家和西方国家具有很大的差异。对这些国家的情况进行研究和分析也会给我们带来一些启发。东南亚国家的医患沟通,主要体现出以下几个特点:①东南亚国家比较突出的社会等级制度同样也体现在医患关系的结构中,医生相较于普通患者往往具有相对较高的社会地位,这往往会导致一种由医生主导的、单向的医患沟通模式;②东南亚国家较少强调个人权利的概念,在医患沟通中就容易导致医生的家长制作风,家庭成员对医疗沟通和决策的参与程度也低于西方国家;③在医生和社会公众之间存在平均教育水平的差异,也造成了很大的影响,这使得病人很难真正有效、积极地参与到自己的医疗过程中;④各种民族、文化和宗教信仰之间的差异,也使得来自不同背景的医生和患者之间的沟通遇到很大的障碍。

三、国外医患纠纷处理

从前述几个国家的医患沟通制度和发展状况可以发现,良好的医疗保障制度和社会法制建设是促进和谐医患关系的重要因素,但社会发展水平、文化观念差异等因素也是重要的影响因素。对发达国家在有关医疗纠纷处理的制度和做法进行研究,将为构建适合我国国情的医疗制度体系提供有益的借鉴。

(一) 美国医患纠纷处理

在制度层面,美国的医疗立法很严格,一旦证明医院或者医生有过失,美国的法庭判罚很高,赔偿可以从数十万到数百万美元不等。所以,美国医生会拿出自己近三分之一的收入用于购买保险,保险费率还会根据是否发生过医疗纠纷等情况而浮动。这对医生的医疗质量是一种有力的监督。另一方面,一旦出现医疗事故或者差错,受害者本人及家属可聘请律师,通过司法诉讼来寻求正义,如果患者或家属采取暴力行为或者直接纠缠医生,也会受到法律的严惩。在诉讼过程中,患者并不会与医生直接交涉,医院法务部门、律师和保险公司是主要的参与者。这些措施都保证了医患纠纷在法律框架内获得解决。

对美国医疗服务提供方来说,严格落实知情同意制度、根据不同医患关系类型采取不同的沟通与治疗方式、厉行推广以患者为中心的沟通模式、在医院和医学院校加强医患沟通教育等是防范医患矛盾的主要措施。对于已经发生的医患矛盾,医院的风险管理部门或法务部门会专门负责调查,医务委员会和伦理委员会则对医生的执业行为进行审查。其中,伦理委员会的成员由医生、护士、律师、医务社会工作者、医学伦理专家以及社区代表等组成,能够更好地反映和平衡各方面的利益和诉求,也提供了一个医患双方进行有效沟通和协商的机会。这一机制的成功运作,对美国医患纠纷的减少和医疗质量的提高起到了很大的作用。

(二) 德国医患纠纷处理

在德国,医患纠纷的处置首先是拥有一个相对公平和稳定的法制环境,其次是民众对待医疗事故的态度比较理智,大多会在合法途径内选择调解或司法诉讼的方式来解决纠纷。德国专门设置了独立的医疗事故调解机构,医疗事故发生后,患方一般先与当事医生或者院方进行接触以确认事实,协商赔偿方案。如果没有达成一致,患者可以向医疗事故调解机构求助,他们会根据情况组成专家小组,在得到患者和医生双方同意后开展工作。该机构的主要作用是避免当事人漫长的打官司历程与昂贵费用,但其最后的处理意见只是建议性的,并不具有法律效力。若当事双方无法达成一致,则可诉诸法律程序。在德国法院裁决的案例中,只有约10%判定患者一方胜诉,且仅有0.3%的案件,医生需要负刑事责任,这是对医学特殊性和复杂性的尊重而非对医生的宽容。

(三) 英国医患纠纷处理

英国实施以三级投诉为主、法院裁决为辅的医患纠纷处理体系。英国的医生与医院是雇佣关系,如果患者对其医疗行为不满意,首先向提供医疗服务的医院投诉,院方可以让有关责任人向患者口头答复,或进行调解,或深入调查等。如患者仍不满意,可要求对其投诉进行独立审查,一般由院方或医疗主管部门召集,与独立的非专业人士磋商后,成立专门小组对投诉进行调查,将调查结论发回原医疗机构并责令其解决问题。如果此时患者对投诉处理结果仍不满意,还可以继续向医疗巡视官投诉。医疗巡视官独立于医疗机构和政府,可以依法对投诉作最后裁决。但现行的投诉程序并不涉及对医疗事故的赔偿问题,患者能否得到赔偿、赔偿金额多少,都需要通过诉讼程序由法庭裁决。

(四) 日本医患纠纷处理

日本处理医患纠纷的方式主要有三种:医患双方自行协商、医师协会和保险公司的联合处理、法院调解和诉讼。医师协会和保险公司的联合处理模式中,尽可能保证公正性和透明性,其参与的专家有在高校从事医学伦理研究的学者和独立的法律专家,二者占人员组成的40%,这些人员的结构配置较好地保障了处理的独立性与公正性。

为了减少医疗纠纷的发生,日本厚生劳动省建立了医疗事故数据库,成立了由医生、律师、民间组织代表参加的医疗事故信息研究会,对医疗事故进行调查研究,对预防类似事故的发生以及发生事故时如何应对提供建议。另外,政府要求和监督医院为医生购买"事故责任保险",大多数中小纠纷均可通过保险公司获得解决,有效地避免了医患纠纷的进一步发展。发生医疗事故后,医院要向有关部门报告并向患者家属作出解释,属于院方的错误,医院要真诚道歉,并在经济上给予补偿,尽量做到以和解方式解决纠纷。如果医患双方存在争议并难以达成"共识",可诉诸法律。有关部门根据调查结果进行处理,触犯刑法的还将被追究刑事责任。

值得一提的是,日本政府建立了相关制度,缩短医疗事故诉讼案的审理时间,帮助那些在医疗诉讼中处于相对劣势的患者和家属。厚生劳动省对医疗事故中受害方的患者家属推行"无过失补偿制",即无论医院是否存在医疗过失,受害患者家属都可以获得一定的补偿,其金额大小则由第三方经认真考评后决定。

(程国斌)

【作业题】

1. 其他国家建设医患沟通机制的经验给我国带来了什么样的启发和借鉴,我国医患沟通机制建设应该在哪些环节予以推进和加强?

2. 请根据中国目前社会发展状况和传统文化特征,思考国外医患纠纷处理的制度和方法中有哪些可以适用于当代中国社会,哪些不能机械照搬?

第二章　医患沟通基础

第一节　医学中的人文内涵

现实中的重要问题

- 生物医学模式有什么优势与不足?
- 生物-心理-社会医学模式的进步体现在哪里?
- 现代医学的内涵对医疗服务的启示是什么?
- 医学人文是怎样体现在医疗服务中的?
- 医学职业精神怎样才能更好地融入医疗服务中?

一、医学模式及渐变

医学模式(medical model)是人类抵御疾病和认知生命实践中对医学的总体看法,即医学观。它的思想观念和思维方法既表现了医学的基本特征,又是指导医学实践的基本观点。医学模式研究医学的属性、职能、结构和发展规律。人类历史中,医学模式经历了多次转变,从远古的神灵医学模式到古代的自然哲学医学模式,之后进入了主宰医学界至今的生物医学模式。当今,生物-心理-社会医学模式方兴未艾。

1. 生物医学模式　生物医学模式(biomedical model)起源于15世纪。欧洲文艺复兴推动了自然科学技术的进步,掀起了工业革命的热潮,实验科学也随之兴起。在此背景下,哈维(1578—1657)发现了血液循环,并把实验方法引入生理学和医学研究,从而把科学实验的近现代医学和先前原始的、巫术的、经验的等古代神灵医学模式区分开来。伯尔纳(1813—1878)在实验医学中有众多发现,他写下了《实验医学导论》这一影响很大的医学方法学名著。从哈维到伯尔纳,近现代医学便牢固地在生物科学的基础上发展起来。随后,生物科学在生理学、生物化学、微生物学、病理学、免疫学、药理学、分子生物学、细胞生物学、遗传学等领域相继取得了惊人成就,使临床医学和预防医学发生了质的飞跃,解决了许多重大难题,如疼痛、感染、失血等。因此,人们一再强调生物科学("基础医学"的大部分学科都属于生物科学)对于医学的决定性意义,并且利用了"生物医学"(biomedicine)这个术语。由此,生物医学模式便成为了进展迅速的现代医学的标志和核心。

总之,生物医学模式是建立在生物科学基础上,反映病因、宿主与自然环境之间的变化规律的医学观和方法论。它认为每一疾病都必然并且可以在器官、细胞或分子上找到可以测量的形态学或化学改变,都可以确定出生物的或现代的特定原因,都应该能够找到治疗的手段。

但是,随着社会和环境的改变,危害人类健康主要原因已是心血管疾病、恶性肿瘤、意外伤亡、呼吸系疾病等,这些疾病的致病因素已不是单纯的生物病因,还有许多社会环境、个人行为、生活方式等因素。在此,生物医学模式的内在缺陷性显露出来。实际上人的社会性、心理因素对人的疾病和健康常常具有决定性的影响。有许多疾病的生物因素要通过社会与心理因素而起作用,疾病的表现形式,已由单因单果向多因多果形式发展。所以,医学模式从生物医学模式过渡到生物-心理-社会医学模式(bio-psycho-social medical model)就成为医学发展的必然趋向。

五百多年来,生物医学模式为人类做出的贡献是巨大的,它以严谨、缜密的科学实证思维方式和医学行为,战胜和控制了人类疾病群中的大多数疾病。正是因为它的"伟大功绩",才使疾病谱和死因谱发生了转变,才使心脑血管病、恶性肿瘤、呼吸系统的疾病凸显出来。所以,从此意义上看,生物医学模式将永远是医学模式的基础。

2. 生物-心理-社会医学模式　任何事物都是发展变化的。社会的繁荣和进步,使城市化趋势加快,人们的生活方式随之改变,人类疾病谱也发生明显的改变。公共卫生和社会保健的作用日益突出,人类与疾病的斗争已不可能是个人行为,许多疾病和健康问题必须采取社会化措施才能解决,整个社会系统都承担着保健职能。人们日益感到人类具有共同的健康利益,人人享有健康,健康是基本人权的观念已成为全球共识。生态环境保护问题,一些全球性高发病、严重传染病的共同防护,更使医学社会化的趋势不断加强。

1974 年布鲁姆(Broom)提出了包括环境、遗传、行为与生活方式及医疗卫生服务这四个刺激因素的环境健康医学模式。之后,拉隆达(Lalonde)和德威尔(Dever)对环境健康医学模式予以完善,提出了卫生服务和政策相结合的综合健康医学模式(图 2-1)。

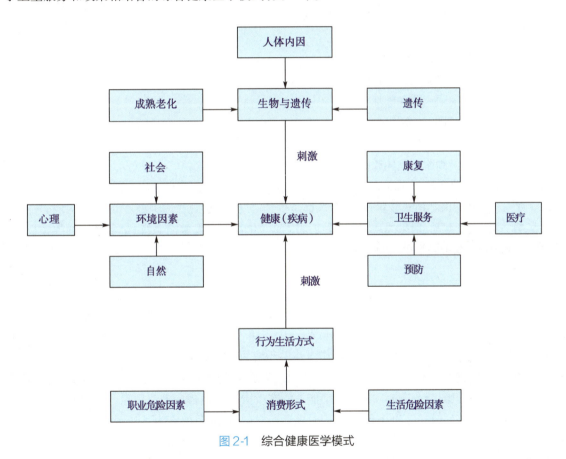

图 2-1　综合健康医学模式

1977 年美国医学专家恩格尔(Engel)在综合健康医学模式的基础上,提出了生物-心理-社会医学模式,所以,生物-心理-社会医学模式又称恩格尔模式。它以系统论的原则构筑了疾病、病人和环境(自然环境与社会环境)的一个系统框架。其中,他把健康或疾病理解为从原子、分子、细胞、组织、器官、系统到人(整体),以及由人、家庭、社区、人类组成概念化相联系的自然系统。他认为,健康反映的是系统内、系统间高水平的协调。恢复健康不是健康的以前状态,而是代表一种与病前不同系统的新的协调。

以下反映了人受到辐射后亚原子层次失调在生物-心理-社会医学模式上的系统表现。

社会、国家→分配福利政策

↑文化　→价值挑战、医治病人和资源的其他用途↑
↑社区　→资源转移用来医治病人↑
↑家庭　→情绪受创↑
↑人　　→不能进行复杂、协调的身心活动↑
↑系统　→神经系统功能损害↑
↑器官　→发育受阻↑
↑组织　→显示形态变化↑
↑细胞　→缺少分化指令↑
↑细胞器　→染色体基因突变↑
↑分子　→DNA模板变化↑
↑亚原子　→配子受辐射↑

以下则反映了社会层次失调(失业)在生物-心理-社会医学模式上的系统表现。

↓社会,国家←停止飞机制造的决策↓
↓文化　→价值挑战,忠于政府和就业需要↓
↓社区　→失去收入↓
↓家庭　→经济上、情绪上的紧张↓
↓人　　→重新自我估价,再就业学习和新生活方式↓
↓系统　→环境输入节律破坏↓
↓器官　→神经器官抑压↓
↓组织　→器质性症状、体征,如失眠、疼痛、忧虑↓
↓细胞　→神经细胞染色体改变↓
↓细胞器　→染色体形态变化↓

生物-心理-社会医学模式显示,每个层次都是生物-心理-社会这个总系统中的有机构成,各层次一层影响一层,上下互动,因果关系明显,任何层次的变化都会触发整个系统,带动系统的连锁反应。这就是生物-心理-社会医学模式的基本特征。

二、现代医学的含义

医学是什么? 关于医学的定义,古今中外有许多不同的解释。如英国《牛津大辞典》医学的定义:"预防与治疗疾病的艺术和科学。"中国《辞海》中表述为:"医学是研究人类生命过程以及同疾病作斗争的一门科学体系。从人的整体性及其同外界环境的辩证关系出发,用实验研究、现场调查、临床观察等方法,研究人类生命活动和外界环境的相互关系,研究人类疾病的发生、发展及其防治、消灭的规律,以及增进健康、延长寿命和提高劳动能力的有效措施。"但都未涉及医患合作和社会参与,毋庸置疑,医学有显著的时代性和社会性,我们对现代医学的认知,目的是为了让医务卫生工作者和全社会具有新的思维方式和行动策略。现代医学新函义中的"新",应反映当今社会和谐与合作的主流特征,医患沟通作为医学与医疗的思维导向和行为方式的统一体,应能体现时代之新、方法之新及目的之新,它更有益于现代人健康生存、医学发展、社会和谐。因此,根据现代社会的诸多特征及医患沟通的内涵,现代医学可作如下阐述:

现代医学是研究人类维护身心健康、提高生存质量及延长生命时间的科学体系与实践活动。医学实践以人类共同健康利益为准则,以医务卫生人员为主导,全社会合作参与,融合身心、社会及自然三个环境系统,用自然科学的技术,结合人文社会科学的行为,通过医学研究、医护伤病、预防保健及医学教育等活动,实现个人健康长寿、国家与社会和谐发展的医学目的(图2-2)。

显然,现代医学的主体,是以生命科学为主及多学科的知识体系与相关的实践活动构成。"维护身心健康、提高生存质量、延长生命时间"就是医学研究和实践的具体目标;"以人类共同健康利益为

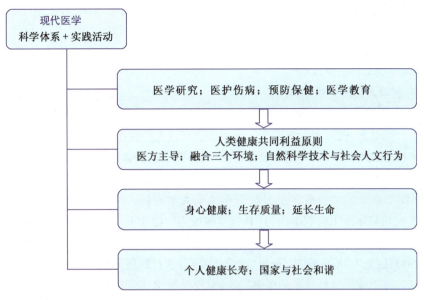

图 2-2　现代医学含义

准则”即为医学实践的伦理价值标准；"以医务卫生人员为主导，全社会人群合作参与，融合身心、社会及自然三个环境系统”则是医学实践的科学方法；"用自然科学的技术，结合人文社会科学的行为”是医学实践的实施手段；"医学研究、医护伤病、预防保健及医学教育等活动”是医学实践的有效途径；而医学的最终目的就是："个人健康长寿，国家与社会和谐发展。"

三、医学人文与医学职业精神

（一）医学人文

1. 医学人文的含义　医学人文是一门医学和人文学的交叉学科，是研究医学与人文关系及从人文观念角度出发对各种医学现象、事件进行思考、总结的学科，是一个探讨医学源流、医学价值、医学规范以及与医学有关的其他社会文化现象的学科群，包括医学哲学、医学伦理学、卫生法学、医学史学、医学心理学、医学社会学等。医患沟通是医学人文学科中新生的且广受关注的应用性学术领域。

人文学科的内涵与医学领域中各种关系及活动有着内在的本质性关联，与人文主义和人文学科的深刻内涵相一致，医学包容着理性精神和科学精神，融合了感性和理性、人文与科学，因此，医学无疑是最集中体现人文主义的领域。

2. 医学人文的进步　有关于医学人文的思想言论自古即有，但较早时期医学人文只是医学的一个分支，一般是由长期或曾经从事医学工作人员自主思考总结得出的一些结论或心得，医学人文长期处于无正式定义阶段。历史上，医学科学的发展以及医学科学大师的出现，都与彼时彼地的人文环境有着极大的关系。可以说人文环境极大地影响着医学科学发展的方向和速度。例如：在文艺复兴运动的大背景下，人体解剖学以及其他自然科学得到了前所未有的快速发展。同一时期，中国正处于明王朝的统治之下，封建势力仍然十分强大，人体解剖为封建礼教所禁止，解剖学学科无法获得创建和发展的机会。因此，要想理清医学的发展脉络，把握医学发展的方向，具备丰富的人文社会知识是十分必要的。

生物医学的飞速发展带来了现代性的危机和困惑，不仅引发了包括医患纠纷、过度医疗、医疗费用增加等全球化难题，也产生了诸多悖论：诊疗技术越来越先进，但患者对医生的信任度却在下降；生物医学越来越发达，但面对越来越多的慢性病诊断和治疗，当今医学却越来越显得无所适从……人类对于医学人文性的思考、对于生命的思考越来越深刻，这为医学人文的诞生提供了十分重要的理论基础。随着医学工作者整体综合素质的不断提高，对于工作的思考与总结不断深入，为医学人文的进步提供了非常重要的学术基础。随着医学模式由生物医学模式向生物-心理-社会医学模式的出发,新的医学人文学术开始出现,如大量涌现了医患关系及沟通的理论与实践探索,医学伦理学、卫生法学、医学哲学等纷纷成为社会现实剖析的难点和热点。深入临床医疗一线应对复杂案例和问题,为医学人文的发展提供了更宽广的空间。

(二) 当今医学人文热点和趋势

对人文学科的关注并不意味着轻视科学在医学中的作用,相反,关注人文将会达到科学和人文的平衡。进入21世纪以来,国际和国内医学人文领域已有较大的发展,理论研究进一步深化,实践层面上更加具体,方法上也更为多元。"叙事医学"在兴起,提出并积极探讨"整合医学""健康人文""人文医院"等新概念、新实践,进一步拓展了医学人文研究的领域与实践的范围。

1. **叙事医学**   叙事医学的概念由美国哥伦比亚大学丽塔·卡伦(Charon R.)于2001年提出:"叙事医学在于建构临床医生的叙事能力(具备叙事能力的医生开展的诊疗活动,即符合叙事医学的范式),它是一种吸收、解释、回应故事和其他人类困境的能力,这种能力有助于临床医生在医疗活动中提升对患者的共情能力、职业精神、亲和力(信任关系)和自我行为的反思,其核心是共情与反思。"叙事医学的目的,在于调整日益紧张的医患关系,聆听被科学话语所排斥的患者的声音,同时作为一种实践理性干预患者的治疗或康复,从另一种角度为生物医学伦理学提供实践基础,是病人和医生都需要的一种新的医学形式,是医学和文学范畴的交叉学科,将在很大程度上推动医学人文走向临床,进一步契合技术与人性的轨迹,丰富人类对生死、疾苦的理解和认知,将生物医学提升到有情、有趣、有灵的层面,为紧张的医患关系"松绑",最终实现从医患之间的小沟通到公众理解医学的大沟通。

2. **整合医学**   我国的整合医学理念自20世纪90年代即有萌芽。2009年11月由《医学与哲学》杂志发起,并由全国六大学会联合举办首届"医学发展高峰论坛——医学整合"会议,这次会议明确提出了医学整合包括临床学科的整合、临床医学与基础医学的整合、临床医学与公共卫生及预防医学的整合以及医学与人文的整合。2012年12月,"整体整合医学高峰论坛"在北京举行,樊代明院士、俞梦孙院士、朱晓东院士及陈可冀院士出席会议,对我国整合医学的发展进行了初步的规划和整理。会议上,樊代明院士首次提出了整体整合医学(holistic integrative medicine)的概念,即是将医学各领域最先进的知识理论和临床各专科最有效的实践经验分别加以有机整合,并根据社会、环境、心理的现实,进行修整、调整,使之成为更加符合、更加适合人体健康和疾病治疗的新医学体系。

3. **健康人文**   健康人文作为一个"更具包容性、更加开放和更面向应用"的学科概念的提出,丰富了医学人文的内容,拓展了医学人文的实践范围,唤起更多的医疗保健和健康从业人员来关注健康事业中的社会人文问题。医学人文学科已取得了相当大的进展,成为一个更具包容性、开放性、实践性的学科。应将医学人文的概念拓展到健康人文,从新的维度来发展健康人文学科。健康人文学的兴起,丰富了医学人文的内容,拓展了医学人文的实践范围,可以促使医生、护士、公卫预防、医务社工等更多医疗健康从业人员关注健康人文问题。

4. **人文医院**   人文医院是以"患者利益至上"的核心价值观为"基因"与"驱动",关注患者与医护人员双主体。通过内部的人文管理,对外提供人文服务的新型组织形式。人文医院以人文管理理念为指导,以建设具有高度人文性、合作性和极强适应力的可持续发展为战略目标,以"患者利益至上"的核心价值观驱动组织结构、管理制度、医院文化、技术系统等密切协调与配合的管理模式的构建,并通过管理模式进一步巩固和支撑其价值观和战略的实现。

"患者利益至上"的核心价值观,并不是忽略对医护人员的人文关怀,而是以患者与医护人员为双主体,通过内部完善的人文管理,增强医护人员的职业认同感、尊严感与荣誉感,从而自觉追求"患者利益至上"的价值目标和标准。外化为医院的人文服务,提高患者满意度,构建和谐的医患关系。对医护人员的人文关怀是真正实现对患者人文关怀的前提和基础。

20世纪80年代,我国医学人文学的教学与研究开始出现,医学院校陆续开设医学人文学的相关课程,医学人文学方面的著作也相继问世。从无到有,从小到大,特别是近几年我国医学人文学科在各方人士的积极倡导和实践中得到了长足发展。由于各种主客观因素,目前,我国医学人文学科的发展还存在一些缺憾,诸如其发展多为孤立的、单向度的,缺乏学科间的交流与融合,没有形成与医学相匹配的医学人文学学科群,没有充分发挥医学人文学在医学发展中的"规范与引领"作用等。

(三) 医学职业精神

1. 医学职业精神的含义　所谓医学职业精神,是医学从业者和医学共同体在从业过程中应该遵守的职业规范,它包括技术规范和伦理规范以及行业自治,即在医疗实践整个过程中,在任何情况下,医务人员要始终坚持医学职业精神和专业精神的统一。

医学职业精神充分体现促进医学科学技术发展的科学精神和临床诊疗过程中的医学人文精神;医学职业精神是医学科学精神和医学人文精神的完美结合,是职业道德的升华和最高的思想道德境界。其精神实质是病人健康至上,把病人利益放在首位。医学职业精神应以确保医疗安全为导向、以尊重患者为基础、以医患沟通为手段,有效地沟通不仅能解决很多医疗过程中多元化、复杂性的问题,更是体现和落实医学职业精神的最佳途径。

2. 医学职业精神的主要内容　医学职业精神的主要内容:①是职业立场,即世界公认的人道主义、利他主义;②职业目的,即通行于医学界的救死扶伤、服务健康;③职业态度,即医者必须具备的爱岗敬业、恪尽职守;④职业理想,即全面优化医学价值追求的医乃仁术、大医精诚,其表现方式主要是职业素质,即科学素质与人文素质的整合;⑤职业人格,即科学人格与人文人格的整合;⑥职业风尚,即科学风尚与人文风尚的整合;⑦职业准则,即科学准则与人文准则的整合。其中,职业素质与职业人格主要体现为个人的,职业风尚与职业准则主要体现为群体的;职业素质与职业风尚是实然性的,职业人格与职业准则是应然性的。

3. 医学职业精神的特征　①医学职业精神主张以专业视角来促进医学和医学职业的发展。医学职业的专业视角是指医学从业人员必须保证自己受过完备的专业知识训练和培训,具有医学职业从业资格;②医学职业精神采取伦理关怀的价值导向。医学职业精神的伦理关怀是一种价值导向,它在医学上主要体现为医学利他主义的道德观,以及保密、诚信等道德责任;③医学职业精神主张尊重病人的自主性。尊重自主性是西方现代医学的一个强劲话语,是医学伦理学的基本原则;④医学职业精神包含了公正的要求。现代医学职业精神应该站在社会公正的高度,考虑医疗机会的公正平等和医疗资源的公平分配等问题;⑤医学职业精神倡导整个医学职业的行业自治。能否自治、能否自己管理自己,是一个行业从一般职业转换为专业的标准。一个行业如果不能够进行自我管理和自我监督,从事该行业的人就不能用该行业的精神约束自己,该职业就不能够得到社会的广泛认可。

在新时代、新环境下,加强医学人文和医学职业精神建设意义尤为重要。首先,医学作为直接面对人的科学比其他科学更强调人文关怀和职业精神;其次,新型医学人才的培养离不开医学人文学和医学职业精神的建设;第三,加强医学人文学和医学职业精神建设也是适应世界科学发展趋势的需要。

四、循证医学及实现途径

1992 年加拿大麦克玛斯特大学 David Sackeet 及同事在长期的临床流行病学实践的基础上,正式提出了循证医学的概念。循证医学(evidence-based medicine,EBM) 意为"遵循证据的医学"。David Sackeet 在 2000 年新版《怎样实践和讲授循证医学》中,再次定义循证医学为"慎重、准确和明智地应用当前所能获得的最好的研究证据,同时结合临床医生的个人专业技能和多年临床经验,考虑病人的价值和愿望,将三者完善地结合,制订出病人的治疗措施。"

循证医学的核心思想是:在临床医疗实践中,应尽量以客观的科学依据结果为证据,判断病人病情并做出诊治决策,即临床医生的专业技能与当前系统研究所获得的最佳结果有机结合,以病人为对象查找证据,严格评价、综合分析,将最好的证据应用于临床实践。由此可见,证据是循证医学的基石,而证据是已有的、被证明的研究结果,研究阶段就是求证的过程,而实践则是使用证据的具体操作。

最好的研究证据主要指来自临床基础的研究,尤其是以病人为中心的临床研究,包括3个方面:准确的诊断性;临床试验研究(包括临床检查);预后指标的强度研究,治疗、康复、预防措施的有效性和安全性研究。这些证据都有赖于临床专业技能(在准确地病史采集、熟练的体格检查和恰当的实验室检查基础上作出的临床判断)。这种专业技能是医生长期积累的对个体病人的诊治经验。

循证医学模式是几千年来临床医学实践的升华,有着积极的创新价值。它的意义至少体现在三个方面:①对个体的病案:以极为负责的态度和科学的精神,来选用对此个体最佳的诊断和治疗方案;②不被较成熟的临床理论以及较先进的诊疗手段所束缚,仍以精湛的专业技能和长期的经验为诊疗核心;③尊重患者的价值观和在医疗过程中的选择权。这是生物医学模式向社会-心理-生物医学模式转变的基本路径。循证医学对待每一个患者的诊疗过程,都是建立在科学实验和与患者全面沟通的基础上实施的,从一定意义上说,医患沟通是循证医学模式实现的最佳形式。

(赵　群)

第二节　医患关系与医患需求

现实中的重要问题

- 医患关系的表现重点在哪个方面？为什么？
- 如何平衡传统医患关系中的合理因素？
- 当今医患关系的发展趋势如何？
- 现代医患关系本质是什么？
- 患方需求与医方需求怎样协调与平衡？

一、医患关系及趋势

医患关系(doctor-patient relationship)简言之就是在医学实践活动中产生的人际关系。这种关系分为狭义的和广义的。狭义的医患关系是指医生与患者之间的关系;广义的医患关系是指医务人员(包括医生、护士、医技人员、医疗行政和后勤人员等)与患者一方(包括患者、亲属、监护人及单位组织等)之间的关系。从改善全面医患关系的角度,我们应更重视广义的医患关系。医患关系的内容表现为两个方面:

1. **医患关系的非技术方面**　即与医生诊疗技术和方法无关的医生与患者"纯"人际关系。确切地说,就是医务人员的服务态度,医德、医风的表现而引发的医患关系现象。医患关系非技术方面,实际上体现了社会人际关系最普遍、最基本的原则,就是人与人之间的平等、尊重、信任及诚实。没有这个基础,任何人际关系都不可能很好地维系。更何况社会对医生的品格期望极高,而且医务人员的服务态度对患者的治疗效果影响是很大的。希波克拉底曾说:"一些病人虽然意识到其病况的险恶,却仅仅由于对医生品行的满足而恢复了健康。"所以,医患关系的非技术方面是今天医患关系的主体或主要方面。

2. **医患关系的技术方面**　是指在诊疗过程中,医务人员与患者(及家属)围绕诊疗技术性的问题建立的关系。如征求病人对治疗的意见、讨论治疗方案等,它是医患关系的组成部分。

(一)　医患关系模式的类型

医患关系的模式即在医学实践活动中,医患双方相互间的行为方式,从组成医患关系的技术方面和非技术方面而言,医患关系的模式就是从这两方派生出来的。目前,被医学界广泛认同的医患关系模式是1956年美国学者萨斯(Szase)和荷伦德(Hollender)在《内科学成就》发表的《医患关系的基本模式》,文中以医患互动、医生与患者的地位、主动性大小把医患关系分为三种基本类型:

1. **主动-被动型**（activity-passivity model）　它是传统的医患关系模式,普遍存在于现代医学实践中。其特征是医生对患者单向作用:"为患者做什么"。医疗中,医生完全把握了医疗的主动权、决策权,即怎样医疗,全由医生说了算,病人无任何自己的意志参与医疗,医生是绝对权威。这种模式的优点是能充分发挥医生纯技术的优势,缺点是彻底否定了患者的个人意志,可能会影响疗效并为医患纠纷埋下隐患。所以,这种模式一般适用于急症重伤、麻醉等意识丧失情况下的抢救医疗。这一模式与父母与婴儿的关系比较相似。

2. **指导-合作型**（guidance-cooperation model）　它应属于现代医学实践中医患关系的基础模型。这种模式中,医生仍占有主导地位,而患者能有条件、有限度地表达自己的意志,但必须接受医生的解释并执行医生的治疗方案,患者"被要求与医生合作"。它的特征是:"告诉患者做什么"。该模式的进步意义是显而易见的,它因为有互动的成分,能较好地发挥医患双方的积极性,提高疗效、减少差错,有利于建立信任合作的医患关系。但它的不足是医患双方权利的不平等性仍较大。这种医患关系类似父母与青少年(子女)的关系。它一般常见于急性病或危重病但头脑清醒患者的就医过程。

3. **共同参与型**（mutual participation model）　它是前两种医患关系基础上发展而来的医生以平等的观念和言行方式,听取并尊重患者的想法,医患双方共同制订并积极实施医疗方案。它的特征是:"帮助患者自疗"。这种医患关系就如成年人之间的相互关系,有助于医患双方的理解沟通,能融洽、改善关系,提高疗效。这种模式适用于慢性病患者,而且更适用于有一定医学知识的患者。

关于萨斯-荷伦德医患关系模式见表2-1。

表2-1　萨斯-荷伦德医患关系模式

类型	医生地位	患者地位	适用范围	类似关系
主动-被动型	有权为病人做什么	无权选择做什么	重急症等无意识状态	父母与婴儿
指导-合作型	告诉病人要做什么	被要求与医生合作	急性病有意识者	父母与青少年(子女)
共同参与型	帮助病人做什么	主动与医生成为伙伴关系	慢性病略懂医者	成人之间

（二）传统医患关系模式的利弊

所谓传统医患关系,特指几百年来,形成的生物医学模式下,所表现出的父权主义的医患关系。客观地分析,我们不难发现传统医患关系有合理的、有利的存在价值。在医疗实践中,医生职业的价值就是医治好患者的病伤,医生心中必然以病人康复为目的和愿望,就如家长希望孩子好一样。事实上,医生不是为了"做父亲"而要"父权",这是医生具有医学知识和诊疗技能所决定的。作为医生,一般都能理解人在患病后,情绪失常、判断力下降,渴望医生救治,期盼早日康复。所以,医生面对病人都有责无旁贷的心理特征,都想以科学的医疗来救治患者。

当经济发展、社会进步、科学普及、教育提高、人的观念更新等来临时,人们普遍不愿像孩子一样被"控制",希望自己或多或少地能够参与对疾病的诊治。人们的自我意识、自主人权在觉醒,这与医学传统的观念和行医方式发生了碰撞,如果医生不真正懂得人的社会性、人的需要、人的价值及人的心理特征,而一味以简单、生硬的家长作风行医,那么医生不仅当不了"家长",而且还治不好病人。所以,在现代社会中,医生要更多地尊重患者的价值观念、个人意愿,用医患平等的观念和行医方式来改造传统的家长式医学模式。

（三）当今医患关系解析

1. **医患关系失和与分析**　近年来,我国医患关系呈现出医患需求多元化、医患交往经济化、医患心理情感化等新的发展趋势,医患利益冲突日益明显,医患关系日趋复杂。

医患矛盾成为社会矛盾的一个重要焦点,是什么原因造成如此普遍、如此迅速、如此激烈的社会矛盾呢?从宏观层面和微观层面分析可以基本厘清。

(1)宏观层面:

1)卫生投入不足和医药卫生体制改革滞后:20世纪90年代初,当我国开始以公费医疗制度改革为核心的卫生体制改革以来,尽管国家做了大量的探索和实践,但中国人口多、底子薄的现状使得医疗保障体系难以建立。国家对医疗卫生经费的投入不能满足公立医院医疗服务公益性的要求,使公立医院不得不走市场经济之路去服务患者和社会,医患矛盾的主要根源由此而生。

2)医疗卫生相关法规不完善:我国第一部用来调整医患关系、解决医患纠纷的专门法规是20世纪80年代初制定的《医疗事故处理办法》(以下简称《办法》)。受当时社会经济、政治、法制及思想文化等方面的局限,该法规难以规范医患双方的权利和义务,也就难以调节医患矛盾。2002年颁布的《医疗事故处理条例》和2010年实施的《侵权责任法》基本弥补了《办法》的缺陷,对调整医患关系,妥善处理医患矛盾开始发挥出一定的法律功能。

(2)微观层面:

1)医患思想观念滞后于经济社会发展:从医者而言,当市场经济的快速来临而给社会政治、经济、科技、文化带来改革、变化时,也给人民群众带来日益增长的医疗卫生保健需求。五百年来生物医学模式的强大惯性,使广大医务工作者难以在较短的时间内使思想认识到位,"认病不认人"的传统医学观念还普遍存在头脑中,具体表现在医疗服务和医院管理中许多患者的不满意之处。对患者而言,虽然为医药高科技而创造的医疗奇迹而欣慰,但在大病多病面前,又为难以承受的医疗费用而忧虑。在我国公立医院的公益性尚未完全体现的环境下,在医改不平衡的状态下,不少患者仍有"医院只认钱不认人"的观点,并成为医患纠纷的"导火线"之一。

2)医患缺乏有效沟通:据有关资料显示,近些年来,医患纠纷增长迅猛,但真正构成医疗事故的仅在3%左右,绝大多数纠纷源于医患沟通不够或医疗服务过程中存在不足。一项关于医患关系紧张的调查表明,48%的医生认为医患关系紧张原因在于沟通太少,50%的病人认为缺少沟通(医生看病时间太短)。医患不能沟通就无法相互理解,医患双方就容易产生对立的情绪。医患沟通不足是由于生物医学模式和市场经济综合影响的结果。

3)国民整体人文素质教育不足:长期以来,我国的中小学教育以及高等教育忽视人文素质教育,把教育仅仅作为培养专业人才的工具,没有把教育放到提高国民整体素质的重要位置上。如最需要人文素养的医学人才,也因医学教育的同一"病根"表现出相同的"人文缺乏症"。在患者中,人文素质不高的群体在发生医患矛盾后,多采取暴力手段伤害医务人员,损害医患关系的强度最大。

4)伤医暴力有其负责的社会因素:暴力行为是当今广泛存在的社会现象,除伤医暴力外,还普遍发生家庭暴力、交通暴力、街头暴力、拆迁暴力、航空暴力、袭警暴力、校园暴力(欺凌)、网络暴力,等等。诸多暴力伤医事件的原因,从社会深层分析为6个因素:经济和社会中法治薄弱,少数公民公德和文明意识淡化,有的地方政府责任担当不够、能力不足,不少媒体社会责任意识淡漠,医改尚未根本解决看病难和贵,贫富悬殊加大而致民众心态失衡等。

2. 医患关系的本质特征和发展趋势 当21世纪来临时,我国社会发展的五大特征已显现出来:一是国家民生政策明确;二是市场经济发展稳定;三是科学技术高度发展;四是民主化进程加快;五是法制建设在完善。在此社会环境下,可以更好地体现医患关系的本质特征,即医患关系如"人"字结构,互相支撑形成一体。医者用仁爱之心和医学科技救治患者,维护人的身心健康;患者是医者最好的助手,是医者生存和发展的根本所在(图2-3)。

2004年以来,国家在医疗卫生的改革、投入及管理等方面做了积极并富有成效的努力,医疗机构特别是大中型公立医院在改善医疗服务中也做了大量的工作,当今医患关系开始好转。据多方面的调查数据显示,2008年以来,医患纠纷数量在总就医人数中的比重有明显下降,患者的满意度在提高,医生对执业环境的评价在好转,医患关系的紧张度已开始明显缓解。尽管目前还不时有恶性医患

图 2-3　阳光房中的医患

纠纷事件发生,但不能也不应该以此来推定医患关系仍然十分紧张。

3. 架构医患关系"动态聚合"的新模式　医患关系的内涵结构是较为复杂的,重建医患关系必须确立一体的、动态的以及系统的思维方式,并要站在现实即市场经济的视角上立体审视,方能找到新型医患关系构建的科学方法和有效途径,即新型医患关系的"动态聚合"模式。

如图 2-4 所示,"动态聚合"模式的中心是由医患双方同为一体构成的人。但是,医患体(人)被分离开,其离心力(或向心力)均源于经济体制、社会形态、政策制度、法律法规以及医患间的沟通等因素的综合作用。医患体的矛盾运动在经过内因和外因的联合作用后,产生向心力即聚合效应,建立起一种新的平衡状态,以重新恢复医患合作信任的鱼水关系。决定医患体(人)聚合的外因,即为国家的政策制度、法律法规。为了适应经济

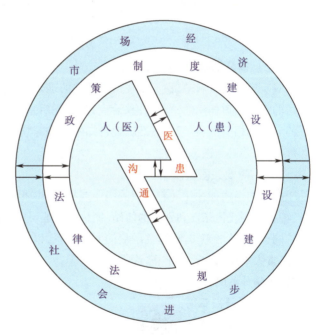

图 2-4　医患关系动态聚合模式

基础,必须不断调整完善国家相关政策制度、法律法规以及建立新的伦理价值观。这样,才能在医患体与市场经济中间生成一个良性的融合环境。医患沟通构成了医患体聚合的内因,医患双方需要共同努力,构筑共享利益的新型医患体。

二、患方的需求

(一)需要生命安全

人患病后,疾病或损伤直接威胁到患者的生命安全,患者的安全需要就升格为第一需要。患者和家属最期盼脱离死亡的缠绕,早日康复。在医疗过程中,医务人员任何言行都会敏感地触及患者生命安全的需要,积极的言行能使患者及家属友好的配合与支持,有利于伤病的康复;消极的言行则使患者和家属产生抵触和对立情绪,自我保护心理亢进,不利于伤病的痊愈。

(二)需要特别生理活动

患者由于伤病,身体和心理处于一种非正常的应急状态,生理需要格外强烈,但有着个性化的特

点,一般来说,患者对饮食、睡眠、休息、排泄、温度等都要求很高,个人根据病情不同有特殊需要,如少吃多餐、卧床休息、保暖室温等。满足患者这些需要,不仅是对患者生理和家属心理需要的满足,最重要的意义在于能使患者伤病更快、更好地康复(图2-5)。

图2-5   温馨的病区

(三) 需要伤病相关信息

对于患者和家属来说,不知晓伤病相关的准确信息是相当担忧和焦虑的。因此,患者和家属非常迫切的需要知道伤病的诊断结论、治疗方案、预后结果、康复指导、医疗费用等详实的信息,以做好充分的心理和相关准备。及时、准确地告知患者和家属这些信息,既是对患者知情权的尊重,也有利于医疗工作,并避免医患纠纷。

(四) 需要关爱和归属

身体的伤病往往伴随着心理的脆弱或异常,患者从原自主、自立的强势状态跌入身不由己的弱势中,特别需要获得亲友和别人的体贴、同情及关心,还需要在医院有归属感,渴望得到医护人员和病友的认同、友谊及情感交流,建立融洽的人际关系,以便更好地诊治伤病。患者对这些心理需要相当敏感,正常人不经意的言行举止,或是爱的温暖,或是情的冷漠,都会给患者产生心理的冲击或是信心大增,或是精神萎靡。

(五) 需要被尊重

一个现实社会的人,对尊重的需要始终是强烈的,这是人生价值的最重要的体现。人患病后,在身体上、心理上,特别是社会印象上,人的价值意识都有严重受挫的感觉,本能地有要维护尊重的需求。因此,患者既需要来自亲友和同事的尊重,还需要来自医务人员的尊重,后者尊重的意义更大,这是医患建立合作信任关系的前提和基础。

(六) 需要高质量生存

近些年来,随着经济社会的进步,人们生活水平和质量显著提高,在人不断丰富的需要中强化了健康需要,确切地说,是高质量的健康生存需要。患者和家属已不满足医生仅仅控制了或治愈了疾病,而是需要预后能够高质量的生活,能参加社会交往和活动,或能显著减轻疾病造成的痛苦等。尽管这是不易实现的需要,但毕竟是社会进步的表现,它要求医务人员把治疗、预防、康复及保健有机地结合起来,同时要求患者和家属配合治疗、早防早治、预防为主,还要有一定的经济基础来保障。

(七) 需要合理支出

市场经济下,医疗与开支紧密联系是社会发展的必然。个人看病该花多少钱才合适?这是一个全世界至今都未解决的重大课题。我国绝大多数的患者认同"看病应花合理的钱",即就医过程中可以产生"合理支出"。但某些医疗机构和个别医生从自身经济利益出发,发生了不规范的医疗行为,造成患者不应有的医疗支出。当然,这种情况的发生与国家医疗保障机制不健全也有一定的相关性。

三、医方的需求

(一) 需要个人成就

医务人员以自己的医疗技术和综合能力为患者解除病痛、维护健康,为社会的文明安康承担责任,因此具有较高的社会地位、声望及价值。医务人员本着这样的价值观和思想意识进行职业活动,这是他们的精神动力。所以,医务人员自我实现即个人成就的需要是他们高层次需要中最重要的。这些成就主要表现在:业务水平能在同行或本单位里得到高度评价、提前或按时晋升业务职称、发表著作或论文、成为教学科研骨干、患者评价良好等。显然,医务人员的第一内在需要是积极进取、健康向上的,与社会价值观高度一致(图2-6)。

图2-6　弘扬医院精神

(二) 需要患者和家属的尊重和配合

医务人员每天工作的对象是患者及家属,为了诊疗工作更有效、更顺利,需要患者和家属尊重医务人员的身份和工作,并与医务人员密切合作,共同战胜疾病。从医务人员的角度即希望患者的依从性良好。临床实践也证明,依从性好的患者并发症少,康复的更快、更好。然而,一些医务人员还没有真正认识到获得患者和家属尊重与配合具有更大的价值及意义。

(三) 需要社会各界的理解

进入现代社会后,在市场经济下,医务人员迫切需要社会各界的理解和支持。因为,医疗不再是一种相对独立的行为模式,而是与经济社会生活的各行各业有着十分密切的关联,并有相应的依赖性。如医疗服务信息需要媒体传播、资金需要银行贷款、基本建设需要政府批准、药品和检查设备需要相关公司提供,等等。但由于种种原因,有的社会职能本不该医务人员承担,但被错位安放,使医疗机构和医务人员肩负了繁重的社会责任。所以,医务人员渴望与社会沟通,取得理解与分担。

(四) 需要实践和学习

医学的特征是实践性、经验性及循证性,医学伴随着人类的进化、社会的进步以及自然的变化,在不断地发展。因此,医学需要终身学习和实践探索,医务人员在从业过程中需要不断提高业务水平。提高业务水平和能力的主要途径有:临床实践、专业进修、学历学习、自学研究等。这种需要也是自我实现的一类,对医务人员而言,既是个人成就的动力,也是社会竞争的压力。

(五) 需要提高收入

在现代社会生活中,任何人都希望不断增加收入,提高生活水平。医务人员这种心理需要比较突出,分析特殊原因,可能有:一是社会心理。自古至今,国内和国外医务人员的社会地位与收入水平一般成正比,在各行业中都属较高一类;二是价值回报心理。医务人员的劳动是脑力和体力综合应用的过程,属高技术、高付出(学习与成熟周期长,成本高,工作辛劳)、高风险(精神压力大)的职业,这种复杂的劳动成果可使人类消除疾病、康复身心,为患者和社会做出巨大的贡献。若依此判断,医务人员的这种需要应是正当合理的。

(赵　群)

第三节　医患沟通伦理学基础

现实中的重要问题

- 在医患沟通中伦理和道德是怎样界定和区分的?
- 医学伦理学在当今医患关系中发挥怎样的重要作用?
- 医学伦理学对临床医患沟通的效果体现在哪些方面?

一、伦理学相关知识

(一)伦理学、道德、伦理

1. **伦理学(ethics)**　伦理学是一门很古老的学科,在古希腊时期,伟大的哲学家亚里士多德曾写下《尼可马可伦理学》《欧德米亚伦理学》《大伦理学》等非常著名的伦理学著作。有关伦理的思想在中国古代著作中比比皆是,中国古代思想史、哲学史,在某种程度上也是一部伦理思想史。如春秋战国时期,孔子也为后人留下了著名的伦理著作《论语》。实际上我们人类就生活在某种道德关系中,人们总是在人与人、人与群体、人与社会之间倡导并维持某种道德关系。当我们对这些道德现象进行思考的时候,我们就有意无意地迈进了伦理学的领域。那么什么是伦理学呢? 简单地说,伦理学是系统研究人类生活中的道德现象和伦理问题的科学,包括道德和伦理问题的理论和实践。因此,我们又把伦理学称为道德哲学,它是哲学的一个重要分支,是对道德现象进行哲学思考或理性的反思。伦理学涉及两个关键词,一个是道德,另一个就是伦理。那么什么是道德,什么是伦理? 道德和伦理有没有区别? 我们不妨对它们做一些辞源学的考察。

2. **道德(morality)**　在中国,"道德"二字最初是分开使用的,先有"德",后有"道"。"德":有一"心",有双"人"。表示人与人之间的默契,心与心的沟通。因此,"德"从一开始就有精神价值,这个精神价值后来演绎成"善",成为中国传统的儒家思想的精髓。而"道",本义为道路。《说文》曰:"道,所行道也。"引申为事物发展变化的规律。"道"与"德"的连用,始于《荀子·劝学篇》:"故学至乎礼而止矣,夫是之谓道德之极。"因此,道德主要指人内在的品质、原则、规范与境界。在西方,"道德"(morality)一词源于风俗(mores),而 mores 则是拉丁文 mos(即习俗、性格)的复数,后来古罗马思想家西塞罗根据希腊道德生活的经验,从 mores 一词创造了一个形容词(moralis),指国家生活的道德风俗和人们的道德个性。英文的 morality 就沿袭了这一含义。

3. **伦理(ethics)**　在中国传统文化中,"伦"本义为辈、关系、次序。《说文》曰:"伦,辈也。"伦、人伦,即人与人之间的关系,人之间的道理、规律、规范。"理"最初是指物的纹理,进而引申为道理、原理、规律和法则。因此,伦理即意味着是人与人之间的道理、规范,是一个人在人际关系中,与他人交往中所应当遵循的行为规范。在西语中,"伦理"或"伦理学"(ethics)一词源于古希腊语的 ethika-ethos,原指动物不断出入的场所,住惯了的地点,后引申为习俗、惯例,发展为由风俗习惯养成的个人性格和品行。因此,伦理主要指行为的具体原则、规范。

4. **伦理与道德的区别**　在日常观念中,"伦理"和"道德"是经常混在一起的,二者间似乎没有区别,伦理就是道德,道德就是伦理。但是在伦理学中,道德与伦理并非完全一致,两者之间是有一些区别的。

道德表达的是最高意志,是一种精神和最高原则,因此,它侧重于个体、自身或者行为者本人内在的品质。伦理表达的是社会规范的性质,因此,它侧重于外在的社会规范。道德是最高的,抽象的存在;而伦理则是次高的、具体的。道德是伦理的精神基础,伦理是道德的具体实现。如果一个行为者能自觉地去遵守社会的外在伦理规范和要求,并能够自觉地把外在的规范转化为自觉的意识,那么他在行为上自然知道什么是应该做的,什么是道德的。

(二) 伦理学的类型

伦理学可分成两大类:规范伦理学和非规范伦理学。规范伦理学是伦理学的传统理论形式,通过对人类伦理行为的善恶价值分析,来研究和建构人们的行为准则和价值体系,以达到指导人们道德实践的目的。是关于义务和价值合理性问题的一种哲学研究;非规范伦理学根据研究方法还可分为描述性伦理学和元伦理学。描述性伦理学侧重于对道德行为和信念进行实际调查,元伦理学则重点研究道德体系的逻辑结构和道德语言。非规范伦理学不制定行为规范,不关注道德的实际内容。

二、伦理在医患沟通中的作用

(一) 培育医务人员的职业精神

如果说药物可以治疗患者的病症,那么,道德修养就是指导医生的"良药"。随着医疗技术水平不断提高、医疗设备的日益先进化,医疗卫生服务对象的期望值也在大幅提高,社会对医疗卫生事业发展提出了更高的要求。加强对医疗卫生行业的医德教育,提高医务人员的素质,树立医疗卫生单位的口碑,已成为时代的召唤。"医乃仁术",医学的价值不仅在于"术",更在于"仁"。医学首先是"仁学",其次才是技术。医德教育是加强医务人员的医德修养、提高医德境界的有效途径。如何从医生、患者、社会各自的利益出发,提出融洽医患关系的最佳方案? 这是医学伦理学思考的核心问题,而医患沟通又是以伦理道德为基础的。

(二) 提高患者的满意度

医患沟通从本质上说,是人与人之间的沟通。良好地沟通已成为影响医患关系是否和谐的关键因素。近年来对非技术性医患沟通影响因素的调查显示,造成医患沟通效果不佳的主要因素有医生沟通技巧欠缺、忽视患者沟通需求、医患信任缺乏以及医患双方人文素养有待加强等。而医患信任缺乏的根源又在于伦理道德的缺失和沟通的不畅。钟南山院士曾指出:关怀和沟通是医德行为的中心内容,是医患之间信任的桥梁,是避免医患关系紧张、矛盾、冲突的最有效方式。医生只有具备了强烈的人道意识、责任意识和尊重意识,才会赢得病人的信任,医患沟通就会"水到渠成"。

(三) 塑造医院的良好形象

在长期的医疗工作中,一代又一代的医务工作者以高尚的医德、精湛的医技、无私奉献的精神,演绎了一幕幕可歌可泣的平凡而又光辉的模范典型。让年轻医务人员学会聆听,尽可能捕捉患者所传达的信息,选择适当的语言给予积极回应,使患者产生信赖感、安全感,并积极配合治疗。维护患者权益,缓和医患矛盾,促进医疗质量的提高,营造出温馨、优质、便捷的服务氛围(图2-7)。

图2-7　医院伦理理念

三、医患沟通的伦理原则

（一）尊重原则

相互尊重、理解和信任是医患沟通、协调医患关系的基础。

1. 尊重患者的人格　要求医生平等地对待患者，一视同仁。每个患者都有独立的意志和人格，应该受到尊重。病人也应该尊重医务人员的人格和劳动，积极配合医生治疗。

2. 尊重患者的权利　人生而平等，生而自由，患者有享受平等医疗待遇和知晓自己病情的权利。医生也有义务让患者了解有关疾病和治疗的各种信息，帮助他们在充分知情的前提下对可供选择的医疗方案进行自主的选择，同时注意保护患者的隐私。

3. 尊重患者的生命和生命价值　这是医学道德的基础，人的生命价值是由其生命质量所决定的。以人为本，仁爱救人，是医患沟通最基本的契合点。

（二）不伤害原则

不伤害是指不使患者的身体、心灵或精神受到伤害。不伤害原则要求医务人员应树立保护病人健康和生命的伦理观念，对病人高度负责，避免病人遭受不应有的医疗伤害，包括身体上、精神上的伤害以及经济上的损失，但不是绝对的，因为很多检查、治疗等，可能会给患者带来生理上或心理上的伤害。如肿瘤的化疗，虽能抑制肿瘤，但对造血和免疫系统会产生不良的影响。

（三）有利原则

有利原则是将病人利益放在第一位的伦理准则，要求医务人员的所作所为要有利于病人，最大限度保护病人的利益、促进病人身心健康。在西方，《希波克拉底誓言》阐明了"为病家谋利益"的行医信条。我国原卫生部颁布的《医务人员医德规范》也要求医务人员要"时刻为病人着想，千方百计为病人解除病痛。"可见，有利病人原则已成为医务人员必须遵守的一条基本伦理原则。同时，有利原则还强调，医务人员的行为要有利于医学事业和医学科学的发展，有利于促进人类和人群的健康。这就要求医务人员树立全面的健康利益观，把病人、社会乃至全人类的健康及医学发展都纳入体系中来，从整体上选择有利的医学行为，增进人类健康，推动医学的前进。有利原则是医学道德的根本要求，体现了医学的内在本质。

一般说来，有利原则与不伤害原则应在病人身上得到良好的统一。然而临床诊疗中的任何手段都存在利弊两重性，在为患者解除痛苦、增进健康的同时难以避免相应的伤害，例如药物的副作用，诊断、检查中的痛苦，手术的创伤以及不可预见性的意外伤害等。因此，不伤害原则是有利原则的底线要求，主要是指医护人员医疗行为的动机和结果均应避免对患者的伤害。

（四）公正原则

公正的一般含义是公平和符合社会正义。公正原则是指同样有医疗需求的病人，应得到同样的医疗待遇。在基本的医疗照顾上，力求做到社会每个成员都享有平等的生命健康权和医疗保健权。公正原则主要体现在两个方面：人际交往公正和资源分配公正。人际交往公正主要体现在医患之间的平等交往，要求医患之间互相尊重，特别是医方对处于弱势地位的患者应给予足够的尊重，公平对待对方的利益。资源分配公正要求在医疗服务资源分配上遵循公平优先、兼顾效率的基本原则，优化配置和合理利用医疗卫生资源，使医疗卫生资源的分配达到科学合理，社会和人民受益。

在医患沟通中，公正原则要求医生不能因为患者的种族、职业、社会地位、经济状况、文化水平的千差万别而态度不一、亲疏有别，应平等地对待有医疗需要的病人，力求做到人人享有卫生保健的权利。然而，在现实中，患者有时会受到不公平的对待。如过度医疗，违规收费等。对于患者而言，应尊重医务人员，遵守就诊道德，积极配合医生的治疗，近些年来，患者伤医事件也时有发生。医患双方存在的这些不公正的现象造成了医患沟通的障碍，成为医患沟通中不和谐的因素。

（五）自主原则

自主原则的实质是对患者自主知情、自主同意、自主选择等权利的尊重和维护。自主的权利是每个人都具有的,只是因为疾病或其他原因,导致患者的自主权利受限,使得有些人没有或者缺乏行使自主权的能力。医疗的目的是在提升患者的自主性同时,以保证患者充分行使自主权,尊重患者及其家属的自主性决定。

四、医患沟通案例伦理解析

【案例 2-1】

某产妇身材矮小,因足月临产入院。由于骨盆狭窄,经试产无法顺利分娩。产妇请求医师为其采用剖宫产手术,医生也认为行剖宫产手术是较为理想的方法。医生将有关情况告诉了产妇的丈夫。但其丈夫有顾虑,躲着医生不肯签字。产妇再三请求医师尽快为其做剖宫产手术,而医生却因其丈夫没有签字迟迟不敢实施手术,结果导致产妇子宫破裂。将产妇送进手术室抢救,实施子宫全切术,但为时已晚,产妇胎儿双亡。

解析:本例中产妇自然分娩可能出现的危险后果是显而易见的,医务人员一味强调患者亲属的同意,延迟了对产妇生命的救治,是极其错误的。手术到底应当由谁签字,这是不难分清的问题。本例中,产妇为正常人,头脑清醒,完全具有手术选择的能力。而遗憾的是,在产妇本人再三要求医生为其实施剖宫产时,医生却把关系产妇母子生命的决定权交给了产妇的丈夫。

在患者本人具有自主意识和选择能力的情况下,签字的顺序应先是患者本人,然后才是患者亲属。只有在患者意识丧失或精神不正常时,不能做出理智判断或年龄不足 16 周岁时,才需要征求患者亲属或其代理人的意见。

视频案例

视频 2-1 "八毛门事件"

（尹　梅）

第四节　医患沟通的心理学基础

现实中的重要问题

- 心理学的知识在医患沟通中有哪些价值?
- 了解患者的心理需求对医患沟通有哪些作用?
- 医学心理学是怎样成为医患沟通的理论基础的?

一、心理学相关知识

心理学(psychology)一词最早见于希腊文,意为"灵魂之学"。自古以来,哲学家往往用思辨的方法形而上地构建自己的心灵王国。一直到 1879 年,冯特在德国莱比锡大学建立了世界上第一个心理学实验室,开始引入大量实验的方法对心理现象进行分析,心理学才逐渐摆脱哲学的思辨气息,成为一门正式独立的学科。从纵向来看,心理学主要研究人的认知活动、情绪和情感活动、意志活动等心理过程的规律,也就是研究我们通常理解的知、情、意三者的相互联系与相互统一;从横向上看,心理学主要研究人与人之间差异即个性或人格。其中,人的知、情、意等心理活动会随着自身生理状态和客观环境的变化而发生改变,这在医学沟通中具有重要价值和意义。

（一）认知过程（cognitive process）

认知过程是个体对客观世界的察觉和认识过程,也是人脑对作用于感觉器官的外界事物进行信息加工的过程。认知过程是个体心理活动的最基本的心理过程,主要包括感觉、知觉、记忆、思维、表象和想象等心理现象。

1. 感觉（sensation） 所谓感觉,是客观刺激作用于感觉器官所产生的对事物个别属性的反映。有了感觉,我们就可以分辨出外界各种事物的属性,如物体的颜色,声音、软硬、粗细、重量、温度、味道、气味等;有了感觉,我们才能了解自身各部分的状态,如位置、运动、姿势、饥饿、心跳等;有了感觉,我们才能进行其他更为复杂、更为高级的认识过程。从这个意义上说,感觉是各种复杂的心理过程(如知觉、记忆、思维)的基础,是人关于世界的一切知识的源泉。日常生活充满了感觉,它虽然是一种极其简单的心理过程,但在人们的生活实践中具有重要的意义。

2. **知觉(perception)**   知觉和感觉一样,都是刺激物直接作用于感觉器官而产生的,都是人们对现实的感性反映形式。离开了直接的刺激物,既不能产生感觉,也不能产生知觉。通过感觉,我们只知道事物的个别属性,通过知觉,我们才能对事物有一个完整的映象,知道它的意义。因此,知觉是直接作用于感觉器官所产生对事物整体属性的反映。与感觉相比较,知觉反映的是事物的意义,是一种对事物进行解释的过程;知觉是对感觉属性的概括,是对不同感觉通道的信息进行综合加工的结果;知觉包含有思维的因素,是人主动地对感觉信息进行加工、推论和理解的过程。可以说感觉是知觉的基础,知觉是感觉的深入。一般说来,知觉具有相对性、选择性、整体性、理解性、恒常性、组织性等不同的特征。

3. **记忆(memory)**   记忆是人脑对经历过的事物的识记、保持、再现或再认的过程。通过识记和保持可积累知识经验,通过再现或再认可恢复过去的知识经验。从现代的信息论和控制论的观点来看,记忆是人脑对外界信息进行编码、加工、储存和提取的过程。在人们的认知过程中,记忆发挥着重要作用。没有记忆的参与,人就不能分辨和确认周围的事物;没有过去经验的积累,人类在分析、解决问题时就会遇到障碍;没有大脑对词和概念的记忆,人类就难以保存和发展语言和思维。记忆联结着人的心理活动的过去和现在,是人们学习、工作和生活的基本机能。只有依靠记忆,人们才能准确地表达自己的各种感情、语言和动作。在某种程度上,没有记忆这一认知过程,就没有人类文明的发展与进步。

4. **思维(thinking)**   思维是人脑对客观现实的间接的、概括的反映,是认知过程的高级形式。思维是人类在精神生产的过程中,反映、认识和改造世界的一种高级心理活动,它反映的是客观事物的本质属性和规律性的联系。按照认知心理学的观点,人们将人脑看成是类似于计算机的信息加工系统。认知心理学家认为,人和计算机具有逻辑上的相似性,都可以看作是由"输入→信息加工机制→输出"为基本模式的符号操作系统,这个系统把所有接收的信息都视为符号信息,各种记号、标志、语言及用它们所描述的理论和现象等都视为一个符号结构。因此,受认知心理学的影响,很多专家将人脑视为一个特殊的信息变换器,思维是人脑接受、存储、加工以及输出信息的全过程。间接性和概括性是思维的基本特征;分析和综合、抽象和概括是思维主要的认知方式。

(二)情感过程(feeling process)

情感是每个人都能体验到的心理状态,无时不有,无处不在。情感过程主要包括情绪和情感。如果说认知过程主要由客观外界的刺激所决定的,那么情绪情感更多地反映的是个体的主观层面。

1. **情绪(emotion)**   情绪是身体对行为成功的可能性乃至必然性,在生理反应上的评价和态度上的体验,包括喜、怒、忧、思、悲、恐、惊7种。需要是情绪产生的基础和源泉,如果需要得到满足,人体就会产生肯定的、积极的体验,如快乐、满意、高兴等;反之,就会产生否定的、消极的情绪,如愤怒、痛苦、悲伤等。根据情绪发生的强度、速度和持续时间,可以将情绪状态分成心境、激情、应激三种状态。心境是一种微弱的、弥散的和持久的情绪状态,也就是我们平时说的心情。激情是一种猛烈的、迅疾的和短暂的情绪状态,类似于平时所说的激动。应激则是机体受到巨大精神或躯体压力所作出的适应性的情绪反应,如人们在遇到突发事件或意外危险时产生的情绪变化等。

情绪这种内心的体验还会引起生理上的反应,可以通过面部表情、形体和语言表达出来,如兴奋时会手舞足蹈、喜形于色,愤怒时会咬牙切齿、怒发冲冠,忧虑时茶饭不思、彻夜难眠,悲恸时会痛心疾首、捶胸顿足,等等。言语在不同情绪下会产生语调、节奏、速度等方面的变化。如在哭泣时,声音是哽咽的,时断时续;在悼念亲人时,语调是低沉缓慢的;在感到恐惧时,声音是颤抖的、紧张的,等等。

2. 情感（feeling） 情感是人对客观事物是否满足自己的需要而产生的态度体验。情感是一种主观体验或主观态度,是人对事物的价值特性的认识方式或反映方式。由于情感的核心内容是价值,人的情感可以根据它所反映的价值关系的不同特点进行分类。如根据价值的正负变化方向的不同,情感可分为正向情感与负向情感;根据价值主体的类型不同,情感可分为个人情感、集体情感和社会情感;人的情感是复杂多样的,可以从不同的观察角度进行分类;根据事物基本价值类型的不同,情感可分为真感、善感和美感 3 种,等等。

情绪和情感是有一定区别的:情绪更倾向于个体基本需要的满足,而情感则更倾向于社会性需要的满足;情绪往往具有不稳定性,它会随着外界环境和自身状态的变化而变化,而情感相对来说具有一定的稳定性和长期性;在一些情况下,情绪具有明显的冲动性和外显性,而情感则具有内隐性和深刻性,可以埋藏在心灵深处。同时,情绪和情感也相互依存、相互联系,情绪是情感的外在表现,而情感是情绪的内在本质。

（三）意志过程（will process）

1. 意志 意志是人自觉地确定目的并支配行动,克服困难,实现目的的心理过程,即人的思维付诸行动的心理过程。评价一个人的意志品质的高低取决于其行为的自觉性、果断性,意志的坚韧性和处世的自制性等,具体表现为形成创造性设想、准确性判断、果断性决策、周密性计划、灵活性方案、有效性措施、坚定性行为等方面的能力。

意志与人的认知过程相互联系、相互影响。如果说认知过程是由外向内的转化,是外部刺激作用于人脑产生的意识,那么意志是由内向外的转化,是人能动的、有目的的支配行为的心理过程。一方面,意志是在人的认知和情感活动的基础上产生的,它使认识活动更加广泛、更加深入;另一方面,认知过程也离不开意志的作用,各种认知活动都需要人的意志努力和意志行动。积极的意志品质能够促进认知活动的发展。

意志和情感过程也是相互依存、相互制约的。一方面,情绪或情感影响着意志行为。积极的情绪、情感是意志行动的动力,消极的情绪、情感是意志行为的阻力。另一方面,意志对情绪、情感起调节控制作用。意志坚强的人可以控制和克服消极情绪的干扰,将行动贯彻到底。相反,意志薄弱者则易成为情绪的俘虏,使行动不能持之以恒。

2. 意志行动的特征 意志是人的行为的能动方面,它通过行为活动而体现出来,因此它与行动密不可分。意志行动具有如下特征:

（1）具有明确的目的:由于意志具有明确的目的性,它能支配某些合于目的的行动,又能阻止某些不符合目的的行动。意志行动效应的大小,是以人的目的水平的高低和社会价值为转移的。目的越高尚、越远大、越有社会价值,意志表现的水平就越高。

（2）与克服困难相联系:战胜和克服困难的过程就是意志行动目标实现的过程。困难可以分外部困难（外在条件的障碍）和内部困难（主体的障碍）两种类型。意志的坚强程度,是以困难的性质和克服困难的难易程度来衡量的。

（3）以随意动作为基础:人的随意动作是指有预定目的、受意识指引的动作。有了随意动作,人们就可以根据目的组织、支配和调节一系列的动作,实现预定的目的。随意动作是意志行动的必要组成部分,是意志行动的基础。

意志行动的这三个基本特征是相互关联的,意志行动是在明确的目的指引下,以随意动作为基础,通过克服各种困难来实现的。

综上所述,认知、情感与意志(简称知、情、意)是人类三种基本的心理活动过程,它们相互渗透、相互作用、互为前提、共同发展。人为了生存和发展首先要认知和了解各种事物的事实关系,之后要根据事物的价值特性进行情感体验,最后要通过个体的意志组织和实施一个最佳的行动方案。如果没有形成对事物的基本认知,就不可能产生任何情感,也就不可能产生任何意志。因此,从认知到情感再到意志,是一条基本的、不可分割的人类自控行为的流水线。

知、情、意也是在医学沟通中三种非常基本的心理活动过程。仅以医生为病人作诊断为例。医生在最初接诊时，通过望、闻、问、切等基本方式了解到病人哪里不舒服，哪里疼痛，这时就自然产生了感觉和知觉。在为病人作诊断过程中，医生要记住病人的主诉、体征和检查数据，以便形成初步的诊断，这就是记忆。在最后诊断中，医生将掌握的各种材料，调动自己的知识储备进行分析和综合，判断病人患有什么病，是否需要进一步检查，这一过程就是思维。当感知的事物不在眼前，医生需要在头脑中再现该事物的形象，就形成了表象和想象。

经过医生不懈努力，病人获得正确的诊断，并痊愈出院。医生就实现了自身的价值，获得成功的喜悦和愉快等情绪。如果由于医生的误诊、漏诊，病人出现异常情况，并引起医疗纠纷，患者及其家属则自然会产生忧虑、抱怨、不满甚至是愤怒等不良情绪，相应的医生也会陷入苦恼、郁闷、委屈乃至异常痛苦的情感当中。对于医务人员来说，无论是处理疑难病例，还是要解决医患冲突与矛盾，都需要凭借坚定的意志，贯彻正确的动机，采取果断的行动去战胜各种困难，实现最终的目标。由此可见，知、情、意共同构成了医生诊断疾病、处理问题的心理基础，在医务人员与患者的沟通与交往中潜移默化地发挥着重要作用。

二、患者的心理特征和心理需求

临床实践和心理学研究证明，疾病不仅打乱了人的正常社会生活，更破坏了人的心理平衡，患病过程中，患者的适应能力受到挑战，其自我评价，乃至人格特征都会发生不同程度的变化，了解患者的心理特征和心理需求，对于实现良好的医患沟通，加强救治质量非常重要。

（一）患者的心理特征

1. **抑郁**　抑郁是一种闷闷不乐、忧愁压抑的消极情绪反应。它主要是由现实丧失或预期丧失引起的。病人抑郁的表达方式是多种多样的。轻度的表现为兴趣减退、悲观失望、精神疲惫、自信心降低等，严重的抑郁则会导致无助、绝望、生活无意义甚至有自杀念头或行为等。此外，抑郁症还伴有睡眠障碍、食欲差、体重下降、性欲降低等特征，直接影响对疾病的治疗，有的还可诱发继发性疾病。

2. **焦虑**　焦虑是一种很普遍的心理现象，人人都有过焦虑的体验。在临床上，焦虑是病人对潜在的、可能的威胁产生的恐惧和忧郁。这种威胁主要分两大类：一是躯体的完整性受到威胁；一是个性受到威胁。对病人生理及心理上的威胁往往是统一的，而且会一直持续下去，直到病人在生理与心理再度达到安全稳定为止。焦虑状态常伴随生理反应，如心率加速、血压升高、呼吸加快、面色苍白、口舌发干、尿频尿急等。焦虑也会造成不良的心境，如睡不好觉、吃不好饭、动辄生气、事事不顺心、处处不顺眼等。

3. **怀疑**　病人的怀疑大都是一种自我的消极暗示，由于缺乏根据，常影响对客观事物的正确判断。患病后常常变得异常敏感，听到别人低声细语，就以为是在说自己病情严重或无法救治。对别人的好言相劝半信半疑，甚至曲解原意。疑虑重重，担心误诊，怕吃错了药、打错了针。有的凭自己一知半解的医学和药理知识，推断用药疗效，推断预后，从而害怕药物的副作用。担心偶尔的医疗差错或意外会不幸降落在自己身上。身体某部位稍有异常感觉，便乱作猜测，严重时还会出现病理性的妄想等。

4. **否认**　否认心理主要表现为病人怀疑自己患病的事实。有些患者对医护人员做出的诊断难以接受，常以自己的主观感觉良好来否认疾病存在的事实。还有一些病人虽能接受患病的事实，但仍存在着侥幸心理，认为医护人员夸大了病情的严重性，因此不按医嘱行事。对疾病的严重程度半信半疑，多见于癌症等预后差的病人。虽然否认在一定程度上可以缓解过分的担忧与恐惧，属于一种自我保护、自我防御的方式。然而，不顾事实的否认，也会对疾病诊治造成贻误病情的消极影响。

5. **孤独**　病人住院后，离开了家庭和工作单位，进入了一个陌生的环境。在饱受疾病折磨的同时，单调、呆板的病房环境，使他们感到无聊乏味，度日如年，很容易产生孤独感和不安全感。社会信息剥夺和对亲人依恋的需要不能得到满足是病人产生孤独感的主要原因。孤独感通常表现为病人不愿与人接触,不主动与医护人员说话,也不愿意与病友交谈,盼望着亲友早来探视,病未痊愈就想着回家等。

6. **依赖**　人进入病人角色之后,大都产生一种被动依赖的心理状态。这是因为,一个人一旦生了病,自然就会受到家人和周围同志的关心照顾,即使往常在家中或单位地位不高的成员,也会突然成为被人关照的中心。同时,通过自我暗示,病人自己也变得被动、顺从、依赖、情感脆弱,内心希望得到更多的关心和温暖。

7. **愤怒**　愤怒是一个人在追求某一目标的道路上遇到障碍、受到挫折时产生的情绪反应。病人往往认为自己得病是不公平的、倒霉的,加上疾病的折磨,常常感到愤怒,这是一种普遍的情绪反应。严重的愤怒可以导致攻击性的行为,患者可能向周围的人,如亲朋、病友甚至医护人员毫无理智地发泄不良情绪,这需要有足够的耐心和容忍力来应对。医患之间的冲突,是造成病人愤怒情绪的一个主要原因。

（二）患者的心理需求

1. **尊重和关爱的需要**　生病使患者的社会参与能力受到影响,社会地位产生动摇。弱者的身份会加大患者对自己身份的自卑感,这时候特别需要他人对自己病痛的理解,同情和支持自己。这时,患者与医务人员建立起良好互动的医患关系,会有利于治疗。得到公平的、适当的关注与尊重,是患者第一位的心理需要。

2. **被接纳的需要**　由于患病并不是患者愿意而接受的事实,也不能左右病程的发展,因此,能否被社会,特别是医务人员接纳,是患方对医疗行业、社会制度及文化环境的迫切要求,是他们强烈的内在需求。需要我们将患者看成一个完整的、平等的生命来对待,并更加用心去接纳他们。

3. **对病情知晓的需要**　处在疾病状态的患者,面对陌生的环境和未知的结果,需要大量的信息来完成认知与评价任务。对于患者及其家属来说,不知晓伤病相关的准确信息是相当担忧和焦虑的。因此,患者和家属非常迫切地需要知道伤病的诊断结论、治疗方案、预后结果、康复指导、医疗费用等翔实信息,以做好充分的心理和相关准备。

4. **安全与康复的需要**　早日恢复正常的生活,脱离患者角色的束缚,是社会和患者的共同愿望,在治疗过程中保证治疗安全是康复的前提条件。要帮助患者了解治疗的效果和副作用,减少恐惧心理,树立合理的预期,有利于治疗工作的顺利进行。

5. **合理的医疗支出的需要**　医疗行为具有一定的消费性和选择性,同时还有很强的专业性。同样一种疾病,可能因为种种原因导致产生的医疗费用相差甚多。患者需要能够在医务人员的指导和帮助下,根据自身伤病情况、经济能力、预后等因素进行综合判断,做出适合自己的选择,支付合理的医疗费用,减少不必要的开支,节约社会资源。

6. **保守隐私的需要**　患者由于诊疗疾病的需要,在向医务人员诉说病情的同时,有时要说出躯体的秘密、心灵的痛苦,包括隐私,医务人员应该珍重这份信任,尊重患者人格,遵守职业操守,承诺为患者保守秘密。

三、医者的心理特征和心理需求

医务人员职业本身的特殊性也会影响医务人员的心理活动。其职业特点决定了相关从业者的心理特征。常见的内科医生具有思维缜密,善于观察和推理等方面的特长,而外科医生则具有果断,坦率的性格特征。除此之外,了解一般医务人员的心理特征主要关注以下几个方面。

（一）医者的心理特征

1. **优越感**　医生和患者之间的医学知识和能力的不对称,将使医生处于主动和优势地位。医生这个群体文化程度普遍较高,受过系统的医学教育和诊疗技能训练,又有临床经验,对治疗疾病、维护健康有着一定的优势。而患者对自身及疾病一无所知或知之甚少,他们急需医疗服务,急需医务人员救助。这种事实的不平等很容易造成医务人员的优越感,而且这种优越感会在平时的诊疗、查房等日常交往中不经意地体现出来。患者由于自身的疾病,对医务人员的表情、行为异常敏感,有时医生可能并没有察觉这一点,却已经明显地影响了患者的心态。

2. **控制欲**　医生控制欲的特点是医患双方在医疗活动中并不进行双向的互动,而是由医生对患者单向作用。医生希望自己有绝对的权威,能够完全把握医疗的主动权、决策权。医生对医疗行为的控制欲,往往将患者的意愿排除在外,否定了患者的个人意志,容易造成医患双方关系的紧张,可能会为医患纠纷埋下隐患。

3. **防范心理**　在很多医院中,医务人员每一天都在超负荷的工作,长期的高强度的脑力劳动和体力劳动使他们身心疲惫,直接影响了他们对患者的情绪和态度,这在心理防御机制上也有不同的表现方式。如当诊断和治疗中遇到困难或医疗水平有限时,有的医生很容易抱怨患者不合作或不遵医嘱,将治疗中遇到的挫折或治疗失败的责任归于患者一方。不断增多的医患矛盾甚或医患纠纷,使医务人员心理处于职业紧张状态,一些医生出现了医疗防范心理。为了防止可能出现的医疗纠纷或法律诉讼,医生采取了很多的防范措施,有些措施是有益的,如提高自身职业修养、加强与患者或家属的有效沟通等,但也有部分医疗单位或医生出现了过度检查、过度医疗问题,除了增加不必要的医疗费用外,还给患者带来了额外的创伤,同样会引起患者及其家属的不满。

4. **职业紧张**　在职业条件下,职业需求与主观反应之间失衡而出现生理和心理压力。医务工作者作为一个特殊的社会群体,担负着"健康所系,性命相托"的重要职责,任何疏忽与意外都会产生严重的后果。比一般职业的人群面临更多的职业紧张和压力,临床工作的复杂性决定了此类工作的高风险性,临床工作经常不能按时上下班,工作时间与业余时间无法严格区分,自身生物节律会被打破,这加剧了医护人员的心身紧张感。

(二)医者的心理需求

1. **理解与尊重的需要**　医务人员需要获得患者和家属及社会的理解与尊重。为了诊疗工作更有效、更顺利,需要患者和家属尊重医务人员,与医务人员密切合作,共同战胜疾病。很多医学难题目前仍在攻克中,患者应该了解和理解,并积极配合医务人员的治疗。这种与医生一起建立起来的互相信任、合作的医患关系,对患者的治疗最为有利。

2. **提高经济收入的需要**　医院要发展、医务人员的收入要改善都需要经济的支持。医务人员的劳动是脑力和体力综合应用的过程,属高技术、高付出(学习与成熟周期长、成本高,工作辛劳)、高风险(精神压力大)的职业。也需要通过合理的经济收入来吸引社会中的精英加入医务人员的行列。

3. **人身安全的需要**　近年来医务人员在执业期间受到辱骂、殴打的事件频发,反映出医务人员人身安全得不到保障,医务人员的积极性也因此受到严重挫伤。医务人员保护不了自己,如何有效地开展医疗服务?最终损害的还是患者的利益。

4. **实现自我的需要**　大多数医务人员都需要通过治疗疾病来证明自己的能力,实现自我价值的满足。医学需要终身学习和实践探索,医务人员在从业过程中需要不断地提高业务水平,提高患者疾患的治疗效果,更好地服务社会。医务人员自我实现即个人成就的需要是他们高层次需求中最重要的。

四、医患沟通案例心理解析

【案例2-2】

一位男性老年人患有下肢动脉硬化性闭塞症入院行支架植入治疗,既往曾植入过冠脉支架,平时其待人非常有礼貌,今日突然在病房大发脾气,要投诉医生和护士,一名医生赶过去了解生气的原因,老人家大声地说:"叫了半天都没人换冰袋,什么服务态度!"

医生面带笑容,用手抚摸着老人家的背,柔声并蹲下来说:"老人家,护士拿冰袋久了点儿,您老消消气,生气对心脏不好,来跟我说说为啥生气呀。"老人家指着穿刺点的位置,"我这里有血肿,医生叫我冰敷,我冰袋不凉了,叫护士换半天都不应!"医生解释说:"可能人手不足,有点忙不过来了。""我知道他们忙,我的事也要紧啊,半天没人来!""我理解您着急,一定是有什么原因,能跟我说说吗?"通过不断这样的询问,了解到患者因为术后穿刺点出血而感到焦虑、担忧,以及对手术质量表示怀疑。这些内部因素的深刻挖掘,使患者充分袒露了心声。针对患者内心的恐惧加以安抚才是根本,事后患者与医生保持了多年的友谊。

解析:了解病人说话的心理,通过共情的方式予以沟通,既满足了病人的需求,也同时使医患关系变得和谐。医患沟通是人际沟通的特殊形式,医患关系又是人际关系的特殊形式。医患沟通的内容与形式、表达与方法、技巧与效果都与心理学存在着密切的关系。了解病人的心理特征和内心感受,有针对性地进行沟通,会产生更积极有效的作用。

（尹　梅）

【作业题】
1. 简述医患沟通的伦理原则。
2. 论述医患双方的角色及心理特征。

第五节　医患沟通的法律基础

现实中的重要问题
- 何为医事法,医患沟通何以需要医事法?
- 医事法是如何调整医患沟通的?
- 医患沟通中,双方的权利、义务主要有哪些?
- 医事法在医患沟通中如何实现?
- 《侵权责任法》中有哪些关于医患沟通的条款?
- 为什么涂改病历也要承担法律责任?

一、医事法概述

在现代社会法治化的进程中,医事活动已被日益法律化。医事法作为确认、维护和发展国家所认可的医患关系及医疗秩序的重要工具,已成为医患沟通不可或缺的重要元素。作为医生,要想与患者进行有效、合法地沟通,必须要对医事法有一定的认识。

1. **基本概念**　迄今为止,法律仍是覆盖社会生活几乎所有方面,是最完善、最先进的社会规范系统。医事法(medical jurisprudence)是其中一个特殊的子系统,它是指由国家专门机关制定或认可,并由国家强制力保证实施的,是调整因医事活动而形成的各种社会关系的法律规范的总称。医事法的内容涉及医药卫生事务的方方面面,包括诊断治疗、医药供给、优生优育、预防与保健、医疗与康复、监督与管理、医事仲裁与诉讼以及医患间的相关言语、行动,等等。医事法的来源方式,主要包括制定与认可。制定,是指国家机关根据法定权限和程序创制规范性法律文件的活动;认可,是指国家机关根据需要,对社会上早已存在的风俗习惯、道德规范、宗教信条、技术操作规程等加以确认,并赋予其法律效力的活动。

通常,医事法律规范具体的外部存在方式和表现形式被称之为医事法的渊源,其主要包括宪法、医事法律、医事法规、医事规章、国际医事条约等。其中宪法是各种医事法律法规的立法依据与基础,也是理解医事法的重要价值参照。另外,由于医事活动的高度专业技术性,技术性规范在法律适用过程中往往具有重要地位,其可能对判断医事行为合法与否具有决定意义。因此,在此意义上可以说,医事标准、医事技术规范和操作规程已成为医事法律体系的重要组成部分。

2. **医事法的特征**　医事法具有一般法律的特征:①国家意志性:国家优势政治集团的意志通过法定程序可上升为国家意志,成为法律。法律体现了国家意志性,有决断色彩,但法律也有沟通之维,是法律人、政府、大众相互沟通的结果;②确定性和可预测性:法律通过权利化与行为规制的方式,明确告诉人们可以做什么、必须做什么、应当做什么、不得做什么,从而降低人们行为的不确定性,增强可预测性;③国家强制性:国家强制力作为惩罚违法行为的"必要之恶",是法律具有实效的重要保证,其主要是指国家的军队、警察、监狱、法庭等有组织的国家权力。法律较之于道德最典型的特征就是国家强制性,因此具有法律性质的沟通必定是以国家强制力为后盾的。

同时,作为调整医事领域社会关系的法律,医事法还具有自身的特性:①以保护公民生命健康权为根本宗旨;②综合性和多样性:医事法的渊源体系及调节手段具有综合性和多样性,其除采用自己独有的法律措施外,还使用刑法、民法、劳动法、诉讼法等部门法的调整手段;③科学性和技术规范性:直接关系到公民生命健康安全的科学工作方法、程序、操作规范与标准等都有可能被确定下来,成为技术规范并被法律化;④社会共同性:作为人类所面临的共同问题,健康使得全世界都在探求解决预防和消灭疾病、保障人体生命健康、建造清洁卫生适宜的环境、促进社会经济发展等问题的办法。

3. 医事法在医患沟通中的作用　法律最明显的功能是规制社会和调控人际关系,构建人与人之间互动与沟通的框架。按照法作用于人们行为及社会关系的形式与内容间的差异,医事法的作用可分为规范作用和社会作用。

规范作用包括:①指引作用:法律为医患提供了行为模式,使其可以根据法律规定的权利与义务,做出或抑制一定行为。②评价作用:法律作为行为标准,具有判断、衡量医患行为合法或违法以及违法性质与程度的作用。③预测作用:医患双方可以根据法律规定预测彼此间的行为以及可能的法律后果,从而减少行为的盲目性与偶然性。④教育作用:医事法一方面通过确立行为标准,将技术规范或社会的价值标准渗透到医患双方的意识中;另一方面,通过法律的实施对医患(特别是医生)今后的行为起到教育意义。⑤强制作用:法律通过制裁违法行为,确立权威,以保护医患双方的正当利益。

医事法的社会作用,作为影响医患沟通的背景性因素,能为医患沟通提供良好的社会环境。在现代社会中其可分为两方面。一是维护法律秩序,医事法通过明确人们在医事活动中的权利义务,调整、确认、保护和发展各种医事法律关系和医药卫生秩序;二是发展社会公共事务,医事法往往与一个国家的医疗资源分配、医疗体制改革方案等政策社会构想相关联,一个理想的医事法必定能够有效地贯彻国家的医事政策,促进公共卫生事业的发展。

二、医事法律关系与法律责任

医生必须认识到,自己与患者之间的诊疗关系已经被置于"法律意义之网"。医事法对医患沟通的调整,必将医患双方纳入医事法律关系之中,其设定双方的权利义务,并对违反义务者课以相应的法律责任。

1. 医事法律关系　医事法律关系(relation of medical jurisprudence)是指行为主体在卫生管理和医药卫生预防保健服务过程中,依据医事法律规范所形成的权利和义务关系。医患双方只有了解、接受这种权利义务关系,才能准确地自我定位、有效沟通。

医事法律关系由主体、内容和客体三个要素构成的,缺一不可。①医事法律关系的主体:是指在医事法律关系中享有权利并承担义务的当事人,通常医方与患者是最为典型的当事人,他们在诊疗活动中经常互为言说者与接受者;②医事法律关系的内容:是指医事法律关系的主体依法所享有的权利和承担的义务,权利与义务在医患双方的沟通中主要是以语言符号表达出来的。每一个法律关系的具体内容既取决于法律又取决于言说者与接受者之间的交涉;③医事法律关系的客体:是指医事法律关系主体之间的权利和义务所指向的对象(标的)。它的内容和范围包括:公民的生命健康权、行为(如医疗服务行为)、物(如药品、医疗器具)、精神产品(如医药卫生科学技术发明、学术著作)等。有关医事法客体的沟通要求医患双方能够准确把握,言说者要准确表达,接受者要准确理解,方能保证沟通的有效性、真实性。

医事法律关系的主要特征:①以医事法规为基础:各种医事法律关系都是由医事法律规范事先加

以设定,并以相应的医事法律规范的存在为前提;②动态复杂性:医事法律关系是一种纵横交错的法律关系,其内容具有多样性、复杂性和可变性。纵向关系是指医事行政管理关系,横向关系是指在提供医药卫生服务与商品的过程中发生的民事法律关系;③主体特殊性:医事法作为专业性很强的行业法,决定了医事法律关系主体的特殊身份,即一方通常是从事医药卫生工作的组织或个人。

医事法律关系的产生、变更和消灭,均以相应医事法律规范的存在为前提,并以一定法律事实的产生为直接原因。因此,引起该关系变动的条件主要为:法律规范和法律事实。法律事实,是指法律规范所规定的能够引起法律关系产生、变更和消灭的客观现象或情况。其可分为两类:①法律行为:是指法律关系当事人有意识地活动,包括合法行为和违法行为。②法律事件:是指不以法律关系当事人主观意志为转移的客观事实,其又可分为两类,一类是自然事件,如病人因非医疗因素死亡而终止医患法律关系或作为医事行政相对人的企事业单位因强烈地震等自然灾害而被迫停业;另一类是社会事件,如医药卫生政策的重大调整、医事法律的重大修改等。由于法律行为是引起医事法律关系的产生、变更和消灭的重要因素,从这个意义上讲,医患双方的沟通是法律关系的一个决定性要素。

2. 医事法律责任　医事法律责任(legal liability in respect of medical affairs)是指对违反医事法律规范的行为主体,进行否定性评价以及课以其所应承担的带有强制性的不利法律后果。法律责任是医患交往中法律后果预测的重要内容,其承担着一个社会评价的功能,并对在医患沟通过程中因违法或违约行为而发生的损害,进行补救、矫正,以恢复应有的医患沟通秩序,从而为医患沟通创建基本的信任与合理的预期。根据医患违反医事法律规范和法律责任的性质以及承担法律责任的方式不同,可将医事法律责任分为民事责任、行政责任、刑事责任三种。

(1)医事民事责任:是指具有民事责任能力的行为主体因违反医事法律规范而侵害了公民、法人和其他组织的民事权益,而应承担的以财产为主的法律责任。《民法通则》及《侵权责任法》规定的承担民事责任的形式主要有:停止侵害、排除妨碍、消除危险、返还财产、恢复原状、赔偿损失、支付违约金、消除影响、恢复名誉、赔礼道歉等。

医事法所涉及的民事责任以赔偿损失为主要形式,且可由当事人自愿协商解决。换言之,民事责任都是可以通过沟通的方式加以解决的,但是,沟通协商解决的前提是双方对医事民事责任的要件有清晰的把握:①损害事实:指受害人的财产权或人身权受到侵害的事实,既包括物质上的损失,也包括精神上的损害。②违法行为:指行为人违反医事法律规范的客观行为,包括作为和不作为两种方式,前者如医务人员使用假冒伪劣药品致人伤残;后者如医务人员借故推诿病人,贻误抢救时机等。③违法行为与损害事实之间存在因果关系,一般是指引起与被引起关系。④主观过错:即行为人实施违法行为或违约行为时的主观心理状态,包括故意和过失两种形式。故意是指明知自己的行为会发生危害社会的结果,希望或放任这种结果发生的心理状态;过失是指应当预见自己的行为可能会损害他人、危害社会,因疏忽大意而没有预见,或已预见却轻信能避免,以致发生危害结果的心理状态。

(2)医事行政责任:是指行为主体因违反医事行政法律规范、尚未构成犯罪的行为所应承担的法律后果。根据我国现行的医事法律规定,追究行政责任的形式有行政处罚和行政处分两种。医事行政处罚,是指医药卫生行政机关或法律、法规授权组织,在职权范围内依法对违反医事行政管理秩序的行政相对人(公民、法人或其他组织)所给予的行政制裁。行政处罚的种类主要有申诫罚、财产罚、行为罚和人身自由罚,其常用形式有:警告、罚款、没收违法所得、没收非法财物、责令停产停业、暂扣或吊销有关许可证等;医事行政处分,是由有管辖权的国家机关或其他组织依照行政隶属关系,对于违反医事法律规范的国家公务员或所属人员所实施的惩罚措施,其具体形式主要有:警告、记过、记大过、降级、降职、撤职、留用察看和开除等。

构成医事行政责任的要件为:①行为人违反医事法律规范所规定的义务:其既包括行为人以积极的方式实施了医事法律规范所禁止的作为,如违反《食品卫生法》第9条之规定,生产禁止生产的经营食品;又包括行为人消极地不履行医事法律规范所规定的作为,如医疗保健机构、卫生防疫机构发现传染病时,不按《传染病防治法》第24条之规定采取控制措施。②行为人主观上必须要有过错:行为人的过错分为两种,一是明知故犯,即故意违反医事法律规范,如出入境人员故意逃避卫生检疫;二是疏忽大意或过于自信而造成的过错。③违法行为造成损害后果:追究行政责任必须以相应的损害后果为前提,将情节轻微、危害程度不大的行为当作违法,或将情节恶劣、危害后果严重、已经触犯刑律的犯罪行为当作行政违法处理,都是错误的。

(3)医事刑事责任:是指行为主体实施了犯罪行为,严重侵犯了医药卫生管理秩序及公民的人身健康权,依刑法应当承担法律后果。犯罪行为是医患沟通中发生的违法性最严重的行为,所以由此产生的法律责任也最严重。在医患沟通过程中,刑事责任往往是作为"潜台词"的形式存在的,言说者与接受者都不会直接去提及它。但是,作为医生对刑事责任必须有清楚的认识。在器官移植等技术性极强的领域,一个医生如果完全不懂得刑事法律,极有可能会触碰到违法犯罪的"高压线"。

根据我国刑法规定,刑罚分为主刑和附加刑。主刑包括管制、拘役、有期徒刑、无期徒刑、死刑;附加刑可与主刑同时适用,也可独立适用,包括罚金、剥夺政治权利、没收财产。我国刑法对违反医事法行为的刑事责任做了明确规定,相关罪名有 20 余个,如危害公共卫生安全罪;妨害传染病防治与检疫罪;传染病菌种、毒种扩散罪;非法组织卖血罪;强迫卖血罪;非法采集、供应血液罪;生产、销售假药罪;组织出卖人体器官罪;医疗事故罪;非法行医罪等。构成违反医事法的刑事责任,必须以刑法的明文规定及医事刑事犯罪为前提。依据刑法理论,构成犯罪必须具备以下四个要件:①犯罪客体:是指我国刑法所保护的、为犯罪行为所侵犯的社会关系,包括社会管理关系中的公共卫生关系和公民生命健康权利等。②犯罪客观方面:是指犯罪活动的客观外在表现。包括危害行为、危害结果、危害行为与结果之间的因果关系、实施危害行为的时间、地点、方法等。③犯罪主体:是指实施犯罪行为并承担刑事责任的人。

三、医事法律中医患的权利和义务

为进行有效地沟通,医患双方必须了解各自享有的权利及应履行的义务。权利包含自由、资格、能力、利益等内容,其隐含着他人的义务;义务则意味着约束与要求,具有国家强制性,其隐含着他人相对应的权利。医事法通过明晰医患双方各自的身份、权利和义务,引导双方在法定范围内行使权利,履行义务,防范侵权行为的发生。义务的履行与权利的享有互为因果,没有无权利的义务,也没有无义务的权利。医患沟通的顺利进展,需要双方在履行己方义务的前提下享有权利。医患权利与义务是一对矛盾体,矛盾的两方互相依存、互为前提。我国属成文法国家,医患双方的权利义务或明确或隐含地规定在《宪法》《民法总则》《刑法》《执业医师法》《传染病防治法》《侵权责任法》《医疗事故处理条例》《医疗机构管理条例》等法律文件中。

1. 医方的权利和患方的义务

(1)特定情形下的医疗主导权:因抢救生命垂危的患者等紧急情况,不能取得患者或其近亲属意见的,经医疗机构负责人或者授权的负责人批准,医方可以立即实施相应的医疗措施。

(2)医方特定情形下的免责权:该特定情形,包括患者方自身原因导致的诊治延误,无过错输血,不可抗力、难以避免的并发症,紧急情况下的合理诊疗,限于当时的医疗水平难以诊疗等情形。

(3)医方的特殊干预权:医疗机构为完成法律、行政法规明确的义务,在特定情形下——如当患传染性疾病的患者拒绝治疗时,可对某些患者采取强制治疗和强制控制。

(4)医方的其他合法权益:如人格尊严权、人身安全权、财产所有权、知识产权、名誉权、债权如医疗费用支付的请求权等。

与其相对应的患者义务,包括:在治疗过程中,应自觉遵守国家法律、法规及医方制定的规章制度,遵守医疗秩序,如给付医疗费用、正常出院等,以及不能妨害医务人员工作、生活、身体健康。另外,患者有配合诊疗护理的义务,如实陈述病史、病情、按医嘱接受各项检查和接受治疗。

2. 患方的权利和医方的义务

(1)患方的医疗自由权:享有合理限度的医疗自由权包括:有权自主选择医疗机构及医生;除法律法规规定的强制治疗外,患者有权决定是否接受医疗服务;在不违反法律法规的前提下,患者有出院及要求转院的权利。

相对应医方的义务,在一般情况下不得侵犯患方的身体或限制人身自由。

(2)患方知情同意权:患者有权理解和认识自己所患的疾病,包括检查、诊断、治疗、处理及预后等方面的情况,并有权要求医生作出通俗易懂的解释;有权知道处方的内容,且出院时有权索要处方副本或影印件;依法有权复印或复制门诊病历、住院志等病历资料;有权核实医疗费用,并有权要求医方逐项作出解释。

相对应医方的义务——告知义务,即如实填写、妥善保管、提供病历资料的义务。医务人员在诊疗活动中应当向患者说明病情和医疗措施。需要实施手术、特殊检查、特殊治疗的,医务人员应当及时向患者说明医疗风险、替代医疗方案等情况,并取得其书面同意;不宜向患者说明的,应当向患者的近亲属说明,并取得其书面同意。否则,由此造成患者损害的,医疗机构应当承担赔偿责任。

医疗方应当按照规定填写、出具并妥善保管病历资料,如住院志、医嘱单、检验报告、手术及麻醉记录、病理资料、医疗费用等,不得隐匿、拒绝提供、伪造、篡改或者销毁。患者要求查阅、复制前款规定的病历资料的,医疗机构应当提供。医方应恪守医疗服务职业道德;医疗方不得提供虚假证明材料,如出生证、死亡证、健康证明等;医方应当向患者提供有关医疗服务的真实信息,不得作引人误解的虚假宣传。

(3)患方有权获得适应的医疗救助:患者有权要求医疗机构提供符合保障人身、财产安全要求的医疗服务。

相对应医方的义务即依法、依约提供医疗服务。医方应依法开业、执业,不得从事非法行医工作;提供及时的医疗服务,不得拒绝救治危急患者;应提供至少与当时医疗水平相应的诊疗义务;若医方和患方另有约定,还应当按照约定履行义务,但双方的约定不得违背法律法规的规定,不得损害国家利益和社会公共利益;对因限于设备或技术条件不能诊疗的患者,应当及时转诊;医方有适度检查的义务,不得违反诊疗规范实施不必要的检查。

(4)患方因接受医疗服务受到人身、财产损害的,享有依法获得赔偿的权利:医方有医疗过错损害及医疗产品缺陷的责任赔偿义务。医方诊疗中存在过错或因药品、消毒药剂、医疗器械的缺陷,或者输入不合格的血液造成患者损害的,应承担赔偿责任。

(5)隐私权:即在治疗过程中,患者具有隐私不被医方不法侵犯、不被擅自公开的权利。医方有依法保护患者的隐私权义务,不得泄露患者隐私或者未经患者同意公开其病历资料,否则,造成患者损害的,应当承担侵权责任。

(6)患者在接受治疗时,享有其人格尊严、民族风俗习惯被尊重的权利。

(7)患者享有对医方监督、举报、投诉、起诉的权利:医方有注意及报告义务——遵守各项规章制度和技术操作规范,做适当检查的义务;提高专业技术水平的义务;对发生医疗事故或者发现传染病疫情、食物中毒、涉嫌伤害事件或者非正常死亡等事件及时报告的义务。

为促进卫生与健康事业的法治化治理、增进人民健康提供司法保障,确保医患双方明确各自在诊疗活动中以及发生纠纷后的权利义务,实现依法沟通。相关法律及司法解释也相继出台。《最高人民法院关于审理医疗损害责任纠纷案件适用法律若干问题的解释》(2017年3月27日由最高人民法院审判委员会第1713次会议通过,自2017年12月14日起施行)重点条款节选:

第四条 患者依据侵权责任法第五十四条规定主张医疗机构承担赔偿责任的,应当提交到该医疗机构就诊、受到损害的证据。患者无法提交医疗机构及其医务人员有过错、诊疗行为与损害之间具有因果关系的证据,依法提出医疗损害鉴定申请的,人民法院应予准许。医疗机构主张不承担责任的,应当就侵权责任法第六十条第一款规定情形等抗辩事由承担举证证明责任。

第五条 患者依据侵权责任法第五十五条规定主张医疗机构承担赔偿责任的,应当按照前条第一款规定提交证据。实施手术、特殊检查、特殊治疗的,医疗机构应当承担说明义务并取得患者或者患者近亲属书面同意,但属于侵权责任法第五十六条规定情形的除外。医疗机构提交患者或者患者近亲属书面同意证据的,人民法院可以认定医疗机构尽到说明义务,但患者有相反证据足以反驳的除外。

第六条   侵权责任法第五十八条规定的病历资料包括医疗机构保管的门诊病历、住院志、体温单、医嘱单、检验报告、医学影像检查资料、特殊检查(治疗)同意书、手术同意书、手术及麻醉记录、病理资料、护理记录、医疗费用、出院记录以及国务院卫生行政主管部门规定的其他病历资料。患者依法向人民法院申请医疗机构提交由其保管的与纠纷有关的病历资料等,医疗机构未在人民法院指定期限内提交的,人民法院可以依照侵权责任法第五十八条第二项规定推定医疗机构有过错,但是因不可抗力等客观原因无法提交的除外。

第七条   患者依据侵权责任法第五十九条规定请求赔偿的,应当提交使用医疗产品或者输入血液、受到损害的证据。患者无法提交使用医疗产品或者输入血液与损害之间具有因果关系的证据,依法申请鉴定的,人民法院应予准许。医疗机构,医疗产品的生产者、销售者或者血液提供机构主张不承担责任的,应当对医疗产品不存在缺陷或者血液合格等抗辩事由承担举证证明责任。

第十一条   委托鉴定书,应当有明确的鉴定事项和鉴定要求。鉴定人应当按照委托鉴定的事项和要求进行鉴定。下列专门性问题可以作为申请医疗损害鉴定的事项:

(一)实施诊疗行为有无过错;

(二)诊疗行为与损害后果之间是否存在因果关系以及原因力大小;

(三)医疗机构是否尽到了说明义务、取得患者或者患者近亲属书面同意的义务;

(四)医疗产品是否有缺陷、该缺陷与损害后果之间是否存在因果关系以及原因力的大小;

(五)患者损伤残疾程度;

(六)患者的护理期、休息期、营养期;

(七)其他专门性问题。

鉴定要求包括鉴定人的资质、鉴定人的组成、鉴定程序、鉴定意见、鉴定期限等。

第十四条   当事人申请通知一至二名具有医学专门知识的人出庭,对鉴定意见或者案件的其他专门性事实问题提出意见,人民法院准许的,应当通知具有医学专门知识的人出庭。

前款规定的具有医学专门知识的人提出的意见,视为当事人的陈述,经质证可以作为认定案件事实的根据。

第十六条   对医疗机构及其医务人员的过错,应当依据法律、行政法规、规章以及其他有关诊疗规范进行认定,可以综合考虑患者病情的紧急程度、患者个体差异、当地的医疗水平、医疗机构与医务人员资质等因素。

第十八条   因抢救生命垂危的患者等紧急情况且不能取得患者意见时,下列情形可以认定为侵权责任法第五十六条规定的不能取得患者近亲属意见:

(一)近亲属不明的;

(二)不能及时联系到近亲属的;

(三)近亲属拒绝发表意见的;

(四)近亲属达不成一致意见的;

(五)法律、法规规定的其他情形。

前款情形,医务人员经医疗机构负责人或者授权的负责人批准立即实施相应医疗措施,患者因此请求医疗机构承担赔偿责任的,不予支持;医疗机构及其医务人员怠于实施相应医疗措施造成损害,患者请求医疗机构承担赔偿责任的,应予支持。

四、医患沟通的法律解析

【案例2-3】

患者吴某因"检查发现颅内动静脉畸形一月余"入住A医院,2日后全麻下行"左额叶动静脉畸形栓塞术"，术后查头颅 CT 检查示左额叶动静脉畸形术后改变，造影剂大量溢出存留并破入脑室系统及蛛网膜下腔，给予脱水、止血等一系列治疗。出院后，吴某将 A 医院诉至法院，请求赔偿医疗费等各项费用。经鉴定，医方在诊疗行为中存在以下过错：①医方术前准备不充分，医方术中处理不得力；②医患沟通不到位，术前针对介入手术所带来的风险、严重性，未向患方作详细告知，术中患者脑出血，医方未及时向患者家属告知病情；③医疗文件书写混乱，存在涂改，手术影像记录与手术记录不一致、介入手术知情同意书签署时间错误、栓塞用胶用量记载不明。

鉴定分析：患者目前状况主要系病情较为复杂，出现难以避免的并发症所致，但医方在诊疗行为中存在的上述过错与患者目前的损害后果之间也存在一定的因果关系。

解析："法律的生命在于其运行。"医事法律规范层面的权利义务，只有在社会生活中得以贯彻与实现，才能切实影响现实生活中的医患沟通，实现其预期的目标。具体说来，医事法在医患沟通中的应用，主要包括医事法的遵守与运用两个环节。

1. 遵守医事法　遵守医事法是指社会主体依照医事法律规定履行义务的活动，其强调履行己方的义务。无论是对医方还是对患方而言，守法方才能使己方处于主动，既能为自己赢得利益，也能避免不必要的困扰与惩罚。与守法相对的是违法。案例中医方术前准备不充分、术中处理不得力、病历书写不规范等情形，显然其没有尽到自己应尽的法律义务。这不仅让医患就诊疗方案的沟通、选择没有可靠的信息保障，也会让随后的纠纷化解面临障碍。

而且，诊疗方案的选择本身更应该基于医患双方的充分交流。根据《侵权责任法》第 55 条规定，一般情况下，医方采取的诊疗方案，应在获得患方知情情况下的同意才能实施；否则医疗机构将应承担由此给患者造成的损害。医方告知-患方知情同意这一权利义务设定，至少具有两方面的意义：一方面，这种交流可以让医方更准确、快速地诊断患方病情，了解患方的健康观、价值观，进而提出可供选择的治疗方案；另一方面，这种交流也可让患方知晓自己的病情及面临的治疗风险，从而让其参与治疗方案的选择，合理预见治疗效果，并积极配合医方的治疗。案例中，医方沟通不到位，显然侵犯了患者的知情同意权。

此外，本案例中，由于医方所提交的病历存在涂改等现象，无法反映其对吴某进行治疗的真实情况，涉嫌不具备证据的客观性与真实性，医方将难以据此来证明其对吴某的治疗行为不存在过错。根据《侵权责任法》第 61 条、第 58 条之规定，医方有如实填写、妥善保管病历资料的义务，如果违反该义务，一旦患者利益有损害，将推定医方有过错，即举证责任转由医方承担，一旦其举证不能，医方将应承担相应的法律责任。

总的来说，侵权责任法鼓励医患双方进行充分沟通。从医方的角度来看，即便存在紧急状况也应该尽可能地与患方作沟通，获取患方的支持与配合。因为，所谓"紧急情况"的理解也是存在歧义的。医方只有尽一切可能对患方进行解说，有效沟通，才有可能减少纠纷，避免被诉的可能性。

2. 运用医事法　医方要重视运用法律武器来维权，克服"花钱买平安"或"忍气吞声"的思想，牢固树立风险和证据意识，适时掌握"法、理、情"原则。当然，在运用法律的过程要防止权利滥用，即医患双方在权利行使过程中不要故意超越权利界限而损害对方的合法权益，否则不仅会对医患沟通的良性发展带来负面影响，也会被要求承担由此而来的法律责任。例如，医疗方过度检查、患方医闹行为等当前较为突出的疑难社会问题。一般来说，医方在与患方交涉时相对理性，毕竟医方相对患者而言具有高度组织化的特点；患方行为相对情绪化，医方可能会因患方的情绪化的感染而失去方寸。其实，面对情绪化的患方，医方更应理性应对，一旦发现处于与患方无法沟通的境地时，应有较为明确的法律意识和准备。

总之，因为医事具有未知性、专业性、风险性、有限性，且患者个体具有很强的差异性、情感性，医患之间的沟通交流对促进双方相互理解、宽容，减少、化解双方冲突，显得异常重要。医事法以权利义务的方式发挥作用，为医患双方沟通提供了一定的行为标准，使医患关系渐渐摆脱传统医疗父权主义的专断性。在公众已经被进行人权、法治理念"洗礼"的社会，只有既尊重医方的专业权威，又尊重患者的自我决定权,使双方真诚而又富有效率地进行沟通,方有可能确立一种相互信赖、合作而富有成效的关系。

（姜柏生）

【作业题】

1. 在医患沟通法律化的过程中,当患者的自我决定权与医生所奉行的人道主义精神相冲突时,应如何处理? 例如,就一经济拮据的癌症晚期患者而言,医生应如何将"坏消息"告知患方?

2. 结合实际,谈谈医事法在医患沟通中的意义? 然后写一篇相关的小论文。

3. 病历资料在医患沟通中的作用是什么?

第六节　人际沟通基本原理

现实中的重要问题

- 人际沟通究竟有何重要性?
- 在现实生活中,人际沟通的方式有哪些?
- 在与人沟通时,扮演"听者角色"还是"说者角色"更好?
- 有些人觉得自己天生不擅于沟通,是这样吗?
- 如何有效提升人际沟通能力?

一、人际沟通的概念

（一）人际沟通的含义

沟通是个外来语,译自英文的 communication,由拉丁字 communis 演变而来,原意是分享和建立共同的看法。我国传播学界和公共关系学界共同的看法是:沟通是信息和观点的传递、传播、交流和分享。"人际沟通"是人与人以全方位信息交流以达到人际间建立共识、分享利益并发展关系的过程。行为学者山佛德认为人际沟通是信息传递和被了解的过程,包括三个要点:①通常发生在有两人或两人以上的团体之间;②含有信息的传递;③通常有其理由。管理学中,西蒙给沟通下的定义是:"信息沟通是指一个组织成员向另一个成员传递决策前提的过程"。没有信息沟通,显然就不可能有组织,因为没有信息沟通,集体就无法影响个人行为了。

人际交往是人际沟通的起点,是建立人际关系的基础。如果把人的观念、思想、感情等看作信息,人际沟通就可看作信息沟通的过程。因此,人际沟通就是人们运用语言符号系统或非语言符号系统传递信息的过程。在性质上,人际沟通的内容是双方的有关信息和观点的交流,它们不是某一个实物,而是关于某一事物、某一过程的描述或结论,因而它们具有抽象性。人们必须借助于各种媒介如语言、表情、动作姿态、行为方式把所知信息、看法和态度传递给他人。由于媒介的多样性,人际沟通也就有多样性。人际沟通时,双方在接触中,其语言、表情、动作姿态、环境等,无一不在向对方传达着某种信息、感情和态度。人际沟通又具有动态性,它是多方面的,随时、随处都在发生和进行着。

（二）信息沟通的过程

人际沟通的过程就是信息转换的过程。信息沟通和转换包括信息策划、信息编码、信息传输、信息解码、信息反馈和沟通干扰(图 2-8)。

1. 信息策划　信息是沟通的基础,在头脑中形成清晰、完整、有条理的信息是良好沟通的开始。信息策划就是对信息进行搜集、整理、分析的过程。信息策划过程反映着信息发出

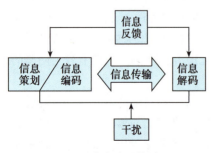

图 2-8　信息沟通的过程

者的逻辑思维能力的高低和信息量的多少。

2. **信息编码**　信息编码就是将信息与意义符号化,编成一定的文字等语言形式或其他形式的符号,以某种形式表达出来。编码最常用的是口头语言和书面语言,除此之外,还要借助于面部表情、声调、手势等身体语言和动作语言等。

3. **信息传输**　信息传输,即通过一定的传输媒介将信息从一个主体传递到另一个主体。传送信息可以通过一席谈话、一次演讲、一份信函、一份报纸、一个电视节目等来实现。沟通过程有时需要使用两条甚至更多的沟通渠道。例如,对员工工作绩效的评价,管理者在做了口头评估之后,可以再提供一份书面材料。

4. **信息解码**　解码即将收到的信息恢复为具体的思想、意义,以便适于理解和接受。信息解码包含两个层面:一是还原为信息发出者的信息表达方式;二是正确理解信息的真实含义。接收者在解码过程中,也必须考虑传送者的经验背景,这样才能更准确地把握传送者表达的真正意图,正确、全面地理解收到信息的本来意义。

5. **信息反馈**　信息传递并不是沟通最重要的目的,沟通的核心在于理解、说服和采取行动。信息接收者在获得信息或根据信息采取行动后,会根据自己的理解、感受和经验提出自己的看法和建议,这就是信息反馈。信息反馈既是对上一次沟通结果进行评价的重要依据,也是进一步改进沟通效果的重要参考资料。

6. **沟通干扰**　人们在沟通过程中都可能面临一些干扰因素。这些干扰因素可能来自于沟通者本身,也可能来自于外部环境。沟通者之间的干扰有些是故意的,有些则是非故意的。外部环境的干扰则比较常见,例如沟通场所的噪音等。

(三) 人际沟通的模式和类型

人际沟通的基本模式和类型可以根据不同的维度划分为:

1. **语言沟通和非语言沟通**　根据信息载体的不同,我们可以将人际沟通分为语言沟通和非语言沟通。语言沟通是建立在语言文字的基础上,又可分为口头语言沟通和书面语言沟通两种形式;非语言沟通指通过某些媒介而不是讲话或文字来传递信息,它是以表情、动作等为沟通手段的信息交流,其内涵十分丰富。包括面部表情及眼神、身体动作及姿势、言语表情、个人空间及个人距离、气质、外形、衣着与随身用品、触摸行为等都是非语言符号,它们都可以作为沟通工具来进行非语言沟通。在人际沟通中,美国传播学家艾伯特·梅拉比安曾提出:沟通的效果(100%)=语言(7%)+声音(38%)+表情(55%),此表明人际沟通中非语言沟通的重要性。

2. **直接沟通和间接沟通**　按照对媒介的依赖程度分类,人际沟通可分为直接的人际沟通和间接的人际沟通。直接沟通是指运用人类自身固有的手段,无需沟通媒介作居间的人际沟通,如谈话、演讲、上课等。它是人际沟通的主要方式。人际沟通往往除了依靠传统的语言、文字外,还需依靠信件、电话、电报等媒介作居间沟通,这种需要媒介作居间的人际沟通,称为间接沟通。尽管间接沟通在人际沟通中的比例不是很大,但这种沟通方式正日益增多,改变着社会的生产方式和人们的生活方式与沟通方式。

3. **单向沟通和双向沟通**　从沟通信息有无反馈的角度看,人际沟通又可分为单向沟通和双向沟通。单向沟通指单向信息流动的人际沟通。在沟通时,沟通双方的地位不变,一方只发送信息,另一方只接收信息而不向对方反馈信息,如做报告、大型演讲等;双向沟通是指双向信息流动的人际沟通。在沟通时,发送信息者与接收信息者之间的地位不断变换,信息沟通与信息反馈多次往复,如交谈、协商、谈判等。人际沟通中的绝大多数均为双向沟通。

4. **正式沟通和非正式沟通**　按沟通的组织程度分类,人际沟通又可分为正式沟通和非正式沟通。正式沟通指在组织中依据规章条例明文规定的原则进行的沟通。例如组织间的公函来往、组织内部的文件传达,等等;非正式沟通和正式沟通不同,它是人们以个人身份进行的人际沟通活动,诸如人们私下交换意见,议论某人某事等。它的沟通对象、时间及内容等都是未经计划和难以确定的。非正式沟通是因组织成员的感情和动机上的需要而形成的,其沟通途径超越了部门、单位以及层级的范围,体现了个体的各种社会关系。

二、人际沟通的要素与作用

(一)沟通的要素

沟通过程由以下 7 种要素组成:信息背景、发送-接收者、信息、反馈、渠道、干扰和环境。

1. **信息背景**　信息背景(message background)是指引发沟通的理由。海因(Hein)认为:一个信息的产生,常受发出信息者过去的经验、对目前环境的感受以及对未来的预期等影响,这些就称为信息的背景因素。因此,要了解一个信息所代表的意思,必须考虑到背景因素,不能只接收信息表面的意义,还须深入注意到信息背景的含义。

2. **发送-接收者**　一个人发出信息、表达思想时为发送者,获得其信息的人为接收者。然后这种过程逆向进行,即接收者同时又将其获得的信息回馈(又为发出者)给对方(又为接收者)。在大多数沟通情景中,人们是发送-接收者(sender-receiver),即在同一时间既发送又接收。

3. **信息**　信息(message)是指沟通者所要传递给别人的观念、思想和情感的具体内容。思想和情感只有在表现为符号时才能得以沟通。符号(symbol)是表示其他事物的某种事物。所有的沟通信息都是由两种符号组成的:语言符号和非语言符号。语言符号(verbal symbol)是语言中的每一个词所表示的某一个特定的事物或思想。非语言符号(nonverbal symbol)是不用词语而进行的沟通方式,即我们前面所提到的非语言沟通,如面部表情、手势、姿势、语调和外表等。

4. **反馈**　反馈(feedback)是发送-接收者相互间的反应过程和结果。例如你发表了一个观点,我则点头表示赞同,这是反馈。在医院,医生向患者进行某种健康教育后,要求患者复述或模仿一遍,以更好地判断沟通的效果,这也是反馈。

5. **渠道**　渠道(channel)也称途径、信道、媒介或通道,是指信息由一个人传递到另一个人所经过的路线,是信息传递的手段。不同的信息内容要求采取不同的渠道进行传递。在面对面的沟通中,信息传递的渠道主要是五官感觉和声音,在大众传媒中常利用网络、收音机、电视机、报纸和杂志等渠道。一些非语言信息还可以通过着装、接触、表情等渠道进行传递。

在人际沟通交流中,信息往往是通过多渠道传递的。一般来说,沟通者使用的渠道越多,对方则越能更好、更多、更快地理解信息。

6. **干扰**　干扰(disturbance)也称为"噪声",指来自于参与者自身或外部的所有妨碍理解或准确解释信息传递的障碍。

外部干扰来自于周围环境,它会影响信息的接收或理解。如过于嘈杂的声音,或过冷、过热等不适的环境都有可能干扰沟通的进行。内部干扰指发送-接收者的思想和情感集中在沟通以外的事情上。如一个上课的学生因想着课间刚结束的游戏而没有听课;妈妈因考虑工作问题而没有听到孩子在说什么。

7. **环境**　环境(setting)指沟通发生的地方和周围条件。包括物理的场所、环境,如办公室、病房、礼堂、餐厅等,能对沟通产生重大的影响。正式的环境适合于正式的沟通。例如,医生若在多人的病房中问及病人的隐私问题,显然很难得到良好地反馈。

(二)影响沟通的个人因素

在人际沟通过程中,常常由于诸多个体内在因素的存在和影响,使信息的沟通交流不能完全被彼此所了解和接受。因此,需要特别加以注意。

1. **信息表达和理解的能力**　是指沟通者能否将信息准确地表达和理解。如儿童、智力低下者、精神疾病患者、神志不清者等,其语言能力和思维能力受影响,从而影响对信息的表达和理解。

2. **沟通者的生理及情绪状态**　是指沟通者身体及情绪上是否处于舒适、放松的状态。舒适的状态、稳定的情绪有利于沟通双方系统地表达和交流信息。如果任何一方处于愤怒、激动、焦虑或身体不适状态均会影响沟通的效果。

3. **个性心理特征**　个体能力、性格、气质及品德修养的优劣,对沟通的效果起着举足轻重的作用。品行良好、性格豁达、开朗的人总能有效地与人沟通,赢得更多的朋友,而不良的个性心理特征,如以自我为中心、孤僻、多疑、自卑、妒忌等,均会阻碍人际沟通地有效进行。

4. **不恰当的沟通方式**　在人际沟通中不恰当的沟通方式也会影响沟通地有效进行。常见的几种阻碍有效沟通的不当技巧有:改变话题、催促对方、主观判断或早下结论、虚假或不适当的安慰和保证等。

（三）人际沟通的作用与意义

人际沟通对人的成长、生活、学习、人际关系和工作技能的提高具有重要作用。人际沟通从普遍意义上看主要有6个方面的作用:①良好的沟通是一种工作技能,很好地运用它,可使工作效果良好,实现人的物质利益需求;②正确的沟通可营造良好的人际关系,促进人的良性成长,实现个人的发展需求;③完善的沟通可满足双方的心理和人文需求,促进人格健康发展;④正确的沟通是生活的良伴,可促进实现人的身心健康利益的需求;⑤正确沟通可帮助人良好地学习,可促进实现人的社会利益需求;⑥良好的沟通可发展人际关系,可促进实现人的精神利益需求。

三、人际沟通的基本原则

要进行有效沟通,就必须遵循一定的原则。一般说来,一个完美、有效地沟通过程,必须遵循以下基本沟通原则。

（一）尊重

尊重是人心理的第一需要,每个人都需要尊重。尊重又分为自尊和他尊,在尊重自己的同时,更重要的是要尊重他人。在尊重他人的过程中,自己也同样会享受到他人的尊重。无论在什么场合,和什么人沟通,如果能把尊重放在第一位,沟通即成功了一半。

（二）诚信

诚信是沟通的基础和前提。沟通最基本的心理保证是安全感,没有安全感的沟通是难以发展的。只有抱着真诚的态度与人沟通,才能使对方有安全感,从而引起情感上的共鸣。

（三）明确

当信息沟通所用的语言和传递方式能够被接收者所理解时,就可以认为它是明确的信息。明确的信息能起到沟通的效果,所以沟通过程中要使用通俗易懂的语言。发布信息时,用别人能够理解的文字、语言、语气来表达,是信息发布者的责任。它要求发布者有较强的语言和文字表达能力,并熟悉信息接收者所用的语言。

（四）理性

确保沟通在理性的基础上进行,要避免情绪化。我们都有这种经历,当处于愤怒、抑郁、恐惧的状态下,或者当大脑塞满各种思想的时候,大脑很难正常思考。非正常思维状态下的沟通对象,会使沟通变得既"理不清"也"讲不明",如吵得不可开交的夫妻、对峙已久的上司下属,等等。学会控制自己的情绪,冷静下来厘清这些造成情绪困扰继而影响思考的事实,可以帮助我们更清楚地思考、更有效地沟通、更加正确地处理问题。

（五）连续性

有效沟通还必须具有时间、沟通内容与方式上的连续性。也就是说,沟通主体之间要达成有效的沟通,必须考虑到相互之间沟通的历史情形。这是因为,人们是依据自己的经验、情绪和期望对各种情形做出反应的。如果不了解沟通对象的过去,会影响预测他现在或将来的行为,而这种预测会明显影响与沟通对象在当下的沟通行为。

四、现代人际沟通的特征与方法

（一）现代人际沟通的特征

1. 互利性　互利性是指各方在沟通中均可以得到精神上和物质上的收益和心理需要的满足。注重实际，讲求互利是现代人际沟通的重要特点。在现代化社会中，人们之间的大部分联系，取决于对方能否给自己提供方便和帮助，并且给对方合理的、力所能及的回报。那种只想从对方得到利益，使自己需要获得满足，而不考虑对方利益的人际沟通是难以达成的。

2. 广泛性　广泛性是指人际沟通的视野开阔、人员广泛、范围宽广。在现代社会中，人们重视信息，力求与社会上各种职业、各个层次的人员沟通，达到广泛汇集各方面信息的目的，而在信息的交流中，沟通本身也得到改善。人际沟通的这一特点提示我们，交往面过窄，只关心同自己或家庭有关的做法，已不能适应现代社会的要求。

3. 变动性　变动性是指沟通对象变化的频率高，人际关系的流动性大。现代社会，人员的流动性日益普遍，那种自出生就固定在某个地方，局限在固定的人际交往圈子的社会已经一去不复返了。快节奏的生活、工作、学习以及择业具有自主性，岗位具有多变性，家庭具有不稳定性，等等，使人际沟通增加了较大的自由度，这种变化的人际关系，一方面使沟通对象发生变化的频率变高，另一方面也为人际沟通带来了一定难度。

4. 高效性　现代人际沟通突出的特点是讲究效率。在信息化的社会里，人们的交往也摆脱了计划经济时代的落后模式。注重效率、珍惜时间，讨论问题开门见山，直接进入主题，去掉繁琐的礼节，使人际沟通变得简约。而现代通讯设备的发展，也为这种高效的沟通提供了便利的条件。

（二）现代人际沟通的方法

1. 修炼沟通性情和意识　能否取得良好的沟通效果是建立在个体是否具有良好的自我性情和意识的基础上。

（1）认识自我：要说服他人，先要说服自己；要了解他人，先要了解自己；这样才能"知己知彼，百战不殆。"我们要做到清晰地认识自我，应强化一种勇气：敢于客观地审视自我吗？敢于承认自己的问题所在吗？有了这股勇气，才能在静心思考自我的场景下，进行自我价值的正确定位，才会从社会认同和社会道德的高度来克服物质自我、精神自我的片面诱惑，真正形成社会自我的修炼体系和意识动机。

（2）情绪管理：有一句话说得好："我们没有办法阻止事情发生，但我们可以决定这件事带给我们的意义。"要想成为情绪的主人和"EQ 高手"，我们应摆正一个基本的人生态度：均衡的处世态度，乐观的为人情怀。在心平气和、海纳百川、且慢发作的指引下，我们的沟通才会是有效的。

（3）换位思考：换位思考是建设性沟通、人际关系持续性发展的重要元素。换位思考到底是什么呢？其实就是"理解"别人的想法、感受，从对方的立场来思考事情。

2. 培养沟通能力　沟通能力是一种能证明和让对方发现你具有社会工作能力的一种能力，是一个人的核心竞争力所在。表面上看来，它只是一种能说会道的能力，可实际上它却包罗了一个人从穿衣打扮到言谈举止等一切行为的能力。

（1）用言辞修饰沟通：语言表达恰当与否的真谛是你能否在恰当的时候和适当的场合用得体的方式表达你的观点。要具有较好的言辞修饰、表达能力，要求我们博览群书，建立自身的语言词库，在言语沟通中提高言辞智商。只有这样，我们才能在口头沟通、书面写作中进行有效地行事。

（2）用身体语言强化沟通：我们在日常交流中，在运用口头语言和书面语言的同时，还在运用许多非语言的行为进行沟通，包括身体动作、姿态、仪容仪表等形式。这种通过非语言的沟通方式统称为"身体语言沟通"。

（3）用实践锻炼沟通：我们具备了修炼沟通意识的理念之后，还应在实践中锤炼沟通能力。无论是在校学习期间，还是实习工作期间，我们都应主动尝试在各种场合与各种人群沟通。因为，凡是与人打交道的工作,实践经验比书本知识都会重要和实用很多。人是最多变、最具各异性的动物,每个人的性格特点不同,与之沟通的方式也会不一样。只有在实践中磨炼,并不断总结经验,才能逐渐学会有效沟通。

3. **锤炼沟通技巧**

(1) 积极倾听:倾听是一种主动的过程,掌握别人内心世界的第一步就是认真倾听。在陈述自己的主张说服对方之前,先让对方畅所欲言并认真聆听是解决问题的捷径。在倾听时要保持心理高度的警觉性,随时注意对方倾谈的重点,要能站在对方的立场,仔细地倾听。每个人都有他的立场及价值观,因此,你必须站在对方的立场,仔细地倾听他所说的每一句话,不要用自己的价值观去指责或评断对方的想法,要与对方保持共同理解的态度。

(2) 鼓励对方先开口:鼓励对方先开口可以降低谈话中的竞争意味,说话的人由于不必担心竞争的压力,可以专心掌握重点,不必忙着为自己的矛盾之处寻找遁词。对方先提出他的看法,你就有机会在表达自己的意见之前,掌握双方意见一致之处。

(3) 通俗易懂:如果沟通的对象对所谈话的领域不熟悉,切勿用态度十分坚决和肯定的语气,用太过专业的术语与之交流,否则倾听者会因为说话者的态度而有情绪上的抵触,使沟通难以有效进行。即使你是某个领域的专家,有时仍应学习保持沉默,多倾听别人的意见,同时也可以表达出你希望知道得更多的意愿。

(4) 目光交流:聆听时,必须看着对方的眼睛。人们判断你是否在聆听并"吸收"说话的内容,是根据你是否看着对方来作出的。

(5) 感性回应:感性回应就是把对方所说的话加上自己的感受一并表达出来。例如,对方说:"吃早饭对身体很重要",你回应说:"吃了早餐才开始工作,身体暖暖的,做事才会起劲嘛!"感性回应就是在对方说了的事情上,把自己的感受提出来与对方分享。如对方接受,他便也能够与你分享他的感受。而感受分享是一个人接受另一个人的表示。

(6) 积极反馈:积极反馈有两种,一种是正面的反馈,另一种是建设性的反馈。正面的反馈就是对对方做得好的事情予以表扬,希望好的行为再次出现;建设性的反馈就是在对方做得不足的地方,给他提出改进的意见。建设性反馈是一种建议,而不是批评。积极反馈要注意就事论事,切记不能涉及别人的面子和人格尊严,带有侮辱别人的话语千万不要说,比如"你是猪脑子啊,没吃过猪肉还没有看过猪走?"之类的言语,这些只能加深双方的敌对和对抗情绪,与最初的沟通愿望适得其反。

(7) 谨防心理学效应误区:影响人际沟通的心理规律有首因效应(又称第一印象)、近因效应(也称最后的印象)、晕轮效应(又称光环效应、月晕效应)、期望效应(皮克马利翁效应)等,这些效应会对人际沟通产生重要影响,既有正面的影响,也有负面的影响。例如,第一印象并非总是正确的,但却总是最鲜明、最牢固的,并且决定着今后双方交往的过程。一般来说,在对陌生人的认知中,首因效应比较明显,而对熟知的人的认知中,近因效应比较明显。晕轮效应会在人际沟通中较容易产生以偏概全的现象。期望效应会导致当人们感受到被某人期望时,除了感激之情外,还会对他产生亲近感。我们在医疗工作过程中,要多利用人际交往心理学效应积极的方面。

(三) **沟通的人为障碍**

1. **高高在上**　在与他人沟通的时候,最容易犯的错误就是高高在上。人与人本来就存在信息掌握程度上的不平等,有些人还有意无意地扩大这种不平等效应,使对方有话不敢讲,影响了相互之间的顺畅沟通。

2. **自以为是**　对待一个问题自己已经有了一定的想法和见解,这时候就很容易关上自己的心门,不愿意甚至拒绝接受别人的意见。要知道正确与错误都是相对的,当我们以宽阔的胸怀、谦虚的心态对待他人的建议时,肯定会有意想不到的收获。

3. **先入为主**　先入为主是偏见思维模式造成的。沟通的一方如果对另一方有成见,顺利沟通就无法实现。比如你对一个人的能力产生怀疑,即使这个人有一个很不错的想法,你可能也不会接受。

4. 不善倾听   倾听是沟通过程中最重要的环节之一,良好的倾听是高效沟通的开始。倾听不仅需要具有真诚的同理心的心态,还应该具备一定的倾听技巧。居高临下,好为人师;自以为是,推己及人;抓耳挠腮,急不可耐;左顾右盼,虚应故事;环境干扰,无心倾听;打断对方,变听为说;刨根问底,打探隐私;虚情假意,施舍恩赐等都是影响倾听的不良习惯,应该注意避免。

5. 缺乏反馈   反馈是沟通的过程中或沟通结束时的一个关键环节,不少人在沟通过程中不注意、不重视或者忽略了反馈,结果使沟通效果打了折扣。不少人在沟通中都以为对方听懂了自己的意思,可是实际操作过程中却与自己原来的意思大相径庭。其实,在双方沟通时,多问一句"您说的是不是这个意思……""请您再说一下,好吗?"问题自然就解决了。

视频案例
视频 2-2   人际沟通的基本原则

(郑爱明)

【作业题】

1. 举一个身边的实例说明沟通的模式与技巧,并分析沟通的几大要素。

2. 分析你自己在实际生活和工作中,与人沟通有什么样的优点和缺陷,打算如何改进,写一篇心得体会。

第三章　医患沟通原理

第一节　医患沟通的社会意义

现实中的重要问题

- 医患沟通能提高全民健康效率吗？
- 政府医疗卫生决策需要医患沟通吗？
- 医患沟通有助于构建和谐社会吗？

一、提高全民健康效率

2016年8月19日，全国卫生与健康大会在北京召开。习近平总书记发表重要讲话，提出要把人民健康放在优先发展的战略地位，努力全方位、全周期保障人民健康。要倡导健康文明的生活方式，树立大卫生、大健康的观念，把以治病为中心转变为以人民健康为中心，建立健全健康教育体系，提升全民健康素养，推动全民健身和全民健康的深度融合。习总书记明确了卫生与健康工作在党和国家事业全局中的重要位置，深刻阐述了推进健康中国建设的重大意义、指导思想和决策部署，提出了保障人民健康的迫切任务和历史使命，标志着健康中国成为优先发展的新国策，为我们开拓中国特色卫生与健康事业指明了前进的方向。

现代社会，没有健康的体魄、心理及社会适应力，很难想象幸福、快乐、安宁等人生的美好体验会与之相伴。当人们的物质生活水平提高后，人民群众对健康的渴求与日俱增，全民健康需要已成为一种最广泛、最重要的社会需要。但是，如果人们普遍畏惧和不满医疗机构和医务人员的医疗服务，并对医学常识和基本健康知识缺乏认识，那么人民的健康需要就会被压抑，维护健康的个人成本和社会成本必然增加，医患关系也会长期紧张。

维护个人身心健康必须使医患良好合作。对患者及其家庭而言，医患沟通可以使患者选择最适宜的诊疗方案，又好又快地康复身心，降低医疗费用。对健康人而言，医患沟通可以有效地提高大众医学与健康素质，提高预防保健的积极性和有效性，使政府医疗卫生各项政策得以更好地贯彻落实，使有限的医疗资源发挥出更大的作用。

从一定意义上说，医患沟通就是要消除人们对医务人员和医院的畏惧心理，增加对医学与医疗的正确了解。要让人们意识到、感受到医患双方是一家人，医务人员和医院是救护生命和维护健康最可靠、最可信赖的人和组织。医务人员更应认识到：医患沟通不仅是为患者康复而沟通，也是为每个人所做的健康沟通。

二、促进医疗卫生科学决策与管理

广义的医患沟通，就是医方参与政府和社会宏观层面的医疗卫生决策与管理的过程。一个最有说服力的事实，就是2003年医务人员在抗击"非典"中发挥了十分重要的专业作用，相关医学专家向政府提出了决定性的医学建议，才有全国上下抗击"非典"胜利的壮举，以及总结经验后中国制定的一系列重大医疗卫生改革政策。

医疗卫生改革如何更科学、更有效,医务人员和医疗卫生机构是特别重要的直接承担者,是制定医疗卫生改革决策与管理最基础、最真实、最广泛的事实依据。政府和社会各界应积极创造条件,让医务人员全面参与到医疗卫生改革决策的过程中,发挥他们不可替代的专业知识优势和医疗卫生实施主体的作用。医务人员也更要认识现代医学的目的,通过多种政治参与形式为政府医疗卫生改革与管理出谋划策,不仅在医院内救死扶伤,还要在社会管理上扶危济困,把医学人道主义融入市场经济下的社会发展中去。

三、共建医患和谐社会

医患沟通是实现医学社会责任的前提和保证。医患双方本应携手合作,共同创造健康的身心、健康的生活、健康的环境,合力推动社会的进步。然而,我们目前正在承受着由于经济转轨和社会转型所带来的大量的新生社会矛盾和问题,其中,医患间的矛盾与纠纷乃至冲突成为社会关注的焦点、政府解决的难点,它给社会带来了相当大的负担和许多不安定的因素,对社会的进步发展起着制约的作用。

医患沟通要求医务卫生工作者发挥出主导作用,不仅要诊治病伤,还要以专有的医学知识和技能,以特有的医学人文精神,关注社会、呵护生命,承载救死扶伤的健康使命,在新时代推进健康中国的建设中,自觉地创造出具有人文温度的医疗服务新模式。

（王锦帆）

第二节　医患沟通的医学价值

现实中的重要问题
- 医学与医患沟通是什么关系?
- 医患合作对医学发展起到什么作用?
- 医患沟通是怎样完善医疗服务过程的?
- 医患沟通对医患双方的有利之处在哪里?

一、医学与医患沟通内涵一体

医学是什么?古今中外有许多不同的解释。英国《牛津大辞典》医学的定义:"预防与治疗疾病的艺术和科学。"但是,医学有显著的时代性和社会性,现代医学新内涵应更有益于现代人健康生存、医学发展、社会和谐,医患沟通作为医学与医疗的思维导向和行为方式的统一体,更能体现时代之新、方法之新及目的之新,根据现代社会的诸多特征及医患沟通的内涵,现代医学应该重视什么?研究什么?实践什么?显然目标应该是维护人类身心健康、提高生存质量及延长生命时间。我们的医学实践需要以人类共同健康利益为准则,充分发挥医务卫生人员的主导作用,动员全社会合作参与,把人的身心系统、社会的关系体系及自然环境系统紧密结合起来,用人文社会科学的行为去把控自然科学的技术,全方位地开展医学研究、医护伤病、预防保健及医学教育等活动,去实现个人健康长寿、国家与社会和谐发展的医学目的。无疑,医患沟通是医学中的核心部分。

二、医患合作是医学发展的深层动因

不论是纵观医学几千年的发展史,还是考察当代医学的辉煌,或是剖析患者和医者自身,我们会发现医学发展的一个基本规律:医学是运动和变化发展的。其轨迹表现在:自古以来,患者就医—医者诊疗,医患双方共同抗拒疾病,并一直恪守沟通协作、合作共存、互相影响及互利互惠的思维和行为方式,共同使医学从无到有,从少到多,从简到精,使医学一直伴随着人类经济社会的进步,在共同发

展。所以,医患沟通是医学发展的动力源泉之一。现代社会中,医和患又背负着更多、更复杂的共同社会因素,现代医学的深入发展更需要医患双方携手共进。这一规律既是医学发展的规律,又是人类文明社会发展的规律,不会因任何个人意志而改变。

现代医学模式,即生物-心理-社会医学模式,自20世纪70年代美国恩格尔提出后,被全球医学界所倡导和宣传,但在我国尚未真正实施。医患沟通是一条通向现代医学模式的新途径和桥梁,它的新意和科学性就在于真正开始触动了心理和社会因素来协助诊疗和保健康复等,它的价值还在于它是一个医患双方都欢迎的操作性强的实施平台和方法。

三、完善医疗服务过程

医者如何从医?这是严肃的职业课题。医疗服务的过程,最基本环节是诊断、治疗及伴随其中的相关服务。医患沟通需要在这些环节中发挥一种架构作用。

1. **医患沟通是为了更好的诊断疾病**　医生收集患者尽可能多的疾病相关信息,并进行分析、研究,最后才能作出比较准确的诊断报告。这里的沟通是以询问病史和体格检查为主,一般而言,交流越多,获得的信息就越全面,诊断正确率就越高,误诊率就越低。

2. **医患沟通是为了更好的治疗患者**　国内外大量临床事实证明,患者治疗过程中医患沟通作用有三:①在治疗过程中,患者病情是变化的,因此诊断也应是动态的,才能确保治疗是正确和及时的,这就需要医护人员随时与患者和亲属沟通,掌握准确的病情信息,不断精确修正诊断并调整治疗方案,以获得优良疗效;②告知患者及家属真实病情,维护患者知情权,同时征求患者及家属对治疗方案(包括费用)的选择意见,增强医患合作性与患者的依从性;③及时对患者和家属施以不断的积极影响和优良的服务,促进医患互动,增强患者信心与抗病能力,减少并发症,增强疗效。

3. **医患沟通为了融洽医护服务中的医患关系**　在市场经济环境下,经营、价格、服务、权益、效益、诚信、声誉、法规、证据、管理、新技术、新药物、风险性,等等,都是以前医疗过程中所少有的复杂要素,平衡好这些随时都会发生纠纷的因素,需要较强的医患沟通观念和能力,特别要求医院的管理人员建立较科学完善的医患沟通的制度和规范,引导全体医护员工都来融洽医患关系。

4. **医患沟通能够妥善解决医患矛盾**　由于医疗过程中的风险和种种不确定因素,医患矛盾和纠纷会一直存在下去。问题在于发生医患矛盾后,采取何种方法来化解。冷漠、对立、冲突、妥协都不是解决的良方。近些年来,国内外医疗卫生行业得出的基本经验是:通过医患沟通途径妥善解决矛盾,经济成本最低,社会效益最高,医患双方及政府和社会都满意(图3-1)。

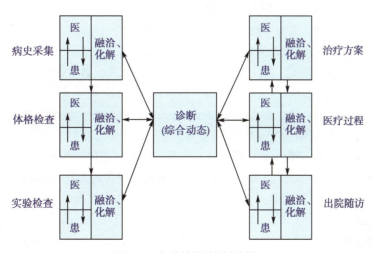

图 3-1　完善的医疗服务过程

四、医患共同决策互惠双赢

在市场经济环境下,利益是重要的天平砝码。医患沟通核心内容就是对医疗活动共同决策和合作共事,实现互惠双赢医患沟通的目的,符合医学的真谛,维护的是符合市场经济法则的医患双方的根本利益。它发展了新的医学伦理准则:既要维护医学的神圣使命,又要保障从医者的切身利益,使医患双方在市场经济中和谐共处。

(一) 患方之赢

1. **享受人情温暖,感受尊严**   作为患者,身体的伤病往往带来心理创伤或脆弱,在期望得到治愈伤病的同时,还渴望得到人情温暖,渴望得到人格尊重。良好的医患沟通和服务把医务人员的人性关爱传递给患者,使患者感受到医院充满情义,接受治疗的同时享受温情。及时与患者沟通诊疗相关信息,尊重患者的知情权,让身处弱势的患者一直感受的人格的尊重。

2. **更好战胜伤病,康复身心**   "病来如山倒,病去如抽丝。"战胜伤病是一个过程,特别需要医护人员的专业指导和精心照料,更需要患者及家人的积极配合。有效的医患沟通将发挥和协调医患双方的力量组合,在诊疗全程中尽可能消除影响身心康复的因素,加快痊愈的速度。

3. **免受纠纷之忧,社会和谐**   医学的风险和医疗过程中的种种不确定因素使医患纠纷难以避免,不良的处理纠纷的方法可使患者及家人平添烦恼、雪上加霜,甚至陷入窘境,严重的冲突还会影响社会安定。医患沟通以公平、尊重、互利的原则和方式处理、调解纠纷,避免矛盾加剧,保护患者合法合理的权益,是处理医患纠纷的最优方案。

4. **降低医疗费用,合理开支**   市场经济下的医疗行为具有一定的消费性和选择性,同时还有很强的专业性。医患沟通可以指导和帮助患者根据伤病情况和经济能力以及预后等因素综合判断,作出适合个人的选择,付出合理的医疗费用,减少不必要的开支,节约社会资源。

5. **获取医学知识,自我保健**   患者和亲属普遍希望从医务人员那里得到有用的医学知识和保健常识,这不仅对患者康复有益,而且对患者和亲友保健十分有益的。事实证明,医患沟通是患者及亲属获取医学和保健知识最有效的途径之一。

(二) 医方之赢

1. **提高诊治水平,发展医学**   不论是医务人员还是医疗机构,都以医疗水平为第一评价标准,都期望自己不断提高技术水平,能够大胆进行医疗科研探索,总结并丰富新的临床经验。医患沟通在诊断和治疗过程中获得的临床经验是医生临床能力极为重要的组成部分。同时,引导患者积极配合实施风险性较大的治疗方案和技术,是为临床医学的进步创造了有利的条件。

2. **医患友好合作,感受尊重**   医务人员和医疗机构的社会声誉和地位是由患者的口碑和社会的广泛影响决定的。良好的医患沟通使医患互相信任,真诚合作,医务人员和医疗机构能从中不断感受尊重,体验成就,提高声誉,进而更加爱岗敬业。

3. **减少医患矛盾,化解纠纷**   医者最大愿望是治愈患者,最不愿与患者发生矛盾和纠纷。医患沟通使医者的愿望能有效地实现,最大程度的减少纠纷,钝化矛盾,化干戈为玉帛。

4. **赢得医疗市场,收入提高**   市场经济环境下,患者愈多医疗市场就愈大,收入也就愈高。医患沟通在其中发挥了宣传、展示、广告、品牌、质量等综合性的功能和作用。

5. **综合学习患者,获取经验**   丰富的临床经验和社会阅历是优秀医务人员必备的重要条件,也是每一个医务人员职业生涯中始终追求的目标之一。密切接触各种各样的患者,不仅能增加临床诊疗经验,更能从患者那里学习到很多社会知识和经验。

(三) 医患之输

近些年来大量医患纠纷的事实证明,如果不进行医患沟通,医患双方都会输。患者输在何处呢?那显然是一幅相当可怕的景象:患者就像一台被修理的机器,受到医者冷冰冰的"维修",身体主要"部件"可能会修好,但心灵将受到损害。人性失真,费用失控,看病难,怕看病,纠纷多……面对这样的结果,患者和医者就不是同盟军了,而成为对立面,将加剧医患矛盾激化的程度。

而医者输在何处呢? 首先,医务人员和医疗机构将难以得到患者的积极合作,患者在时时维权,处处找"茬",正常诊疗程序和规范难以执行,医务人员技术水平快速下滑;其次,医务人员和医疗机构常受患者和社会各界批评,社会声誉大大降低,医务人员弃业增加;第三,医患纠纷显著上升,矛盾激化程度加剧,医务人员人身安全得不到保障,正常医疗秩序受到严重干扰;第四,许多患者不敢到医疗机构就医,医院和医务人员收入大幅减少,医务人员不安心工作,或趋利行为更加严重;第五,当医者及自己家人患病时,也将面临前面所述一样的不良待遇……

(王锦帆)

第三节　医患沟通的功能

现实中的重要问题

- 医患沟通是怎样促进正确诊断的?
- 医患沟通是怎样提高治疗效果的?
- 医患沟通是怎样融洽医患关系的?
- 医患沟通是怎样推进现代医学模式的?

一、决定正确诊断

在临床诊疗过程中,正确的诊断是最关键的首要环节,它决定着能否治愈疾病,恢复健康,同时,诊断技能也是临床医学的精髓部分。凡是优秀的医生都深知,正确的临床诊断来源于获取患者足够多的相关信息,并把这些信息经过特定的思维方式加工、整理及排序,再用一定的实验室检查结果分析和验证,最后得出诊断结论,这才是一个较为完整、科学的临床思维程序。

医生需要的患者信息分为三类,第一类是病史和个人相关(生活和职业等)信息,这需要医生有正确的医学观和良好的语言沟通能力;第二类是体格检查信息,这同样需要医生有正确的医学观和沟通能力,还必须具备较强的体格检查技能;第三类是实验室检查信息,这需要医生具有一定的临床思维能力和临床经验。这三类信息中,重要程度和获取难度都属前两类,第三类实验室检查信息由于还与医生的经济利益相关,且得出的结论一般是直接的较为准确的技术信息,相对而言较前两类容易。要获取前两类足够多的信息,除需要医生表现出较强的语言和行为的沟通技能外,更需要医生有较强烈的医患沟通意识。

近年来,由于多种原因,一些医生在诊疗工作中,过分依赖高科技的实验室诊断技术,忽视或轻视最基本的诊断技能——采集病史和体格检查,很少依靠医患沟通获取患者的相关信息,仅仅依靠较多的实验室检查结果和很少的患者信息,就轻率地下诊断结论,往往造成错诊、误诊或漏诊,进而就是错治、误治,导致医疗差错或事

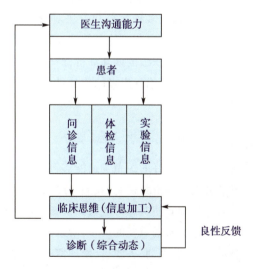

图 3-2　医患沟通促进诊断机制

故。从一定程度上说,医患沟通能力是临床思维能力的一个重要组成部分,临床思维能力的增强有赖于医患沟通能力的提高,医护人员提高医患沟通能力就是提高临床诊疗能力(图 3-2)。

二、提高治疗效果

长期从事临床工作的医务人员都有这样一个体会:依从性好的患者能积极配合治疗工作,康复痊愈的概率更大,并发症的概率更小,这就是医患沟通干预治疗的结果,是医务人员积极的语言和行为沟通产生的良性反应。患者和家属信任医务人员,就必然会积极地配合治疗。

人对语言、行为及环境等信息产生的良性心理效应会导致良性生理反应。那么,为什么人对语言、行为、环境等信息会产生生理上的改变而直接影响到身心健康呢? 实验证明,中枢神经系统、内分泌系统、中枢神经递质等与免疫系统间存在着复杂的反馈调节关系,从而提出了心理或神经免疫学的概念,基本机制是:

心理社会信息传入大脑→大脑皮层加工处理并转换成认知评价(观念)→传入大脑边缘系统→转化为具有情绪色彩的内脏活动→大脑运动前区(下丘脑和垂体)→释放多种激素和神经递质→或通过自主神经系统变化→或直接影响免疫功能(减弱或增强)→疾病或健康

当人接受到或转换到的是积极的认知评价时,良性情绪的内脏活动就刺激大脑产生有利于增强免疫系统的神经肽-激素组合,并构成神经-内分泌-免疫良性反馈调节运行机制,使机体活力增加,免疫力强化,趋向并保持健康的身心状态;当人接受到或转换到的是消极的认知评价时,恶性情绪的内脏活动就刺激大脑产生削弱免疫系统的神经肽-激素组合,并构成神经-内分泌-免疫反馈调节运行的紊乱,使机体活力抑制,免疫力降低,转入亚健康状态或疾病。

由此启示,医务人员要发挥特有的职业优势,高度重视医患沟通,以多种途径和方法对患者进行必要的医学与健康教育,施以积极信息的鼓励和暗示,使患者接受到

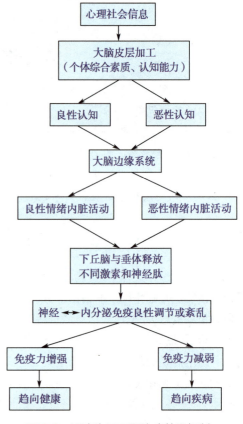

图 3-3　医患沟通干预治疗效果机制

或转换到的是积极的认知评价,产生良性情绪,对康复抱有强烈的信心和期望,主动努力地配合医护人员的治疗,即增强患者的依从性,那么,不论是药物治疗还是手术治疗等,疗效都将会有明显增加(图 3-3)。

三、融洽医患关系

为什么良好的医患沟通能够融洽医患关系,使医患双方建立信任合作的互利双赢关系? 从心理学和社会学分析其机制,我们可以从以下 5 个方面看到必然的规律:

(1)沟通使医患形成共同认知:认知,即人将感觉的信息经过思想形成观念和态度。达成共识,这是医患沟通最重要的一步,所谓医患间的共同认知,就是围绕疾病诊断、治疗方案、康复预后、技术条件、医疗费用、服务质量、伦理情感、法律规则等内容。医患之间应建立共同的看法、认识及态度,有了观念和认识上的共同语言,就为医患关系奠定了较扎实的理解与信任的关系,这是医患双方理性合作的基石。

(2)沟通使医患心理相容:人是理性的,所以心理活动就特别受理性的判断影响,当医患双方有了基本的共同认知后,就会对对方产生较大的心理包容度,常常会容忍、接受对方的缺点和过错,甚至原谅对方的无意损害。事实证明,沟通越密切,心理包容度越大。

（3）沟通使医患产生情感：当医患密切交往接触后,医患双方很容易产生情感。由于是医者帮助患者,患者的情感需求又较强烈,所以一般医者对患者表现出职业性的关爱后,患者对医者容易先产生情感,并表现较明显;而医者因工作职业的要求较为理智,情感表现较为含蓄。医患间的情感性质一般来说是友情,医患建立友情后,不论对诊疗效果还是对解决医患纠纷都十分有益。

（4）沟通使医患互相满足尊重的需要：获得尊重是人最重要的高级需要,患者因病成为社会的弱势者,更迫切需要尊重;医者的社会地位也强烈需要获得患者、家属及社会尊重。建立良好的沟通后,双方的认识、思想、情感及行为互被接纳,尊重的需要互相满足,医患关系更加融合。

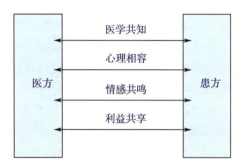

图 3-4 医患沟通融洽医患关系的机制

（5）沟通使医患获得应得利益：市场经济环境中,医患双方的利益点各有不同,如患者的利益点是身心健康、家庭幸福、合理费用、个人事业等;医者的利益点则是个人成就、社会声誉、经济收入、医学进步等,但医患双方获取利益的方法和途径却是高度一致的,即治愈伤病、康复身心。只有使患者治愈伤病,恢复健康,医患才能真正得到各自的利益,因此,医患沟通就是医患分享利益,共同发展（图 3-4）。

四、推进现代医学模式

要实现现代医学模式,就是在传统生物医学模式的基础上,把心理因素和社会因素有机地融合到诊疗疾病的过程中去,即诊治伤病。这不仅要用药物、手术、物理技术等方法和手段,还要用语言、行为、环境等进行心理治疗和影响。此外还要干预社会生活的相关方面,要将治疗、预防、保健、康复四位一体,形成立体化的大医学格局,而不仅仅是临床（生物）医学的一个侧面。上述三个重要机理,已经从不同侧面说明了实现生物-心理-社会医学模式的机理。

显然,这是一个庞大的系统工程,需要用系统思维来设计、构造一个全社会共同参与的医学体系。这个系统实际上分为两大部分,一个是核心系统,即指挥系统,它以医学学科、生命学科及相关学科为科学理论支撑,以医疗卫生机构、政府管理部门、医学教育机构与相关专业和职业人员组成分工协作为网络体系,发挥组织、管理和协调的作用。另一个是周围系统,由广大患者和全社会的人群组成,发挥宣传、参与、反馈、优化的作用。那么,联系两大系统的桥梁就是医患沟通。医方工作的成效取决于发动、组织、教育、管理的效率。所以,医方应该将医患沟通作为临床工作中最重要的思维方式和行为准则,积极渗入社会经济发展的各个层面,不害怕、不回避各种社会矛盾,主动、真诚与社会全面沟通,努力完善自身,树立更完美的社会形象。只有这样才能更有效调动患者的主观能动性,战胜伤病;只有这样才能更有效调动全社会的力量,推进现代医学模式的实现。

（王锦帆）

第四节 医患沟通的双方障碍

现实中的重要问题

- 医患沟通障碍的主要原因是什么?
- 医患沟通信息不对称是怎样相对平衡的?
- 医疗环节中医患沟通的障碍有哪些,并怎样分类?

一、医患沟通障碍产生的原因

阻碍医患沟通的因素较多,但思想观念、知识结构、利益调整及权利分配等4个方面的因素是医患沟通的主要障碍,理解它们对有效开展医患沟通相当重要(图3-5)。

(一)思想观念的差异

医患双方难以沟通的重要障碍是思想观念上的分歧。主要表现为两个方面:

1. 是市场经济条件下医疗卫生服务性质的认识分歧 医方认为医疗卫生服务是公益性的,但也是市场经济的组成部分。需要较高收益来维系生存和发展;患方则认为,医疗卫生服务应始终是公益性和福利性的,医院应全心全意为患者救死扶伤,不能图利。

2. 医患双方不能有效沟通的另一个原因在于对"知情同意"(informed consent)的不同认识 所谓知情同意,就是指患者知情同意,具体包括知情和同意两方面的含义。知情,是指患者及家属有权了解患者疾病的相关医疗信息和资料,医生有义务提供这些信息和资料。同意,是指对患者的医疗行为必须得到患者的同意。当患者不满16岁时,

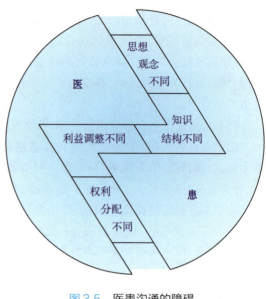

图3-5   医患沟通的障碍

除本人意愿外,还必须征得父母的同意;当患者神志不清或无意识时,必须经其最亲近人的同意,除非在急诊情况下无法获得同意时。事实上,患者的同意还包括对医疗措施的选择和否定。因此,患者知情同意应由患者知情同意和自主选择两个方面组成。

知情同意是患者的基本权利,也是医生的义务,这在世界上都已承认并局部地实行了几十年,如我国的《医院工作制度》中规定了外科手术前的签字制度等。然而,几千年来传统的医学父权主义思想根深蒂固,影响着一代代医务人员的医疗作风和习惯,认为医疗决策很专业,只要医生决定即可。

在患者方面,长期以来也习惯"医学父权",部分患者知情同意的愿望并不强烈。但在市场经济时代来临后,患者们的自主意识、维权意识和参与意识不断增强,愈来愈多的患者希望自己能直接参与医疗决策。在我国,由于家庭观念非常强烈,患者本人有限的知情同意往往被患者的家属所替代。如手术前患者家属签字制度,对重症、绝症患者的保密制度等。因此,要还给患者的知情同意权,需要患者、亲属、医务人员、公众和社会的长期共同努力。

(二)知识结构的差异

知识差异是医患信息不对称的重要方面。医务人员普遍文化程度较高,并受过系统的医学教育和诊疗技能训练,又有医疗实践的经验,对治愈疾病、维护健康的知识和经验有着得天独厚的优势。而非医务人员绝大多数人对自身、对疾病、对健康几乎一无所知,即或有些人接触过医学和健康知识,但也仅是表层的,不系统的,对庞大、深奥的医学知识并不能全面地认知和把握。他们特别难以理解的是人的生理和心理的差异性。因此,医患沟通的信息基础十分薄弱。

另外,医务人员的知识结构上也有较大缺陷。由于传统的基础教育和医学教育不重视人文教育和实践,多年来,医务人员的人文社会知识明显不足,人文实践能力欠缺,不能满足现代社会广大人民群众所迫切需要的人文关爱。而随着全民受教育程度的迅速提高,特别是中青年一代所接受的人文知识教育水平也相应迅速提高,客观上也拉大了医患双方在人文知识方面的差距。

(三)利益调整的差异

伴随着知识经济凸显的许多社会变革,最深刻、影响最大的是社会利益格局的调整。现代医学的

高科技水平以及医学本身的技术复杂程度,使得医务人员自然地成为了中国的"白领",大中型医院的年收入一般都在数亿元,并逐年上升。据一家机构在全国范围的调查显示,医药行业排列在十大赢利行业的前列。相比之下,许多行业的收入偏低,特别是城市中存在大量的低收入人群,农村亦如此。虽然这种局面是不以人的意志为转移的社会转型期的现象,但这种利益分配上的较大差异产生出了巨大的社会心理效应——同情弱者(是人的本性之一),弱势群体的心理也呈现出较强的对立情绪。在医疗服务中稍有欠缺,就容易被升级为医患纠纷,医患之间这种收入等级的差别转化为社会地位的高低差别,低收入患者中不同程度的自卑、嫉妒、排斥等心理也由此成了医患沟通的一道无形障碍。

(四)权利分配的差异

不论是相关的国家法规或是医生职业本身的规定,或是医患的观念,都表现出医患双方的权利分配的差异是巨大的。医生的权利主要是具有独立自主的诊断,调查疾病,医学处置,出具相关医学证明,选择合理的医疗、预防、保健方案的权利。在诊疗过程中,医生有权决策上述的决定。患者或其家属可以参与意见、提出要求,但不能干预和代替医生根据科学作出决定(除非选择其他的医院和医生),更不允许用强迫和威胁的手段迫使医生接受不合理的要求。此外,医生还有特殊干涉权利。即医务人员在特殊情况下(如病人患有精神病、丧失意识、有自杀倾向或患有传染病等),医生为了患者利益、为了他人和社会利益,对患者自主权进行干预和限制即可由医务人员决定。

患者的权利从表面上看得到法律、社会以及医务人员的充分肯定。患者也能享有如下的权利:基本医疗权、疾病认知权、知情同意(选择)权、平等权、保护隐私权、有限社会负责权、要求赔偿权等。事实上,患者的这些权利都属于被动性的权利,其权利的实现,完全依赖于医生对患者权利的认识和尊重。所以,医生的权利远远要超过病人的权利,这种差别直接造成医患双方难以平等沟通。

二、医患信息不对称的相对平衡趋势

目前,大家已普遍认为医患信息不对称是医患沟通困难的主要原因之一。所谓医患信息,可以把它归为4类:一是权利分配,二是社会支持,三是医学知识与技术,四是患者身心状况。通常我们常说的是权利分配和医学知识与技术方面的信息,医务人员占绝对优势,患者处于劣势。但我们发现,在社会支持和患者身心状况这两方面的信息却是患者占绝对优势,医者处于劣势。任何事物都在向一种平衡状态运动,医患信息亦是如此。如图3-6显示了医患间各种流动的信息,但它们是相当不平衡的。如图3-7显示了社会中医患信息不平衡的现实,以及经过医患沟通后可以达到的医患信息相对平衡的理想状态。

权利分配上,实际是医者占据主导地位,权利远大于患者,形成过大反差。但经过医患沟通,医者会意识到这种反差对医者自身是非常不利的,在社会日趋民主化、法制化的环境下,它不仅会使医者背负起不该承担的医学风险和责任,还会在社会支持上愈加减弱。所以,医者要不断调整权利位置,

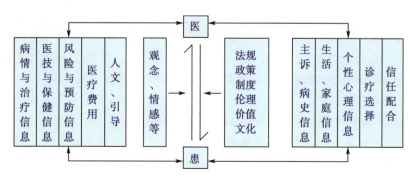

图3-6 医患沟通流动的信息

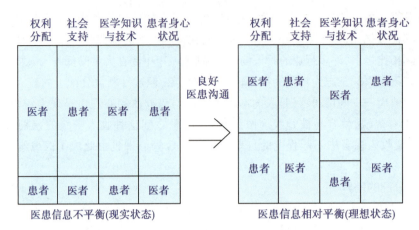

图 3-7   医患信息不对称的相对平衡

还患者应得的权利,使医患权利相对平衡。

社会支持方面,二十年来,医方的社会声誉整体下降,近几年来,在政府、社会、医院的共同努力下,已有明显回升的势头。相信经过一个时期,医方的努力会有更好地回报。但患者毕竟是弱者,社会支持程度将可能一直大于医方。

医学知识与技术上,应该是医者占主导。因为生命复杂、医学深奥、技术多变。但是,医者也应清醒地认识到,患者越了解医学知识和技术就越理解医者,就越能支持和配合医者的医学行为。因此,医者需要更加重视医患沟通,以更多的途径和方法使患者及社会人群学习、认识医学知识与技术,缩小这种知识的鸿沟,拉近医患距离。

患者身心状况方面,如果说医者不注意及时与患者及家属沟通,不掌握随时在变化的患者身心信息,医者凭什么给患者诊断和治疗呢? 凭什么给患者身心以关爱呢? 医学实践证明,医务人员愈及时掌握患者足够的综合信息,就愈能快速有效地治愈疾病。由于患者身心的信息不可能都被医者掌握,或说患者对自己的生命信息了解总是多于医者,这就要求医者尽可能多地了解患者的相关信息。

三、医患沟通双方障碍分类及表现

医患沟通障碍,形式和内容多种多样,主要表现在医疗机构的医疗全过程中,涉及医疗机构的所有人员,种类很多、个案繁杂。从改善医患沟通的目的出发,进行下列 3 种分类应有现实意义。

(一)按程度与后果分类

1. **医患误解**   医患误解指由于医务人员或医疗机构与患者及家属某方面的信息沟通不畅,或对患者的医疗及服务有不周到之处,或是因患方因素而没有与医方有效沟通,但没有不良后果,仅使患者及家属有一些不满情绪,产生误解,并在很小范围内进行背后议论。医务人员一般感觉不到这种情况的发生,这是最轻微的医患沟通障碍。如医护人员的态度不热情、与患者及家属较少接触、不愿回答患方问题、医疗费用交代不清、后勤服务不良,等等。尽管是最小的沟通障碍,但却是相当普遍存在的现象。

2. **医患分歧**   医患分歧指由于医务人员或医疗机构与患方某些信息沟通不良,或对患者的医疗及服务有明显的欠缺,虽未造成明显身体损害,但给患方造成不良心理刺激,使患者及家属较为不满,并容易在任何场合下反映出来,医务人员感受明显。如医护人员服务态度冷漠、训斥患者或家属、检查或治疗未征求患者及家属意见、侵犯隐私、交代病情不清、诊断或治疗的小失误造成多支出费用,等等。医患分歧具有一定的普遍性,处理一般在科室或病区内解决。

3. **医患矛盾**   医患矛盾指由于医务人员或医疗机构与患方某些重要信息沟通不良,或对患者的医疗及服务有明显的差错或意外,造成患者身体或心理产生一定的损害,且科室处理不妥;或因医患分歧没有认真处理反馈,引发事态复杂化等,使得患者及家属强烈不满,投诉到医院相关部门,并在医院内有一定的影响。如医疗事故和差错、医疗意外处理的分歧、医院内其他意外事件、严重的费用分歧、与患者及家属争吵,等等。医患矛盾虽是少数,但处理不善,会很快上升为医患纠纷。

4. **医患纠纷**　医患纠纷狭义是指医患双方对医疗后果及其原因的认定存在分歧,从而引发争议的事件;广义是指患方认为在诊疗护理过程中患者权益(身体权、生命权、健康权、知情权、名誉权、隐私权、处分权等)受到侵害,要求医疗机构、卫生行政部门或司法机关追究责任或赔偿损失的事件。

5. **医患冲突**　医患冲突指由于医务人员或医疗机构与患方在处理医患矛盾中有较大分歧,未能妥善解决,患方强烈不满,回避投诉途径,而采取非正当的方法寻求医院给予赔偿和提出处理当事人的要求,如冲砸围堵医疗机构,暴力伤害医务人员等。

（二）按医疗过程分类

1. **诊断失察**　诊断失察指由于医生未遵守诊断学基本标准和要求,在询问病史、体格检查及实验室检查等诊断过程中,明显疏漏重要信息的获取,导致诊断不准确或错误。如某年轻女性下腹疼痛,漏问其停经史,导致宫外孕误诊;又如某病人较长时间发热、贫血、乏力,体检时未进行心脏听诊,导致亚急性细菌性心内膜炎误诊等。

2. **治疗失误**　治疗失误指由于医护人员未掌握患者病情变化和医疗条件改变等信息,实施了不当或错误的治疗方案,致使患者治疗无效,或不良反应,或身心损害、死亡等。如医生未发现某病人出现菌群失调表现,而继续使用既定医嘱的广谱抗生素,使患者发生严重的霉菌感染;如护士对持续一周注射青霉素的患者,在改用新批号青霉素时,未进行皮试,导致患者突发过敏性休克等。

3. **知情缺失**　知情缺失指医护人员在医疗全程中,忽视患方的知情同意权,未告知或及时告知患者病情、治疗方案、风险程度、预后情况及医疗费用等患者及家属特别关注的信息,而实施医方单独制订的诊疗措施。如某女性患者行阑尾切除术时,医生发现该患者右侧卵巢囊肿,即擅自将其切除,引发了纠纷。不尊重患者及家属知情同意选择权的行为本身就会引发医患矛盾,如果由此造成患者不良后果,其医患纠纷或医患冲突的可能性将会明显增大。

4. **服务欠缺**　服务欠缺指医务人员在服务过程中,由于种种人为因素,给患者及家属带来不便、困难等身心不良刺激,甚至人身损害。如服务态度、冬天供暖、夏天供冷、电梯运行、院内通行、餐饮供应及环境卫生等环节上容易出现的问题。虽然是服务及管理环节的问题,但同样会造成医患矛盾或医患纠纷。

5. **处理不良**　处理不良指医务人员在发生上述的沟通障碍中,未能与患者及家属进行良好的沟通,处置不当,造成患者及家属不满情绪加重,使医患间的分歧或矛盾升级。如医生对患者或推卸责任、或置之不理、或发生争执。另外,发生医患分歧和矛盾后,不按规定及时上报领导和有关部门更是错误的。

（三）按责任人员分类

1. **医生**　医生在医患沟通的障碍方面是"主角"。据某省卫生厅的相关数据分析,按上述两种分类,医生的沟通问题几乎涵盖所有种类,而且不论是在数量上还是严重程度上都远远高于其他医务人员,其数量是护士的2.5倍,并占所有医患分歧或矛盾的1/2。主要表现在诊断失察、治疗失误及知情缺失三方面,而由此造成了医院内大多数的医患间的分歧、矛盾、纠纷及冲突。

2. **护士**　毋庸置疑,护士也在医院医疗工作中承担着十分重要的作用,"三分治疗,七分护理"的俗语说明了护理的重要性及护士的地位。同样,据某省卫生健康委员会的相关数据分析,护士发生的沟通障碍数量位医生之后第二位,约占总数的1/5。护士的日常工作特征是与患者及家属"零距离"接触,既易于医患沟通,又易发生分歧或矛盾,最多见于治疗失误和服务欠缺两个环节。如未严格执行"三查七对"制度,错用药物致患者病情加重;又如护士训斥患者或家属等。

3. **医技人员**　虽然医技人员一般不直接给患者诊治,但却负有向医护人员提供最重要的诊断和治疗信息的责任,辅助医护人员诊疗患者的重要性也不言而喻。医技人员发生沟通障碍的环节多见于知情缺失和服务欠缺两方面。如药师错发药致患者产生毒副作用;检验报告填写错误致医生诊断失误等。

4. 管理人员　医院管理人员是医院整体运行的指挥与协调者,同时又承担处理医患关系的职能,发挥着相当关键的作用。就工作特征,管理人员出现问题的环节多见于服务欠缺和处理不良。如忽视医务人员的教育与管理,使医院管理整体涣散,医患矛盾迭出,且处理不当容易引发纠纷或冲突。

5. 后勤人员　医院是个复杂的系统运行体系,需要较多的后勤服务人员予以保障医院的各种系统正常运转,如出现差错,后果一般都较严重。由于责任心不强或技术失误等因素的服务欠缺是后勤人员最常见的问题。

6. 患方　在众多医患沟通障碍中,一般很少数是患者自身或社会因素造成的,医方基本无过错。如有的患者或家属出于自身利益考虑,有意将小分歧弄大,并造成一定社会影响,以索取高额"赔偿";又如个别患者或家属心理承受力较弱,不能面对现实而接受疾患本身造成的严重后果,非理性指责医务人员和医院,纠缠不休。

（王锦帆）

第五节　医患沟通的系统构建

现实中的重要问题

- 医患沟通需要树立怎样的医学人文理念?
- 医患沟通需要什么样的机制和法规?
- 医患沟通需要什么样的医学教育?

在新的经济社会环境下,如何进行医患沟通? 我们应该首先从自身内部寻找解决问题的方案,以现代医学模式的基本原则为导向,构建一套全新的、科学的医患沟通体系,以适应新的医疗卫生服务的社会需求。

一、树立医学与人文融通理念

思想决定行为。作为医学领域的新生事物,构建医患沟通,首先要有正确的指导思想,即以人为本,践行医学宗旨。同时,我们要树立四个思想认识,才能科学系统地形成医学与人文融通的理念,并有益于医疗工作中的实施(图3-8)。

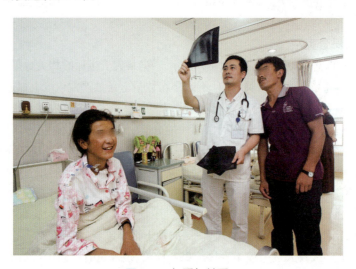

图3-8　仁爱与关爱

（一）医疗服务是科技与人文的行为

面对人的疾患,医疗行为本身就是实现救死扶伤、防病治病的目标,就是体现大医精诚和人道主义的精神,医疗动机是高尚的、具有本原的人文性。但是,以科技手段为特征的医疗措施不仅直接干预人身体的疾患,还直接影响到人心理状况,好与坏的结果有时是不确定的。因此,实施生物医学的纯科技医药治疗时,应有相适应的人文言行,医技与人文必须并轨同向,才能证明医疗的高尚动机,才能增强医疗的实际成效。

（二）医患沟通是基本医疗活动形式

有史为证,两千多年前,我们人类的医疗行为就将医患交流和沟通作为医疗过程中不可或缺的重要组成。只是到了近现代,诊疗科技手段的杰出成就和市场经济利益的角逐掩盖了医疗过程中医患的相互作用,异化了医学的本来目的。让我们逐项展开医疗服务的基本过程:问诊—查体—实验—治疗—服务—随访,其中哪一个环节能离开医患交流与合作呢? 哪一个环节的质量不依靠医患沟通的效果呢? 答案非常明确:医务人员对患方的各种沟通都是医疗环节中最重要的部分之一,与医师使用手术和药物治疗来服务患者同为医疗行为。

（三）"医患一体"是医患沟通的认识内核

医患沟通,首先要实现医患双方真正的理解。怎样才能到达这样的境界呢? 医务人员首先要建立"医患一体"（integration of doctors and patients）的思想认识。所谓"医患一体",即人人皆患者,人人皆医者。

1. **人人皆患者** 生老病死,是人生的规律,是每个人的必由之路。要么今天是患者,要么明天是患者。即使某人一辈子不生病,不受损伤,但其亲属、朋友的疾患或他耳闻目睹其他人生老病死的实例时有发生,谁也不能回避疾患的痛苦与死亡的恐惧和感受。作为一个正常人,每个人都"患"有不同程度的"亲人疾患综合征",即当自己亲人患上重病后,几乎人人都会表现出一定的身心不良反应,如焦虑、恐惧、判断力低、情感失控、失眠、食欲缺乏、疲劳等。在医疗行业有不成文的"规矩",医生自己不为亲人下诊断和治疗,因为医生也是普通人,亲人的疾患痛苦一样会通过感情转移到自己身上,而不能冷静理性行医。

2. **人人皆医者** 人是世界上最精妙、最神奇的生命体,每个人都有掌握生命、把握健康的本能力量。有句俗话:"久病成医",说明一些慢性病患者长期患病的体验使他们对该病的诊疗知识比一些年轻医生还要多。从医学心理看,心理因素既能致病又能治病。当疾病发生后,如果个人能调整好心理状态,抱着积极的心态去应对疾病,康复的时间会明显缩短。从社会角度看,当今患者的自主维权意识和行动已渗入到医疗实践的全过程。政府和社会也开始动用政策、法律和舆论的力量来降低医者的权威。而医者也开始局部地自觉还权于患者,给患者更多的选择权,医生的诊疗方案需要患者的"批准"才能有效地实施。由此,患者不就成为医者了吗!

总之,"医患一体"的认知是医患沟通的核心观念,说到底是一个字:人。医患沟通就是人与人的沟通、人与人的理解、人与人的信任、人与人的尊重、人与人的合作。

（四）医疗风险需要医患双方共担

1. **医学的未知和人的差异是医疗风险之所在** "高年资"医务人员对这个道理感受更深,他们看病越多,顾忌越多,诊疗越谨慎。因为他们知道,医学有很多未知,没有任何两个人的身体和心理是完全相同的;人的疾病又随时在变化,医务人员自己的状态也在变化。所以,医疗不成功的可能性随时存在,医疗风险之大且不会因人的意志而改变。但"医学父权主义"传统观念也在深深地影响医务人员,使我们抱守崇高的使命感和责任感,不愿患者知情和参与,独自、主动挑起了医疗风险的重担,精神固然可嘉,然而社会发展到今天,许多医务人员良好的动机和行为并不能得到应有的敬重,反而会被误解。

2. **医者主动还权患者是最优的合作** 无数医患纠纷的事实告诉我们,医务人员不能再抱守"权威"之位,要顺应经济社会发展趋势,积极主动地维护患者的生命健康权、平等权、知情同意权、参与权、隐私权等。医务人员和患者及全社会应共同承担起人类抵御疾病、维护健康的社会重担,共同分担医学的高风险。放权和还权,是医务工作者当今的正确抉择,是医患合情、合理、合法的最佳合作方式。

二、完善医患合作机制与法规

在正确的思想观念指引下,医患沟通还要科学有效的实施,"高屋建瓴"应从制度、机制及法规方面着重建设。

(一)将医患沟通列为医疗核心制度

卫生主管部门为了提高医疗服务质量,加强医疗安全管理,这些年陆续规定了医院必须严格实施《首诊负责制》等医院核心制度。2002年以来,尽管国家卫生健康委员会一直在全国医疗机构中倡导医患沟通制度,许多医院结合本地、本院实际,不同程度地开展了医患沟通制度建设并取得了一定成效,但在全国医疗机构进展得很不平衡。因此,制定全国统一的医患沟通制度(指南)并将其列为医院核心制度是亟待进行的重要制度建设工作。

当前,由于多种原因,一些医院在短期内难以提高医患沟通的工作水平。从管理学的角度而言,应该大力加强医院医患沟通职能建设。首先,需要不断促进医院领导高度重视,统一认识,决策到位;其次,需要医院保证医患沟通作为独立职能部门的设立,从人员和经费上全力保证;第三,需要医患沟通职能加强内涵建设,建立制度,全员培训,重视考核,防范第一,使医患沟通各项工作不断出成果、显成效,持续发展。

(二)优化患方参与诊疗机制

既然我们已经认识到医患合作的重要性和高价值,并积极地开展了形式多样的医患沟通,那么我们应该在医患合作的机制上积极探索,让患方有限地参与到医疗小组中是可行的,在这一方面,国外医疗机构已有探索并已有良好的结果。

让患者有限参与到医疗小组,是法律面前医患合作更需要的一种必要形式与组织结构。所谓"有限"的含义有:①不是所有患者都可以参与,要根据患者的病情、文化程度、心理素质、本人及亲属意愿等考虑;②不是参与医疗小组的所有决策及诊疗活动,而是必要的部分,如选择诊断或治疗的具体方案、护理的措施等。当然,这种模式必须在不同地区、不同医院及不同科室进行小范围的试点探索,寻找出较为合法、合理及合情的具体方案,并不断改进后方能逐步推广。

(三)实施患方医学与健康知识教育

一个医患双方共同承认的事实:医患矛盾的主要原因之一是患者缺乏医学和健康知识。怎样尽可能地缩小医患间医学知识及信息的差距和不对称呢?具体而言,需要改革医疗服务流程和方式,建立一个全新的"医院内患方医学与健康教育系统"。多年来,医院还是相当注意对患方的健康教育,但是以医院内宣传板报和医护人员解释为主要形式,内容浅表,针对性不强,对患方进行医学知识教育普遍性欠缺。如今社会环境下,迫切需要针对患者疾病,给予患方相关医学知识的教育,在医疗期间使他们尽快与医护人员缩小医学认知差距,使医患互相理解,患方积极合作。(图3-9)

(四)不断推动与完善医疗法律法规

我国近些年来法制建设不断取得成效,关于医疗卫生的法律法规已有多部,涉及医患关系处理和医患沟通主要法规是《医疗事故处理办法》和《侵权责任法》,尤其是后者的法律条文中,对医患沟通的相关内容做了明确的规定,已成为处理医患纠纷案件的主要依据。但是,这些相关法律条款仍然是比较原则、比较笼统的规定,对公正、妥善处理医患纠纷还需要完善细节条款。作为医务人员,具备医学专业的主动权利,应该认真关注并研究这些法规,要结合医疗工作实际,提出完善的意见和建议,通过合适的渠道反映给立法机构,积极推进这类法规的建设。

图 3-9　针对新生儿家长的沟通

三、改革医学教育内容与方式

（一）改进院校医学教育

过去医学教育的主要缺陷之一是受传统的生物医学模式影响,在教育观念上表现为重专业知识和专业技能而轻人文精神和人文素质(能力);在教学内容上表现为重专业课程而轻人文课程;在教学方法上表现为重理论灌输而轻实践培养。多少年来,固化的观念和模式,一代传一代地延续下来,医学教育亟待优化。2005 年,我国教育部首次将"医学沟通学"课程正式列为高等医学院校的规定课程目录之中,确保了"沟通能力"培养目标应有的地位。

谁来承担该门课? 不论从哪些视角看,都应该是高水平的一线临床教师和医务人员。优化院校医学教育最快捷的途径之一就是让临床教师、医务人员及卫生管理人员对医学生进行医患沟通教育,并在临床教学中实践、体验、感悟对人的深刻理解。教学相长,在医患沟通教学中,临床教师的人文素质和能力必然会有很快的提高。今后,我们要让临床教师以博大的人文精神、丰厚的人文知识、高超的人文能力去培养一批又一批高素质医学人才,让新的观念、新的模式一代代传承并不断更新发展下去。

（二）改善继续医学教育

医学教育也是终身教育,它横跨教育和卫生两大行业。卫生行业承担了继续医学教育的任务:以年度为单位的继续医学教育(学习班)、住院医生规范化培养,中高年资医生进修深造等。在医学本科教育后的一系列教育和培训计划中,都应增加医学人文类的教学内容和实践要求,更应该增加沟通技能的实践考核。在这方面,美国等已有了领先的做法,他们在国家执业医师资格考试中增加了医患沟通技能的考核,非常值得我国借鉴。因为这是医学教育适应社会发展、进行更新改造的自我完善。

（王锦帆）

第六节　医患沟通的应用方略

现实中的重要问题

- 以人健康为本为什么是医患沟通的第一原则?
- 医患沟通为什么特别重视体现医学人文善意?

- 医患沟通的临床应用需要哪些重要的技能？
- 临床思维与就医思维怎样有效融合？
- 医患沟通的技能要素有哪些，怎样提高技能？

一、医患沟通基本原则

（一）以人的健康为本

现代社会发展以人为核心，以满足人的需求为价值取向，以人与人、人与自然和谐发展为核心的发展理论成为全社会的共识。如今人们不仅需要优质的医疗技术服务，还需要从心理和精神上得到关怀与尊重。"以人为本"（human-centered）核心内容之一是人的身心健康，应对了现代医学模式的转变，同时对医疗服务提出了更深层次的要求。在医疗卫生服务中，一方面要尽可能满足患者治愈身体疾病的需求；另一方面，要对患方心理给予尊重、平等、关爱、同情等精神慰藉。医患沟通的重要目的就是给患方更多人文关怀，促进其身心健康与和谐，使患方满意。

（二）维护患方权益

医患沟通作为医疗行为的重要组成部分，在维护患者权益方面发挥着其他具体医疗行为不可替代的作用。医患间通过传递一系列重要信息，能够直接保护患方的平等医疗权、疾病认知权、知情同意（选择）权、个人隐私权、医疗赔偿权、监督医疗过程权及免除一定社会责任和义务权等。因此，医务人员必须将维护患方合法权益作为重要的职业操守，并用医患沟通这个有效的临床路径加以实现。

（三）注重诚信行医

诚信（honesty and trustworthiness）是一个人或组织在社会中赖以生存和发展的基石，也是医患沟通的基础和前提。只有重诚信，才能建立良好的医患关系。作为医者需特别注意：首先要主动去赢得患者的信任，医务人员只有在医疗服务的各环节中，言行举止更诚实、更守信，才能获得患者的信任和配合，增强患者的依从性，也使患者更加尊重医务人员。医患沟通中的诚信，不仅是话语的真实，更是医务人员恪守医德、遵章守法的行为和优良医疗能力的综合体现。

（四）尊重医学科学

医患沟通，是医患双方在医疗专业服务中的信息传递。信息则是由不断涌现的医药科学与高科技手段所构成的，是当代科学进步的重要标志，医患沟通的核心内容都与之相关。医务人员应把握好尊重医学科学与实施人文关怀的尺度，将医学科学作为沟通的基础，将人文关怀作为沟通的目标，客观真实地反映诊断、治疗、风险及预后，即理性传达医学科学信息，从而使患方全面、正确地认知医疗相关信息。

（五）有效地表达信息

医方有效地表达信息才能有效与患方交流，医患才能产生共识进而分享利益。医疗中，医方显然较患方强势且主动，因此，医方必须有效地表达医方的各种信息，归纳为四种：口头语言、肢体语言、书面语言及环境语言。医疗服务中的规律显示，医务人员的肢体（行为）语言和口头语言对患方影响最大，效果更好，这是因为这两类语言信息直接体现了医者救死扶伤的态度和医学人文精神，患方的感知度最高。这提示我们医务人员要善于将四类信息艺术有效地展现给患方。

（六）密切的医患合作

诊疗过程需要医患全程合作，医患沟通更需要合作：①医方要主动沟通，才能保持畅通的信息渠道，这是医患沟通的前提；②医方要引导患方，医护人员要耐心倾听患者，充分告知患方相关的医疗信息，在让患方参与医疗决策的过程中，给予医学专业的指导；③患方自愿是医方医疗行为的必备条件（特殊患者除外）。总之，良好的医患沟通需要医者全程主动引导患方，并给予患方各种力所能及的帮助，医患沟通的效益就会更大。

二、医患沟通基本策略

（一）倾注医学人文善意

患方在医院里最关注医务人员对他们的态度是否负责,而表现医方负责态度的标准关键在两个方面:①是否有及时有效的医疗行为;②是否有亲和善意的人文言行。临床医患沟通中,医疗措施和人文言行两者不能缺一。医疗本身是技术性的,但如何给予则是由人文态度决定的,医方的人文言行更应该主动显示善意,体现人道与仁爱的医学人文精神。这种善意具体到临床工作中表现在四项内容,即要给予患者适宜身心和经济能力的医疗方案、体现共情和关怀的医学照护、基于诚信和尊重的医患沟通、恪守伦理和法规的医言医行。只有全面地表达善意,才能使患者及亲属感受到医方给予温暖、安全、尊重及诚意的负责态度(图3-10)。

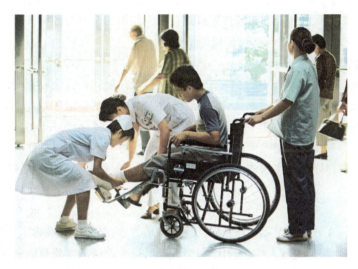

图 3-10 细致的照护

（二）规范医生的职业语言

医生的语言必须具有明显的职业性。医生职业语言的内容,主要包括医学专业知识和技术方案、医疗过程相关知识和信息、医院制度及卫生政策法规等。医生的语言要专业规范、明确说明、通俗易懂,且不能随意化。医方向患方交代诊疗方案、判断病情及预后时,要恰当说明医疗服务风险性和不确定性,让患者及亲属获得医疗风险心理承受力是相当重要的医患沟通目的。

（三）增进医患的真挚友情

人与人的情感产生意味着信任的建立。正当的医患友情有益于提高诊疗效果,有益于妥善处理医患矛盾。"中国小儿外科之父"张金哲院士在谈医患关系时,提到20世纪40年代的《克氏外科学》(*Sabiston Textbook of Surgery*)的扉页上,大字印着:"先交朋友,再做手术。"因此,医务人员应主动多接触患者及亲属,如适时的闲聊、多一些"份外"的帮助,通过言行努力表达爱心,催化医患产生真挚友情。当遇到患方情绪失态,医方必须有效自我控制情绪,并要谅解和化解患方过激言行。但是,医务人员也要防止与患方过度友情交往,保持理性和冷静是实施正确医疗方案的前提条件,也可以避免不恰当的医疗行为。

（四）重视患方的利益人

一般而言,患者亲属是患者的直接利益人,患者对亲人的忠诚信任度最高,受影响最大。如果医务人员能注意指导患者亲属,并与其密切合作,使他们能配合医务人员与患者进行积极地沟通,对提高诊疗效果会起到事半功倍的效果。患者还有一些利益相关人,如远亲、朋友及单位领导等。在医疗服务和处理医患矛盾中,医务人员都应高度重视患方利益人的作用,及时并首先与最近利益人建立良性的沟通关系。

（五）关注患方的文化背景

患者来自四面八方,如果医务人员无针对性,而仅以医患沟通的一般方法和服务模式,将无法满足他们文化的差异性和丰富的个性化需求,难以达到医患沟通的目的。因此,需要医方高度注重患方的文化背景,尽可能多地熟悉和了解不同地域、民族及宗教等文化表现与内涵,掌握应对不同文化背景患者及亲属的方法和技巧。研究并探索个性化的医疗服务是医患沟通今后的发展趋势。

（六）积极友善地沟通媒体

从沟通效益看,现代媒体作用最大。近些年来,一些媒体特别关注与医院相关的信息,但却未能客观、全面地反映实际状况,常使医院和医务人员的社会形象受损。其部分原因是医院所准备的与媒体沟通的信息不足,回避矛盾,甚至躲避媒体。其实,医院应该在观念、职能、人员、信息等方面积极应对,主动与媒体沟通,引导他们报道医院的良性信息,树立正面形象。使媒体在报道医患纠纷时能站在中立的位置上。此外,医院还应通过媒体积极进行医学知识的普及与健康教育,这会产生最广范的医患沟通效果。

（七）形成沟通的书面信息

长期以来,医院以书面病案为主的各类医疗文档的管理体制比较健全,但一般局限在医疗技术等相关文档管理的范围内,而医患沟通系统化、规范化的文档建设则普遍欠缺。不论是《侵权责任法》还是《医疗事故处理条例》等法规,都要求医院各类文档真实、及时、全面并作为处理医患矛盾和纠纷的主要证据。所以,医务人员要把临床医患沟通中的重要内容与形式通过书面材料建立起来,形成专门文档系列,有效地保存好医患沟通的证据材料,这是有利于保护医患双方权益的重要工作。

三、医患沟通临床模式

医疗服务中,如何在各种情况下实施正确的医患沟通方法,必须遵循医患角色的特征和医疗工作的性质。医疗工作的功能是实施人性化的优质诊疗服务,患者就医的主要目的是诊治疾患,且同时又有一定的心理和社会需求。因此,医患沟通的临床模式需要契合医患双方的特征,综合国内外比较成功的方法和经验,结合中国国情,可以按照以下模式——GLTC模式进行,即医方示善(goodwill)—医方倾听(listenning)—医患交流(talking)—医患合作(cooperation)。其机制是:进行每一次临床医患沟通,在沟通过程中,医务人员首先要有效地表现出善意并保持;其次,医方要倾听患方;第三,医患有效地交流;第四,医患积极地合作。不论是一次性的沟通,还是阶段性的沟通,或是连续性的沟通,都要遵守这个流程,形成一个良性沟通循环圈。临床工作中,医患沟通GLTC模式不仅适用于医护人员采集患者信息,更适用于医患交流、讨论问题及处理医患矛盾和纠纷(图3-11)。

医患沟通,应是人文言行与医学言行密切结合的机制,是医方为主导,医患全方位信息交流的模式。

1. **医方示善**　医疗服务中,医护人员应该主动表达善意,有效显示善意。需要医护人员首先用和善的肢体语言(行为动作和表情语气等),伴以亲切的口头语言,使患者及亲属当场感受到温馨、安全、尊重及诚意的氛围,并且在之后的沟通中要保持下去。

（1）和善的肢体语言:即面对患者的表情要和蔼,关怀举止要谦和。同时,根据患者疾病状况,及时给予医疗救治行为,如生命体征检查、对症处理等。尽管表达要和善,但医方也需注意不同患者应有区别对待,如面对急重症患者及其亲属就不宜微笑,而需要立刻进

图3-11　GLTC医患沟通模式

行快速、有效地诊治。

把肢体语言放在最重要的沟通地位,是因为医护人员的行为动作能最直接、最有效地表达出医护人员对患者的态度,使患方能真切地感受到医方的真诚与负责,即患方所感受的"态度好"。

(2)亲切的口头语言:在表达肢体语言的同时,需要我们对患者及亲属给予尊敬的称呼、基本的礼貌、必要的介绍、合适的安慰。要做到语言亲和得体,就要根据不同情况而定,如要考虑各地文化习俗等。医护人员采取这种表达方式应是医疗卫生服务行业的基本要求。

2. 医方倾听　　了解患者信息主要通过倾听。患者诉说中,经常被医生打断会影响医患有效沟通。倾听,要求医护人员全神贯注接收患方全面信息,不随意打断患者,要准确理解并掌握患方重要信息,多使用"要点反馈"技巧。倾听技巧的特征是医护人员将医学思维与人文言行有效结合,医生获取的患者信息需要用医学知识和经验分析判断,并整理出有利于诊断和治疗的信息,同时要兼顾对患者诉说的尊重,否则,患者关键信息将缺失,也会降低对医生的信任。

3. 医患谈话　　医患谈话是医患沟通的主要环节,其中下列8种技能需要根据不同的患者有重点的综合运用。这些技能特别需要人文言行与医学思维密切结合起来,以展现出医学的艺术与医患的和谐。

(1)要点反馈:医患谈话中,医生从诊断、治疗及服务的医学考虑,选取患者述说内容的关键信息,当时即口头重复向患方确认,作为重要信息记录(记忆)下来。

(2)职业语言:医生语言的核心内容应是医学和医疗知识,并且要以相关的医院各种制度及卫生法规为基础,所以与患方交谈要适度地保持通俗易懂。医生要实事求是地说明治疗方案、病情状况及预后,要恰当说明医疗服务风险性和不确定性,说话应有"弹性",让患方意识到影响疾病疗效的因素是多方面的,既有生物和遗传的因素,还有心理、社会、环境等方面的因素。

(3)讨论选择:患者确诊后,医患讨论治疗方案已是基本的医疗程序。医生首先要让患者及亲属全面知情并必要分析(知情需保护患者),并设身处地考虑患者身心与社会经济因素,根据医疗条件和患者病情适度引导患方,但最后必须尊重患方所选择的治疗方案。

(4)鼓励语言:被疾苦折磨的患者渴求医护人员的鼓励,他们特别需要医方表扬、肯定、同情及乐观的语言,因此,医护人员应该像给予患者药物一样,每天都给予患者语言和精神鼓励。危重患者和心理负担重的患者应得到更多的心理支持。

(5)抚触肢体:患者身心都是柔弱的,医护人员对患者肢体亲切地安抚,医学上是必要的,更是患者需要的。临床上适宜的患者安抚方式主要有握手,搀扶,轻抚肩、臂、手等;需要医护人员注意的是患者的性别和年龄的差别,老年人和孩子更需要肢体关爱,男性医生要避免女性患者的误解。

(6)告知坏消息:"坏消息"包括患者死亡或严重的病情等。告知亲属患者已死亡的消息,要采取由轻到重"渐进式"的方法,并适当安慰,使其亲属心理逐步接受亲人逝去的噩耗,降低情绪反应,减少对己对人的不良影响;告知严重的病情,要提前了解患者及亲属相关信息,有所准备,一般先与亲属沟通。针对不同的患者及亲属,或直接或间接告知,或委婉告知,或"避重就轻"告知。基本原则是有利于保护患者身心,有利于亲属配合,有利于实施医疗。

(7)暂避难题:医患交流中,遇到难以回答和难以解决的问题时,要坚持尽量使医患沟通当场不失败的策略,要保持平稳情绪,绝不能激化矛盾。明智之举是暂避难题:对患方首先要态度真诚,积极沟通,如遇不能解决或解释的问题,可换位思考,说明不利于患方的因素或医院条件的限制,或转移同事来处理,或向上级汇报等。切忌"忽悠"患者,要为下次成功的沟通铺垫基础。

(8)聊天:这是很人性的沟通技能,患者和亲属非常需要医护人员像朋友一样对待他们。医患闲聊家常、爱好、时事等患者有兴趣的良性话题,有利于患者减轻心理负担,有利于医患相互熟悉和相互信任。需要注意,这种放松式聊天不能涉及疾病和治疗,时间也不宜长,每日数分钟就可能产生良效。

4. 医患合作　　医患合作是指医患建立了互信关系,医患双方通过沟通后达成了共同意向或决定,医护人员在患方配合下,以主导的姿态和负责的行为实施医疗服务。毋庸置疑,由于医患多方面的不同之处,医疗服务过程中还会产生新的问题或矛盾。医患沟通又进入了一个新的过程,仍从医方示善开始。

5. GLTC 模式在各医疗环节融合临床思维与就医思维的应用　临床思维,约定俗成的指向医生临床工作中的思维活动,有狭义和广义之分。狭义临床思维,是医生在临床工作中,以患者诉求和疾病痊愈为目标,依据患者病史、体检、辅助检查等信息,依据临床基本理论、基本知识、基本技能等知识与信息,关联相关专业最佳证据信息,结合患者心理、社会、环境及文化背景,运用演绎、归纳、类比等推理逻辑思维,对患者与疾病形成可修正的诊断、治疗、康复及预防的个体方案,实现比较正确的思维与行为结合的医疗服务过程。

全面理解临床思维概念,应主动适应现代医学模式转变的趋势,从更宏观的视角认知临床思维。广义临床思维,是以狭义临床思维活动为核心,在患者不同疾病和状态下,医疗服务全过程渗入人文关怀、医患沟通及守法遵章,形成医患共同参与的临床决策思维模式,实现患者比较满意的医疗服务过程,我们理应顺应大趋势,积极推行广义临床思维(图3-12)。

就医思维,是患方就医过程中的思维活动,从医疗过程涉及患方要素来诠释,特指患者生命与疾病不同状态下,在医院内接受和配合医护人员诊断、治疗、护理及相关服务中,强烈关注自身疾病的诊断结论、治疗效果、风险预后、医疗费用、知情同意及心理感受等思维活动。患方就医思维有着明显的特征,即自我性、情感性及权衡性,而医方狭义临床思维的特征,则有着突出的公理性、理智性及规范性,在实际临床决策和处理医患关系时,两类思维方式恰恰形成了矛盾焦点,容易引发各种医患矛盾和纠纷(图3-13)。

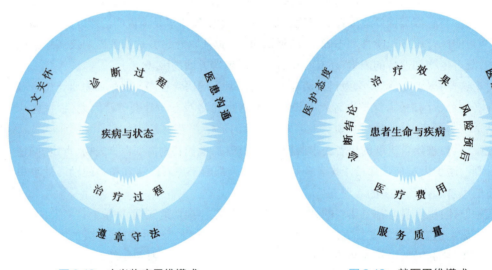

图3-12　广义临床思维模式　　　　　图3-13　就医思维模式

临床工作以医疗活动为主,医规和医术有各自的基本特点,医护人员和患者及亲属的心理表现也各有特点,医患沟通 GLTC 模式需要将临床思维和就医思维进行科学融合,才能有效发挥沟通效果。

(1)急诊与危重病抢救中,医方控制双方思维:在急诊室、ICU 及病房抢救室等场所,患者病情或急发或危重,患者本人多数无能力选择诊疗措施,基本由其亲属做主,但在时间和病情发展较为紧急下,其亲属大多数主动弱化参与权,希望医生掌控全面诊疗。作为医生,救死扶伤的职业信仰、医院核心制度和相关法规、患方的心情及自身的医疗能力等,成为医生急切控制患方思维的必然选择,所以医患双方都认可医方控制患方。从治疗疾病本身看,这显然有利于提高诊疗效率。以许多医患案例分析,特别要注意两点,一是患方非理性心态下,很容易导致过激或违法言行;二是医方紧急救治状态下,人文关怀和医患沟通容易疏忽。因此,医方须要特别注意在救治患者过程中,增加关怀言行和沟通关键信息,改善患者和亲属心理的不良感受度(图3-14)。

(2)门诊中,患方相当需要双方思维融合:门诊环境与急诊环境明显不同。门诊患者病情复杂多样,小病、难病、重病均有,急危重患者比例较小,复诊患者比例较大,患方总体需求繁多并选择性强。一般矛盾集中在大中型医院,门诊量大,患者就医时限性强,医患交流受阻。这种状态下,患方需求表现得较为突出,如经常对诊疗内容的选择或放弃,初诊患者需要搞清病情诊断、治疗方案等信息,复诊患者需要搞清病情变化、进一步治疗等情况,这些都难以在十分钟内完成,医患误解和矛盾极易发生。因此,门诊医生需要理解和尊重患方的愿望,在言语态度和沟通方面尽量照顾患方,使他们得到较好的就医感受(图3-15)。

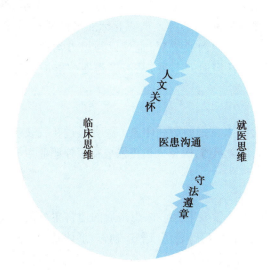

图 3-14　急诊与危重病抢救中,医患思维融合关系　　　　图 3-15　门诊中,医患思维融合关系

(3)住院治疗中,医患双方平衡思维融合:患者住院后,医患关系较门诊和急诊较为繁杂,住院患者若在一个较为规范而严谨的医疗服务体系内,在诊察、药物治疗、手术治疗等重要环节,临床思维和就医思维基本构建了融合的平衡状态,住院期间医患关系相对和谐与稳定。但是,尚有许多住院和手术中的医患纠纷案例,说明形式上的医患思维平衡不具有真实的稳定性,还是需要医方主动与患方沟通融合(图3-16)。

(4)患方非理性中,医方暂停双方思维权重:以上三个医疗环节与场所,还有一种特殊情形,即患者或亲属在非理性下,如心理应激表现、精神异常、严重医患纠纷时,不能与医方正常沟通,这种状况发生在全医疗过程中,比较多发在急诊、危重病抢救及处理医患矛盾中。患方负性情绪和精神病态制约了正常思维活动,无法接受医方沟通。如果双方都“硬性”权重对方,很容易加剧矛盾冲突。医方应无条件暂停说服患方,并要保持平稳情绪,尽量使医患沟通当场不失败,更不能激化矛盾,要为双方或单方妥协而营造时间与空间。先采取回避、退让及转移策略,然后再主动应对医患矛盾和纠纷,可以有效减少不良后果的发生(图3-17)。

图 3-16　住院治疗中,医患思维融合关系　　　　图 3-17　患方非理性中,医患思维融合关系

四、医患沟通技能要素

（一）人文素养

医患沟通是人与人的沟通,特别需要医者有仁爱之心,还要有人文知识,如对历史、文学、政治、法律、艺术、哲学、宗教、道德、语言及心理等知识都有一定的了解。从职业标准来说,需要有医学基本观和医学伦理道德观。缺乏人文素养,即便有再多的沟通技巧,也难以与患方沟通。人文素养是医患沟通技能的基础条件,决定了医者主动与患者沟通的态度,是医患沟通技能应用和提高的动力所在。

（二）礼貌习惯

人与人交往第一"回合"便是礼貌接触,礼貌言行会给人良好的第一印象。医者通过礼貌表现出对患方的尊重、仁慈、友善、同情的心理。礼貌需要养成日常习惯,医务人员更需要在医疗职业中努力形成心理和行为的习惯。

（三）语言技巧

因为医者沟通对象是患者,语言沟通技巧有相当强的医学专业性。医患沟通的语言主要需要用肢体语言和口头语言表达其技巧性。肢体语言的表现是通过目光、表情、语气、动作、形体及行为施加对患者和善的影响力;口头语言的技巧表现在:有的话不能说,有的话一定要说;有的话不可直说,而要婉转地说,有的话则要直说;有的话不让患者说,有的话则让患者多说。

（四）善解人意

由于人的个性特征的多样性和社会因素的复杂性,特别是患者在表达意思时,常常不直截了当,而是曲折迂回或含蓄隐晦,这就需要医者通过患者及亲属的看似简单的语言和行为,领会他们的真实意思。确切地说,善解人意是一种理解能力,是医者的悟性,既有先天条件,又需要后天努力的积累。

（五）宽容心态

医务人员需有宽容的心态和度量。由于疾患的影响,患者和亲属难以保持健康人的思维和心态,常受不良情绪的控制,易表现出自我、猜疑、对立、计较的言行。面对患方过激的言行,医务人员要心胸豁达,沉着冷静,情绪稳定,将患方引导到有利于诊治疾病,有利于和谐医患关系的方向上来。

（六）社会阅历

患者来自社会生活的各个层面,是社会的缩影。医务人员如果没有相当的社会阅历和人生经验,就不能理解他们的真实意思,就不能有效地与患方沟通,更不能解决复杂的医患矛盾。丰富的社会阅历能帮助医务人员提高见识和能力,增强自身内涵,这是医务人员成熟干练的标准之一。

（七）专业素质

医学专业素质,即医生对医学知识和诊疗技能的掌握能力,是医务人员与患方沟通的核心内容。患者和亲属十分看重医务人员各科的专业学识与能力,对于他们认定有专业权威的人,会比较乐于接受沟通,且依从性好,往往就"言听计从"。所以,医生具备良好的本专业（专科）的诊疗技能是当今医生重要的必备素质。

（八）通俗表达

对于没有受过医学教育的患者和社会人群

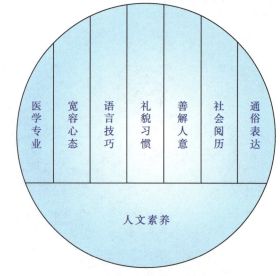

图 3-18   医患沟通技能要素

来说,医学知识相当深奥难懂。医务人员因对一般医学知识和诊疗常规有着较强的理解能力,可以较流畅的沟通,并习惯用专业术语讲话。而对患方而言,他们需要通俗地解释、形象地描述及确切地说明,否则,医患就不能有效地沟通。但是,通俗表达医学知识不是完全的"大白话",而是适度的通俗易懂,因为医学本身的专业性不可能"全俗",适当的专业术语是规范化医患沟通的前提(图 3-18)。

五、医患沟通技能增强

1. **加强教育培训**　从上述 8 个要素看,增强个人的医患沟通技能最重要的环节是进行教育和培训。只有通过教育和培训,才能使医务人员从思想认识上理解沟通的重要性,才能增强人文精神,掌握人文知识,训练沟通技能,从而积极主动地开展医患沟通。这种教育要有针对性,要联系实际,解决医务人员的实际思想问题,不宜空谈理论和简单说教;技能培训也非常重要,培训方案应务实、易学,从易到难,情景式和案例式训练会更激发学员的兴趣。

2. **勤于临床实践**　为什么高年资医师的沟通能力明显比年轻医师强呢?因为他们接触病人多、参加诊疗工作多,而不是只局限于多看书、多查资料。青年医务人员在大量的临床实践中,身临其境、全身心感受各种人和事、全方位应对处理各方面的矛盾,会很快不同程度地增强这 8 个沟通技能,并能从同事身上和患方那里学到许多书本上、学校里学不到的沟通技能(图 3-19)。

图 3-19　临床查房

3. **增加社会活动**　过去,由于种种原因,医务人员一般都忙于"埋头搞业务",很少参加各种社会活动,导致接触社会的时间有限。但在今天,社会生活发生了巨大的变化,医务人员同其他行业一样,完全被融入到市场经济的大环境中,过去被动接触社会的习惯已不能适应当今经济社会的要求。所以,医务人员应该主动参加各种社会活动,尽可能多地触及社会生活,增多人际沟通的渠道,丰富人际交往的信息,增强医患沟通的效能。

视频案例

视频 3-1　医生的职业语言

视频 3-2　医生告知患者家属坏消息

视频 3-3　医务人员回避患者难题

视频 3-4　实习医生与患者闲聊

(王锦帆)

【作业题】

1. 小组讨论：从医学科学的特征和临床医疗工作的实际出发，探求医患沟通的科学意义，并归纳小组讨论结果，写一篇学习体会，题目自定。

2. 在门诊或病房主动接触2～3位患者，尝试用医患沟通的策略和技能与患者及亲属沟通，写出心得体会。

3. 与同学或老师个别交流沟通，并自我检测，以医患沟通技能要素为基本标准，了解本人医患沟通技能的不足，并寻求解决方法。

第四章　医患沟通技能与实施

第一节　医患沟通的程序

现实中的重要问题

- 在临床诊疗中沟通是否有阶段性?
- 各个阶段的沟通重点是什么?
- 哪个阶段和哪些沟通内容容易被忽视?
- 与患者拉近关系的沟通方法有哪些?
- 在医患沟通过程中,如何才能做到平等讨论?

一、医患沟通的阶段划分

患沟通的过程与医生的应诊过程是紧密联系的,一般而言,患者在门诊就医过程中,医患沟通可分为 3 个阶段:

1. **开始阶段**　开始阶段的沟通要实现两个目标,一是与患者建立信任关系,二是了解患者就诊的目的和需求。这时医生要主动做自我介绍,以便患者确认你就是他挂号的医生。同时医生要通过友善的言行,营造一个轻松、和谐的交谈气氛,使患者感受到亲切、关怀与尊重;然后再切入主题,了解病人就诊的目的与需求。

2. **中间阶段**　在医患沟通的中间阶段可以依据"五指诊断法"进行疾病和患者资料的采集,包括病史等主观资料、理化检查等客观资料以及病人心理与社会因素等情况。这是会谈最重要的部分,资料搜集的质量,将直接影响诊断与处理的正确性。美国著名心内科专家 Harvey 曾在 20 多年前提出了"五指诊断法"(five-finger approach to cardiac disease),即以五个手指代表 5 种诊断方法:拇指代表病史,食指代表体格检查,其余三指分别代表心电图、X 线检查、实验室检查。尽管当时美国已有许多检查心脏病的医疗器械,但 Harvey 仍然强调病史和体格检查居首要地位。

需要强调的是,医生在病史采集过程中要坚持"以患者为中心",减少"以疾病为中心",力戒"以自我为中心"。"以患者为中心"的病史采集强调医生在理解疾病的同时也要理解患者。在病史采集中做到:①探讨患者的问题,发现患者的看法和背景信息;②确保采集到的信息准确、完整,并且能被双方共同理解;③确保患者感觉被倾听,并且他们的信息和观点受到欢迎和重视;④持续发展支持性的氛围和合作关系。

医生通过问诊了解了患者的疾病症状之后,会根据病情安排检测、听诊、化验和影像学检查。在安排和实施体格检查过程中,同样需要很多沟通与交流,包括询问疾病症状、患者感受、身体不适发生的位置,告知检查要求、注意事项以及检查过程中的问题(比如 CT 检查过程中机器会有噪音、抽血时会有一些痛、B 超检查前要憋尿等),说明检查完毕后何时给医生看结果。当患者在检查过程中出现紧张、恐惧、疼痛时要给予安慰,帮助其缓解紧张。

3. **结束阶段**　对于门诊患者来说,接诊检查完毕后需要与患者讨论病情,提出治疗方法,听取患者意见,解释拟采用治疗方案的利弊等。最后,要对本次接诊做个简单的小结,避免患者遗忘。

二、医患沟通的具体过程

1. **问候** 医师主动使用礼貌言语,可为患者的久候表示歉意,自我介绍,询问患者称谓、就诊目的、上次就诊情况等。

2. **患者就位** 依据患者病情安排其放松就座或平躺,使患者注意力集中。

3. **融洽关系** 医生对患者表现出尊敬、诚恳、同情、热心,要保持姿态良好、仪容端正、表情和蔼,努力给患者留下好印象。

4. **询问病情** 鼓励、启发患者如实、仔细地叙述病史,耐心倾听,不要随意打断患者的陈述、避免暗示和提问过于复杂。了解患者相关问题:生活、工作、经济、家庭、爱好、不幸经历等,同时进行医患情感互动,医生应鼓励、支持、安慰病人,体谅患者的不便和疾苦。

5. **体检沟通** 医生要告知对患者体检的部位,并在体检中进行必要地问询。检查前需要洗手、暖手,检查动作要轻柔、尽量避免患者的疼痛和不适感。全过程保护患者的隐私。

6. **实验室检查项目沟通** 针对患者需要做的实验室检查项目,医生需要简要告知患者必要性和意义、费用等,侵袭性的检查一定要告知不良反应或风险,并必要进行安慰。

7. **阐明诊断治疗** 根据病史和相关信息、体检、实验检查结果等,向患者说明病情诊断(或初步结论),拟行治疗方案,并讲明治疗的适应性、副作用、费用、时间、预后等。

8. **平等讨论** 鼓励患者充分表述,引导患者清楚表述重要问题,小心处理敏感话题,不时强调重要线索和关键问题。

9. **患者教育** 提供健康咨询,建议疾病的预防措施等。

10. **建立联系** 如病情需要,可嘱患者复诊并坚持随访。

11. **总结** 简明总结本次诊疗过程,征求患者意见,对患者的信任与合作表示感谢。

12. **反馈** 对所诊治的患者进行登记、随访,了解治疗效果。

(刘惠军)

第二节　医患沟通的基本技能

现实中的重要问题

- 在医患沟通中,言语交流的技巧有哪些?
- 哪些非言语表达对医患沟通至关重要?
- 医疗过程中医患交流的忌语有哪些?
- 书面沟通的注意事项有哪些?
- 同理心在医患沟通中的作用和表达方法是什么?
- 医生应如何管理患者和自身的情绪?

一、言语沟通技能

良好的语言理解和语言表达能力是医护人员职业胜任力的基本要求,其中有医德内涵的表达,有医疗水平的呈现,因而是医患合作的基础。在繁杂的临床工作中,医护人员应当熟练运用职业性语言,这其中包括了医疗性语言、安慰和鼓励性语言、劝导性语言、积极的暗示性语言、指令性语言及朋友性语言等。医护人员每天面对患方,不但要善于使用美好语言,避免伤害性语言,还要讲究语言技巧。

1. **运用得体的称呼** 合适的称呼是建立医患良好沟通的起点。称呼得体,会给患者以良好的第一印象,为以后的交往打下互相尊重、互相信任的基础。医护人员称呼患者的原则是:尊重为先,要根据患者身份、职业、年龄等具体情况,因人而异,力求恰当表达出医护人员对患者的尊重。鼓励与患者谈及其配偶或家属,适当用敬称,以示尊重。但在治疗和护理的关键环节上,可点名道姓、直呼其名,如术前核对手术患者、输液核实给药等。这样做的目的是核实患者信息,保证治疗准确无误。在非治疗过程中,不可用床号取代称谓。

2. 通俗表达医学术语   对于没有受过正规系统医学教育的患者来说,过多的专业术语会阻碍患者对医生所传达信息的理解。每一位患者都希望"清清楚楚就医,明明白白治疗",所以特别需要医生通俗表达医学知识,保证患者能够清楚自己的患病信息、认同自己的治疗方案,理解医生所做的努力。对于必须使用的医疗专业术语,医生要多用图片、模型或录像给予形象化的解释说明。

3. 讲究言语交流技巧

(1)态度和蔼,语气亲切平缓:态度亲切和蔼,语气平缓得当是良好沟通的先决条件。处在病痛中的患者总是比正常状态下更脆弱、更敏感,同一句话,以不同的语气并伴随不同的表情和动作,会使之产生完全不同的感受。一句冷淡、生硬的话语会使其产生悲观或激动的情绪;而随和亲切的语气会使患者感到莫大的关怀和温暖,支持和鼓励(图4-1)。

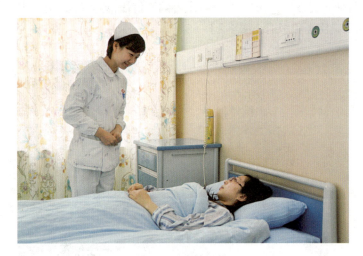

图 4-1 真情问候

(2)多倾听:在人际沟通中,倾听是准确获取信息、促进对话、向对方表达尊重、建立良好关系的核心技能。在医患交流对话中,特别需要医护人员保持倾听的状态,这是医患交流的基本要求。医护人员在交流中如果能够对患者的陈述有更多地倾听,将有助于准确、全面地收集患者信息,了解患者真实的状态,赢得患者的信任与合作。良好的倾听姿态体现在:

1)温和的目光交流。

2)注视患者眼睛及面部。

3)观察患者肢体语言。

4)不随意打断或阻止患者的叙述。

5)伴随声音附和或表示"我知道了""是这样啊"等。

6)必要时提醒患者说明某个症状和问题。

(3)多用开放式提问:在与患者交流时,应多用"开放式"提问,适当用"封闭式"提问,必须避免"审问式"提问。"开放式"提问可以使患者有主动、自由表达自己的可能,便于全面了解患者的病情、感受和想法。"封闭式"提问只允许患者回答"是"与"否",便于医务人员快速有效地了解疾病的情况。通常医生可根据医患谈话内容交替使用这两种方式。"审问式"提问往往是以命令的口气要求对方"必须说出……",或"必须承认……",或者用反问的方式"你怎么会……",这样的提问方式会让对方感受到压力,产生"被胁迫"的感觉。这种提问方式对医患关系具有破坏性作用。

（4）创设乐观语境:对有些患者可以适当运用幽默语言,表现出乐观向上、轻松诙谐,如用善意、鼓励、得体的玩笑调剂病房的气氛等,这会像阳光一样驱散患者心中的乌云,对患者产生意想不到的良好效果,增强患者的自信心,重新树立自我。

4. 杜绝伤害性语言　在整个医疗过程中,医护人员要有意识地使用保护性语言,避免因语言不当引起不良的心理刺激。对预后不良的患者告知病情要谨慎,以减少患者的恐惧。可以先和家属沟通,以期得到患者家属的配合。伤害性语言会通过大脑皮层与内脏相关的机制扰乱内脏与躯体的生理平衡,可引起或加重病情。医患沟通时应杜绝使用以下几种伤害性语言:

（1）直接伤害性语言:如"你怎么这么不懂道理?"

（2）消极暗示性语言:"你怎么这么迟才来看病?""准备后事吧!"等。

（3）窃窃私语。

5. 不评价他人诊疗工作　由于每个医院的条件不同,医生的技术水平不同,对同一疾病认识可能有不同,因而对同一疾病的处理方法也有可能不同,更何况疾病的诊断和治疗是一个复杂的过程,故不要随随便便评价他人的诊疗,否则常会导致患者的不信任,甚至引发医疗纠纷。

6. 门诊沟通的正确用语和忌语（图4-2）

图4-2　细心提醒

（1）门诊沟通的正确常用语:

- 您好! 请坐,请问哪里不舒服?
- 您怎么不好?
- 您这次来主要想解决什么问题?
- 目前您感觉最不好的是什么?
- 您是第一次来我们医院看病吗?
- 您是复诊病人吧,上次用药(治疗)后好些了吗?
- 您请放松,不要紧张,让我为您做个检查。
- 不要急,慢慢说。
- 不要难过,您的病经过治疗是可以缓解(治好、好转)的。
- 我为您开了些检查和检验单,请您按要求进行,有什么不清楚的尽可以问。
- 回去后请按要求服药,在这个过程中如果病情有变化可随时来就诊。
- 谢谢您的信任(合作)!

（2）门诊常见忌语：

- 快讲,哪里不好? 怎么连自己的病都讲不清!
- 去躺在检查床上,动作快点! 把衣服脱掉!
- 医学上的东西跟你说了你也不懂!
- 你为什么不听医生的话? 下次再这样就不要来看病了。
- 不做检查,你自己倒霉。
- 为什么不坚持服药? 有问题你自己负责!
- 太啰嗦了,你到底想说什么?
- 你是医生啊? 还是我是医生啊? 到底谁听谁的?
- 我已经交代的够清楚了的了,你怎么还不明白?
- 我们只管看病,其他事情管不了。
- 要不要再来,你自己定,我们不好说。
- 你看了那么多医院不也没看好吗? 我又不是神仙。

7. 病房沟通的正确用语和忌语

（1）病房沟通的正确常用语：

- 您好! 今天刚来的吧,您叫××(姓名)吗? 我们来认识一下,我是您的管床(住院、主治)医师/责任护士,我叫××(姓名),您有任何问题请找我,好吗?
- 可以谈谈您的病情和诊疗经过吗?
- 请您躺下,让我来为您做个体格检查(治疗)。
- 好的,就这样,放松些,不要紧张。
- 放心,我们会认真研究您的病情,并制订一个适合您的治疗方案。
- 我们认为您的病是×××(病名),这种病主要是×××(原因),经过适当地治疗,您会好起来的。
- 您今天好些吗? 昨晚睡得怎样?
- 服药后可有什么不舒服?
- 这儿的环境您还适应吗? 饭菜还合口味吗?
- 今天(或具体哪一天)我们为您安排了×××检查(检查名),请您按要求做好准备(空腹、灌肠等)。
- 这种治疗(检查)基本上是安全的,您不必紧张。
- 这项检查需要您的配合,请您深呼吸(屏气、其他要求)。
- 来,我们来谈谈您下一步的治疗。
- 您需要在这份医疗文件上签字(知情同意书、特殊检查单、输血同意书、手术同意书、特殊治疗同样书等)。
- 谢谢您的合作(配合)!

（2）病房沟通忌语：

- 你怎么进来的? 谁让你住在这张床上的?
- 你要守医院(病区)的规矩,听医生(护士)的话。
- 不要动,忍着点,哪有治疗不痛苦的。
- 听清楚了,按要求去做,否则出了问题你自己负责。
- 这个字一定要签,否则没人敢为你开刀。
- 你家里人呢? 怎么这么不负责任! 把你往医院一送就不管了。
- 不要什么事儿都找医生(护士),有情况我们自己会来。
- 生病(开刀)哪有不痛苦的,不要太娇气了。
- 没事不要乱跑,在自己房间待着!
- 该讲的我都讲了,你自己看着办吧。

- 你要对你自己负责,别人没法儿帮你。
- 快不起来,医院又不是你一个病人。

二、非言语沟通技能

非言语沟通主要是指非语词性沟通,包括面部表情、目光、身体姿势、肢体动作和行为、空间距离和方位等方面。在会谈信息的总效果中,语词占7%,音调占38%,而面部表情和身体动作占55%,后两者都是非言语沟通的方式。在医患沟通中,医生如能准确识别、理解并运用非言语信息,对提高医患沟通效率有重要帮助。

1. **仪表举止**   仪表是人的容貌、体形、神态、姿势、服饰、发型等综合表现,在一定程度上反映了一个人的精神面貌。对人们的初次交往来说极为重要,即所谓"第一印象",往往会"先入为主",并且还会影响以后的交往。医生的举手投足都影响着沟通,因为在医患接触时,患者首先感受的是医生的举止、风度、语言等外在的表现,和蔼可亲的言谈举止可使患者产生尊敬、信任的心理,增强战胜疾病的信心。医师必须养成举止谦和、文明礼貌的行为习惯。

2. **目光与面部表情**   对医生来说,一方面要善于发现患者目光中所提示的信息,感觉到患者的反馈信息,并能予以正确解释。另一方面要善于运用目光接触反作用于患者,使其受到鼓励和支持,促进良好交往。临床上,医生和患者交谈时,要用短促的目光接触以检验信息是否被患者所接受,从对方的回避视线、瞬间的目光接触等来判断对方的心理状态。医生应善于通过面部表情表达自己,更要细心体察患者的面部表情变化。"微笑是最美好的语言",医生的微笑可以转化为患者心底的一缕阳光。尤其是面对不同文化背景和疾病的患者及家属,适度表现微笑这一重要的肢体语言十分重要。

3. **身体姿势**   身体姿势常能传递个体情绪状态的信息,能反映交谈双方彼此的态度、关系和交谈的愿望。记住一些特殊姿势及其在不同环境下代表的含义是必要的,如微微欠身表示谦恭有礼等。患者真正的感觉经常由于医生凭主观意志而被忽略,通过观察身体动作可迅速了解患者的感觉。合理使用肢体语言,能以最有效的方式使者感到医生对他们的关心与重视。医务人员应读懂患者身体姿势的含义,引导会谈的方向,控制节奏,理解、体谅患者并及时纠正其不良的心态,以利于有效沟通(图4-3)。

4. **语调表情**   语调表情就是指人们说话时所用的语调、所强调的词、声音的强度、说话的速度、流畅性以及抑扬顿挫等,它会起到帮助表达语意的效果。医务人员应留意判断,并重视这些信息在会谈中的意义。在言语沟通中,语调表情并不是孤立存在的,在医患会谈过程中,它与语词及其他非言语信息相互渗透、相互结合、共同发挥作用。在与患者沟通时,要注意语速和语态,要以亲切的语言和平缓的语速与患方沟通。

5. **距离与方位**   人际距离是交往双方之间的距离。有人将人际距离分为四种:亲密的,约0.5m以内,可感到对方的气味、呼吸,甚至体温;朋友的,约为0.5~1.2m;社交的,即相互认识的人之间,约为1.2~3.5m。医患会谈的距离应根据双方的关系和具体情况来掌握。正常医患之间的会谈,双方要有适当的距离,约一个手臂的长度,以避免面对面的直视。这种位置使患者和医生的目光可以自由地接触和分离,而不致尴尬和有压迫感。医护人员对患者表示安慰、安抚时,距离可近些。此外,医生和患者间的年龄、性别、身份不同也应该有不同的距离和方式(图4-4)。

6. **肢体接触**   心理学研究表明,医患肢体接触的动作常常会对患者产生良好的效果。例如,为呕吐患者轻轻拍背,为动作不便者轻轻翻身以变换体位,搀扶患者下床活动,双手握住患者的手以示安慰或祝贺……这些都是明显表达医护人员善意的接触性沟通。

医疗服务的环境中,医护人员对患者直接实施医疗行为时,通常会有肢体接触。如果医护人员善于运用肢体接触,比如做身体检查时手法轻柔、寻找病灶时接触位置准确等,就能够传达医护人员对患者的关怀,快速地与患者建立起信任关心,对患者治疗疾病、康复身心发挥最直接、最关键的作用(图4-5)。

1. 好奇　2. 疑惑　3. 不感兴趣　4. 拒绝　5. 观察

6. 自我满足　7. 欢迎　8. 果断　9. 隐蔽　10. 探究

11. 专注　12. 暴怒　13. 激动　14. 舒展

15. 奇怪　16. 鬼鬼祟祟　17. 羞怯　18. 思索　19. 做作
支配怀疑

图 4-3　各种身体姿势及其意义

图 4-4　关怀

图 4-5　爱心扶助

三、书面沟通技能

书面沟通是沟通双方借助文字、图画、图表等文字符号进行的沟通。书面沟通是医患交流重要的形式,重视医疗服务环节中的书面沟通,也是医患双方权利的有效维护。与语言沟通相比,书面沟通效率低,时间长,但书面沟通却具有是非分明、内容清晰可查、具体明确、具有证据力等众多优势,也是维护医患双方权益的重要保障。

(一) 书面沟通的内容

(1) 诊疗过程中各种医患沟通知情同意书、协议书:医护人员应向患者或家属介绍患者的疾病诊断情况、主要治疗措施、重要检查的目的及结果、患者的病情及预后、某些治疗可能引起的严重后果、药物不良反应、手术方式、手术并发症及防范措施、医药费情况等,并听取患者或家属的意见和建议,使患者和家属心中有数,能够得到他们的配合。每次沟通都应在病历中有详细的沟通记录并签字。

(2) 医学知识与健康教育资料:医院各专科可以根据自身专业的特点,将常见病的发病特点、治疗方法、预防措施、随访方法等制作成对患者的教育资料,使患者或家属可以随时取用。对医院规章制度、入院流程、出院流程等也可一并制成书面材料,免费发放给患者,或做成板报、宣传栏或发布在医院网站上,便于患者查询。在有针对性地医学知识教育中,医护人员可以利用人体解剖图谱或实物标本对照讲解,增加患者和家属的感性认识,使患方对诊疗过程理解并配合。

(3) 对于残疾患者(盲人、聋哑人等)要采用特殊的书面形式进行沟通,如盲文或其他媒体形式等。

(二) 书面沟通的技巧

(1) 检查过程中的书面沟通:应避免形式化,重要的是与患方进行深层次的交流,而不是简单地让患者签字。在向患者或家属呈现书面材料的同时,要向患者讲明检查的要求、对疾病诊断的意义、检查时的注意事项、检查结果的含义等。特别对于一些有创伤的检查,必要时要陪同患者检查,稳定患者的情绪,取得患者的信任。

(2) 治疗过程中的书面沟通:要向患者或家属介绍患者的疾病诊断情况、主要治疗措施、重要检查的目的及结果、患者的病情及预后、某些治疗可能引起的严重后果、药物不良反应、手术方式、手术并发症及防范措施、医药费情况等。由于医学的不确定性,对于疾病的治疗可能有多种方案,治疗结果也是不确定的,故医务人员要用通俗的语言向患者讲各种治疗方案的利弊,让患者共同参与到治疗过程中去,参与治疗的选择,并在病历中有详细的记录,取得患者的支持和配合。在书面沟通过程中,只需要对治疗过程进行客观的描述记录,尽量避免对疾病可能的转归、治疗的效果等作肯定或否定的结论。

(3) 对于手术协议书的签订:不能让患者理解为医务人员在躲避风险、规避责任。医务人员在与患者签订手术同意书时,最重要的一点要取得患者的信任,让患者认识到医患有着共同的目标——患者的康复,医务人员会尽心尽力。协议书上的手术风险要向患者解释清楚,这个过程最重要的是语言技巧,既要让患者坚定战胜疾病的信念,又要让患者对手术的风险有必要的理解,所以医务人员交代风险时,要着重交代医务人员对可能的手术风险的防范措施和应急预案。

(4) 医患沟通中的书信往来:信函式的沟通和交流比较容易温馨的表达,能有效体现医院的真诚和善意,洋溢着浓郁的人文情愫和服务责任感,可以拉近医患之间的距离,融洽医患关系。信函应避免采用统一的电脑打印格式,最好采用手写,如果是电脑打印,应该签上发信人的姓名,以示对患者的尊重。

(三) 医患沟通文件的内容格式

医患沟通文件主要是诊疗过程中的《医患沟通记录单》。每次确定治疗方案或做有创的检查时,都应在病历中有详细的医患沟通记录单,记录单应在查房记录或病程记录后。记录的内容有沟通的实际内容、沟通结果、时间、地点及参加医护人员和患者及家属姓名。必须在记录单的结尾处请患者和家属签署意见并签名,最后由参加沟通的医护人员签名。根据患者病情和治疗情况,一般每一份病历中应有3次以上有实质内容的沟通记录。以下为常见医患沟通记录单的内容格式。

入院首次医患沟通记录单

姓名：_____住院号：_____

1. 患者初步诊断：
2. 诊断依据：
3. 患者病情状况及病程阶段：
4. 建议患者初步治疗方案（药物治疗、手术治疗、放化疗）及费用估算：
5. 建议患者进一步治疗及检查的方案：
6. 拟行治疗时间：
7. 患者治疗风险、药物副作用及医疗处理办法：
8. 请患者及家属配合的事宜：
9. 谈话中患者需要了解的其他情况：
   - 今日医生与患者_____（或家属_____）就上述内容作了详细解释，并进行了相关医学和健康知识的讲解，患者（及家属）已充分理解，表示完全同意。
   - 患者及家属不能完全接受医生谈话内容，患者（及家属）的意见是：_____

参与沟通患者（及家属）签字（或手印）：

参与沟通医师、护士签字：
_____年____月____日____时

谈话地点：

_____

住院治疗医患沟通记录单

姓名_____住院号_____

1. 患者目前诊断：
2. 患者已做的重要检查及结果：
3. 建议患者的治疗方案：
4. 患者可能出现的并发症及处理办法：
5. 患者药物使用可能的不良反应及医疗处理办法：
6. 谈话中患者需要了解的其他情况：
   - 今日医生与患者_____（或家属_____）就上述内容作了详细解释，并进行了相关医学和健康知识的讲解，患者（及家属）已充分理解，表示完全同意。
   - 患者及家属不能完全接受医生谈话内容，患者（及家属）的意见是：_____

参与沟通患者（及家属）签字（或手印）：

参与沟通医师、护士签字：
_____年____月____日____时

谈话地点：

_____

※注：住院期间医患沟通记录单为非手术科室必填，手术科室可以术前谈话记录代替。

手术后医患沟通记录单

姓名_____住院号_____

1. 患者手术大体过程,是否顺利、是否与术前诊断一致:

2. 患者术后诊断:

3. 术后主要治疗方案:

4. 患者术后需注意事项:

5. 请患方配合的事宜:

6. 谈话中患者需要了解的其他情况:

- 今日医生与患者_____(或家属_____)就上述内容作了详细解释,并进行了相关医学和健康知识的讲解,患者(及家属)已充分理解,表示完全同意。
- 患者及家属不能完全接受医生谈话内容,患者(及家属)的意见是:_____

参与沟通患者(及家属)签字(或手印):

参与沟通医师、护士签字:
_____年____月____日____时

谈话地点:

_____

出院前医患沟通记录单

姓名_____住院号_____

1. 简要治疗过程:

2. 患者出院前诊断:

3. 患者住院治疗效果:

4. 患者出院后注意事项:

5. 患者出院用药及用法:

6. 随访:

7. 谈话中患者需要了解的其他情况:

- 今日医生与患者_____(或家属_____)就上述内容作了详细解释,并进行了相关医学和健康知识的讲解,患者(及家属)已充分理解,表示完全同意。
- 患者及家属不能完全接受医生的谈话内容,患者(及家属)的意见是:_____

参与沟通患者(及家属)签字(或手印):

参与沟通医师、护士签字:
_____年____月____日____时

谈话地点:

_____

四、同理心表达技能

1. 同理心的含义和作用　　同理心(empathy)也被译为"共情",其含义就是设身处地理解对方的想法和感受,能站在对方的立场上处理问题。著名心理学家罗杰斯将其解释为能体验他人的精神世界,就好像那是自己的精神世界一样。在与他人沟通时,同理心有助于进入对方的精神领域,感受对方的内心世界,能将心比心地看待对方,体验对方的感受,并对对方的状态做出恰当地回应。同理心表达原是心理咨询要求的技能,后来被看做是所有良好沟通的必备技能。

在日常生活中我们常常说要"同情"别人,那么同理心和同情心的含义是否一致呢？无论是同理心还是同情心(sympathy)都是人际交往中的重要组成部分。在将英文"empathy"译成中文时,很多人就直接译成了"同情心"。实际上同理心与同情心是相互关联又相互区别的两个概念。同情更多是一种站在自己的视角或位置的情绪及情感反应,而"同理心"中则包含较多的理智成分,是一种能够进入对方视角或位置,并理解和分担对方精神世界负荷的能力。同理心与同情心都包含认知因素与情感因素,但各自包含的认知因素与情感因素比重不同。同理心和同情心又存在重叠部分,可理解为共情(compassion)或慈悲(图4-6)。

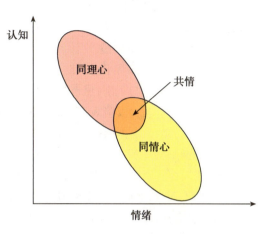

图4-6　同理心与同情心的关系

美国杰斐逊医学院医学教育与健康护理中心的JonVelosk博士认为同理心与同情心这两个概念反映出人类不同的心理活动。这两种不同的心理活动,有不同的衡量标准,同时对于临床医生的治疗方案、药物使用以及治疗结果都有不同的影响,其中同理心的益处更多。

医务人员应该有同理心。世界医学教育联合会在《福冈宣言》中指出:"所有医生必须学会交流和处理人际关系的技能,缺乏同理心应视作与技术不过关一样,是无能力的表现。"医务人员在沟通过程中善于运用同理心,能让患者感到自己被关注、被接纳、被尊重、被理解,从而更愿意与医生配合。进而会促进患者的自我表达,使其产生一种愉快感和满足感,有利于良好医患关系的建立。同理心有助于提高病人的依从性和治疗效果。医生如果缺乏同理心,容易使患者感受到伤害而失去对自己的信任,就很容易使沟通过程出现障碍,很难真正理解患者的需要,导致医生很难全面而准确地采集病史,所做出的治疗计划往往缺乏针对性。

2. 同理心的表达方法　准确地表达同理心需要 2 种沟通技能,一是探究患者的感受;二是证实患者的感受。探究患者的感受,可以简单地询问患者:"你有什么感觉?"或问:"知道自己患有糖尿病,你有什么感受?"

如果患者向医生诉说他的感受,医生可以有 3 种带有同理心的回应方式:

第一种方式是"正常化",告诉患者他的感觉是正常的,让他安心。"任何一个患有这种疾病的人都会感到打击太沉重了",或者说"有挫败感是很正常的,其他人也这样。"

第二种方式是"反应"(或确认),即对患者的话语做出反应,让他知道医生在倾听。"你是说,自从患这种病后你一直都很痛苦?"这是一种进入患者内心世界、感同身受的过程。

第三种方式是"设身处地"帮助其解决问题。在病人不舒服的时候,我们教病人深呼吸,并和他一起做深呼吸。

为了更及时准确地向患者表达同理心,医生要做到:

(1)避免主观臆断,努力做到高层次的同理心反应。

(2)注意验证自己是否做到了共情。

(3)表达同理心要因人而异,适时适度。

(4)表达同理心要善于使用躯体语言。

(5)表达同理心要善于把握角色。

也就是说,医生在表达同理心时要避免过分沉浸在对方的情景中,与患者同喜同悲,完全忘了自己的角色身份。这样容易使医生丧失客观公正的立场,对诊断和治疗产生错误的判断。医生在表达同理心时要把握好自己的角色,要做到体验患者的内心"如同"体验自己的内心,但永远不要忘记自己是医生。

五、情绪管理技能

1. 焦虑情绪管理　在生活中,几乎我们每个人都曾有过焦虑体验,它是一种不愉快的体验。美国精神病联合会给焦虑所下的定义是"由紧张的烦躁不安或身体症状所伴随的,对未来危险和不幸的忧虑预期"。低强度的焦虑对于调动人的积极性、主动性很有帮助,但是如果焦虑程度过高,则可能会对个体的工作、生活带来负面影响。在医疗过程中,患者的过度焦虑情绪会对治疗具有消极影响。过度焦虑的患者会拖延就医,很可能不遵从医嘱,以至延误病情。同时,焦虑本身带来的生理反应也会阻碍甚至加重原有的疾病症状。同样,医生的高焦虑情绪也存在许多负面效应,过度焦虑会导致治疗差错、职业倦怠和不良的医患关系。因此,临床医生需要掌握一些简单的焦虑管理方法,对患者、对自己的生活和职业发展都有很大帮助。

(1)焦虑的表现与识别:焦虑是一种特殊的心理状态,它的持续时间相对较长,焦虑反应会通过躯体、情绪、认知和行为反应表现出来。识别焦虑既可以通过观察,也可以采用心理量表进行评估。

1)躯体反应:当身体准备去应对一种威胁时,血压、心率、呼吸和血流速度都会提高或加快,而免疫和消化功能则会受到抑制,所以人在焦虑状态下的身体信号包括:心慌心悸、呼吸紧促、肠胃不适、疼痛和肌肉紧张。严重时还会出现脸色苍白、出汗、发抖、瞳孔放大、胃痉挛、身体疲惫或睡眠障碍。对于临床病人而言,他们经常误以为这些感觉是因为原有的疾病病情加重,因此会背上更加沉重的包袱,焦虑也会愈加严重。表4-1是一个简易的焦虑躯体症状表,可以帮助医务人员识别患者的焦虑。

表4-1　焦虑躯体症状表

症状	得分	症状	得分
1. 心跳加剧、心律失常、心动过速		6. 胸部有疼痛及紧绷感	
2. 出汗、发抖、面部红热		7. 呕吐、恶心	
3. 感觉气短、呼吸困难		8. 眩晕、头重脚轻,失去平衡感	
4. 哆嗦、颤抖		9. 对自己和周围世界有不真实感	
5. 有窒息感		10. 有麻木刺痛感	

得分:0=无,1=轻度,2=中度,3=重度,4=极度
资料来源:大卫·伯恩斯. 焦虑情绪调节手册. 上海:学林出版社,2009.

2)情绪反应:个体有一种忧心忡忡、惶恐不安的感觉,就像脑子里有根弦绷得紧紧的,有种心惊肉跳的感觉。烦躁易怒,静不下来,感觉祸事临头。

3)认知反应:脑子里一直盘旋着某种危险将至的想法,如总是想到死。身体有不适感,担心自己是不是得了肿瘤。一想到死就非常害怕,感觉到身体某处和往常相比不一样,惴惴不安,而且这种想法特别难以消除。

4)行为反应:焦虑的行为表现包括行为退缩、改变睡眠习惯、走路脚步加快、丢三落四、做事容易出差错。

以上介绍了焦虑状态下的多种表现,这4个方面的表现经常同时存在,医务人员可通过仔细观察患者在上述4个方面的表现,来判断患者是否存在焦虑以及焦虑的程度。也可以采用焦虑评估量表来识别患者的焦虑状态。临床工作可以选用以下几个评估工具,焦虑自评量表(Self-Rating Anxiety Scale,SAS)、状态-特质焦虑问卷(State-Trait Anxiety Inventory,STAI)和医院焦虑抑郁量表(Hospital Anxiety and Depression Scales,HAD)。

(2)患者的焦虑情绪调节:在临床治疗阶段,一些处置方法,如手术、抽血、打针、拔牙等很容易使患者产生过度恐慌或焦虑的情绪,会导致血压升高,阻碍治疗的顺利进行。在这种情况下,可以采用的焦虑调节方法有两种:

1)深呼吸法:这是最简便易行,而且很有效的放松技术。它是其他放松技术的基石,任何放松技

术都离不开深呼吸。在临床工作中,如果患者因术前焦虑导致血压升高,医生可以指导患者做深呼吸,以降低血压。一位眼科手术医生发现,如果患者术前血压陡然升高,可以采用深呼吸法降压。他的做法是让患者静坐,连续做50次深呼吸,就可以将猛然升高的血压降低到正常值。

2)注意转移法:这种方法也非常简便,主要是通过医务人员与患者的交谈,将患者的注意力从恐慌对象转移到其他事情上,从而达到缓解焦虑的目的。下面是一个临床实例:

这是一台骨科手术,患者的踝关节于一年前骨折做了内固定,现在需要手术取出当时用于固定的材料。由于手术范围小且患者情况适合,给患者做的是腰麻,也就是说,患者在手术期间虽然感觉不到疼痛,但她的意识是清醒的。麻醉,消毒,铺单,手术有条不紊地进行着。患者没有发出声音,表情很凝重,感觉面部肌肉是僵直的。麻醉师首先发现了这点,他不动声色地把凳子搬近患者,坐下,拿了患者的病历翻看了一下,问道:"您是什么时候开始从事佛学研究的?"患者愣了一下,说:"很长一段时间了,我觉得佛引人向善,学习之后心变得平静许多。"麻醉师顺着患者的话题,继续跟她讨论着关于佛教的话题。当麻醉师需要查看监护填写数据而使讨论没法进行时,巡回护士也走近了患者,微笑着向她请教对佛教的种种疑问。患者开始微笑,表情自然了很多。就在聊天的过程中,手术顺利地进行,当术者打完最后一个结,告诉患者手术顺利完成时,患者很开心地说:"这么快啊,我聊着聊着居然就结束了?"

与焦虑患者的沟通最好选择一个专门的时间和场所,比如医生相对轻松,不会有其他患者或其他事情打扰。场所可以是病床边、专门的约谈室或医生的办公室,可以采用开放式和封闭式两种询问方法。开放性的询问如:"你现在感觉怎么样",使用这种问句可以给患者非常大的诉说空间。如果医生从患者的言谈举止已经感觉到他的焦虑,可以直接使用封闭式的问句:"你好像心理压力挺大的?""这病给您带来很大的精神负担,是吗?"倾听是了解焦虑的原因并表达关切的最好方式。倾听中要做到"设身处地",即站在患者的角度来理解他们在诉说中表达的思想和情感。设身处地的听,出发点是为了了解而不是为了反应。

针对患者关心的问题,医务人员尽可能多地提供信息支持,信息支持是降低患者不确定感的有效方法,因而也是降低患者焦虑的有效途径。

(3)医生的焦虑情绪调节:焦虑情绪的长期存在既有损医务人员的健康,也会波及医疗工作和医患关系。所以医务人员自身焦虑情绪的管理是一项重要的工作和生活技能。医务人员可以借鉴下列方法进行焦虑情绪的自我管理:

1)运用放松技术缓解焦虑:无论是长期的焦虑还是状态性的焦虑都可以通过放松技术加以缓解。放松技术有很多,不同的放松技术可以在不同的情形下运用。在患者焦虑情绪调节部分,介绍了深呼吸方法,该方法既适用于患者,也适用于医生本人。除此之外,还有一些放松方法医务人员可以使用。如渐进性的肌肉放松法、视觉或想象引导法,瑜伽和太极也都是很好的放松技术。

2)记录自己每日的情绪,纠正不合理思维:情绪管理的第一步是了解自己的情绪,焦虑情绪管理也不例外。当你感觉自己被焦虑情绪所笼罩的时候,可以采用情绪记录法来调节,记录与负性情绪相关的消极想法。问自己"是什么想法让自己这么紧张不安?""是什么想法让自己这么内疚?"借助这种自问自答方法找出与每一种负性情绪相关的消极思维,并尝试运用一种更加积极的、现实的想法来替代。记录建立积极想法之后,自己情绪上发生的变化。

3)将注意力转移到问题解决上:当医生头脑中频繁出现各种与任务相关的担忧时,建议你静下心来,评估所担忧的问题,针对解决问题的先后次序做出安排,并记录下来逐项解决。

4)接受焦虑,进行正念减压练习:正念减压(mindfulness-based stress reduction,MBSR)是由美国心理学家卡巴金创立的一种有效缓解压力的心理学技术。这里的正念是一种将意识停留在此时此刻感受上的能力。如果人们总是想着过去,就会不停地责备自己,对自己品头论足;如果总是担心未来,就会平添紧张和压力。但如果能够静下心来,关注此时此刻,就会使神经系统恢复平衡。正念减压是通过系统的冥想训练,使人们能够自我调节对压力的反应以及由此带来的消极情绪。冥想练习能够帮助人们达到一种沉静状态,在这种状态下,个体的意识高度集中于当下,接受和了解应激事件,并不为其所困扰。正念减压的技术要求是：

- 承认自己的焦虑想法和感受，不要像往常一样忽视、抗拒或控制这种情绪。
- 你要做的就是像一个局外人一样，不做反应、不做评判地观察自己的感受。
- 任凭担忧继续（let your worries go），当我们不想控制焦虑想法的时候，焦虑就会像天空的云朵慢慢散去。
- 聚焦于此时此刻，专注于你身体的感受、呼吸的节奏、情绪的变化以及你头脑中冒出的想法。
- 一旦你发现自己被某种想法卡住了，就将你的注意力拉回到现在。

2. 愤怒情绪管理　愤怒是人类的基本情绪，它和大量的负性事件及其不良后果联系在一起。著名心理学家 Spielberger 将愤怒定义为"由强度不断变化的感觉所构成的情绪状态，从轻微的苦恼或烦躁到强烈的愤怒再到暴怒。"其实，愤怒本身并不是什么坏事儿，但如果表现过于强烈则容易出现破坏性结果。因此，愤怒情绪需要加以管理，既要管理自己的愤怒，也要管理他人的愤怒。愤怒可以有不同的表现，从情绪强度来看，愤怒从低强度到高强度表现为：不满、生气、发火、暴怒。

（1）愤怒的类型与调节策略：在临床工作中，医务人员常常遭遇到患者的愤怒，有时候自己也会出现难以遏制的愤怒。无论是哪一方出现了愤怒情绪，医务人员都有必要敏锐地觉察到，并有效地加以管理。愤怒通常有 3 种表现形式，不同的形式应该采取不同的调节策略。

1）爆发的愤怒：这种愤怒一般来得突然而猛烈，愤怒的信号完全暴露在他人面前。无需特殊的努力，就可以清晰地感受到愤怒情绪的存在，以及它来势汹汹的状态。面红耳赤、高声指责（怎么回事？怎么会这样？）、骂人、说粗话、摔门、拍桌子等。

在临床实践中，医务人员要对爆发的愤怒保持足够的重视。当患者或患者家属爆发愤怒时，医务人员要保持冷静，不能以怒制怒、以暴制暴。当对方暴怒时，可以采用倾听的方法让其宣泄情绪，然后将其邀请到一个较安静的地方坐下来了解他的抱怨、问题与诉求。以怒制怒通常会诱发暴力冲突。

在工作环境中要尽力避免出现爆发的愤怒，医务人员要善于识别身边那些急脾气的人，通常他们在候诊的时候很少安静地坐着等候，他们会不时地走来走去，隔一会儿就会探头查看自己排到第几了，或者隔一会儿就去询问到自己了没有。如果是住院期间，这类人一旦对医务人员的服务不满，就容易用愤怒情绪来表达自己的不满。

2）压抑的愤怒：我们常说的生闷气、憋气、窝火、愤懑或怒火中烧就属于压抑在内心的愤怒。尽管个体极力掩饰愤怒的外在表现，但我们仍然可以看到许多愤怒存在的外部线索。其中包括：

- 拉长着脸，摆出一副冷面孔。
- 斜楞着眼看人，或用眼睛瞪着人。
- 调头走开。
- 闷不作声。

在临床工作中，医务人员要对患者及其家属的上述表现保持高度的敏感性。比如，当病人家属"冷着脸"找医生询问住院费清单项目时，这种面部表情意味着患者家属心中很可能积压着不满。此时，医务人员要保持认真、平和、关切的态度了解他的问题所在，引导其把压在心里的不满讲出来，如果是医务人员的问题或是医务人员可以帮助其解决的，应尽量给予帮助。如果是不能解决的，可以给出合理的解释并请其谅解。避免怨气累积是愤怒管理的重要策略。

3）被动-攻击型愤怒：被动-攻击型愤怒是指个体感觉自己受到伤害的时候产生的防御性反应。这是一种最难识别的愤怒，带有这类愤怒情绪的人表面看来很平静，会让事情过去。他们表面上不再说什么，但依旧怒满胸膛。他们会通过各种各样的被动攻击方式来宣泄心中的愤怒，例如拒绝报告相关信息，对相关人员挖苦讽刺、冷嘲热讽，故意挑刺或刁难，故意耽搁时间让别人等待或出错。在临床上，患者或患者家属有时候会表现出被动-攻击型愤怒，这种愤怒形式的存在对医患关系具有非常大的破坏作用。被动-攻击型愤怒的先期心理背景是：

- 个体感觉自己被冷落、被怠慢，自尊心受损。

- 感觉自己受到了不公平的待遇。
- 感觉自己被别人欺骗,或被别人刁难。

对于这类愤怒最好采取防御策略,这需要医务人员保持对患者的尊重,公平对待每一位患者,保持职业操守,做好沟通。

(2)与愤怒患者的沟通策略:愤怒的患者通常具有 4 个方面的特征,情绪化、对治疗和服务不满意、带有敌意的认知和想象、带有攻击性的言语和行为。与愤怒患者或愤怒家属的沟通应该针对这几方面的特征采取有效的沟通策略。

1)环境安排:只要条件允许,尽可能将愤怒的患者或患者家属带到一个独立而安静的房间内,双方落座,最好保持一定的角度,不要面对面。这样既可以使双方都具有平等的感觉,又便于回避正面的冲突。如果在嘈杂、拥挤的楼道,或者人多的候诊大厅里与愤怒患者进行沟通,通常会使冲突升级。

2)稳定患者的情绪:稳定患者的情绪就是我们平常所说的"熄火"。当患者愤怒情绪爆发时,情绪会异常激动,他们可能会怒气冲冲、暴跳如雷、横眉冷对。这个时候医务人员必须要管理好自己的情绪,保持冷静。使用平和的语言为对方消气、"熄火",例如:"别上火!""您先别着急,别生气!"如果是你自己的言语或行为激起了患者的愤怒,给对方情绪有效降温的方法是采用幽默的方法示弱,比如:"怎么? 生我气了! 抱歉……"。

3)倾听患者的抱怨,弄清问题所在:让患者把憋在肚子里的话讲出来,把积压在胸中的情绪发泄出来,倾听是最好的策略。当患者还没有将事情全部述说完毕之前,不要中途打断,也不要进行辩解。否则只会刺激患者一方的情绪。如果能让患者把要说的话及时表达出来,往往可以使对方有一种较为放松的感觉,心情上也转向平稳。

医务人员要仔细倾听患者抱怨的原因,确认问题所在。要认真了解事情的每一个细节,然后确认问题的症结所在。最好用纸笔将问题的重点记录下来,对于没有弄清的问题,在患者将事情说完之后,进行询问。

4)表达同理心:同理心是消除愤怒源头的重要一步,也是针对患者愤怒情绪的最有效的反映。同理心代表着医务人员对患者需求和体验的理解,对患者立场和价值观念的接纳,也代表着医务人员与患者的感情同在。面对一个愤怒的患者,在某种程度上你得让这个生气的人知道,你听到、看到并理解他的感受。在他中止愤怒前,医务人员需要努力去了解患者的需求和愿望,表达你对他的理解。同理心的具体表达技能见本章节"四、同理心表达技能"。

5)分析与解释问题:很多时候,患者愤怒的起因来自于前期缺少沟通或沟通不畅。无论是缺少沟通还是沟通不畅带来的结果都是一样的,即患者不理解,甚至曲解了医务人员所做的工作。在这种情况下,要针对患者所抱怨的问题,进行耐心地分析和解释。如果是因为客观原因造成的问题,比如床位少,医务人员工作量大,造成了拖延和等待,这类问题在解释过程中要积极寻求患者及其家属的理解。如果是因为医务人员的态度、技术、服务等带来的问题,就要向患者道歉并尽快付诸改善行动。

6)致歉:不论引起患者抱怨的责任是否属于医院,无论问题是客观性的还是主观性的,如果能够诚心地向患者道歉,并对患者提出的问题表示感谢,都可以让患者感到自己受到了重视,火气会因此减小。

7)了解与回应患者的期望:患者抱怨的目的是什么? 有什么期望? 这些都是处理人员在提出解决方案前必须考虑的。有时候,患者的要求往往会低于医院的预期。若是患者希望医院赔偿,其方式是什么,赔偿的金额为多少等,都应进行详细的了解。

8)注意自己的权限范围:患者的有些诉求可以由医生立即处理,有些则是医务人员无法处理的。遇到无法处理的情况应该及时向医院管理人员报告。让具有决定权的人员去解决,如果让患者久等之后还不能得到回应,将会使患者又回到愤怒的情绪中,为平息患者的怒气所做的各项努力都会前功尽弃。建议医院应该给科室或有关处理人员授权,在授权范围内做出灵活处理,以便患者的抱怨能够及时解决。

（3）医生的愤怒情绪管理：当患者的愤怒指向医务人员，并以攻击的方式（如辱骂、指责）来表达的时候，医务人员也会自发地产生愤怒情绪，甚至是反向攻击的行为，形成以怒制怒的对峙局面。这种局面对问题的解决毫无意义。因此，对医务人员而言，面对愤怒的患者，努力调节自己的情绪，让自己保持冷静、平和的心态是非常重要的。

为此，医务人员可以尝试以下愤怒调节策略：

1）让自己放松：当你感觉自己已经很生气，忍不住就要爆发时。有意识地做些放松动作，其中深呼吸是最简便易行的放松动作。

2）自我对话：当你感到自己要被愤怒的情绪所笼罩时，试着使用下面这些句子提醒自己。这些语句都是提醒你要把握对于自己的控制权，而不要任由愤怒情绪控制你。平日里，经常练习下面的自言自语，看看有什么效果。

- 我应该控制自己，而不是让情绪控制我。
- 冷静、冷静，我不能发火。
- 我可以很好地处理现在的状况。
- 我还是先出去冷静几分钟比较好。
- 我现在很愤怒，所以要更加小心自己的言行。

3）变换环境：如果条件允许，及时通过变换环境让自己平静下来。比如，到别的房间待一会；停下正在做的工作，到室外或窗口呼吸一下新鲜空气。变换一下工作内容以调整活动空间（比如，到辅助科室去取检查单）。类似的做法都能够有效减缓自己的情绪强度。

4）认知重构：认知重构就是我们平时所说的"换个角度想想"。人在愤怒的情绪状态下，很多想法可能是偏狭的。比如，当某些事情出现问题的时候，你可能就会想"一切都完了"。认知重构就是要将这类不合理想法变成更加合理的想法，比如，你可以告诉自己"这只是一次挫折，但它不是世界的末日。"积极的认知重构可以遵循以下策略：

- 在谈到自己和他人的时候，不要用"从来没有（never）"或"总是"这类词。因为当你使用"你从来就没有尊重过人"或"你总是丢三落四"等句子来数落人的时候，你会觉得你的愤怒和指责都是正确的，这样不仅不利于问题解决，反而会招来对方的反击，事情会越来越糟，双方的怒火也会越烧越旺。
- 聚焦于问题解决。当他人的一些不良做法让你感觉愤怒时，不要采用攻击性的应对策略（斥责、批评）。最好的方法是明确告诉他"这样做很不好"，然后提出解决问题的建议"建议你……""你最好……"。例如，在门诊有人加塞儿让你很生气，你可以直接而温和地对他讲"这样不好，大家都在排队，建议你也去排队"。这样沟通既能解决问题，也能让自己情绪变得平和。

要避免让自己说出"你怎么这么不懂规则，没看见大家都在排队吗？"这样的言语不仅有可能激怒对方，也会让自己更加恼火。

- 找回符合逻辑的思维。当人们被愤怒情绪包围着的时候，就会变得失去理智。这时候，你要提醒自己"没什么大不了的，自己只是遇到了生活中一件不如意的事情而已。"这种提醒的作用就是让你的思考重新回归合理的逻辑，回到平衡状态。
- 将期望转变为要求。愤怒经常发生在期望落空或期望受阻的时候。愤怒的反应是一种本能的自卫方式，其原始的意义是避免受到伤害。但在现实生活中，当期望落空时，单单是生气发火往往于事无补。最好的方式是将那些内隐的期待转变为合情合理的诉求，这才是更为健康的表达方式。

视频案例
视频 4-1　仪表举止

视频 4-2　目光与表情

视频 4-3　称谓与礼貌用语

视频 4-4　倾听

视频 4-5　询问病史

视频 4-6　体格检查

视频 4-7　体态与距离

视频 4-8　医患谈话

视频 4-9　医生与患者肢体接触

视频 4-10　感谢患者

（刘惠军）

【作业题】

1. 在医患交往中,言语沟通的关键技能有哪些?

2. 哪些非言语表达对医患沟通至关重要?

3. 请在日常生活中练习同理心的表达方法。

4. 对照本章建议,核查自己的焦虑情绪管理策略及其有效性?

5. 对照本章建议,核查对自己和对他人的愤怒情绪管理策略及其有效性?

第三节　医患沟通的制度与实施途径

现实中的重要问题

● 实施分级诊疗制度中,医患沟通难点在哪个环节? 有效沟通的基础是什么?

● 健康俱乐部的主要作用是什么?

● 为什么要医院信息公开?

● 从事网络医疗咨询活动时应注意什么?

● 我国医务社会工作的主要作用是什么?

● 如何利用自媒体促进和谐医患关系的发展?

● 医院文化与管理建设的立足点是什么?

● 医院环境优化的基本要求应体现在哪几方面?

一、诊疗全程医患沟通制度

诊疗全程医患沟通是以现代医学模式为基础,遵循循证医学,在患者就医过程中实施个体化、全方位的沟通,以保证患者充分的知情权,提高患者的满意度,促进患者康复及和谐医患关系的发展。这些年来,许多医疗机构不断探索医疗服务中全过程的医患沟通制度,虽各有特色,但主要在以下环节中形成了制度。

（一）入院后沟通

首先,要重视社会心理病史的采集,社会心理病史的内容应包括:①家庭状况,包括家庭成员、亲朋好友的情况,是否能对患者提供经济和精神上的帮助;②日常生活:患者的生活行为方式、个人爱好等;③重要生活经历:重要成长经历、工作经历、婚姻情况、经济情况等;④宗教信仰以及患者的性格、情绪等;⑤患者对生活的态度。其次,患者入院后,由责任护士和责任医生在规定时间内,与患者及其家属进行较深入的交流,重点介绍初步诊断、诊疗方案、预后判断、费用情况、医护流程、医院制度、住院注意事项及患方关心的事项,等等,让患者尽快对医院和医护主要信息重点了解,并帮助患者角色转换。

（二）诊疗中沟通

医务人员要根据患者的病情、各项检查结果、社会经济等状况,设计出合理的、有针对性的治疗方案,让患方共同参与到诊疗过程中。要对重要检查的目的及结果、治疗措施、患者的病情及预后、某些治疗可能引起的严重后果、药物不良反应、手术方式、手术并发症和相关风险及防范措施、医疗药费情况等及时与患方进行充分沟通。认真听取患者或家属的意见和建议,增强患者和家属对疾病治疗的信心。不仅要重视躯体疾病的治疗、消除致病的自然因素,还要重视患者社会心理的康复。

一般情况下,诊疗过程中医患沟通是顺利的,但如遇到患者治疗风险大、有特殊背景、患方种种原因不配合等重点复杂情况时,应采取不同类型的沟通方式。①重点预防沟通:事先要对患方做好充分的信息准备(包括详尽的书面材料),沟通后要及时反馈情况;②重点安排沟通:如经治医师与患方沟通有困难或有障碍时,应及时安排上级医师或沟通能力强的医师沟通;③重点协调沟通:如遇到多次沟通效果不良或有复杂的干扰因素时,科室要集中进行专题研究,医护之间要认真讨论,统一认识,形成预案,再进行沟通,防止医院内部人员口径不一,使患方产生疑虑和不信任;④寻求医院支持:如在科室层面未能达到预期沟通效果,应及时向医院医疗管理部门或医患沟通部门报告并寻求相应的支持。

随着医药卫生体制改革的不断深入,诊疗模式也在不断优化中,在分级诊疗制度与临床路径管理的实施中,医患沟通内容也相应呈现出一些新的变化。

分级诊疗制度,是合理配置医疗资源、促进基本医疗卫生服务均等化的重要举措,其基本模式是:基层首诊、双向转诊、急慢分治、上下联动。医患沟通的难点主要体现在双向转诊中,上级医院向下级医院转诊的环节。此环节的沟通内容主要包括使患者知晓并接受其目前的病情已可转基层医院继续治疗,而且较为方便、价廉,要通过全面细致的沟通,较好的介绍下级医院情况,消除患方其转院后在后续治疗上存在的顾虑,沟通的主要时间节点为诊疗中至出院前。同时,有效的沟通建立在相应引导性政策的保障、基层有足够的服务能力,上下联动机制的有效建立以及医患相互了解及充分信任的基础之上。

临床路径管理,是指针对某一疾病建立一套标准化的治疗模式与治疗程序,是一个有关临床治疗的综合模式,以循证医学证据和指南为指导,促进疾病治疗和管理的方法;其核心是将某种疾病(手术)所涉及的关键性检查、治疗、护理等活动标准化,确保患者在正确的时间、正确的地点,得到正确的诊疗服务,以期达到最佳治疗效果。临床路径管理在国外已是相对较为成熟的医疗管理模式之一,但在我国尚处于起步阶段,涉及的病种原则上为诊断治疗方案明确、技术成熟、疾病诊疗过程中变异较少的常见病、多发病;优先选择国家卫生健康委员会、国家中医药局已经印发临床路径的病种。

临床路径管理实施中的医患沟通,涉及医院管理层与临床医务人员的沟通及医患之间的沟通。有效的入院后沟通可消除患者紧张焦虑的心情,尽快熟悉环境,尽快建立良好的医患关系,为下一步临床路径管理的实施与沟通奠定坚实的基础。当入院初步评估完毕,拟纳入临床路径管理时,与患者沟通的重点是说明:①实施临床路径管理的有关内容、基本路径流程与预期治疗目标及益处;②告知其可能出现的问题,并使其了解医学专业的风险性、未知性、变异性;③健康宣教:使患者及家属对疾病有正确的认识,并掌握基本的自我康复措施及需配合的关键点等。在充分沟通后尚需签署"知情同意书"以充分尊重患方的知情权和决定权,并取得患方充分配合。"知情同意书"应具备诊疗流程及风险告知和健康教育功能。

(三) 出院前沟通

患者出院前,可从康复处方、诊疗效果反馈、医务人员的服务等方面进行沟通。在临床上,患者出院标准还仅是停留在生理上的恢复,患者心理社会方面的康复常需在出院后一段时间内逐渐恢复,所以与出院患者进行沟通就显得重要且很有必要。对出院患者开出康复处方,指导患者出院后的延续治疗、复诊安排与自我调整和康复,帮助患者建立起健康、良好的生活方式。同时,通过出院前的医患交流,可以了解患者对医院和医务人员的诊疗与服务评价,对提高医务人员的专业水平和服务质量很有裨益。

(四) 出院后随访

随访,是医院对曾在医院就诊的病人以通讯或其他的方式,进行定期了解患者病情变化和指导患者康复的一种观察方法。患者治疗效果的评价、满意度的提高、疗效的巩固等,都需要通过随访患者来实施。随访的形式多样,电话及书面随访在临床上较为常用,手机 APP 及微信等现代媒体的使用也逐渐广泛。随访制度是实施院前、院中、院后的一体化医疗服务模式的必要保障,完善的随访将医疗服务延伸至院后和家庭,使住院患者的院外康复和继续治疗能得到科学、专业、便捷的技术服务和指导。

出院患者第三方满意度调查,即由专门的第三方调查机构对出院患者进行该医疗机构服务质量技术水平评价的调查,作为一种新的特殊的出院后随访形式,已逐步成为客观评价医院医疗服务质量与水平的一种重要手段。

二、面向患方的医学与健康教育

对于医患沟通不畅的原因,大家都有一个共识,即医患双方在掌握医学和健康知识的悬殊造成了医学信息不对称,使得患方对医务人员的诊疗工作不理解、不配合,发生了矛盾或不良后果,医方解释成效不佳,医患沟通难度很大。因此,特别要注重开展针对患方的医学知识信息和健康教育工作。

(一)针对患方的医学知识教育

在新的医患关系环境下,患者尤其是住院患者迫切需要给予他们针对性强的医学与健康教育,使他们在医疗期间很快与医护人员产生共同的认知,互相理解,积极合作。临床上,几乎每个患者及家属都会向医护人员提出许多自身疾病的治疗和预后相关问题,其中很多问题涉及生理学、解剖学、生物化学、组织胚胎学、病理生理学及药理学等基础医学知识,更会涉及内科学、外科学、妇产科学及儿科学等临床医学知识,等等。当然,这些患者需要的医学知识不是系统的、大量的,而是零碎的、少量的,但对患方却是重要的、关键的。帮助患方解答相关知识和问题的疑问,能够解开他们的心结,消解疑惑,增添战胜疾病的信心和勇气。

如何有效地开展针对患方医学知识的教育呢? 第一,需要医务人员具有明确的意识:必须给予患方一定相关医学知识和信息。要克服传统的观念,即患者不需要懂医学知识(医生常说:跟你说了你也不懂);第二,医务人员在凡是需要医患沟通的环节,如入院后沟通,都应针对患者病情和心理认真做好准备,积极、耐心、细致地与患方交流,可以多用视频、PPT、图片及模型等方式。通俗、易懂、形象的讲解相关医学知识和信息,尽量缩小医患医学知识信息的差距,使患方趋于理性和客观,医患便易于合作;第三,医院各业务科室都要建立患者教育组织,由专人负责,并充分发挥中青年医生、高学历实习生、护士、医学社会工作者等的作用,还要通过医院网站、医患面谈、宣传橱窗、书面材料、自媒体等形式和方法对患者及家属进行比较规范、目的性强、时效性强的医学信息与健康教育。

(二)实施有效的健康教育

健康教育对象包括患者及其家属,即根据不同患者的不同要求所开展的健康教育。患者教育包括门诊教育和住院教育。门诊教育的内容有候诊教育、随诊教育、门诊咨询教育及健康教育处方;住院教育的内容有入院教育、住院教育和出院教育(康复教育)三个方面。

在对患者进行健康教育时,要分析了解患者的需要,然后确定健康教育的目标,再拟订教育计划,确定健康教育的时间、场合及内容,安排教育人员,选择合适的教育方法,实施健康教育计划,最后还要对健康教育进行评价。健康教育要主动、热情、充满信心,以满足患者的心理需要,要站在患者的立场上,建立密切的医患关系。

健康教育的行式是多种多样的,可以采用上课集中培训、专题讲座、板报、健康家园活动等方式,但最有效的是专科医师针对患者具体情况的一对一的会谈方式。在与患者交谈时,应客观、公正,不能主观、偏见。采取接纳的态度,即要帮助、指导,尽量不要批评、训诫。避免不成熟的建议或承诺,以免加重患者心理负担或导致医患矛盾与纠纷(图 4-7)。

医院健康俱乐部(常以疾病名称,如抗癌俱乐部)是以公益性为特色、传播健康为主要使命的医院健康教育平台,是走向更深层次的医患沟通方式。该平台是医院在改变自身服务观念、创新健康服

图 4-7　健康教育

务形式、拓展健康服务内容、提高医患沟通成效的重要形式。健康俱乐部为患者提供健康和医疗咨询服务,提供最新的医疗和保健咨询,向大众推广健康的生活方式,引导患者正确就医、正确康复,同时也是患者在社会人群中相互沟通交流与自我教育的一个重要平台。

1. 健康俱乐部的特征　健康俱乐部作为一种新的服务模式,旨在更深入地了解患者的需求,以便为患者提供更多、更好、更有针对性的服务。医院为主导的健康俱乐部作为医院服务功能的延伸,有着服务的公益性特征。

（1）服务公益性:医院为主导的健康俱乐部会员入会,无需任何费用,即可在环境宽松的俱乐部内享受医院提供的无偿服务。咨询大厅内,会员无需挂号缴费,就可与专业技术人员充分地接触,就共同关注的健康话题咨询和交流;随时免费为会员测血压、量体温、称体重。在充分信任的基础上,俱乐部工作人员会正确引导自己的会员关注健康,投资健康,享有健康。

（2）对象普遍性:俱乐部服务对象不仅是患者,更有亚健康人群、健康人群。

（3）活动经常性:俱乐部是一个提供健康服务的公益性服务窗口,开辟了专用的场所,定期组织健康教育及咨询活动。

2. 健康俱乐部的组织模式　主题健康俱乐部为健康俱乐部的主要组织模式,如肝病健康俱乐部、癌症健康俱乐部、糖尿病健康俱乐部、肾病健康俱乐部、移植健康俱乐部等。俱乐部为患者提供一个相互交流的平台,也为进一步的医患沟通提供了载体。也可根据实地情况设立会员健身房、健康书屋,定期举办会员联谊会、座谈会和保健知识讲座,定期安排医生在俱乐部坐诊,接受会员的健康咨询,指导疾病防治。

三、网络信息服务与沟通

公立医院作为公益性的医学专业服务机构,其内部运作的"神秘性"和信息的"不透明性",经常使患者的知情权得不到切实保障。全面建立信息公开制度,促进医疗机构良性竞争是深化医改所需要进一步突破的关键问题,医疗信息公开也是保证患者在知情前提下,实现民主权利的需要。网络信息服务与沟通是实现医院信息公开的重要的手段之一,是提供医疗信息服务的重要平台。

（一）医疗信息公开的意义

1. 有助于减少患者就医的盲目性,引导患者理性就医　医疗卫生机构将原本只有内部人士掌握的医疗信息充分公开,直观地反映各个医院的收费情况、医疗水平、业务优势,为人们选择就医提供有效权威的参考依据,有利于人们在医院之间进行综合比较,对患者就医具有重要的导向意义。

2. 有助于增强医疗机构的服务意识,提高医院竞争力　在医疗信息公开的平台上,可以用更好的服务和医疗技术来服务大众,满足广大众需求,是提高医院竞争力的核心内容。

3. 医疗信息公开,是对医疗服务实行国家监督、社会监督和医疗机构内部自我监督的重要措施　能够提高医疗服务质量,促进医院之间的良性竞争,促使整个医疗管理系统更加规范,促进医疗机构共同进步、共同发展。

4. 有助于减少医疗纠纷,构建和谐医患关系　公开医疗信息、充分尊重患者的知情权,有利于患者建立对医生的信任,化解矛盾与危机,减少医疗纠纷。

（二）医疗信息公开的内容

1. 政府披露医疗服务信息　主要是医疗机构的基本情况以及反映其医疗质量、费用信息、病种信息等各种医疗信息的具体数字和指标。

2. 医疗服务机构需向患者进行价格公示　各医疗机构应按照《医疗机构实行价格公示的规定》对各项医疗服务项目名称、项目、内涵、计价单位、价格、价格管理形式、批准文件、政府指导价及实际执行价格等有关情况通过电子触摸屏、电子显示屏、公示栏、公示牌、价目表、住院费用结算清单等有效方式向患者进行公示。

3. 患者就医相关信息　涉及患者就医的多方面信息,如科室和专家介绍,新技术、新设备,医院内外环境等,还有保健知识、医学知识等。

4. 定期进行民意调查,随时接受社会监督　对反映的问题及时给予答复;及时公布医疗纠纷、医疗事故的处理进程,避免群众受不当舆论误导,提高纠纷处理的透明度。

（三）医疗信息公开的方法

通过网站、新闻发布会、报刊、广播、电视、宣传窗、公示栏、电子显示屏以及以微博、微信为代表的自媒体等多种方式实现信息公开。互联网是医疗服务信息披露的主要渠道;卫生行政部门和医疗机构应在其网站设立主动发布信息的公告栏以及接受公众请求的互动式医疗信息查询栏。

医院网站是医院信息整体策略的体现,是医院对外宣传的窗口,是医院的医疗、科研、教学成果发布的平台,也是医院医疗服务体系的一种延伸,更是患者同医院沟通的桥梁和纽带。

1. 医院门户网站的作用　医院门户网站建设可以全方位地展示医院的综合实力,让网站成为提升医院形象的重要平台,可强化医院管理、提高工作效率、改进医疗质量、提升医院形象、扩大医院的知名度。医院网站也是医患双向交流的平台:①有利于医患双向交流,搜集患者反馈的意见,掌握患者的需求;②有利于医院改善医疗环境,提高服务质量;③有利于完善医疗服务流程,提高医院管理水平;④有利于患者、医护人员及时了解医学和健康知识。

2. 医院门户网站的主要内容

（1）提供医院信息:①医院基本信息包括医院介绍、医院荣誉、管理机构、先进设备、专家介绍、地理位置、联系方式、党建工作、文化活动、人物风采、各科室主页等;②医院动态信息:包括医院新闻、医院改革信息、新医疗服务报道、国内外医疗动态、专家资料、医疗护理信息等,并及时更新内容;③交互信息:根据患者的实际需要提供定制的信息服务,这将使医院网站更加人性化。交互信息包括就医指南（门诊分布、门诊须知、专家门诊表、门诊预约挂号服务、住院分布、住院须知、医技分布、其他便民指南）、药价查询、电子书刊查阅、网络互动答疑、生活小贴士、健康指南、专家信箱、满意度调查等。

（2）提供个性化服务:①搜索引擎,智能化的搜索引擎是较好的查询工具,门户网站的搜索引擎应涉及医院科室设置、职能、相关法规等多个方面。公众只需要输入所希望得到的服务或关键词,就可以搜索到网站内的相关内容;②个性化定制:个性化服务就是根据不同对象的要求,重新组合服务内容,将其集成在专门为不同对象服务的个性化面中,快捷全面地了解相关的医疗信息,让其得到独特的服务;③是提供网络医疗服务的一个平台。

（四）网络医疗服务

随着"互联网+医疗健康"的推行,网络医疗的发展方兴未艾。广义的网络医疗内涵较为宽泛且仍在不断丰富中,例如作为推行分级诊疗制度的一项重要措施的远程会诊、医疗信息共享服务平台以及为患者及社会提供医学相关咨询与服务,等等,均属于网络医疗的范畴。不论借助何种平台从事网络医疗咨询活动均应注意以下几点:

1. 在目前情况下,只能依托实体医院提供健康咨询和就医指导,避免不成熟的建议或承诺,更不能为咨询者提出具体的诊断和治疗意见。互联网家庭签约服务,可以在线提供健康咨询、预约转诊、慢性病随访、健康管理和延伸处方等相关工作。

2. 对于咨询请求应按约定及时回复并增强互动,用词应通俗易懂。所提供的信息必须客观、真实、可靠、专业。

3. 在咨询活动过程中,应注意避免广告推销的嫌疑并注意咨询者隐私的保护。

4. 引导咨询者科学合理地选择咨询对象和咨询方式,以免被误导,危及其健康。

5. 应定期发布一些健康教育小贴士,及时更新相关医疗信息等,适时主动发起并引导某些有共性意义的话题进行互动讨论。

四、医务志愿者与医务社工服务

医务志愿者是指自愿参加相关团体和组织,在自身条件许可的情况下,争取多方面共同获取利益,合理运用社会现有资源,志愿奉献个人可以奉献的,帮助有一定需要的人,开展力所能及、切合实际,具有一定专业性、技能性、长期服务活动的人。医务志愿者服务弘扬的是"奉献、友爱、互助、进步"精神,也是医院精神文明建设的重要组成部分(图4-8)。

图4-8   患者服务中心

(一) 医务志愿者服务的形式

1. **社区医务志愿服务**   医院志愿者社区服务,可充分发挥医务工作者的专业特长,可为社区提供家庭医疗、护理咨询、精神心理疏导。这些服务对于需要长期保健的患者家庭非常重要。

2. **医生义诊**   医生将自己所学的医学知识服务群众的过程中,可丰富阅历、增长才干,有利于进一步树立救死扶伤、忠于职守、乐于奉献、文明行医的新风尚,有利于净化心灵,升华医德。

3. **医院内志愿服务**   在门诊,医务志愿者主要为感到环境陌生的患者进行引导,帮助推轮椅,搀扶残疾人,给年老体弱患者排队挂号、取药和陪诊。在病房,志愿者对住院患者进行常规性探访,主要是问候、关心患者,祝愿患者早日康复,让患者感受到社会的温暖、医务人员的关爱。还可以进行针对性探访,组织曾经是患者的志愿者,向患者介绍其患病的经历、感受及治愈过程,起到一个现身说法的作用,能鼓励患者树立信心。同时,还可进行特殊性探访,主要针对一些心情沮丧、情绪特别低落的患者,可多次回访,给予心理疏导、解释、安慰,逐渐使其建立与病魔作斗争的信心和勇气,能积极配合医生治疗,及时康复。

(二) 志愿者服务作用

1. 医院志愿者服务不仅极大地推动了医院的精神文明建设,同时使医院的精神文明建设和整个社会的精神文明建设产生了互动,并且对整个社会的公民道德建设起到了非常好的积极作用。

2. 医院志愿者服务有助于提升医务人员的形象,满足社会和群众的医疗需求。服务于困难群体,献爱心、送温暖,可给予患者一些实际的帮助,也可给予情感上的支持和温暖。

3. 医院志愿者服务这一新生的服务模式,既让医院患者获得了支持和鼓励,又让医院形成了关怀的气氛,使"以病人为中心"的服务模式向更深层次发展,更好地体现了医院"以人为本"的人性化服务理念。

4. 医院志愿者代表着医院,给患者送去关怀与温暖,体现医院的服务精神与信誉。医院志愿者架起了患者与医院之间的桥梁,为减少医患矛盾、医患纠纷起到积极的推进作用。

5. 医院志愿者通过自己的志愿行为、目标、价值取向等直接影响受助者,受助者在接受他们的服务中得到道德感化和教育。志愿者的心灵也在奉献中得到净化和升华。

随着医疗卫生体制不断完善,社会服务机制逐步健全,医院志愿服务正逐步成为为患者提供整体性照顾、良好人文关怀的重要力量。志愿者服务是医院医疗质量管理及可持续发展的重要内容,应努力使之长期化、规范化和系统化(图4-9)。

图4-9 志愿者服务

(三) 医务社会工作

医务社会工作,是具有一定医学和人文社会专业知识的人员,运用社会工作的专业方法协助患者解决与疾病相关的社会、经济、家庭、职业、心理等问题,配合医生和护士进行疾病防治和伤残康复等服务的一种专业社会工作。医务社会工作16世纪初起源于英国,发展于美国,世界各国的医务社工的社会身份多为政府公职人员。根据英美的医务社会工作发展历史,可将医务社会工作分为三个阶段:第一阶段是社会工作者局限在医院中提供服务;第二阶段是医务社会工作服务超出医院范围,进入家庭、社区和需要帮助的人群;第三阶段是覆盖健康照顾与健康相关的所有领域。我国医务社会工作尚处于起步阶段,社工来自社会各界,包括离退休人员,尚无明确的社会身份定位,目前主要在医院从事导医导诊、患者陪同与护送、生活护理、与患者沟通交流等辅助性工作,但已初显出医护服务的好帮手、病人就医的引导员、患者心灵的抚慰者、就医矛盾的疏导人、医患关系的润滑剂的作用。

五、医方与社会和媒体的沟通

医院应积极主动的适应形势,正确处理与社会媒体关系,促进医患沟通,提升医院综合的社会形象。医院应掌握与社会媒体沟通的原则和技巧,不断增强自身的感召力、向心力和凝聚力,让患者和社会客观准确了解医疗工作,共建和谐的医患关系。

1. 要主动加强与媒体的沟通,加强对医院的正面宣传报道,提高公众对医院的信任度,塑造医院良好形象,营造良好的社会环境。寻求建立与媒体良好的合作关系,创造良性互动的合作空间。在信息化时代,社会媒体的力量非常强大,医院良好的社会形象必须通过媒体正面宣传逐步树立起来,积极主动地为媒体提供正面的医院信息,科学艺术性地接受媒体采访,既有利于医院各项工作的顺利开展,也可以满足媒体的需要并受到欢迎。

2. 要建立医院与媒体的沟通机制,保证与媒体信息的渠道畅通,使医院成为信息发布的权威渠道,以防不实的炒作渲染。医院提供信息既要有利于医院良好形象的维护,又要有助于医院和社会的良好沟通。医院的各类重大事件例如突发公共卫生事件、新型医疗技术、优秀医护人物等,这类信息的选择、筛选及提供时机,医院都具有选择权和主动权,应适时主动地与媒体联络。在接受采访时,医院工作人员可针对医学原则和客观事实,面对提问做出表述准确、逻辑严谨的回答,避免受提问者的思维影响,尽量提供较为精准的医学知识、医疗法规及相关专业信息。

网络信息传播迅速,因此要关注网络舆情,积极主动沟通,正确及时处理非常重要。医院应主动了解民情,及时释惑民声,积极引导舆论。充分利用网络平台,发挥医院服务群众的职能,最大限度地缩小和消除网络舆情对医院和医务人员造成的各种负面影响。要积极建立医院微博和微信公众号,及时向社会提供医疗的各类信息,便于患者对医院的多方位了解。

以微博和微信为代表的自媒体作为一种新型的信息传播途径,在社会上使用已非常普及,使每个人都有成为信息源和实现信息发布的可能。自媒体健康舆情信息传播的作用有些是积极正向的,但也有相当一部分是消极负面的。自媒体的出现给医患关系的构建带来更多的挑战与机遇,应积极地加以应对和利用。首先,不做不实、片面和有负能量信息的传播者,同时注意舆情变化。面对负面信息,医院、医生和其他医务工作者均可合理运用自媒体发出自己的声音,进行积极的双向沟通,这可以起到很好的增信释疑,引导舆情正向发展,消除负面影响的作用。其次,充分利用自媒体的便利与优势,主动宣传医疗机构的正面形象,树立良好的社会形象,提高社会信任度。由于自媒体的时效性强、传播面广、参与度高,受众同时也可能是传播者,故而医方呈现的正面形象可能较传统媒体传播面更广、更接近生活,在受众眼中的可信度更高,能取得更好的宣传效果。自媒体正逐渐成为医院健康宣教、就医咨询及相关服务、满意度调查及良好医患关系维护的一个重要平台。

六、医院文化与管理的优化

优良的医患沟通工作有赖于医院优秀的文化和科学的管理。即通过管理制度文化与精神文化的开发、建设来培育具有特色的价值观念、行为准则以及行为方式。医院文化,包含了医院的物质文化、制度文化和精神文化。坚持以人为本是现代医院文化的基础,首先应该把医护人员看作医院的最大资本、无形资源和根本动力。它对正确引导医护人员的价值取向和精神面貌产生持久的影响。它向社会公众传达了对人救死扶伤、对工作极端负责、对技术精益求精、对患者文明服务的医院精神。这一精神和理念对医院实施科学的人文管理制度形成了全面的体系结构(图4-10)。

图4-10   医院文化长廊

医院文化与管理建设的立足点是"人"这个主体因素,它以尊重人、关心人、信任人、培养人、凝聚人并注意发挥人的潜能为着眼点,以追求人和技术及设备相结合合为中心环节,以实现医疗、教学、科研的共同发展为目的,其内容十分丰富,包括:医院的物理环境建设、医院的制度建设、医院的精神建设、医院的形象建设,等等。

医院环境对患者来说有着巨大的环境语言影响力,是无声的沟通语言,发挥着潜移默化的功效,同时也是医院文化和管理水平的直接体现。安全、舒适、便利的优质环境有助于患者的身心恢复,提高患方的满意程度。良好的医院环境是保证医疗、护理工作顺利进行,促进康复的重要条件。创造优美、舒适的休养环境是医院工作的责任,是医院管理的组成部分。医院既是一个具有特殊性质的人文环境,又是一个必须符合医疗、卫生科学规律,满足患者身心需要的物理环境。(图4-11、图4-12)

图4-11　医院内环境

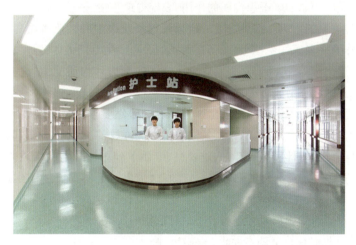

图4-12　"一尘不染"的病房

(占伊扬)

第四节　医学生的医患沟通

现实中的重要问题

- 医学生掌握医患沟通理论和技能有何必要?
- 医学人才的培养有没有标准? 这些标准包括医患沟通吗?
- 医学生既没有经验也没有处方权,凭什么与患者沟通?
- 我们医学生该怎样做,才能在患者面前减少紧张情绪?
- 我们学过的知识并不能完全答出病人的问题,会被嘲笑吗?
- 对医学生的沟通能力可以通过学习和训练得到提高吗?

一、医学生进行医患沟通教育的意义

1. **医患沟通是培养合格医学人才的必修课** 随着医学科学技术的发展及医学模式的转变，人们对生命、健康、疾病的认识提高到了一个新的高度，对医学人才的综合素质提出了更高的要求。加强医学生的人文素质教育，已成为医学和时代发展的迫切需要。沟通和交流相关知识和能力是人文素质教育的主要内容之一。医患沟通教育之所以在医学教育中具有独特地位和实用价值，是医学教育不可分割的重要组成部分，是因为医患沟通是医患双方进行医疗行为的关键，也是医学生在学习阶段必须学习的医学技能。人际交往和沟通素质，是合格医生的必备素质；医患沟通知识，是合格医学人才知识结构中不可或缺的重要组成部分；医患沟通课程，是培养合格医学人才的必修课。

2. **医患沟通是提高诊疗技术与人文服务水平的关键** 随着医患沟通在医疗中的地位凸显，越来越多的医学工作者和医学教育工作者都认同医患沟通是实现人文医学目标的重要路径。这要求医学教育工作者在培养未来医师时，要仔细讲解、传授、评估其交流技能，使每一位医师不仅具备精湛的医术，更具有良好的沟通能力。沟通技能在疾病治疗中具有举足轻重的地位。关注、真诚、尊重、共情、爱心是有效沟通的基础，医学生学习掌握亲切、自然、得体的沟通技能可使医患双方获益，即病人满意率提高，身体功能状况改进并恢复健康，医生成就感增加，工作效率提高并减少差错。

3. **医患沟通是医师职业精神的体现，是构建和谐医患关系的重要途径** 医学职业精神在医学实践中创立和发展，并为整个医学界乃至全社会所肯定和倡导的基本从业理念、价值取向、职业人格及其职业准则、职业风尚的总和。医患沟通的作用，表现得最直接、最经常的地方，就在于医生专业精神的塑造及良好医患关系的形成。医患沟通的效果不仅反映医生的专业素质和能力，也影响医疗服务的水平和质量。作为一名医学生，要想成为高素质的医药卫生专门人才，除了加强自己的专业知识和水平，提高自己的道德修养外，还要重视锻炼自己的语言能力和沟通能力，这需要医学生在不断学习中进步与提高，在实践中逐渐完善。

4. **掌握医患沟通技能是适应医学人才全球化标准的必然要求** 医学发展的全球化推动了医学教育的国际化，医学作为一门全球职业，有其共同的核心价值观、核心专业知识和技能。多年以来，国外医学院校意识到医患沟通对医学生成才的重要性，继而十分重视医学生沟通能力的培养。将其列为 21 世纪医学生教育课程重点加强的内容之一。如在《世界医学教育联合会国际标准》中规定：医学院必须在课程计划中安排适量的行为科学、社会科学、医学伦理学和卫生法学的内容，使学生具有良好的交流能力，做出正确的临床决策和进行合乎伦理道德的实践。

我国《临床医学专业本科教学基本要求》中提出，临床医学专业学生毕业时要掌握"有效与病人沟通的能力，准确获取病史所有方面的能力"等。由此可见，无论是国际医学教育、还是国内医学教育对医学生沟通能力培养高度重视，加强医患沟通能力的培养是高等医学教育迅速发展的必然要求。

二、医学生医患沟通的优势与不足

一般而言，处于学习阶段的医学生对医患关系认识不深，在医患沟通技能上缺乏应对策略，与病人交往中会存在某些障碍，常见的问题有：

1. **与患者沟通交流中紧张、胆怯** 多数临床医学生在见习、实习过程中初次接触病人时都会产生紧张及胆怯心理，表现为拘谨、寡言少语、手足无措，不知道应该如何面对病人，有的同学甚至出现面红耳赤、语无伦次的表现，原先想好的问诊要点一时也记不全了，加之少数患者对年轻医生有抵触和不信任情绪，不配合医学生进行问诊及查体等医疗活动，加重了学生心理负担，使医患交流出现障碍。

2. **与患者交流中自信心不足** 主要是由于专业知识的不足造成了自信心的缺乏，医学生虽然学习过医学基础理论和临床医学课程，但对许多疾病只有肤浅认识，又没有经过系统的临床实践，对自己的工作缺乏自信心。刚进入临床与患者交流时畏惧患者深入、全面的提问，怕回答不了患者的问题

或回答错误,特别是碰到一些特殊患者所提出的问题超过自己的解答能力时,更是缺乏深层次沟通的勇气,使交流不能顺利进行,甚至可能因采集不到真实全面的临床资料,导致诊断治疗活动出现偏差。

3. 与患者交流中人文素质欠缺　和谐的医患关系需要良好的医患沟通,而良好的沟通需要人文知识功底做保障,如:哲学、心理学、伦理学、社会学、法学、管理学、文学、语言学、人际沟通学等,人文社会科学知识的积累可以帮助医学生增加理解服务对象所需要的知识,培养学生的社会责任感、人际交往和合作能力,以及良好的心理状态和健全的人格。目前在我国医学教育中,人文素质教育尚不够完善,人文社会学科的课程设置和内容较为薄弱,与医学生素质教育要求不相适应。

4. 与患者交流中亲和力不够　建立良好医患关系需要医生与患者之间形成亲和力,是保证正常沟通的重要基础。这种亲和力的培养常常需要长期的临床实践学习和自我完善。医学生在临床实习过程中更多地关注自己临床技能的提高,一定程度上忽视了对病人心理因素的观察及研究,与病人接触时往往生硬地将课本上的知识与病人对号入座,有时在问诊或查体时,只顾及自己采集病史的需要,不能全面照顾及考虑到病人的感受,态度生硬,动作生疏,不能恰当表现出对患者的尊重,使医患沟通无法正常进行。

医学生涉世不深,经验欠缺,在沟通技能技巧方面尤其需要加强培养和训练,这是医生必须要经历的心理历程。但也应该看到,作为受过系统临床医学教育的高级专门人才,在与老师、实习带教医护人员、患者及其家属直接接触中也拥有优势,应注意扬长避短,善加利用。

5. 与患者接触机会更多,时间更长　医学生向临床医务工作者过渡必须经历临床实习阶段,实习医生因临床教学要求,问诊、体检、病历书写、观察病程等都必须与患者频繁的直接接触,加之带教的临床医师每天有查房、交班、诊断、治疗、手术、会诊、科研等繁重的事务,在病房的时间相对不多。实习的医学生恰恰是各级医生中实际与患者接触时间最长的。

6. 能够做一名认真的听众　有效的医患沟通是一个双向交流的过程,医务人员既要有说话的技巧,也要有倾听的艺术。医学生或许不能为患者实施治疗,但尽可以用专注和体谅来应对患者的倾诉。一些患者在评价实习医生的表现时,很多人认为实习医生更能"静心倾听"、让患者有"说话的机会""享有充分的发言权"。

7. 能为患者主动提供具体的帮助　实习是培养医学生理论、临床实际操作能力、临床思维的重要时期,实习也是构建医学生良好职业习惯和高尚职业素养的重要阶段。生病住院的患者对医院环境不熟悉,实习学生可以主动告知患者或家属就诊的流程、相关科室的位置、检查治疗中的注意事项,等等;发现患者卧床期间生活不便,可以帮助和指导家属,为患者提供力所能及的服务和帮助,这不仅是热情周到的职业道德要求,从医患沟通的角度看,也是能够赢得患者及家属信任的好方法。

三、医学生增强医患沟通能力的途径和方法

1. 加强人文素质的培养　将人文社会科学课程纳入医学教育体系中,如:以学科构建的人文社会科学课程,主要有文学、历史、哲学、音乐、美学、心理学等;由人文社会科学与医学交叉产生的边缘学科课程,主要有医学哲学、医学心理学、医学伦理学、医患沟通、医学社会学、医学史、卫生法学、医学美学等;由多学科融合后形成的综合课程,主要有社区卫生保健、医院管理、人口学、运筹学、人际沟通等。以上三类课程相互联系,根据学生所在年级的不同,分阶段渐进,贯穿医学生入学到毕业全过程。同时在医学基础课与专业课教师、临床见习、实习教学过程中应当渗透人文精神,加强医学科学精神与人文精神的融通。

2. 开设医患沟通的必修课程　将医患沟通教育融入医学院校的教育教学体系,对原有的教学计划进行适当的调整,增设有关医患沟通教育课程,并在原有的相关课程中,增加医患沟通教育内容。通过开设医患沟通、情商教育系列课程,传授医学生医患沟通的基本理论和基本技能,培养医学生与病人相处的能力及如何告诉病人坏消息、处理患者抱怨等技巧与方法。

3. 早期接触临床　临床医学是一门实践性很强的学科,医患沟通能力的提升首先从沟通机会的

增加中获得。早期接触临床,能够加快医学生对医学基础知识的理解和吸收,增加主动获取知识的积极性,医患沟通能力的增强也将获益于早期接触临床。利用节假日和假期设计早期接触临床的实践项目,让医学生以调查者、志愿者的身份接触患者,了解患者的疾苦和愿望,深化对医患沟通重要性的认识。选取有关医患沟通的典型病例与医学生进行分析和讨论,发挥"标准化病人"的作用,设立模拟病房,让医学生分别扮演特定的医生或患者角色进行交流。如果条件允许可以进行视频录像,使医学生有机会观察他人和自己的行为,进行自我评价或相互评价,从而改进医患交流技能。尽早让医学生接触临床工作,接触患者,使医学生在处于低年级阶段时就已经大大增加和患者沟通的机会,在观察和学习带教教师医疗活动的过程中,不断累积自己和患者沟通交流的技巧和能力,提高未来见习、实习的学习质量。

4. 注重临床实习实训,加强实际沟通能力训练　医患沟通能力的培养,需要充分渗透到日常医护人员的带教中,需要高素质的临床教师以言传身教的方式加强对学生人文精神的渗透,为学生树立榜样。优秀教师所具备的敬业精神、救死扶伤的理念、积极与患者沟通和交流的素养对医学生有潜移默化的影响。这种示范是提高医学生医患沟通能力的最好形式,对学生在未来的临床工作中建立良好的医患沟通模式具有重要影响。在病情允许的情况下,多数患者是愿意配合医生参与教学活动的,带教教师要尊重患者意愿,保护患者。以不加重患者病情为前提,完成教学任务。在引导学生进行临床思维训练的同时,让学生学习如何面对不同病情患者间分层次、多形式的沟通技巧。有意识、循序渐进地安排医学生在实践中与患者沟通,建立一个平等的、良好的、互动的医患关系。

5. 开展丰富多彩的实践活动　医学生沟通能力的培养,不仅需要有针对性的教学目标、科学的教学计划,而且要辅以丰富多彩的社会公益活动、校园文化活动、医院临床活动、体育比赛以及社会实践等。教师和学生应充分利用学校和医院的资源,定期或不定期地开展相关的知识讲座;开展知识竞赛、操作技能比赛、辩论赛、案例分析、角色扮演、诊疗小品、情景模拟等活动;组织学生成立课题小组,利用假期做一些有关医患关系以及医患沟通方面的社会实践课题,进行调查研究。积极地参与实践活动,能帮助医学生了解医患沟通的现状,能有效的提高医学生医患沟通的技能。

视频案例

视频4-11　积极参与医患沟通对医学生成才的意义

视频4-12　医学生医患沟通的优势与劣势

（张瑞宏）

第 二 篇

医患沟通各论

第五章　门诊与急诊医患沟通

临床重要沟通问题

- 门诊、急诊患者特征有何区别?
- 门诊医患沟通难点在哪儿?
- 门诊"一站式"服务的意义是什么?
- 怎样处理门诊患者投诉?
- 急诊医患沟通必要性及特点是什么?
- 急诊医患沟通的注意事项是什么?

门诊是医院医疗服务的前沿窗口,医务人员在此直接对患者进行诊疗、咨询、体检、预防保健。急诊是抢救危、重、急症患者的场所。由于门诊、急诊患者流量大、时效性强、技术要求高,极易引发医患矛盾和冲突,甚至医患纠纷。门急诊服务质量的高低、就诊环境的优劣、收费的合理与否,关系到医院的信誉和地位。因此,在门诊、急诊的医疗服务中,医患沟通显得尤为重要(图5-1)。

图5-1　候诊大厅

第一节　门诊医患沟通

一、门诊患者特征

(一) 患者身份各异

门诊患者来自社会各阶层,其职业、信仰、文化程度、经济状况、生活背景不尽相同。不同患者的经济承受能力和医疗保障方式不一样,如城镇职工基本医疗保险、城乡居民基本医疗保险、商业医疗保险和自费等。这些因素直接影响对疾病的认知程度和就医需求。

(二) 病情复杂

门诊是患者的首诊窗口。门诊疾病谱广泛、病种繁杂,特别是初诊患者临床诊断尚未明确,故对医师的诊疗水平有较高要求。若为常见病、多发病往往可得到尽快诊断,及时处理。若疾病累及多系统或临床症状不典型,往往需要进一步检查和多专科会诊,加之诊疗费用等非医疗因素影响,患者可能出现焦躁情绪而诱发医患纠纷。

一些慢性病患者和文化层次较高的患者,他们对自身疾病知识有一定了解,对医院的医疗服务有较高的要求,他们不仅要求诊断明确,同时要求治疗高效而副作用少。对于病情较重的患者及老年患者,既对生活充满渴望,又对治疗前景持悲观态度。

(三) 就诊随机

门诊患者的就诊时间、数量有很强的随机性。患者就诊时间往往取决于其主观意向,可能在短时间内来诊患者数量增多,时间比较集中,尤其在上午。综合性医院由于外地病源多,在上半周门诊量较多,常常出现门诊高峰现象。就诊高峰使候诊时间延长,接诊时间相对缩短,部分患者会因急躁出现抵触情绪。平均诊疗时间的相对缩短,增加医生对疾病诊断的难度。同时,高峰门诊量增加了药剂、检验、影像各科工作量,容易出现差错,产生医患纠纷的概率增加。

(四) 心态多样

由于患者的职业、社会背景的不同,加之所患的疾病病种不同,患者对疾病的治疗需求及求医心态各不相同。有的对所患病极端焦虑,信心不足;有的因"久病成医",一知半解,对疗效要求甚高;有的明知自己患病,但因社会及家庭原因,要求医务人员保守秘密或病情加重后才来就诊。家庭经济条件较差或全自费患者,往往要求医生给予最简单有效的治疗,他们希望开最便宜的药物,以减轻经济负担;而家庭经济条件优越者,则希望得到更优质的诊疗服务(图5-2)。

图 5-2　院内义诊

二、门诊工作特点

(一) 诊疗工作繁重且时限性强

门诊工作要求在单位时间内接诊数量众多患者,诊疗工作十分繁重。在综合性医院,一名临床医生上午往往要接诊数十名患者,1 名患者的接诊时间甚至短于 5 分钟。在有限的时间内,要完成每一例患者(特别是疑难患者)从询问病史到体格检查、阅读既往诊治资料、分析病情到提出处置意见、解答患者问题,完成诊治过程,确非易事。接诊时间的短暂,与提高医疗服务质量形成突出矛盾。在此环境下,易于引发医患矛盾。

(二) 接诊过程不连贯且风险性大

由于参加门诊的各专科医师多采取定期轮换,不能长期固定。各位专家每周按规定时间上门诊,加之临时公派任务、休假等因素,导致门诊医师流动相对频繁。因此,对就诊患者,特别是多次复诊的患者,往往会遇见不同医师接诊。客观上增加接诊医师了解患者诊治全过程的难度,诊疗风险增大。非连续性诊疗会造成个别患者心理不易接受和沟通障碍,并因此产生医患纠纷。

(三)就诊环节关联性强

门诊是由多环节组成的诊疗功能较齐全的整体系统。门诊诊疗全过程涉及导医、预检、分诊、挂号、候诊、交费、检查、治疗、取药等许多环节。患者要完成就诊过程必须经过上述环节,因而设置合理流程,使各环节间紧密连接,才能保证就诊流程顺畅,例如可以采取预约诊疗、自助挂号及付费系统、手机支付及自助打印检验和检查报告等服务方式,减少患者不必要的候诊时间,增加有效诊疗时间,让患者得到优质高效的诊疗服务。否则,将会影响患者就诊体验。

(四)诊疗工作的专业性强

门诊医师每天要诊治大量患者,人均服务时间短,技术含量高。只有基本功扎实、服务态度好的医师才能胜任。多数综合性医院或专科医院,门诊分类已扩展到二级学科的各个病种。这就要求临床医师不仅要熟练掌握本专科的诊疗技术,同时要对相关学科有较深入的了解。这样才能减少误诊,减少病患抱怨等医患纠纷的发生。

(五)门诊工作的系统性强

门诊工作涉及临床与非临床、医学与药学、医院管理学、卫生经济学等多学科领域,需要多部门通力合作。参与门诊的人员有医疗、药剂、护理、工程技术、财会和管理等不同专业的人员,有高、中、初级技术职务人员,有实习生、研究生以及临时聘用人员等,这充分反映了门诊工作的系统性与多元性。

(六)信息化技术应用日益广泛

随着信息化技术在门诊的广泛应用,优化了门诊服务流程,改善了就诊环境、缩短了就诊时间,提高了患者就诊的满意度。目前门诊诊疗服务过程中正在推广使用的信息化服务系统有门诊就诊卡系统,门诊自助挂号、缴费和查询系统,手机支付系统,门诊智能分诊排队候诊系统,检验和检查报告集中打印发放系统,药品自动包装系统,门诊医生工作站系统和门诊医疗服务信息发布系统等。

三、门诊"一站式"服务与医患沟通

随着医疗改革的深入进行,医院改变传统服务理念,将"一站式"服务理念引入医院。所谓"一站式"服务就是把需要集中办理事项和具有关联的收费、服务及其他系统最大限度地调度,形成完整的服务链。其实质是服务的集成、整合,既有服务流程整合,又有服务内容整合。由"多站式"向"一站式"的转变,体现了医院对患者的人文关怀(图5-3)。

图5-3   门诊服务站

门诊工作中"三长一短"（挂号排队长，候诊时间长，取药排队长，诊疗时间短）现象长期困扰患者和医院。随着信息化技术在门诊的广泛应用，简化了挂号、候诊、检查、收费、取药等过程，优化了门诊服务流程。医院应为患者提供从导医、分诊、挂号、就诊、收费、取药、治疗等全程导诊服务。各专科实行护士分诊，对年老体弱、疑难病症和特需服务的患者，实行导医全程陪同。引进电子处方管理系统，提高门诊医生的工作效率。在医院门诊现有条件下，合理调整科室布局，减少病人等候时间。门诊部在保证基本诊疗服务的基础上，开展多样化服务。如提供便民措施，开设方便门诊；开设特需门诊，满足各层次患者的门诊需求；开通咨询专线，指派专人全天候为患者服务，解答常识性的医疗问题，指导就医，为患者预约挂号、预约检查、预约住院。

门诊是集临床、药剂、检验、影像、财务、后勤等各类人员的综合部门，完成患者的诊治，须依靠多学科、多部门共同努力。因此，门诊各级、各类人员必须围绕以病人为中心的理念，强化全局意识、质量意识和服务意识。认真履行职责，把好门诊患者诊疗过程的各个质量环节。只有提供高效率、高质量、人性化的全方位医疗服务，才能营造融洽的门诊医患关系。

门诊部是门诊的核心工作机构，是医患沟通的重要场所。当患者在门诊就诊过程中遇到困难或不满，门诊部应作为医患沟通的重要中介，通过详实地调查和合理的协调，解决好医患之间的矛盾与冲突。

四、门诊常见医患沟通案例分析

视频案例

视频 5-1　门诊医患沟通

（尹忠诚）

第二节　急诊医患沟通

一、急诊患者和家属特征

（一）患者病情急危险重

急诊患者大多是急危重患者，多夜间发病，其病情往往来势凶险，大部分没有明确诊断，病情危急程度难以估计。部分急危重患者，病势急、病情重、变化快，要求迅速准确地判断，立即采取抢救治疗措施。此时，家属心急如焚，情绪往往难以控制，故要求急诊医师在尽快诊断、全力抢救的同时，要与家属进行简洁而有效的沟通，取得患者和家属的全面配合。

（二）疾患常常群体突发

急诊常会遇到突发事件，如自然灾害、交通事故、各种中毒事件等，此时常可能有大批伤病员同时应诊，急诊办公室或院总值班需要立即召集相关科室医务人员，调集各方力量加入到急救工作中。

（三）患方就医紧迫

急诊患者病情危急，家属一般求医心切，希望医生立即给出明确诊断，及时采取治疗措施。有些病情较轻的患者，因为医学常识缺乏，会出现不必要的紧张和焦虑。多数情况下，急诊的患者需要采取紧急抢救治疗措施，才能暂时脱离危险或缓解病症。

（四）预后不良患者多

急诊重症患者多，病情来势凶猛，即使抢救及时，也会出现一些严重的后果。如一些患者预后不良或生命危笃；一些患者送来急诊时，就已死亡或是经过各方抢救仍然无法挽救等情况。然而，部分家属对患者预后不良没有充分的心理准备，难以接受事实，将责任推卸到医务人员身上，从而引发医患纠纷。

二、急诊工作特点

（一）节奏紧张和有序

急诊患者大多是急危重患者,救治工作必须争分夺秒,这使得急诊科医护人员必须时刻处于紧张的待命状态。为了做好急诊救治工作,特别是突发事件中成批患者的救治,急诊医护人员需要具有快速反应能力,严密组织指挥,工作紧张有序。疑难危重患者的抢救和治疗需要多科室的协作,各科室之间有效配合是急诊工作的重要保证。

（二）诊疗随机和规律

急诊工作量随机性大,患者就诊的时间及病情均具有不可预见性。或因各种流行病、传染病、食物中毒、工地事故、交通意外等原因,处于超负荷工作状态。急诊患者就诊时间的规律虽然较难掌握,但也有一定内在规律性。一般情况下,内科急诊患者上午较少,下班后较多;创伤急诊患者一般中午少、早晚多。此外,急诊疾病种类还有一定的季节性,如冬季呼吸道感染患者多,夏季肠道传染病多,麦收季节手外伤多,冬季下雪天骨折患者多。医院应据此安排好急诊的技术力量和物质保证,以便顺利地开展工作。

（三）技术专业和全面

急诊患者发病急、疾病谱广、病情严重而复杂,往往累及多器官、多系统,因而需要医护人员熟练掌握本专业医疗护理的技术,及时、准确、有效地抢救患者;同时,医护人员还需要掌握相关学科专业的医疗护理知识和急救技能,这样才能抓紧时间,挽救患者生命。

（四）矛盾突出和尖锐

急诊由于患者病情危重,服务环节多,医患摩擦的机会随之增加。患者虽然病情危急,求医紧迫,但医务人员为了保证诊断治疗的准确性和安全性,除采取紧急处理外,必须详细采集病史,进行必要的检查,这就造成了医患双方的需求和现实之间的矛盾。急诊患者在抢救中病情可随时发生变化,出现预后不良或生命危笃,家属难以接受,医患之间的矛盾突出。一些家属情绪冲动,更易使矛盾尖锐化。

三、"绿色通道"服务与沟通

（一）医院"绿色通道"制度

医院"绿色通道"是指医院在抢救危重症伤病员中,为挽救其生命而设置的通畅的诊疗过程,该通道的所有工作人员,应对进入"绿色通道"伤病员,提供快速、有序、安全、有效的诊疗服务。

"绿色通道"范围:①休克、昏迷、呼吸心跳骤停、严重心律失常、急性重要脏器功能衰竭等危重患者的急诊抢救;②"110""120""122"及其他部门转运的"三无"患者(无钱、无家属、无身份证明)的急诊抢救;③重大突发公共事件(交通事故、中毒事件等)中患者的急诊抢救;④其他应进入"绿色通道"的情况。

急诊"绿色通道"制度:①由接诊医师决定患者是否享受绿色通道服务,并按规定上报;②急诊实行24小时连续应诊制和首诊负责制,有关科室值班人员接到急会诊,应在10分钟内到达;③伤员进入绿色通道后,即实行"二先、二后"(先处置抢救,后挂号交款;先入院抢救,后办理手续),各临床、医技及后勤部门必须优先提供快捷服务;④绿色通道服务队安排24小时服务,协助病人接送及相关检查、收费和办理入院手续等,危重病人检查、入院过程,接诊科室必须安排人员亲自护送;⑤全院人员应积极参加绿色通道抢救工作,不得推诿病人;⑥绿色通道范围患者(除ICU收治范围外),确保实行专科收治,原则上由对病人生命威胁最大疾病相关科室收治,必要时请总值班协调。需要手术者,应快速按手术绿色通道处理;⑦接诊科室遇危重大抢救、病员较多时,应通知医务处及行政总值班,报告分管院长,便于组织全院相关人员参与抢救;⑧突发事件(交通事故、中毒事件、重大特发事件)在分管院长领导下,由医务处及行政总值班组织、指挥、协调安排,各科室必须服从指挥和安排。

（二）急诊服务中的沟通

急诊工作的特殊性要求医务人员必须在最短时间内了解患者病情、家庭状况和社会关系等方面的情况，医患沟通必须在第一时间进行，接诊后即开始沟通，必要时需要边抢救、边沟通和反复多次沟通（图5-4）。

图5-4　门急诊人文环境

1. **增强责任意识，主动提供医疗服务**　急诊工作责任重大，稍有不慎，会给患者带来不可弥补的损失，甚至会危及生命。急诊医务人员需有强烈的责任意识，强调"首诊负责制"。在急诊工作中，及时接诊、会诊，仔细询问病史，认真查体，密切观察病情变化，严格床头交接班制度。在未请示上级医生，未与被转诊医院联系的情况下，不随便将患者转院。

2. **迅速、果断、准确，积极、有效施救**　由于急诊患者病情的危重性、突发性、紧迫性，患者及家属心情焦急，希望立刻得到救治。医务人员应分秒必争，迅速投入急救。在询问病情、查体和安排相关检查时，尽可能迅速、同步采取急救措施。只有满足患者急诊的迫切需要，挽救患者生命，才能使患者及家属对医务人员产生信赖和尊重。通过急诊绿色通道，及时将急重患者转入病区，争取抢救时间，提高急诊者的救治成功率。积极有效地抢救是急诊患者的根本需求，也是急诊医患沟通的关键所在。

3. **各科协作配合，救治疑难危重患者**　急诊中突发重大事件的患者往往病情复杂严重，常涉及多系统、多器官损伤，因而需要急诊医师具备多专科的综合医学知识，同时要求各科室紧密配合，在第一时间采取最佳的治疗措施，使患者得到及时有效的治疗。科室协作是急诊抢救的重要保障，也是医院急救能力和综合管理水平的重要体现。

4. **讲究沟通艺术，注重人性化关怀**　对来院急诊的患者，医务人员要态度和蔼，消除患者恐惧感，并迅速分诊。对重症的患者，医务人员要在采取急救措施的同时，耐心疏导，用自己的行动感化患者、尊重患者，安慰亲属，通过沟通，做好心理疏导，建立起接受治疗的最佳心理环境和身体应激状态。对意外死亡的患者，如车祸、猝死或其他疾病突然死亡，家属面对突如其来的打击，难以承受，医务人员要用亲切的语言、温和的态度去安慰、帮助他们，使其控制情绪，配合院方处理善后。

5. **认真交代病情，如实记录急救经过**　急诊医患矛盾突出、尖锐，医务人员要充分认识急救中潜在的医患纠纷风险，提高执行规章制度的自觉性，要有高度的责任心。抢救中要用恰当、严谨的语言沟通，及时向患者和家属交代病情、治疗方案和可能出现的病情变化。特别是预后不良的患者，交代病情应全面、谨慎，取得患者和家属充分理解和配合。在进行抢救工作的同时，认真记录接诊时患者的情况、接诊时间、通知医师时间及医师到达时间、进行抢救时间等，如实记录抢救经过。尊重患者和家属的知情权和选择权,重要的检查治疗和危重病情交代要有书面记录、患者或家属的签字。如实记录病情和抢救经过是医务人员的职责,更是处理医患纠纷的法律依据。

四、急诊常见典型医患沟通病案分析

【案例5-1】

(一)病历摘要

朱某某,男性,58 岁。病人因"左侧肢体活动受限 10 小时"来院。病人有长期高血压病病史,未正规降压治疗。本次发病后出现口角右偏,左手不能持物,左侧肢体活动障碍,吐字不清,晚上 8 时来院就治,痛苦面容,左侧鼻唇沟变浅,伸舌稍左偏,颈软,左侧上下肢肌力 3 级。在去做头颅 CT 检查的途中电梯发生故障,病人腰部挤压,疼痛难忍。经院总值班协调,紧急处置,半小时后故障排除,患者家属情绪激动,辱骂工作人员。总值班继续指挥全力救治病人,除行头颅 CT 检查外,对可能受电梯挤压的胸部、腹部分别免费进行检查,未见异常。经积极救治,次日患者病情趋于稳定,家属向总值班及医务人员表示道歉及感谢。

(二)沟通过程与解析

患者有既往病史,此次发病急、病情重、变化快,患者和家属焦虑。在急救过程中出现电梯故障,患者被挤压,患者家属情绪失控,出现过激行为。医务人员坚守工作岗位,积极救治患者,患者病情趋于稳定。当电梯出现故障,院总值班及时赶到,与家属沟通,对意外表示歉意,同时全面协调、紧急处置、排除故障。尽管患者家属情绪失控,出现过激行为,医务人员仍以患者病情为重,继续积极救治,稳定了患者的病情。最终家属对医院的救治工作及对意外事故的处理表示肯定,并对之前的过激行为感到内疚和歉意。本案例告诉我们积极主动地行动就是最有效的沟通。

视频案例

视频 5-2　急诊医患沟通

(尹忠诚)

【作业题】

1. 在门诊见习观察医生就诊工作和患者表现状况,并与 2～3 位患者适度交流,了解患者病情及心理特点,利用所学的医患沟通原理进行分析,写出体会。

2. 在急诊见习观察医护人员工作和患方表现状况,并与 2～3 位患者家属适度交流,了解患者家属心理特点,利用所学的医患沟通原理进行分析,写出体会。

第六章　内科医患沟通

图6-1　中国消化病学奠基人、医学教育家——张孝骞院士

第一节　心内科医患沟通

临床重要沟通问题

- 如何与需要接受介入性检查与治疗的患者沟通？
- 如何与治疗依从性差的高血压病患者沟通？
- 如何与急性心肌梗死后的患者就二级预防进行沟通？
- 如何与介入治疗后的冠心病患者就规范化治疗进行沟通？
- 如何与慢性心力衰竭患者就治疗与随诊进行沟通？
- 如何与心房颤动患者就抗凝治疗进行沟通？

一、患者的身心特点与社会因素

（一）患者的身心特点

1. **人格特点**　已知与心脏病相关的人格（personality）类型有两种，即 A 型人格与 D 型人格。A 型人格表现为争强好胜、竞争性、攻击性、缺乏耐心和持续存在的时间紧迫感等，相应的情感反应有易激惹、易怒和敌意（hostility）。个体的表现特点因人而异，A 型人格具有敌意，是某些心脏病的诱因之一，这类个体发生冠心病的危险是 D 型人格（与 A 型人格的表现正好相反）者的 2 倍，心肌梗死复发率是后者的 5 倍。D 型人格又称忧伤人格（distressed personality），包含负性情感（negative affectivity）

115

和社交抑制(social inhibition),如两种因素同时存在,则会对心脏产生有害的影响,冠心病患者中此类人格因素发生率较高。D型人格冠心病患者如发生心肌梗死,其预后比无D型人格者差,死亡率、心肌梗死复发率、心脏猝死发生率呈数倍增高。

2. **紧张** 心脏病发生意外事件的比例高,易受关注,有心理障碍者对此更为敏感,亲人或同事的猝死、中风等意外事件会加剧患者的紧张,任何胸背部、头部不适或疼痛均会使其联想到是否患了心脏病,或者原有的心脏病是否加重,因此反复就诊、过度检查、依赖服药(包括那些没有明显治疗作用的药物)。患者多谨小慎微,日常活动受到限制。紧张也是引起血压增高的重要因素之一。

3. **焦虑** 心理学中的焦虑(anxiety)是指一种缺乏客观原因的内心不安或无根据的恐惧,主观上感到紧张不愉快,多伴有自主神经功能异常,患者常有心悸、胸痛、血压增高及其他系统的相关症状。焦虑是心血管病的明确诱因之一,可增加动脉粥样硬化、高血压病、心律失常的发生率。另一方面,心血管病(如高血压病、冠心病等)患者也常合并焦虑。如果患者的胸痛主要由焦虑所致,无论是否同时存在冠心病,常规的抗心绞痛治疗多无效,只有通过抗焦虑治疗才能使胸痛缓解。心脏病并惊恐发作(焦虑的一种类型)时,猝死的发生率增加。

4. **抑郁** 抑郁(depression)是一种常见的心境障碍,以持久的情绪低落为主要特征,部分患者表现为一些躯体症状,心血管系统症状(如胸闷、胸痛、气短等)尤为多见。抑郁可诱发、加重心血管疾病,预测重大的心脏问题(如心肌梗死、冠状动脉旁路移植术或成形术,甚至死亡等)。另一方面,心血管疾病又可导致或加重抑郁,高血压病、心肌梗死、脑卒中、心律失常、心衰、接受心脏介入治疗或心脏外科手术治疗的患者合并抑郁的比例均较高。

(二)社会因素

1. **生活方式** 不健康的生活方式,如缺少体力活动、吸烟、大量饮酒、摄入高脂肪、高胆固醇、高钠盐饮食等因素,与肥胖、高脂血症、糖尿病、高血压病、冠心病、心律失常的发病率高度相关。

2. **心理压力** 心理压力常导致负面的情绪和行为,患者不易坚持正常的饮食和有规律的体力活动,吸烟往往也是排遣压力的一种方式。同时,体内会释放出应激激素(如皮质醇、肾上腺素等),导致血压和血糖水平增高,长期高血压和高血糖会损伤血管内皮。慢性生活压力与动脉粥样硬化的发生存在因果关系,而乐观的精神状态可能有助于延缓动脉粥样硬化的发展过程。

二、诊断中的医学信息沟通

(一)获取重要病史及其意义

1. **胸痛** 注意疼痛部位、性质、持续时间、影响因素(如体力活动、精神活动、摄食、饮酒、体位变化、服药等)和伴随症状(如嗳气、反酸、上腹灼热等);注意非常规部位(如上腹部、颈部等)的不典型心绞痛;注意与肺胸(如胸膜炎、自发性气胸等)疾病、消化系统疾病(如胃炎、胆囊炎、胃食管反流、食管裂孔疝等)和心因性疾病的鉴别。

2. **心悸** 注意其诱因、发作时间、频率和伴随症状。间断轻微心悸可见于正常人,尤其在体力活动、情绪激动、饮浓茶或咖啡、饮酒或吸烟后。心悸伴烦躁、汗多、便秘、消瘦等提示甲状腺功能亢进,等等。

3. **呼吸困难** 注意呼吸困难与体力活动和体位的关系,与情绪和精神活动的关系。心脏病引起的呼吸困难多于活动时加重、休息后减轻,平卧时加重,坐位时减轻。青中年女性呼吸困难,伴心悸、出汗、手足麻木提示过度换气综合征,多属心因性。

4. **咳嗽、咯血** 咳嗽伴活动后呼吸困难、不能平卧,提示左心衰竭导致的肺淤血或水肿。高血压病、心衰患者服用血管紧张素转换酶抑制剂(AECI)类药物后出现干咳,可能是药物不良反应,停药后常可终止。咯血见于重度二尖瓣狭窄、肺水肿、肺梗死和其他肺部疾病(如肺结核、支气管扩张、肺癌等),等等。

5. **头痛、晕厥、意识障碍** 头痛常无特异性,需要了解患者有无高血压病、脑血管病。晕厥除了见于严重心律失常(如病态窦房结综合征)、重度主动脉瓣狭窄、肥厚型梗阻性心肌病、脑血管病外,更应警惕血管神经性晕厥等。

6. 水肿　身体低垂部位(如足背、踝部等)对称性水肿常为心源性,可伴有颈静脉怒张、肝颈静脉回流征阳性;严重时伴有胸腔积液、腹水等。

7. 其他　询问饮食习惯、吸烟史、饮酒史、体力活动情况、生活和工作状况,有助于了解一些心血管病的常见危险因素和诱因。还应重视特殊的用药史(如皮质类固醇、避孕药、肿瘤化疗药物等),以及高血压病、冠心病、糖尿病、高脂血症的家族史,等等。

(二) 重要体检项目及其意义

系统、全面和细致的体检,既是获取疾病信息的需要,又有助于医患之间的有效沟通,体检的方式和技巧在一定程度上影响患者对临床医师的信任程度。

1. 测量血压　对所有就诊心血管病患者,都应测量血压,注意采用正确的测量方法。对初次就诊的高血压病患者,应测量双上肢血压。应测至少 2 次,取其平均值。对一些特殊原因的高血压病患者,还需要测量卧、立位血压,下肢血压,或者进行 24 小时动态血压监测。

2. 心脏检查

(1) 视诊:观察心前区有无隆起或凹陷、心尖搏动及心前区异常搏动。心前区隆起常见于幼年时期患心脏病(如先天性法洛四联症、风湿性二尖瓣狭窄等),心脏增大的患者。心前区异常搏动见于右心室肥大、大动脉(主动脉或肺动脉)扩张的患者。

(2) 触诊:可进一步确定心尖搏动和心前区异常搏动,触及震颤提示严重的瓣膜(如二尖瓣、主动脉瓣等)狭窄、先天性心脏病(如室间隔缺损、动脉导管未闭等)。

(3) 叩诊:可确定心浊音界大小和大致形状。心浊音界向左下移位提示左室增大,见于主动脉瓣关闭不全或高血压病等。

(4) 听诊:系统的心脏听诊包括听心率、心律、心音、心杂音和心包摩擦音。心率变化可表现为心动过缓或心动过速;心律变化可表现为期前收缩、心房颤动等;心音变化包括增强或减弱、心音分裂或出现附加音,病理情况下第一心音增强见于二尖瓣狭窄,第二心音增强见于主动脉高压(A_2增强)或肺动脉高压(P_2增强),等等。

3. 周围血管检查　脉律不齐见于心律失常,伴有脉搏短绌提示心房颤动。血管紧张度反映动脉硬化程度。常见的异常脉搏有水冲脉、交替脉、奇脉和无脉等,分别提示主动脉瓣关闭不全、心肌受损、心脏压塞(或心包缩窄)和多发性大动脉炎,等等。

4. 其他检查　与心血管病有关的体检还包括异常体格、体位、面容、眼睑部黄色瘤、发绀、颈静脉、甲状腺、肺部湿性啰音、肝脾脏大小、下肢水肿或静脉曲张、杵状指(趾)等。

(三) 重要实验室检查项目及其意义

选择检查项目的基本原则是根据诊断需要和患者经济状况,选择最有必要、费用低、无创性的检查。对有创性检查,须向患者及其家属说明检查的必要性、费用、可能出现的并发症和处理措施,取得知情同意。要尊重患方的选择权,避免采取诱导的方式劝说患者接受检查。

1. 血生化检查　对高血压病、高脂血症、糖尿病、冠心病患者,血脂、血糖(包括空腹血糖、餐后 2 小时血糖、糖化血红蛋白等)测定有助于进行危险性分层以及选择治疗方案,肝功能、肾功能、血电解质测定有助于了解重要脏器功能和代谢功能以及合理用药,等等。

2. 心电图　12 导联常规心电图对诊断心律失常、心肌缺血和心肌梗死具有重要参考价值,选择在症状发作时记录心电图可提高检出率。对常规心电图不能确定诊断的患者,可根据病情选择运动心电图(踏车试验或活动平板试验)或动态心电图(Holter)检查。

3. X 线检查　胸部 X 线摄片可反映心脏大小、大血管形态、血管钙化程度、肺部淤血等。对疑诊冠心病、大血管病的患者,可选择 CT 血管造影(CTA);对疑诊心肌疾病(如心尖肥厚型心肌病、心肌致密化不全)、心包疾病(如缩窄性心包炎)、主动脉夹层的患者,可选择 CT 或磁共振显像(MRI)

检查。

4. 超声心动图　了解心腔大小、心壁厚度与运动、有无心内分流、瓣膜结构与功能和心室功能（收缩功能、舒张功能）等，对瓣膜病、先心病、心肌病、心肌梗死、心室功能异常及心包积液等具有重要的诊断价值。

5. 核素心肌显像　用于检测心肌缺血、心肌梗死，还可判断心肌存活性（钝抑心肌或冬眠心肌）和心功能，为诊断、治疗（如介入或外科手术治疗）提供依据。

6. 心导管术和心血管造影　对复杂先心病、严重瓣膜病、肺动脉高压、限制型心肌病、缩窄性心包炎，心导管术可提供诊断和鉴别诊断信息。冠脉造影是确定冠心病诊断的"金标准"，可以了解冠状动脉病变的范围和程度，为选择治疗方案提供可靠依据。

7. 其他检查　心脏电生理检查用于确诊心律失常（如病态窦房结综合征、阵发性室上性心动过速等），直立倾斜试验用于诊断血管神经性晕厥。

三、治疗中的积极沟通

（一）针对患方的医学与健康教育

1. 需要告诉患者和家属的医学知识　一旦明确诊断，应告诉患者及其家属该病的病因或危险因素、发病机制、临床特点、治疗方法、疗程等，使其对病情、疗效和预后有足够的认识，有助于增加对治疗的依从性，减少因为不知情而引起的医疗纠纷。

例如：高血压病是一种多因素引发的疾病，既与遗传有关，也与患者本人的生活方式有关，合理的生活方式可延缓血压增高；血压增高不一定有症状，但持续的血压增高可造成心、脑、肾等重要脏器的损害，致残甚至危及生命；一旦诊断高血压病，即应终身服用降压药物，使血压减低并维持在正常水平；告知患者常用的降压药物有几大类，根据血压增高特点其适合服用哪些药物，这些药物有什么不良反应等。例如钙拮抗剂适用于老年人单纯收缩期高血压，可有反射性心动过速、头痛、面部水肿等；血管紧张素转换酶抑制剂（ACEI）可引起咳嗽、肾功能异常，停药后多能恢复正常；β受体阻滞剂可引起心动过缓、哮喘、心力衰竭加重等，这些不良反应在停药后多能减轻或消失。

2. 需要告诉患方的健康知识　心血管病的预防应从年轻时开始，尤其是有高血压病、冠心病、糖尿病等疾病家族史的个体，更应提早采取预防措施，包括限盐、限制高脂饮食，多食富含维生素和纤维素的食物；戒烟，限酒；坚持有规律的体力活动；保持心理平衡；定期进行必要的检查；患病后保持乐观、平和的心态，积极配合治疗，定期复查，以便观察疗效以及调整治疗方案（图6-2）。

（二）适度告知患方治疗中的风险

心血管疾病的风险因病而异、因人而异。不稳定型心绞痛如处理不当，可发展为急性心肌梗死，急性心肌梗死死亡率高，尤其在发病早期。高血压病控制不好可导致心、脑、肾等靶器官的损害；严重瓣膜病如错过手术时机预后极差；慢性心房颤动可合并血栓栓塞；严重室性心律失常可致心搏骤停；心血管的介入检查或治疗可出现一些严重甚至致命的并发症；药物治疗可能出现严重的不良反应；终末期心衰的疗效和预后极差。

医生应将患者的病情如实告诉其家属，并根据患者的心理承受能力，以合适的方式告诉患者本人，使患方对疾病的转归有清晰的认识，对治疗过程中可能发生的意外有足够的思想准备，既有利于患方配合治疗，又能减少医疗纠纷。医患双方都需

图6-2　健康的生活方式

要逐步改变观念,一味隐瞒患者病情的传统方式弊大于利。如何告诉患方不好的信息,还需要不断探索。

(三) 给予患方治疗方案知情选择

选择任何治疗方案,应根据病情需要,将适应证、利弊、风险及费用等告诉患方,确保其知情,并将决定权真正交予患方,由医患双方共同商定最佳的治疗方案。应避免诱导患方接受非必须、风险大、费用高的治疗。例如,对糖尿病合并冠心病多支血管病变的患者,是采取药物保守治疗还是手术治疗,是选择经皮腔内冠状动脉成形术(PTCA)还是冠状动脉旁路移植术(CABG),应基于上述基本原则。

(四) 引导患者和家属配合治疗

心血管病(如高血压病、冠心病等)起病较隐匿,早期多无症状,常于定期的体检或因其他病就诊时偶然发现,故患者的知晓率较低。即便已知有病,在日常活动未受影响的情况下,也不一定立即治疗。患者要么对治疗缺乏足够的认识,依从性低;要么对治疗期望过高,追求根治。如同时合并心理障碍,更影响治疗效果。以高血压病为例,相当多的患者从不服降压药,或者服药几天血压未降低,便不断更换药物。此时,医生应将高血压病的特点、危害以及降压药的作用、特点、用法,用通俗易懂的语言告诉患者或其家属,引导患方配合治疗。一些冠心病患者,认为已行 PTCA 治疗,不需再控制危险因素和服药,导致短期内病情进展。严重慢性心衰患者,病情时常反复、频繁就医、疗效差、生活质量不高。针对这些情况,应做耐心的解释,引导患者坚持规范化的治疗。

四、常见医患沟通障碍及化解

(一) 医方沟通障碍及化解

1. **医方没有进行充分解释而导致的沟通障碍**　心血管系统疾病起病隐匿,早期难以发现或确诊,做出诊断后多需长期治疗,不能根治。即便在治疗过程中,也可能发生意外事件,如猝死、急性心肌梗死或脑卒中。常见的情形是,患方缺乏相关的疾病知识,对医学发展的现状认识不足,短期不能确诊、治疗效果不好、经济负担加重、检查或治疗产生严重并发症或不良反应、突发意外等都可能导致医疗纠纷。

化解方法:首先是具备良好的职业素养,专业基本功扎实,准确掌握疾病有关的信息和患者的病情特点,将处理过程和风险以适当的方式告诉患者及其家属,动态观察病情变化,保持连续性沟通,及时采取有效的诊治措施。特别要重视患者自身在治疗过程中的积极作用。例如,要告知高血压病患者如不有效控制血压,有发生脑卒中等并发症的危险;告知急性心肌梗死患者早期死亡率的风险;告知慢性心房颤动患者若未经有效的抗凝治疗,可能发生血栓栓塞的比例以及抗凝过程中发生出血的风险,等等。

【案例 6-1】

患者,男性,69 岁。退休工人,中学文化,经济状况良好。因胸痛、气短 1 年,加重伴下肢水肿 2 个月入院。超声心动图示左室扩大,室壁运动普遍减弱,左室射血分数(LVEF)30%。冠脉造影示三支血管病变,行左前降支(LAD)、左回旋支(LCX)PTCA 及支架植入术,并给予其他相关治疗后入院。其后仍觉胸闷、气短,活动受限,2 周后再次入院。入院后体检、心电图、超声心动图等检查与出院时检查比较,均无明显变化。

沟通过程与成效:主治医生查房,患者含泪哭诉花了数万元钱,放了 2 个支架,自觉症状并未减轻,反而加重,有气无力,成了废人,担心活不长了,认为一定是支架没放好,或者支架质量有问题,要去法院起诉经治医生。医生注意到患者叙述问题时的表达方式(哭诉)和表情(明显淡漠),进一步询问了解到患者情绪低落由来已久,所谓气短并非实际的呼吸困难,不能活动是因为乏力。体检结束后,医生以关切、同情的语气告诉患者:"我来查房之前,听了住院医生关于您的病情汇报,看了您上次住院的病历和这次做的所有检查,刚才也听了您自己的叙述,仔细听了您的心脏,知道您心脏确实有问题,而且问题不小,不然怎么会安支架呢! 不过,实事求是地说,您的病情并没有想象那么严重,这些不舒服不一定都是由心脏的问题所引起的。我觉得您的情绪有点不对劲,像是有抑郁症,心脏病人很容易得抑郁症。我想再听听您的想法。"患者答:"医生,您说得有道理,我自己整天也在琢磨,不相信自己已病到头了,但确实不舒服。这回您是看准我的病了,我相信您说的,觉得一下子轻松了很多。"经过服用盐酸氟西汀两周后,患者胸闷、气短消失,精神状态明显改善,面带笑容地告诉医生病好了一大半,以后会一直坚持冠心病和心衰的规范化治疗。

2. 医方没有充分解释检查项目的必要性而导致的沟通障碍 常见的情形有:做了许多检查未发现任何异常;重复某些检查;患方要求做某些检查未能得到满足。临床工作中,常听到这样的一些抱怨:"我明明有病,你们却没有查出来。""花了这么多钱,一点问题也没查出来,真不值!""我刚在别的医院做了这项检查,你怎么还让我查?""我要求全面检查,你为什么不同意?"

化解方法:任何时候都应根据适应证选择检查,并让患方知情;应根据患者的经济承受能力,选择最有必要、价格合理、无创性或创伤小的检查;应告诉患方每种检查的诊断价值和局限性,阳性可能有助于诊断,阴性有助于排除某种疾病;疾病诊断不只是靠全身检查,还要靠详细地采集病史和体格检查,还需要综合分析,等等。

（二）患方沟通障碍及化解

因患方顾虑或已经出现某些药物不良反应而导致的沟通障碍 心血管疾病多需长期服药,许多药物不仅价格昂贵,还会有一些不良反应,个别不良反应是致命的。例如,服用非甾体类抗炎药出现过敏性皮炎或者出血倾向;服用 β 受体阻滞剂后出现心动过缓、支气管哮喘;服用硝酸酯类后出现剧烈头痛;服用 ACEI 类药物后出现咳嗽;服用钙离子拮抗剂后出现水肿;服用他汀类降脂药后出现肌痛、肌溶解坏死、激酶增高,等等。某些患者因为听说一些副作用或阅读说明书之后,没有咨询医生就自行停药。

化解方法:根据适应证、性价比、患者的依从性制订个体化的用药方案,使患方知情、理解和接受,告知常见的不良反应、发生概率、如何观察以及处理措施。用药过程中,定期检测,及时调整用药方案。还须了解既往用药情况。对患者的一些担忧,如"服用降压药就会对药物产生依赖"进行解释,告之用药的目的是控制血压,减少高血压病远期对心、脑、肾等重要脏器的损害,是为了"治病"而用药,而"依赖"是指没有疾病而去服药,目的是获得某些特殊的心理、生理满足感。

视频案例

视频 6-1   与心肌梗死二级预防患者的沟通

视频 6-2   与焦虑症状患者的沟通

视频 6-3   与胸痛患者的沟通

视频 6-4   与依从性差的高血压病患者沟通

视频 6-5   与担忧阿司匹林副作用患者的沟通

视频 6-6   与心肌梗死患者家属的沟通

（陈   未）

【作业题】

实践性作业

在心内科门诊见习,观察 2～3 个病人(包括家属)的人格特征、心理特点,他们与医生沟通过程中的关注点。医生和患者在沟通中各自存在的长处或不足,如何应用学到的医患沟通技能进行改进。

第二节　呼吸科医患沟通

临床重要沟通问题

- 通常呼吸科的患者有何特别的心理表现？
- 高度怀疑中央型肺癌的患者拒绝接受支气管镜检查怎么办？
- 怎样说服一名肺结核患者坚持长期、规律、足疗程用药？
- 如何与一名神志清醒但因气管插管而无法言语的机械通气患者沟通？
- 一名肺穿刺活检患者发生气胸,如何与患者及家属沟通？
- 怎样说服一位慢性阻塞性肺病(慢阻肺)患者戒烟？

一、患者身心特点与社会因素

1. 焦虑　呼吸系统疾病包括慢阻肺、支气管哮喘、支气管扩张、肺癌、肺结核、间质性肺病等,大多为慢性病,病程长,迁延难愈,患者常常因此而焦虑不安,担心疾病反复急性发作,肺功能进行性下降,致残甚或突然致死;担心医药费用很高,因病致穷,给家庭带来沉重的经济负担;担心反复检查和长期用药,痛苦不堪。

呼吸系统疾病本身常见的呼吸困难症状也会使患者感到焦虑,而焦虑反过来又会诱发或加重呼吸困难,形成恶性循环,严重者可发展至癔症,表现为失眠、阵发性呼吸困难、叹息样呼吸和过度通气,甚至手足搐搦。患者常因疑有躯体疾病而行各种检查或接受各种治疗,但结果常为阴性或效果不佳,极易引起对医护人员的不信任,引发医疗纠纷。

2. 恐惧　呼吸系统疾病急症、危重症多,有些疾病进展迅速,死亡风险很高,如甲型 H1N1 流感、SARS、支气管扩张大咯血、重症哮喘、张力性气胸以及高危肺栓塞等,发作时患者往往会有极度呼吸困难、窒息乃至濒死感。但凡有过这样经历的患者,每当想起这些疾病可能再次发作,都会深感恐惧。肺癌已高居恶性肿瘤发病率第一位,诊断时多为中晚期,预后差,5 年生存率不足 10% ,一旦确诊也将给患者和家属带来巨大恐慌。

近年来,呼吸疾病有创诊治手段显著增多,支气管镜检查、经皮肺穿刺活检等已广泛应用,气道内、胸腔内、支气管动脉内介入治疗以及气管插管、机械通气等也已深入开展,这些措施在对患者带来诊治获益的同时,也不可避免地可能带来创伤、痛苦、严重并发症甚至死亡,如经皮肺穿刺活检可能因发生气胸、血气胸而威胁患者生命。由于对这些操作潜藏的风险未知,患者和家属常常内心充满恐惧,进而可能影响到对检查和治疗的充分配合。

3. 自卑　呼吸系统疾病症状外显,并极易与传染性疾病相关联,因此呼吸系统疾病患者极易产生自卑。如过敏性鼻炎合并过敏性哮喘病人常有打喷嚏、流清涕和咳嗽等症状,易被误认为是流感而被人刻意回避和疏远;慢阻肺、支气管扩张、肺结核病人大量咳痰甚或咯血会给人带来明显的不良观感;慢性咽喉炎、支气管炎等长期咳嗽会滋扰他人的生活和工作;老年女性患者常因剧烈咳嗽引起小便失禁而陷入难堪;肺结核患者担心传染他人;终末期肺气肿、肺间质纤维化病人因肺功能差而生活不能自理等,这些都易使病人产生自卑心理而主动与外界疏离。对待这些患者,医护人员在诊治过程中应特别注意多给予鼓励和人文关怀,主动促进医患配合。

4. 主要社会因素

（1）大气污染和吸烟危害形势严峻:呼吸系统是一个开放的系统,外界的病原微生物和各种有害气体、有害颗粒,可吸入呼吸道和肺部,引起各种感染性疾病、慢性咽喉炎、慢阻肺、哮喘、矽肺等疾病。流行病学调查证实,呼吸系统疾病仍呈显著上升趋势,与近年来大气污染、吸烟明显增加关系密切。我国现有吸烟者 3 亿多人,被动吸烟者更多。烟雾中的有害气体、有害颗粒直接损害呼吸系统,是慢阻肺、肺癌等疾病的主要病因。

（2）呼吸系统相关公共卫生事件明显增多：近年来呼吸系统感染的病原谱发生变化，一些新的、传染性强、病死率高的病原体（如新型冠状病毒、禽流感病毒、甲型 H1N1 流感病毒）感染明显增加，而交通的便利和流动人口的大量增加加剧了其流行、传播及危害。由于"滥交"和"吸毒"，艾滋病和艾滋病相关肺部感染（卡氏肺孢子菌肺炎等）大幅增加。器官移植的增多也导致肺部机会感染显著增多。而抗菌药物的滥用导致耐药菌感染显著上升，给治疗带来极大的困难。结核病"死灰复燃"，并以耐药为特征，再次成为严重的社会公共卫生问题。

（3）可吸入性变应原增加：宠物饲养（鸟、猫、狗）和动物皮毛制品导致皮毛变应原增多；地毯、窗帘的广泛应用使尘螨增多；中央空调和旧城改造的真菌、都市绿化的花粉孢子、药物及食物添加剂的广泛应用等，导致可吸入性变应原明显增多，致使哮喘、过敏性肺泡炎等过敏性肺病发生率显著增加。

（4）社会人口老龄化：我国经济和医疗卫生事业的快速发展，使疾病死亡率大幅度下降，人口平均寿命显著延长，人口老龄化也明显提速。老年人免疫功能削弱，容易继发肺部感染如肺炎、支气管炎等，肺源性心脏病、呼吸衰竭、肺癌等疾病也较常见。还常合并有糖尿病、高血压病、冠心病等多种慢性病，使得病情错综复杂、相互影响、治愈率低、病死率高。

二、诊断中的医学信息沟通

1. 重要病史项目及意义

（1）职业和个人史：某些呼吸系统疾病与职业和个人生活习惯有关，病史采集过程中应注意对肺部有害的职业和个人史进行询问。如有无各种无机、有机粉尘的接触史；有无接触发霉物、吸入花粉或进食某些食物时出现喷嚏、胸闷；有无长期接触化工原料史；是否使用过某些易致肺纤维化或间质性肺炎的药物，如胺碘酮或酪氨酸激酶抑制剂（厄洛替尼，吉非替尼），以及易引起顽固性咳嗽的血管紧张素转换酶抑制剂等；有无不洁性生活史；询问吸烟史时应有年支数的定量记载。某些呼吸疾病有家族史，如支气管哮喘、肺泡微石症，应注意询问。

（2）咳嗽：是呼吸系统疾病最为常见的症状，在问询时要详细了解咳嗽的时间长短和节律，是急性还是慢性，昼夜有无差异，是否与季节、气候变化或嗅到异味有关；咳嗽的程度、音调高低和音色，是否有高音调金属音；咳嗽与体位变化的关系，是否伴有咳痰。这些有关咳嗽特点的问询对于咳嗽病因的诊断和鉴别诊断十分重要。如突然发生的刺激性干咳常见于吸入刺激性气体所致的急性咽喉炎、气管炎，气管与支气管异物，百日咳，等等。

（3）咳痰：应注意了解痰的颜色、性状、痰量，有无特殊气味，有无痰中带血，痰量是否与体位变动有关。大量黄脓痰且痰量与体位变动有关常见于肺脓肿或支气管扩张；伴有恶臭常提示厌氧菌感染；黄绿色或翠绿色痰，提示铜绿假单胞菌感染；肺水肿或细支气管肺泡癌病人可咳大量稀薄泡沫样或水样痰，等等。

（4）咯血：可能来自于呼吸系统局部病变，也可能由心脏、血管、血液等其他系统疾病引起。问诊时应首先明确血是否确系咯出，是否来自于鼻、口腔和消化道出血，详细了解咯血量、性状和伴随症状，有无周身出血倾向。青壮年中大量咯血多见于支气管扩张及肺结核，而中老年患者痰中带血，要高度警惕肺癌等。

（5）呼吸困难：应详细询问发生的诱因、起病缓急和病程，是突发性还是渐进性，是吸气性、呼气性还是吸气、呼气都困难。了解与活动及体位的关系，是否有夜间阵发性发作。骤然发生的重度呼吸困难，见于急性喉头水肿、气管内异物、张力性气胸和高危肺栓塞，等等。

（6）胸痛：除胸肺部疾病外，纵隔、心脏及部分腹部疾病也可引起胸痛，应注意鉴别。应详细询问胸痛起病的缓急、部位、范围大小及放射部位，胸痛的性质、程度及持续时间，诱因、加重与缓解方式以及伴随症状，如肌炎、肋软骨炎等胸壁疾病引起的胸痛部位局限，局部有压痛等。

2. 重要体检项目及意义   呼吸系统疾病体格检查的重点是胸部，但是也不能忽视全身检查，因

为许多呼吸系统疾病所致的体征可以在其他系统体现,如球结膜水肿、发绀、杵状指(趾)、下肢水肿等。反过来,身体其他系统或器官的疾病也可以伴发呼吸系统症状,甚至以呼吸系统症状为首发或主要表现,因此需要通过系统体格检查才能获得正确诊断。胸部体格检查包括视诊、触诊、叩诊和听诊等,以听诊最为重要。检查时要自上而下,双侧对比,先查前胸部,后查侧胸部和背部,有序进行。要特别强调 CT 等辅助检查并不能替代体检。

(1)视诊:应充分暴露胸部,仔细观察有无胸廓畸形,有无呼吸频率、动度及节律的改变。若观察到叹息样呼吸常提示患有焦虑、神经衰弱或抑郁症。观察到呼吸节律的改变,如潮式呼吸和间停呼吸等,则多提示呼吸中枢已受损,患者病情危重,处于临终前状态。

(2)触诊:需仔细对比检查双侧胸廓扩张度及语音震颤是否存在差异,是否有胸膜摩擦感。若检查到一侧胸廓扩张受限,常提示该侧有病变,如大量胸腔积液、气胸、胸膜增厚等。语音震颤反映声波是否在气道和胸壁得到良好传导,减弱或消失见于支气管阻塞、肺气肿、大量胸腔积液、气胸、胸膜显著增厚等。

(3)叩诊:包括直接叩诊和间接叩诊。应叩出肺界,并了解是否存在异常叩诊音。异常叩诊音是指在正常清音区范围内叩出鼓音、浊音、实音或过清音。叩诊音变浊、变实缘于肺组织含气减少或不含气,见于肺炎、肺不张、肺部巨大肿瘤、胸腔积液、胸膜增厚,等等。

(4)听诊:是呼吸科医师的基本功。应仔细了解有无肺泡呼吸音的增强或减弱,是否存在异常呼吸音、干啰音、湿啰音和胸膜摩擦音。在正常肺泡呼吸音部位听到气管或支气管呼吸音为异常呼吸音,也称管样呼吸音,提示存在肺组织实变、肺内大空腔等。啰音是呼吸音以外的附加音,分湿啰音和干啰音。粗湿啰音又称痰鸣音,提示分泌物积于大气道,见于昏迷和无力排痰者,要高度警惕痰窒息。中细湿啰音见于中细支气管炎、支气管肺炎、肺淤血等。干啰音提示气道痉挛或狭窄,见于支气管哮喘、慢阻肺、肺癌,等等。

3. **重要辅助检查项目及意义**　呼吸系统疾病的辅助检查,应尽量有针对性地选择常用、简单、无创或微创、性价比高的项目,如选择大型、有创、高价位的检查和检验项目,必须讲明进行该检查的必要性、预期结果、可能的不足或局限性、费用、风险或并发症以及替代方案等,充分征得患者及其家属的同意后方可实施。要做到正确选择检验和检查项目,首先要掌握其在呼吸系统疾病诊断中的意义。

(1)血液检查:白细胞升高提示感染,嗜酸性粒细胞增高提示过敏(如过敏性哮喘、过敏性肺炎)或寄生虫感染。如血清学抗体检查对于病毒、支原体、军团菌等非典型病原体感染的诊断具有价值,CEA 等肿瘤标志物检测对肺癌的诊断有重要提示作用,血气分析能够明确是否存在呼吸衰竭、酸碱紊乱及其类型,等等。

(2)痰液检查:痰涂片或痰培养是呼吸系统感染诊断中简单、易行的检验项目,但易受口腔定植菌污染。经支气管镜防污染毛刷或者肺泡灌洗采样,可以减少或避免污染,但不易常规开展。反复作痰脱落细胞检查,有助于肺癌的诊断。多次痰涂片找抗酸杆菌对结核病有重要的诊断价值。

(3)抗原皮肤试验:哮喘的过敏原皮肤点刺试验有助于指导病人避免接触过敏原。结核抗原皮试阳性仅说明已受感染,并不能肯定患病,但强阳性对诊断结核病有高度提示意义。

(4)胸腔积液检查和胸膜活检:胸腔积液常规和生化检查可明确是渗出液还是漏出液。腺苷脱氨酶、CEA 检测有助于结核和癌性胸腔积液的鉴别。胸水中找到癌细胞有确诊价值。对于常规方法不能明确胸腔积液的病因,可经胸腔镜或支气管镜代胸腔镜在直视下作胸膜活检确诊。

(5)影像学检查:是胸肺疾病的基本检查项目。正侧位胸片最为常用,可观察胸部和心肺的基本病变。CT 检查费用增加,但能发现心脏后、肋骨后等隐蔽部位病灶和较小病灶,并对病灶性质有更高分辨和鉴别能力。MRI 对肺内病灶分辨率不如 CT,但对明确病灶与血管之间的关系有帮助。无创或微创的 CT 肺血管造影(CTPA)技术已成为诊断肺栓塞的主要方法。肺通气/灌注核素扫描有助于明确肺区域性通气/血流情况,协助肺栓塞疾病诊断。正电子射线计算机体层扫描技术(PET-CT)可以对包括肺部在内的全身进行肿瘤筛查,并为肺癌提供准确分期,但是费用高达近万元,必须考虑病人的经济承受能力。

（6）支气管镜检查：也是肺部疾病最常用的检查方法之一，可深入至亚段支气管，直接窥视支气管腔内及黏膜病变，如肿瘤、异物、出血等，获取样本作细胞学、病原学和组织学检查实现诊断。近年来，荧光支气管镜、导航支气管镜、超声支气管镜技术的迅速发展显著地提升了支气管镜对早期肺癌、肺周围小病灶以及纵隔和肺门病变的诊断水平。

（7）肺活检：除经支气管镜肺活检外，对靠近胸膜的肺外周病灶，还可在超声或 CT 引导下行经皮肺穿刺活检获取组织作病原学、病理学检查，但可能引起气胸和血气胸，术前应充分知情同意，并作好急救预案。

（8）呼吸功能检查：可了解患者肺功能状态，协助对某些肺病的诊断、严重程度分级以及评估外科手术风险。如慢阻肺的诊断主要依据于呼吸功能检查，表现为阻塞性通气功能障碍，而肺间质纤维化、部分肺切除后等则表现为限制性通气障碍。

三、治疗中的积极沟通

1. **针对患方的医学与健康教育**　呼吸疾病具有反复发作的特点，其发生、发展常与外部环境变化有关，如慢阻肺、支气管哮喘、支气管扩张等。积极有效的医学和健康知识教育，对防范呼吸系统疾病的发生和反复发作至关重要。

（1）需要告诉患方的医学知识：如支气管哮喘确诊后，即应告知患者及家属该病具有反复发作的特点，某些发作甚至是致命的，因此患者应遵从医嘱，规律长期坚持吸入糖皮质激素，以控制气道炎症，降低气道高反应性，并随身携带急救缓解药物备用；告知患者疗程可能长达数年；告知长期治疗剂量的糖皮质激素吸入是安全的；告知药物减量与撤出计划和方法；告知哮喘尽管难以根治，但只要长期规律用药即可控制，以增强患者治疗信心及依从性。

如肺结核诊断后，患者及家属十分关心病情的严重程度、治疗方法、不良反应、疗效、疗程以及传染性等。此时，经治医师应耐心地讲解抗结核治疗的方案组成，每种药物的副作用及发生的概率，告知一旦发生不良反应，需及时就诊。即使没有主观症状，也应定时每 1~2 个月门诊随访胸片及肝肾功以保证疗效和安全。告知患者必须足量、规律、足疗程（至少半年）服药直至彻底治愈，以免复发或出现耐药。

如肺癌确诊后，应首先与家属沟通，告知所属分期、可供选择的治疗方案、可能的预后及治疗费用，并与家属协商是否告知患者及告知方式。如需告知，一定要注意语言委婉，并在告知后多给予患者关怀和鼓励，帮助树立与癌症作斗争的勇气和信心。

（2）需要告诉患方的健康知识：要戒烟，并避免吸入二手烟；对燃烧生物燃料及烹调产生的烟雾或油烟，要有良好的排风系统；避免吸入有毒、有害及 PM2.5 严重超标的气体。从事粉尘工作者，要注意职业防护；支气管哮喘患者，要注意识别和防范过敏原，必要时出门戴口罩，要正确使用药物吸入装置；对于慢阻肺患者需要告知家庭氧疗的方法和持续性低流量吸氧的原则；反复呼吸道感染的患者要加强身体锻炼，注意随天气冷暖变化加减衣服，避免受凉，生活要有规律；痰菌阳性肺结核患者要避免传染他人，注意开窗换气，保持室内空气流通，痰要消毒处理；咯血患者要知道如何避免咯血窒息。

2. **适度告知患方治疗中的风险**　呼吸系统急危重症及疑难病例占相当比例，如支气管扩张大咯血、张力性气胸、哮喘极重度发作、高危肺栓塞、急性呼吸衰竭等病死率均高，虽经积极救治，仍可能随时出现病情的恶化，乃至死亡。医生应将这些高危风险尽早向患者及家属作充分告知，以使其对任何可能的病情变化和死亡有充分的思想准备。

某些呼吸系统疾病至今未有治愈办法。如慢阻肺虽经规范治疗，肺功能仍可进行性下降；晚期肺癌虽经规范化放化疗，中位生存期也仅一年左右；特发性肺纤维化尚无特效药物。这些疾病进展至终末期，除肺移植外，别无其他有效治愈办法。经治医师应将这些疾病的特点、风险和预后向患者及家属交代，使其有心理准备，避免因未达到过高的治疗期望值而引发纠纷。

呼吸科的一些治疗在获益同时也可能对患者构成威胁,如肺癌化疗可能导致严重的骨髓抑制,抗结核药物可能导致严重的肝肾损害,支气管内肿瘤消融治疗可能诱发大咯血窒息和气道穿孔等,在治疗前应充分告知治疗的必要性、预期疗效、可能的并发症及风险,并签署知情同意书。同时详细告知预防和应急处置预案,以增强对医生的信任度及对治疗的信心。

3. **给予患者治疗方案的知情选择**　和其他系统疾病一样,呼吸系统的同一疾病可能有不同的治疗方案。如对肺癌患者,可供选择者包括手术切除、内镜下消融、化疗、放疗、分子靶向治疗等,具体选择何种治疗方案应视患者基础情况、组织病理类型、生物标志、分期、患者意愿及费用不同而定。又如支气管扩张咯血,可供选择的治疗方案包括药物治疗、人工气腹、支气管动脉栓塞、手术以及内镜下止血等,选择何种方案亦应视患者身体条件、咯血量、病灶部位及范围不同而异。医生应结合患者的具体情况用通俗易懂的语言向患方充分说明可采用的治疗方案及其利弊,包括疗效、毒副作用、费用等,由患方在充分理解的基础上自愿选择并签署知情同意书后方可实施。

4. **引导患者和家属配合治疗**　在呼吸系统疾病的治疗过程中,患者及其家属的态度对疗效和预后有着直接的影响,所以,医师有责任做好他们的心理疏导工作,引导他们积极配合治疗,战胜疾病。许多诸如慢阻肺、支气管哮喘、肺间质纤维化等疾病,漫长的病程、反复的急性加重、长期的药物治疗、沉重的经济负担使得患者及其家属身心疲惫,有时难免产生放弃治疗的打算。针对这类病人,医师要多体谅、宽慰病人,用身边成功治疗的病例及患者本身的进步来鼓励他们,充分调动其治疗的积极性,也可用反面例子中的教训来告诉他们如不正确治疗疾病有进一步发展的危害,从而达到教育病人不要放弃、坚持治疗,以争取最好的结果。同时也要鼓励家属配合医护人员一起治疗和照顾好病人,家属的关怀和不放弃是对患者最大的激励(图 6-3)。

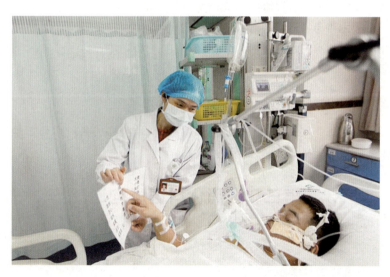

图 6-3　与呼吸机辅助通气患者的医患沟通

四、常见医患沟通障碍及化解

1. **因检查项目的局限性及并发症导致的沟通障碍**　呼吸系统的检查方法很多,但每种检查都有其局限性,并可能引起并发症。在给予病人检查之前,应向患方详细交代拟检查项目的意义、可能出现的并发症、可能的结果(包括阴性结果)和解释,同时要强调该项检查的局限性,让患方在充分知晓并理解的基础上,自愿选择检查与否,并签署知情同意书作依据,否则一旦检查结果为阴性或出现并发症,患方就会认为"白做了"或"不该做",从而引发纠纷。

【案例 6-2】

患者,张某,42 岁。因发现右下肺阴影入院,诊断为炎性假瘤? 肺癌? 肺结核? 给予抗感染治疗

10天病灶无吸收,痰查癌细胞、抗酸杆菌、血CEA及PPD皮试等均为阴性。为明确诊断,需行有创检查。经治医师告知患方:经皮肺穿刺活检可取得组织样本,但因病灶紧贴膈面,可能损及膈肌和肝脏并有发生气胸和血气胸的可能。开胸肺活检易确诊,但创伤大,费用较高。支气管镜检查因病灶靠近肺外周,结果可能为阴性,但创伤相对较小,也时常有经导管抽吸样本而获得诊断的先例。患方经商量后决定先行支气管镜检查,在被告知可能发生的并发症后,签署了知情同意书。结果支气管镜抽吸物找癌细胞和抗酸杆菌均为阴性,次日却发现右侧气胸,需行胸穿抽气和胸腔闭式引流。

尽管3天后拔出了引流管,气胸愈合,但患方开始后悔和质疑支气管镜检查,争议此检查不仅未明确诊断还导致了气胸并发症,要求医院承担相应责任。经治医师再次与患方进行了耐心沟通,还原了术前沟通内容,出示了有患者签字的术前沟通病历记录和支气管镜检查同意书,同意书上清晰地列有可能发生气胸等并发症以及检查结果可能为阴性等条目。经治医师还展示了支气管镜检查可能引起气胸的相关文献,用图例演示了为何此患者易发生气胸的原因,指出病灶靠近胸膜是主要原因,并指出术前有告知和知情选择,术中操作规范,术后处置及时,无不良后遗症。患方对二次沟通结果表示满意和理解,未再提出异议。

2. 因用药毒副作用导致的沟通障碍　俗话说"是药三分毒"。与其他系统一样,呼吸系统所用药物在取得疗效的同时,自身也存在着不同程度的毒副作用,如用于治疗哮喘的β_2受体激动剂有心慌、手抖等副作用,肺癌化疗药物可引起骨髓抑制和恶心呕吐。医师如果在治疗前未告知所用药物可能的毒副作用并交代注意事项,一旦发生严重的不良反应,除给患者身心造成损害外,还极易引发医患纠纷。

视频案例

视频6-7　肺结核诊治中医患沟通

视频6-8　与呼吸困难患者的沟通

视频6-9　经皮肺穿刺术前的沟通

(郭述良)

【作业题】

实践性作业

在呼吸科病房见习,与1~2位病人接触,列出病人的心理特点,用所学的医患沟通原理进行分析,然后制订具体的沟通方案并实践,写出体会。

第三节　消化科医患沟通

临床重要沟通问题

- 消化科的患者一般有哪些心理特点?
- 如何说服一非特异性溃疡性结肠炎患者规范治疗?
- 患者重症急性胰腺炎并发急性肾衰竭,怎样与其家属沟通?
- 患者乙肝后肝硬化并发原发性肝癌,需行经皮、经肝动脉栓塞化疗,如何说服?
- 患者原因不明肝损害,拟行肝穿刺活检,患者拒绝,如何与患者沟通?
- 患者疑似胃癌但拒绝行胃镜检查,怎么与他交流?

一、患者身心特点与社会因素

1. 忧虑　消化系统疾病包括食管、胃、肠、肝、胆、胰、腹膜及肠系膜等多个脏器的各种病变,多数疾病为慢性病,反复发作,迁延不愈,患者往往对自己的病情非常担忧,容易出现不同程度的情绪低落、焦虑、烦躁、紧张、恐惧等。再者,如出现病情变化或反复发作时,常常需要反复进行检查或加用多种药物控制病情,因而导致医疗费用增加,患者往往担心费用过高而自行缩短疗程或停减药物,以致病情恶化。如患者一旦形成肝硬化,病情反复迁延,随着病情进展而容易产生多种并发症,预后不佳,这类患者常常需要反复住院治疗,治疗费用较高,给患者及其家庭造成很重的经济负担。

2. 恐惧 消化系统许多疾病病情复杂、并发症多,有些临床表现急骤、凶险,有些疾病常需要进行侵入性检查或介入治疗。如重症急性胰腺炎患者的剧烈腹痛,肝硬化并发的食管胃底静脉曲张破裂后所致的大量呕血,患者常有即将死亡的感受,令患者深为恐慌。内镜检查和治疗在消化系统疾病的临床诊断和治疗中已广泛应用,但很多患者对此有恐惧感,担心插镜时的剧烈恶心感、窒息感等不适和痛苦,亦担心出现出血、穿孔等可能的并发症。此外,消化系统恶性肿瘤(如胃癌、大肠癌、肝癌、胰腺癌、食管癌等)的发病率较高,诊断时多为中晚期、预后差,常常对患者及家庭造成巨大的精神创伤。

3. 多伴有心理障碍 临床上,很多消化性疾病无论是功能性还是器质性常合并有心理障碍,如功能性消化不良、肠易激综合征、功能性便秘、消化性溃疡、溃疡性结肠炎、克罗恩病等。患者常常反复求医,频繁更换诊治医师和治疗方案,导致患者出现失眠、抑郁、焦虑等问题。另一方面,鉴于很多消化道疾病难以确诊,相当部分的功能性疾病患者认为自己患的是器质性疾病,甚至担心患癌,因而反复检查或就医,严重影响患者的生活质量。已有的临床资料显示,心理因素在许多消化系统疾病的发生、发展中具有影响,心理障碍常常影响患者的临床治疗效果,影响对治疗的依从性,甚至影响患者对经治医师的信任感,严重者可引起不必要的医疗纠纷。

4. 主要社会因素

(1)饮食不当:许多消化系统疾病与饮食不当有关。随着人们生活水平的提高,人们的饮食谱西方化更加明显,肥胖正成为许多消化系统疾病发病的重要原因,如胃食管反流病、非酒精性脂肪肝、急性胰腺炎等。相关的资料表明,我国大肠癌、胰腺癌等发生率呈逐渐增加趋势。慢性胆囊炎急性发作、胆石症多与高脂饮食有关。喜食腌制食品、少新鲜蔬菜和水果与胃癌的发生有关,饮食的不卫生易导致慢性胃肠炎等疾病的发生。

(2)过度饮酒:尽管已认识到过度饮酒的危害,但过度饮酒的仍不在少数。流行病学的数据显示过度饮酒与酒精性肝病,肝硬化,急慢性胰腺炎的发生、发展密切相关,也与近年来酒精相关的消化性疾病的发生率增加有关。

(3)精神社会因素:现代社会人们所面临的精神压力普遍较高,精神社会因素往往与消化性疾病有很大关系。如炎症性肠病患者伴有不同程度的心理障碍,病情容易受到外界不良刺激或患者自身负面情绪的影响,导致临床治疗效果欠佳。

二、诊断中的医学信息沟通

1. 重要病史项目及意义

(1)饮食习惯及个人史:消化系统疾病常与饮食和个人生活习惯有关,在获取病史的过程中,应重视了解患者的饮食习惯及个人史。如饮食是否规律;是否进餐不定时;是否喜食高脂饮食或辛辣等刺激性饮食;是否喜食腌制食品;是否少食新鲜蔬菜及水果;是否经常不吃早餐或喜食夜宵等。如患者喜欢饮酒,则应详细询问患者饮酒年数、日平均饮酒量、饮酒频度、所饮酒的酒精度数等。注意了解患者有无经常服用非甾体类消炎药或抗血小板药物、中药或相关药物的病史。了解患者有无外伤、手术、输血的病史。消化系统疾病往往有家族史,如炎症性肠病、原发性胆汁性胆管炎、肝豆状核变性、消化道恶性肿瘤等,因此,应注意了解有无相关疾病的家族史。

(2)腹痛:腹痛是临床上患者就诊的主要症状之一,注意了解患者腹痛发作的具体过程对判断腹痛的原因很有意义,如腹痛发生的急缓、有无高脂饮食或不洁饮食的诱因、疼痛的部位及有无牵涉痛、疼痛的性质与程度、与体位变化是否有关、可能的伴随症状等,如是否伴有发热、腹泻、呕吐、便血等。如突发剧烈的上腹痛伴恶心、呕吐及腰背痛者多考虑为急性胰腺炎;发作性的右上腹痛,尤其与油腻饮食有关者多为胆道疾病所致,等等。

（3）腹泻:应注意了解患者腹泻的起病过程、病程长短、持续性或间断性发作、排便的次数与大便性状、有无伴随症状等。如大量的糊状大便伴体重下降或营养不良应考虑小肠病变可能;腹泻伴有脂肪滴常提示消化吸收不良如小肠病变、慢性胰腺炎或胰腺癌,等等。

（4）恶心与呕吐:多数情况下相继出现,一般先恶心后呕吐。询问病史时应注意了解患者恶心呕吐的特点,如恶心呕吐的起病缓急、与进食有无关系,呕吐物是否为宿食,以往有无胃、肝、胆、胰等疾病史,是否伴有发热、腹痛、黄疸、腹泻等伴随症状,尤其要注意的是有无糖尿病、尿毒症、迷路炎、心功能不全等相关病史,这对于鉴别其原因很有帮助。

（5）呕血:注意了解询问患者呕血前有无恶心、腹痛或腹胀,询问呕血的量及色泽如何、是否混有食物残渣、呕血前后大便性状、颜色等。呕血的特点和方式对于初步判断呕血的病因很有参考价值,如呕血前有腹痛或腹胀,呕血后缓解常提示消化性溃疡并出血,等等。

（6）黄疸:应详细询问患者黄疸的病程、伴随症状等,如是否伴有腹痛、皮肤瘙痒、发热、体重减轻等。仔细询问有无服药史,如有,则应询问服用的药物名称、剂量、服药时间等,有无服用中药史;有无传染病接触史、输血史、家族史、饮酒史、手术史等。这些病史的询问常对黄疸的病因诊断有重要的提示作用。如急性胆管炎、胆源性胰腺炎等常表现为突发黄疸,伴剧烈腹痛、发热,等等。

2. 重要体检项目及意义　腹部是消化系统疾病体格检查的重点,应注意:①医师应注意患者的一般情况变化,如患者的面容、表情、体位、呼吸频率等变化;②不能忽视除腹部以外的全身体格检查,如浅表皮肤、淋巴结、巩膜、关节等,尤其是注意对心脏、肺部的体检,因为身体其他系统或器官的疾病可伴发消化道症状,甚至以消化道症状为首发表现或主要表现,这对于明确患者诊断意义重大。腹部检查包括视诊、触诊、叩诊、听诊等,其中以触诊更为重要。

（1）视诊:患者应排空膀胱,充分暴露腹部(上自剑突,下至耻骨联合),光线应充足而柔和,医师应注意观察腹部外形、腹壁皮肤、腹壁静脉、腹股沟、呼吸运动、胃肠型和蠕动波等。

（2）触诊:触诊是腹部检查的主要方法,顺序是自左下腹开始逆时针方向依次检查全腹各区,原则是先触诊未主诉病痛的部位,逐渐移向病痛部位。应注意腹壁紧张度增加或减弱,有无板状腹、揉面感,前者提示消化性溃疡穿孔,后者则提示结核性腹膜炎、腹膜转移癌等。腹部压痛的部位常常是病变的所在位置,但急性阑尾炎早期可为上腹部疼痛,随后转移至右下腹。反跳痛提示腹膜壁层炎症累及。如触及肝脏,则应详细记录肝脏的大小、质地、边缘和表面状态和压痛情况,注意有无搏动和摩擦感,等等。

（3）叩诊:主要是了解胃肠道充气情况,腹腔内有无积气、积液和肿块,以及肝、胆囊、胃、脾脏、膀胱等脏器的大小和有无叩痛等。肝脏叩诊的重点是肝上界、肝下界的位置,从而了解肝浊音界有无扩大或缩小,肝浊音界消失代之以鼓音者,则提示急性胃肠穿孔。肝脏叩痛则提示肝脏存在炎症或肝癌,等等。

（4）听诊:应注意全面的腹部听诊,不要遗漏,包括肠鸣音、血管杂音、摩擦音和搔弹音等变化。听诊肠鸣音时,应注意肠鸣音频率有无变化、音调有无改变,如肠鸣音高亢、金属性音调提示机械性肠梗阻,等等。

3. 重要检查项目及意义

（1）血液检查:胃肠道出血时常有小细胞性贫血,血红蛋白和红细胞压积下降程度是判断是否输血的重要指标,消化道急性炎症时可有白细胞升高,炎症性肠病或肠结核可有血沉和 C 反应蛋白升高。肝炎标志物检测可了解有无肝炎病毒感染,肝功能试验可了解肝功能状况、有无黄疸;AFP、CEA、CA19-9 等肿瘤标志物检测对消化道肿瘤的诊断有重要的提示作用。

（2）粪便检查:粪常规及隐血检查是消化系统常规、简便易行的检查手段,对胃肠道疾病的诊断可提供重要信息。粪便隐血阳性常提示消化道病变,粪便涂片或培养可了解有无肠道细菌、真菌或寄生虫如阿米巴感染,粪脂测定有利于判断腹泻的病因;粪便幽门螺杆菌抗原的检查有助于对其感染的诊断。

（3）内镜检查及活检:内镜检查是消化道疾病诊断的常用检查方法,能直接观察消化道内腔,包括溃疡、出血、炎症、肿瘤等各种病变,并行黏膜活检病理诊断,对于消化道炎症、溃疡及肿瘤等疾病的诊断具有重要价值。近年来,除常规胃肠内镜外,小肠镜、胶囊内镜、超声内镜以及共聚焦内镜、放大内镜、窄带内镜(narrow band imaging,NBI)等技术和设备已在临床上广泛应用,内镜在越来越多的消化疾病诊断中扮演重要的诊断角色,成为不可或缺的重要方法。同时,内镜下治疗也已成为许多消化道疾病治疗的重要策略,如早期胃癌的内镜下切除术、胆总管结石内镜下取石术等。腹腔镜检查创伤小,安全性高,对于某些难以确诊的腹块性质、腹水原因的诊断很有帮助。

（4）影像学检查:腹部 B 超、CT 或 MRI 等影像学检查技术对于消化系统疾病诊断具有重要意义,已作为临床常规检查。腹部平片能提示有无空腔脏器穿孔、肠梗阻等;消化道钡餐造影或钡剂灌肠检查能显示消化道炎症、溃疡、有无肿瘤性病变,等等。

（5）胃肠道动力检查:胃 pH、胃排空时间、胃张力测定和胃电图等可了解胃的功能状态,食管腔阻抗-pH 监测对于诊断胃食管反流很有价值,而食管腔压力测定对诊断和鉴别食管运动障碍性疾病如食管痉挛、贲门失弛缓症等有帮助,而肛门直肠测压、直肠电和盆底肌电描记等有助于功能性排便异常的诊断。

（6）肝穿刺活检:肝穿刺活检对于弥漫性或局限性肝病均具有重要的诊断价值,已是临床常规的检查方法,对于肝脓肿或肝囊肿可行介入治疗。

三、治疗中的积极沟通

1. 针对患方的医学与健康教育

（1）需要告诉患者和家属的医学知识:临床上如明确诊断者,应告诉患者及其家属有关该疾病的发病机制和原因、临床特点、治疗药物和方案、疗程等,可使患者及家属对该病的诊断、治疗有一个较为系统、准确的认识,这有助于患者及家属积极配合经治医师的治疗,增强对医师的信任感,提高治疗的依从性以及产生良好的治疗效果。消化性溃疡具有反复发作的特点,常与幽门螺杆菌感染有关;胃溃疡必须与溃疡型胃癌相鉴别,常需要内镜下取组织行病理检查才能确定诊断,治疗 6~8 周需要内镜复查;如有呕血/黑便、呕吐隔夜宿食、腹痛性质改变等临床表现时,应及时来院就诊等。溃疡性结肠炎是一种慢性疾病,临床上如疑似或诊断本病,应详细、如实告诉患者家属有关本病的发生机制、临床特点、诊断方法、治疗方案以及疗程长、易复发等特点,让患者理解长期、规则用药的必要性,同时也要注意帮助患者树立与疾病斗争的信心,以便患者能理解、配合,治疗过程中应注意定期的门诊随访和内镜复查,要在经治医师的指导下用药。这些相关疾病的知识介绍,可使患者及家属能理解、配合治疗,提高治疗效果,降低复发风险。

（2）需要告诉患者及家属的健康知识:有关疾病的健康知识介绍以及养成良好的生活习惯、生活方式对消化系统疾病的预防和治疗具有重要意义。精神紧张、心理障碍或生活紊乱可诱发或加重疾病,乐观心态有助于疾病治疗或避免反复发作。经治医师可给予患者必要的精神心理疏导,教育患者劳逸结合、合理安排作息。肥胖患者应减轻体重,注意清淡饮食。有些药物包括中药本身具有一定的副作用,经治医师要注意提醒患者为何用药、如何规范用药,不可信所谓"偏方"。吸烟对消化道疾病有肯定的影响,如胃食管反流病、慢性胃炎、消化性溃疡、炎症性肠病等,医师要嘱咐患者戒烟。饮酒尤其是酗酒与肝硬化、脂肪肝、急性或慢性胰腺炎有密切关系,也影响一些消化道疾病的治疗效果,经治医师一定要告知患者戒酒的必要性(图 6-4)。

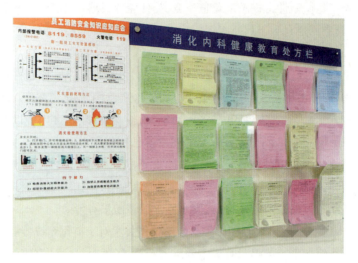

图6-4   健康教育宣传栏

2. 充分告知患方治疗中的风险   消化系统疾病中常有各种临床急症,如消化道大出血、重症急性胰腺炎、急性化脓性胆管炎等具有较高的医疗风险,一些消化系统疾病的治疗包括药物治疗、内镜治疗、放射介入治疗和手术治疗等也有发生不良事件、并发症的治疗风险。因此,临床医师要根据每一个患者的具体情况,针对该疾病特点,充分告知病情的风险程度。如对于肝硬化并发食管胃底静脉曲张破裂大出血的患者,经治医师要充分告知其病情危重,随时可能出现病情恶化,乃至死亡,以使患者及家属对任何可能的病情变化有充分的思想准备。再如炎症性肠病的患者活动期常应用硫唑嘌呤等免疫抑制剂治疗,应详细告知疾病本身的复杂性和治疗风险,告知治疗疗程的规范性、用药的必要性以及可能的副作用,以使患者家属能有足够的思想准备,积极配合相应治疗。

内镜检查与治疗是消化系统疾病诊治中的重要方法,操作前应当充分告知该内镜检查或治疗的必要性、具体的操作过程、操作中或操作结束后可能出现的不适或并发症,也要清楚的表述,如一旦出现并发症可采取的应急措施,以便使患者及家属明白,经治医师对可能出现的并发症已有充分准备,从而使患者及家属能积极配合检查或治疗。

3. 给予患方治疗方案的知情选择   消化系统疾病常用的治疗方法有内科药物治疗、外科手术、影像介入或内镜下治疗等。如结肠镜检查发现一约1.5cm左右的腺瘤,病理证实是绒毛状腺瘤,其治疗方法可以是内镜下切除或手术切除,内镜下切除包括高频电圈套切除、内镜下黏膜切除术(EMR)或内镜下黏膜剥离术(ESD)等,此时,经治医师应充分告知患者及家属各种治疗方案的利弊,尤其是可能出现的并发症或风险,如内镜下切除治疗的出血、穿孔等并发症,如有癌变可能追加手术治疗等,手术切除则存在创伤比较大的风险,以使患者及家属在充分理解并知情的基础上作出自愿选择。再者,同样是一个胃癌患者,可能因病期不同、转移与否,甚至患者原有的身体状况或基础疾病不同而选择不同的治疗方案,如手术、内镜下治疗、新辅助化疗、辅助化疗、对症支持治疗等,作为经治医师有责任根据患者的具体情况,充分告知可采用的治疗方案以及各自的利弊,在取得患者或家属书面的知情同意签字后方可实施相应治疗。

4. 引导患者和家属配合治疗   在消化系统疾病的治疗过程中,患者及家属对疾病的理解程度,往往直接影响该疾病的治疗疗效或预后,因此,经治医师应根据患者年龄、文化程度、理解能力,针对具体疾病,选择通俗易懂的语言,充分告知患者及家属相关疾病的知识和治疗方法,以取得患者及家属的理解和信任,从而引导患者和家属配合治疗。另一方面,任何治疗均有其自身的局限性和风险性,医师要如实告知患者该疾病可采用的治疗方案,尤其是要告知患者家属一旦出现并发症或副作用,医师可采取的应急措施等,也可以应用以往成功治疗过的病例进行介绍,以使患者及家属认识到经治医师具有高度的责任心和丰富的临床经验,从而配合治疗。

四、常见医患沟通障碍及化解

1. 医方缺乏沟通技巧导致沟通障碍　经治医师曾接受系统的医学教育,具有较为丰富的临床实践经验,对经治的相关疾病往往也有较为深入的理解,而患者对自身疾病往往一无所知,即使有些人接触、了解了一些疾病的相关知识,但也仅仅是一般的知识,难以全面认知和把握。经治医师如不注意沟通技巧,则可能导致医患沟通障碍。

【案例6-3】

患者冯女士,因腹部包块住院,经过内镜、实验室检查和小肠 CT 造影等检查明确诊断为克罗恩病。患者询问经治医师:"该病的治疗预后怎样?",经治医师简单的回答:"这病反复发作,容易复发,看不好了"。患者就此痛哭了一场,就不再愿意配合经治医师开始相应的治疗。病区主任了解这一情况后,就跟患者再次进行了深入的沟通,详尽介绍了克罗恩病的发病机制、临床特点、治疗方案,尤其是介绍了保持长期缓解的成功病例,增强了患者信心,从而主动配合经治医师接受相应的治疗。这就说明,经治医师一定要注意沟通的技巧。

2. 医方缺乏人文关怀导致沟通障碍　每个患者都希望遇到一位能真正关心自己的医生。医师职业的核心是人文,人文关怀有利于医务人员在为患者诊疗过程中树立全程服务的理念。医务人员应该满足人民群众所迫切需要的人文关爱,这在疾病的诊疗过程中尤为重要。

【案例6-4】

患者陈某某,因慢性乙型肝炎、肝硬化住院。入院后发现患者已并发肝癌伴有肺、腹腔转移,患者及家属希望就此和经治医师沟通以了解患者如何治疗,其生存时间还有多长?经治医师在病区走廊跟家属三言两语告知了患者病情,家属想得到更多的情况,经治医师显得很不耐烦,以"我很忙,患者病情就这样,治疗方法不多、预后差"回复后,就离开了病区。家属甚为不满,拒绝执行医嘱,并到所在医院沟通办公室投诉该经治医师,后经调解,事情才得以妥善解决。这就告诉我们,经治医师缺乏应有的人文关怀与情感交流,势必影响医患之间的沟通和信任,并可能由此产生不良影响。

3. 因内镜检查或治疗出现并发症导致的沟通障碍　随着内镜技术的不断发展,内镜检查和治疗在消化系统疾病诊断和治疗中具有重要作用。但必须承认,任何检查和治疗有其局限性和出现并发症的可能。患者及家属尽管了解内镜检查或治疗的必要性,但往往对可能出现的并发症认识不足,一旦发生,易产生埋怨情绪,甚至产生医疗纠纷。

【案例6-5】

患者张女士,因结肠息肉拟行肠镜下切除术收住入院。入院后经常规检查无相关禁忌证,患者签署知情同意后行此手术,手术顺利,患者自我感觉良好,但术后第3天出现大量鲜血便,医师决定行急诊肠镜下止血治疗。患者对迟发性出血这个并发症认识不足,怀疑经治医师治疗是否有误,甚至产生了指责、埋怨等情绪。此时,经治医师如实告知肠镜下息肉摘除后出现迟发性出血是一种并发症,有时难以避免,并详细介绍了出现此并发症的可能原因、急诊肠镜下止血的操作过程、拟采用的治疗方案等内容,与患者及家属进行了充分沟通。最终患者表示理解,接受了经治医师建议,急诊肠镜下予以止血夹止血,病情很快得以控制,一周后好转出院。

视频案例

视频6-10　消化内镜检查前的沟通

（陈卫昌）

【作业题】

实践性作业

在消化科病房见习,与1~2位患者及家属接触,了解患者病情及心理特点,利用所学的医患沟通原理进行分析,然后制订具体的沟通方案及要点,在老师的指导下进行临床实践,并写出体会。

第四节   肾内科医患沟通

临床重要沟通问题
- 如何与需要肾活检的患者进行沟通?
- 如何与需要血液透析治疗的患者进行沟通?
- 如何与需要腹膜透析治疗的患者进行沟通?
- 如何与需要肾移植的患者进行沟通?
- 如何与慢性肾功能不全患者就治疗与随访进行沟通?

一、患者身心特点与社会因素

(一)患者的身心特点

全球范围内,慢性肾病(chronic kidney disease,CKD)的发病率和患病率急剧增长,预后差、费用高,且可引起严重的心血管并发症,给社会经济和公民健康带来巨大影响,已成为近年来全球关注的重要公共卫生问题之一。最新的一项研究分析显示我国成人 CKD 患病率为 13.4%,白蛋白尿、肾功能下降、血尿患病率分别为 8.0%、2.4% 和 4.4%。女性患病率高于男性,农村略高于城市。患病率随年龄增长而增长,患者主要集中在疾病早期。早期 CKD 患者多数无任何症状,多数 CKD 对治疗反应时间长,甚至需终身治疗。CKD 的基础疾病、CKD 本身及其治疗的药物都可以导致各种合并症,既可以导致肾功能进行性减退,部分进入终末期肾病(end stage of renal disease,ESRD),也可以导致心脑血管合并症的发生和发展。因而 CKD 具有发病率高,知晓率低;病程长,病情易反复;合并症多;危害性大的特点。由此,肾脏疾病患者常具有以下身心特点:

1. **焦虑(anxiety)**   由于疾病导致的不适和被贴上患者的标签,患者会担心疾病对身体和家庭、社会角色的影响,怀疑肾脏疾病的病因能否去除以及其未来对机体的影响。担心疾病是否会消耗个人及家庭的时间成本,能否被控制和治愈等。部分患者会产生心理压力,并随着肾功能不全的加重而加重。Hudson 等的研究显示 27% 未透析的 CKD 患者存在心理压力,39% 的透析患者存在心理压力。CKD 患者轻度、中度和重度焦虑的发生率分别为 15%、8.8% 和 7.5%。透析患者焦虑的发生率高达 38%,移植肾受者焦虑的发生率远低于透析患者,但轻度、中度和重度焦虑的发生率仍分别为 6%,6% 和 4%。焦虑直接影响了患者对治疗的配合和依从,同时对神经内分泌和免疫系统产生负面影响,进而影响病情的发展和预后。

2. **抑郁(depression)**   抑郁也是 CKD 患者常见的心理反应,研究显示 17.5% 的患者存在轻度抑郁,7.5% 的患者存在中度抑郁。移植肾受者要稍好一些,但仍有 10% 的患者存在轻度抑郁,另有 4% 的患者存在中度抑郁。抑郁是 CKD 患者自杀、主动终止治疗、不遵守医嘱的主要原因,透析患者的自杀率约为同年龄、同性别非透析人群的 5~20 倍。

3. **抵触(resistance)**   CKD 对治疗反应慢,部分患者甚至需要终身治疗,要严格限制水、盐、富含钾、富含磷、富含嘌呤等食物的摄入。自身免疫疾病介导的 CKD 患者多数需要接受糖皮质激素和(或)免疫抑制剂治疗,除了药物其他的毒副作用外,还可以带来容貌的改变——如满月脸、水牛背、痤疮和多毛等,令许多 CKD 患者,特别是年轻女性不能接受。部分进入 ESRD 的患者,因为害怕透析像吸毒那样会"上瘾",拒绝透析,往往病情垂危时才被家人送到医院抢救,增加了患者的风险和治疗费用。

4. **多疑(suspicious)**   部分肾脏疾病,尤其是 ESRD 患者可以出现神经系统症状,出现多疑敏感、被动依赖、自我为中心等种种表现。透析患者往往还会出现人格解体。由于依赖血液透析(hemodialysis,HD),有些患者觉得自己是一个支离破碎、不完整的机体;有的患者无意识地认为自己已经机器化,成为人工肾的一部分,或者将机器人格化为自身的一部分。

(二) 社会因素

1. 治疗经济负担沉重 美国卫生组织的数据表明,虽然 CKD 和 ESRD 患者总数只占医疗人群的 7%,但医疗费用却占了美国医疗预算费用总额的 24%;在我国目前 HD 患者的年均医疗费用约 10 万元,腹膜透析(peritoneal dialysis,PD)患者目前的年均医疗费用约 8 万元左右。同时,CKD 尤其是 ESRD 患者也是心血管合并症和感染发生的高风险人群,一旦出现上述合并症,医疗费用更加昂贵。没有医疗保险的患者,多数家庭难以承担;对能够享受到医疗保险的患者,也要承受一定的经济负担,且不同保险的报销比例不尽相同,以致许多 ESRD 患者目前还无法得到及时有效的透析和其他治疗。

2. 面临种种社会压力 疾病本身的痛苦、治疗带来经济负担、病情的反复迁延都会给患者带来不同程度的心理压力。同时,患者要面对社会角色转变,有的被迫离开工作岗位,有的中断学业。疾病常常是和经济负担结伴而行。此外,患者体力、精力有限,经济来源减少而支出增多,若不能得到家属很好地理解和支持,会出现夫妻矛盾等家庭问题。ESRD 患者还常会有接受肾移植(renal transplantation,RT)的需求,亲属出现顾虑,不愿捐肾,从而引发家庭矛盾等。以上种种都会对病情及治疗效果产生影响。

3. 总体生活质量下降 患者体力、精力有限,经济来源减少而支出增多,无法胜任既往的社会工作和承担相应的家庭责任,无法参加正常的社交活动。部分患者需要严格限制水、盐及其他食物的摄入。患者需要定期到医院检查和调整治疗,甚至住院治疗。尽管如此,由于 CKD 本身、CKD 合并症及药物的副作用,患者的预期寿命也会缩短。因此,CKD 尤其是 ESRD 患者的寿命会有一定的缩短,生活质量也会下降。若不能很好地调整心态,对生活质量与预期寿命的影响更大。

二、诊断中的医学信息沟通

同样的临床表现,可以有不同的病理改变;同样的病理改变,可以有不同的临床表现;肾脏疾病患者的基础病变可以在肾脏本身,也可以继发于全身各个系统的疾病;肾脏疾病和导致肾脏疾病的基础疾病可以有不同的合并症;完整的 CKD 诊断还包括病理改变、功能,乃至病因的诊断。全面精确的诊断是个体化治疗的必备条件。

(一) 获取重要病史及其意义

1. 家族史 遗传因素是肾脏疾病的病因之一,按与遗传因素的关系可以分为:①遗传性肾脏疾病,如常染色体显性多囊肾病(autosomal dominant polycystic kidney disease,ADPKD)、Alport 综合征、Fabry 病等;②遗传因素在 CKD 中起一定作用,如 IgA 肾病(IgA nephropathy,IgAN)、特发性膜性肾病(idiopathic membranous nephropathy,MN)等。

2. 药物服用和有毒物质接触史 既往药物使用及对药物的反应不仅对诊断有益,而且对后续治疗选择有帮助。大量蛋白尿患者既往糖皮质激素治疗有效,很可能是微小病变肾病(minimal change disease,MCD)或 IgM 肾病(IgM nephropathy,IgMN);既往糖皮质激素治疗无效,很可能是 MN。多种药物可以导致肾脏损害如氨基糖苷类抗生素、解热镇痛药、含马兜铃酸的中药(木通、冠心苏合丸、龙胆泻肝丸)等。接触含汞的美白化妆品、有机溶剂也可以导致肾损害。

3. 全身性疾病 乙型肝炎病毒(hepatitis B virus,HBV)、丙型肝炎病毒(hepatitis C virus,HCV)、自身免疫性疾病、糖尿病、炎性肠病、血液系统疾病等均可以引起肾脏损害。

4. 其他 习惯性流产和不明原因死胎可能的病因为抗磷脂抗体综合征(antiphospholipid antibody syndrome,APS),雷诺现象可能的病因为冷球蛋白血症(cryoglobulinemia),APS 和冷球蛋白血症均可以导致肾脏损害。

(二) 重要体检项目及其意义

1. 血压 高血压(hypertension)是肾脏疾病最常见的临床表现,同时也是促进肾脏疾病进展和 CKD 患者出现心血管合并症的重要因素。同时要注意四肢血压是否对称,有无腹部血管杂音,注意有无肾血管性高血压,即肾动脉狭窄的可能。

2. 水肿程度   对于因水肿就医的患者,要注意眼睑、下肢水肿情况,特别注意双下肢是否对称,若髌骨上或下10cm处双下肢周径相差1.5cm或以上称之为双下肢不对称,要注意排除深静脉血栓。腹水明显的患者,要注意监测腹围的变化。对水肿、少尿的患者一定要关注体重的变化。

3. 肾脏局部体征   肾盂肾炎患者可以有双侧肾区的压痛和(或)叩击痛。ADPKD患者可以在腹部扪及肿大的肾脏。

4. 皮肤黏膜   出血性皮疹可以见于过敏性紫癜性肾炎(Henoch-Schonlein purpura nephritis,HSPN)、系统性血管炎(systemic vasculitis)和冷球性蛋白血症肾损害等;银屑病、类天疱疮肾损害等有相应的皮疹;系统性红斑狼疮(systemic lupus erythematosus,SLE)可以有颧部红斑、盘状红斑、口腔溃疡等。

5. 其他   淀粉样变性患者可以有舌体肥大、齿痕和肝大;Kimura病和结节病(sarcoidosis)肾损害可以有浅表淋巴结肿大;IgG4相关疾病(IgG4 related disease,IgG4-RD)可以有唾液腺体的肿大等。

(三)重要实验室检查项目及其意义

1. 尿液检查   尿液是观察肾脏病变的一个重要"窗口",尿常规是最常用于筛查有无肾脏疾病的手段。对于CKD患者需要进一步检查包括尿蛋白定量、尿白蛋白定量、尿蛋白成分[C3、α_2巨球蛋白、N-乙酰-β-D氨基葡萄糖苷酶(N-acetyl-beta-d amino glucosidase,NAG)、尿视黄醇结合蛋白质(retinol-binding protein,RBP)等]、尿红细胞计数和形态。特殊病例需进一步行尿糖定性和定量测定、尿游离κ和λ轻链、尿本周氏蛋白、禁饮13小时尿渗量、尿钠排泄分数、肾衰指数等。尿液检查不但有助于疾病的诊断,同时对治疗反应及预后判断也有预测意义。不同项目对尿标本要求不一,要注意耐心为患者解释,而且许多项目需要反复检查,以评价病情的变化和对治疗的反应,调整治疗方案。

2. 血液检查   包括血常规、肾功能、肝功能、血脂谱、电解质检查。依据可能的病因不同,需要进一步检查自身抗体、血清免疫球蛋白、补体、抗中性粒细胞胞浆抗体(ANCA)、抗肾小球基底膜抗体、抗肾小管基底膜抗体、血清游离κ和λ轻链、血清免疫固定电泳、肿瘤标志物、抗磷脂酶A2受体抗体、冷球蛋白、外周血淋巴细胞(CD19、CD20、CD4和CD8)计数、D-二聚体、凝血功能等。不同项目对血标本要求不一,要注意耐心为患者解释,而且许多项目需要反复检查,以评价病情的变化和对治疗的反应,调整治疗方案。

3. 影像学检查   肾脏B超可以判断肾脏的大小及形态;同时有助于评估有无肾积水;判断有无肾囊肿、多囊肾、髓质海绵肾等;对于肾结石、肾脏肿瘤也有筛查作用;肾脏血管B超是诊断肾血管性高血压病较精确、快速、无创、重复性好的检查;肾血管超声有助于判断有无肾动脉狭窄、肾静脉栓塞、左肾静脉受压,等等。

4. 肾活检   肾活检病理诊断是CKD最直观的检查手段,如果尿液检查是观察肾脏疾病的一个"窗口",那么肾活检病理就是描述肾脏疾病的"一本书",对大多数人从"窗口"望一望可以知道有无肾脏疾病,但肾脏是何种疾病,病变性质如何? 病变发展到哪一个程度,则需要翻开肾活检病理这本书。因而肾活检对于绝大多数肾脏病患者,尤其是成人肾脏疾病的诊断意义重大。肾脏疾病病理包括免疫病理、光镜和电镜。免疫病理主要观察免疫球蛋白和补体在肾组织有无沉积、沉积部位和方式。光镜可以观察肾小球、肾小管间质和肾血管病变的性质和程度。电镜可以观察肾组织超微结构的改变、有无电子致密物沉积及沉积部位、有无特殊结构的物质沉积。怀疑特殊的肾脏疾病需要做特殊的染色,如胶原Ⅲ肾小球病、纤维连接蛋白肾小球病、脂蛋白肾病、Fabry病、Alport综合征等。肾活检病理不仅对诊断和治疗极为重要,同时对预后、判断也有重要的意义。

5. 其他   肾脏疾病和其他系统疾病有千丝万缕的联系,对于糖尿病、高血压病患者需要评估有无眼底和心脏病变;Alport综合征、肾小管间质性肾炎-眼色素膜炎综合征(tubulointerstitial nephritis-uveitis syndrome,TINU)等同样可以合并眼部病变;干燥综合征(Sjogren syndrome)患者可以有泪膜破裂时间缩短和滤纸试验阳性;干燥综合征可以行唇黏膜活检、结节病可以行淋巴结活检、IgG4相关疾病可以行唾液腺活检,上述组织活检会出现相应的病理形态学改变。

需要强调的是,从尿常规、肾功能到肾活检,相互是有益的补充,但不能相互替代。

三、治疗中的积极沟通

（一）针对患方的医学与健康教育

肾脏疾病都是可治的,其中相当一部分可以治愈,如微小病变肾病、急性肾损伤（acute kidney injury,AKI）,即使无法治愈,有效的治疗和调整生活方式可以延缓疾病的进展和减少心脑血管合并症。另一方面,多数肾脏疾病对治疗的反应有个过程,部分肾脏疾病在遇到感染、劳累、停药后会复发,甚至需要终身药物治疗、肾脏替代治疗。因此,肾脏疾病患者需要有:①信心:坚信疾病是可以治疗的,即使不能治愈,经过配合医生积极的治疗也可有效地改善预后,延长寿命和提高生活质量;②耐心:肾脏疾病的治疗效果需要时间,甚至需要终身治疗;③细心:肾脏疾病患者需要了解疾病相关的治疗靶目标,监测体重、血压的变化,控制饮食摄入等。要有针对性进行如下内容的健康教育。

1. 饮食　所有的慢性病患者均应该进行饮食管理,肾脏疾病患者尤其要注意饮食控制。需注意的是肾脏疾病患者饮食控制因病情而异,绝对不是千篇一律。①水:肾病综合征、水肿、少尿患者要严格限制水的摄入,每天的摄入量为500ml+前一日尿量+其他途径如丢失(大量出汗、呕吐等);HD患者透析间期体重增加一般控制在干体重3%～5%或2.5kg以下。②盐:除合并低钠血症外,所有CKD患者均应低盐饮食,尤其是有高血压者。这里特别提出的是低盐不是低钠盐,低钠盐含钾盐,肾脏疾病尤其是肾功能不全患者食用后易出现高钾血症。③蛋白质:低优质蛋白饮食,优质蛋白是指动物蛋白质,机体利用率高。非优质蛋白指植物蛋白,机体利用率低,多食会增加肾脏的负担。④其他:戒烟酒、低脂饮食、忌食富含嘌呤的食物(尤其是血尿酸水平增高者)和限制磷的摄入等。慢性肾功能不全患者饮食注意事项见表6-1。

表6-1　**慢性肾功能不全患者饮食注意事项**

1. 每天做到3个一:一个鸡蛋、一瓶250ml牛奶,一两鱼或一两肉
2. 禁食豆制品、海鲜
3. 禁食高钾食物,如桔子、香蕉、榨菜、蘑菇等
4. 在不水肿的情况下,请多饮水,尿量保持在2000ml/24h
5. 禁用肾毒性药物

2. 休息及活动指导　根据患者病情合理安排休息和活动量及必要的锻炼。急性感染后肾小球肾炎急性期宜卧床休息2～3周,至肉眼血尿消失、水肿减退、血压恢复后逐步增加活动量;肾病综合征,大量蛋白尿时要多卧床休息,宜更换睡姿,每天宜起床活动2～3次,每次15～30分,以免血栓形成;对已合并肺动脉栓塞和(或)深静脉栓塞者宜卧床休息,保持大便通畅;积极鼓励患者回归社会,从事力所能及的工作。

3. 其他　让慢性肾脏疾病患者了解疾病的相关知识可以增加患者的依从性,更好地配合治疗。要针对常见的肾脏疾病进行通俗易懂的科普宣传(图6-5);对肾淀粉样变性(尤

图6-5　肾脏疾病科普手册

其是合并低血压者),接受降压药物治疗的(尤其是高龄)患者,应注意避免体位性低血压;对于接受激素和(或)免疫抑制剂治疗者应避免到人群密集的公共场所,预防感染;拟行 HD 的患者要注意保护血管,尤其是前臂头静脉。

(二) 充分告知家属或适度告知患者疾病的预后与诊疗过程中的风险

正常肾脏也存在衰老,一般情况下正常人在 40 岁以后 GFR 随年龄增长而逐渐降低,肾脏的功能单位肾小球也约以 0.5% 的速率出现球性废弃。因此,肾脏病变一旦进展至一定程度,肾功能不全会进行性加重直至 ESRD。临床上血压高且难以控制、蛋白尿多且对治疗反应不敏感、就诊时已存在血清肌酐升高,病理上肾小球球性硬化多、肾小管间质病变重的患者预后差。肾活检、HD、PD、RT 是肾脏疾病诊断和治疗的重要手段,但都有可能出现合并症。二害相权取其轻,如果不行肾活检,"不打开肾脏病理这本书",犹如让医生闭着眼睛给患者看病,危害可能更大。ESRD 时不进行 HD、PD、RT 就好比冬日房间内煤气味很浓,而又无法关闭煤气开关(肾功能不全),此时你是开窗通气还是继续闭紧窗户保暖,答案自然明了。

药物治疗同样如此,患者寄希望经过治疗后可以有效地控制血压、减少蛋白尿、延缓肾功能不全的进展、减少心脑血管合并症的发生、发展,但是药物都有"三分毒",正如汽车给我们带来了极大的便利,但又可能导致车祸,如何取舍,也一目了然。应该利用汽车的便利,制定合理的交通法规,尽可能减少车祸的发生。在肾活检、HD、PD、RT 和药物治疗的同时,既要告知治疗目的,还是告知可能的副作用以及患者该如何监测疾病的进展和各种诊疗过程中出现的副作用等。医疗行业不同于其他行业,越是病情疑难危重、医务人员花费的精力和时间也越多、家属的经济付出也越大,但预后也可能越差。普及科普知识,让患方了解疾病的基本知识,认识疾病的诊治过程中存在着一定的风险和不可预测性,有助于提高患者的依从性,更好地配合,更好地理解诊治过程中出现的各种风险。

(三) 给予患方治疗方案知情选择

医学是一门科学,也是一门艺术,更充满了人文关怀。诊疗过程中应充分注意患者与家属的知情权,结合患者的病情、经济情况等,综合选择个性化的治疗方案。同一患者疾病的诊断是相同的,但治疗方案可以不同。ESRD 时三种肾脏替代治疗 HD、PD、RT 都是成熟有效的方案,各有优缺点。如患者有比较高的领悟力,更好的卫生习惯,更高的对医嘱的执行力,社会活动多,更多希望自由,可以选择 PD。如患者自理能力差,家庭支持能力不足,可以选择 HD。如患者年轻,希望得到更高的生活质量,更好地回归社会,又有合适的肾源,可以选择 RT。千万不能为了 RT,引发家庭矛盾,甚至道德绑架潜在的供肾者。激素和(或)免疫抑制剂的选用,除了考虑病情本身外,也要结合患者的年龄、性别、是否生育等情况。在病情及预后交代上也要区别对待,一般情况下,预后差的患者,建议优先向患者的配偶(有子女,夫妻关系好)、父母(非高龄)、同胞交代,而不是直接交代给患者的恋人、配偶(无子女,夫妻关系不好)、岳父母(或公婆),以免造成不必要的家庭矛盾,最大限度地保护患者的隐私、知情权和家属的知情权。

(四) 引导患者和家属配合治疗

多数肾脏疾病疗程长、对治疗反应需要时间,甚至为终身治疗。大多数患者住院是为了明确诊断,也有一部分重症、急性病变和(或)合并症需要住院治疗。诊断明确、方案制订后,或危急诊度过、病情平稳后,应该携治疗方案回家或回当地医院继续治疗。这样才可以让大医院尽可能为更多的患者服务,同时有利于提高基层医院的医疗资源利用率,提高基层医院医疗水平。健康的身体离不开健康的生活方式、健康的心态,正常人都需要合理饮食、适当运动,肾脏疾病患者更应如此(图 6-6)。

图6-6　腹膜透析宣教

四、常见医患沟通障碍及化解

【案例6-6】

（一）病历摘要

患者,女性,30岁。因"乏力2年,体检发现血清肌酐轻度上升伴尿检异常、血压轻度升高10天"入院。患者2年前出现乏力,未予重视。10天前无明显诱因乏力加重,并出现食欲缺乏,当时测血压偏高,自行服用氯沙坦后头痛缓解。10天后因乏力和水肿症状明显加重,尿泡沫日趋增多而去当地医院查检查,尿蛋白、尿隐血、Scr均升高为异常,未行特殊治疗即转入我院。未育,过去史、个人史、月经史和家族史余无特殊。体格检查未见异常,综合实验室检查结果,明确诊断为IgA肾病。

（二）患者及家属心理状态和表现

1. **患者偏执、绝望**　患者来自农村,不具备任何医疗常识,认为病变重,会进展到尿毒症、不能生育,生活没有意义。

2. **家属不信任**　认为这样一个著名的肾脏疾病研究所,这么多有名的大夫,才2年,就出现那么多慢性化病变?肌酐轻度升高,为何就不能生育?

3. **猜疑**　家属与患者之间互相猜疑,家属认为患者故意隐瞒病史,为了自己的健康,不愿意冒妊娠风险。患者认为家属可能会因此遗弃自己。

（三）沟通过程与成效

首先,医生用通俗易懂的语言和科普手册告知患者肾脏疾病是可治的,即使到了尿毒症阶段也有成熟、有效的治疗手段,许多患者一边接受肾脏替代治疗,一边照样工作,如残疾尿毒症患者著名作家史铁生,用笔书写人生,以此来坚定患者的信心;其次,人生包含很多方面,生儿育女只是其中之一,其本身也是为了更好地完善自我。以自己的临床实践告诉患者家属,一些事业做得非常好的企业家、高级知识分子(在不透露个人信息的情况下)由于肾脏疾病不能生育而通过领养途径照样获得了当父母的快乐;第三,大多数肾脏疾病起病隐匿,有些甚至至尿毒症才来就诊,患者本身并非故意隐瞒,因此,目前全社会都强调健康体检的重要性;第四,人们只有在尊重规律的情况下,才能改造自然。生老病死是任何人都无法改变的,正常人在40岁以后就会出现肾小球球性硬化,硬化的肾小球无法恢复正常,因此在目前情况下,治疗的目的是控制可能控制的因素,尽可能的延缓疾病的发展;最后,告诉家属即使正常人妊娠,都有可能出现各种合并症,从目前患者肾脏功能和病理结构改变来看,妊娠不一定会出现合并症,但出现合并症的风险极大。劝诫患者爱人:"你们有很好的感情基础,相信你不愿意为了自己的亲生孩子,甘愿让你的爱人冒这么大可能的风险"。经过上述沟通后,患者愉快地接受了治疗,从事力所能及的工作,二年后领养了一个女儿。目前患者病情稳定,一家三口,其乐融融。

(四) 沟通要点和分析

在有文献资料与典型事例的基础上,站在患者及家属的角度,剖析其心理问题的原因及对策。坚定了患者的信心,打消了患者及家属的疑惑,积极配合医生治疗,取得了很好的效果。除了医患交流外,医务人员还要与患者家属进行必要的交流,取得他们对患者的支持。患者才会更好地依从,从而获得更好的效果。

视频案例

视频 6-11　肾穿刺术前的医患沟通
视频 6-12　血液透析前的医患沟通

(王金泉)

【作业题】

实践性作业

在肾内科病房见习,与 1~2 位患者接触,列出患者的心理特点,用所学的医患沟通知识进行分析,然后制订具体的沟通方案及其要点并实践,写出体会。

第五节　内分泌科医患沟通

临床重要沟通问题

- 对于新诊断的 2 型糖尿病患者,如何告知患者要进行生活方式干预?
- 如果糖尿病患者的病情需要采用胰岛素治疗,应该如何与患者沟通?
- 如何告知糖尿病患者低血糖的风险及防范措施?
- 对甲状腺功能亢进症患者,如何告知不同治疗方案的利弊?
- 内分泌腺体功能低下的患者需长期使用相关激素替代治疗,如何与患者沟通?

一、患者身心特点与社会因素

(一) 患者的身心特点

内分泌代谢性疾病包括糖尿病、甲状腺疾病、脂代谢疾病等常见病以及垂体、肾上腺、性腺等内分泌腺体相关的临床相对少见疾病。不同内分泌代谢性疾病对患者的身心有着不同的影响,且在病程的不同时期,患者也会出现不同的情绪变化。

1. **怀疑**　糖尿病等代谢性疾病在人群中发病率高,一旦确诊往往需要长达终身的持续治疗和定期监测。患者在获悉病情后,常感到难以置信,甚至慌乱、烦躁。例如患者在体检中发现高血糖并诊断为糖尿病后,一些患者不愿面对,反复到不同的医院,找不同的医生就诊,希望能推翻诊断。有些患者不能接受终身服药的现实,四处寻医问药,希望能发现可以"根治"的良方,故很容易上当受骗。

2. **焦虑**　患者在接受了诊断并开始治疗后,随着对所患疾病知识的逐步了解,心理也开始出现变化。一些患者变得十分敏感、多虑,如对自身每一个微小变化都担心是糖尿病并发症;有些患者由于经济上的压力,不愿定期随访,仅凭自身的感觉随意服药,但同时又担心疾病的进展,故常处于矛盾、烦躁的心理状态;还有些患者由于治疗初期对药物的不适应或不良反应,产生对医生的不信任而拒绝治疗。例如有的糖尿病患者在开始使用胰岛素时由于发生了低血糖反应而拒绝胰岛素治疗。

3. **自卑**　由于有些内分泌疾病可伴随性功能异常,患者容易出现自卑的心态,表现为就诊时羞于启齿或不愿与医生沟通。一些患者情绪低落,认为自己的病不能根治,长期治疗费用不菲,从此自己就再也不是正常人了,容易产生被社会遗弃的心理,故而自卑、抑郁。还有一些糖尿病患者在使用胰岛素治疗时,由于需要在餐前注射胰岛素,使患者在一些社交场合自觉尴尬,易产生自卑感。

（二）主要社会因素

1. 生活方式改变　社会经济的快速发展,一方面为消除营养缺乏和改善居民健康提供了经济、物质基础,另一方面也导致了生活方式、行为习惯、膳食结构和疾病谱的变化。久坐少动的生活模式以及大量高热量精细食品的摄入使得超重和肥胖人群数量呈明显上升趋势。与肥胖相关的代谢性疾病包括糖尿病、血脂紊乱、痛风和高尿酸血症等的患病率亦成倍增加。现代社会环境中生活节奏的加快,工作等竞争的加剧也导致人们的心理压力越来越大。长期处于这种慢性应激状态容易导致中枢神经功能失调以及自身免疫功能的紊乱,因此与之相关的 2 型糖尿病、甲状腺疾病等内分泌代谢性疾病发病率亦明显增加。

2. 人口老龄化　目前全球老龄人口的数量呈快速增长,中国亦自 2000 年后正式跨入老龄化社会。现阶段,我国不仅是全球老龄人口数量最多的国家,更是老龄人口增加最为迅速的国家。随着老龄化人口比例的上升,与增龄相关的慢性内分泌代谢性疾病的患者数量急剧增长。例如随着身体的逐渐衰老,女性雌激素水平下降,骨转换能力减退,肠道钙吸收能力降低,老年人极易发生骨质疏松症。

3. 健康知识的缺乏　在社会经济发展和人民生活水平不断提高的同时,我国健康教育和疾病防治知识的普及却相对滞后。而基本健康知识的缺乏正是导致糖尿病、血脂异常、骨质疏松症等内分泌代谢性疾病发生、发展的重要原因之一。一方面,人民群众对疾病的预防知识认知度较低。以糖尿病为例,由于缺乏必要的健康知识,不良的生活习惯以及不科学的膳食结构使人们患糖尿病的危险显著增加;另一方面,患者得病后由于缺乏科学的疾病知识指导,以致难以坚持有效的治疗。在已诊断的糖尿病患者中,不少患者由于不知道血糖控制和并发症筛查的重要性,长期血糖不达标,一直到出现了晚期并发症才就诊,而此时病情已难以逆转。因此,急需加强公众教育,倡导平衡膳食与健康的生活方式,提高居民自我保健的意识和能力。

二、诊断中的医学信息沟通

（一）重要病史项目及意义

1. 仔细询问现病史　在与患者的病史沟通中,应详细询问主要症状的特点,以找到疾病诊断的线索。例如患者因低血糖症状就诊,需详细询问低血糖发作的时间,如果发作的时间是在餐后 3 ~ 4 小时,多为反应性低血糖,见于 2 型糖尿病的早期;但如果低血糖发作的时间在清晨空腹时或半夜,则多见于器质性病变,需进一步作详细检查。再例如患者因低钾血症就诊,需重点询问疾病发作的特点,如果患者表现为发作性低钾血症,发作间期血钾水平正常,提示低钾血症的发生与钾离子在体内分布异常有关,系钾离子从血液向细胞内转移所致,常见于低钾周期性瘫痪;如果患者表现为持续性低钾血症,且无消化道相关病史,则需重点考虑经肾脏丢失钾离子的可能性。

2. 伴随症状　内分泌代谢性疾病的临床表现常涉及多个组织、器官,但患者就诊时往往仅以自我感觉最突出的一两个症状为主诉,如果不仔细询问伴随症状,容易导致误诊或漏诊。例如,在询问一位以血压增高为主诉的患者,如经问诊发现患者伴有体重增加、毛发增多、皮肤痤疮、情绪改变、月经紊乱(女性)等症状,提示其高血压的病因可能是库欣综合征所致。以甲状腺肿大就诊的患者,如伴有多食易饥、怕热多汗、消瘦等症状,提示甲状腺功能亢进症的可能;如伴有怕冷、水肿、食欲缺乏、声嘶等症状,则提示患有甲状腺功能减退症可能性大。以闭经前来就诊的女性患者,如果同时伴有乏力、食欲缺乏、消瘦、怕冷、皮肤粗糙等,提示肾上腺、甲状腺等多个内分泌腺体功能减退的临床表现,医生需高度警惕下丘脑、垂体功能有无异常;而如果闭经的同时伴随阵发性潮热、盗汗等症状,则提示卵巢功能衰退导致闭经的可能性大。

3. 病情的发展及演变　对于内分泌系统的器质性病变而言,其病情常呈进行性发展,因此需详细询问疾病演变的过程。例如嗜铬细胞瘤的患者,其阵发性高血压的发作最初可以是一年发作一次,每次仅持续数分钟,但随着肿瘤的长大,其高血压发作的频率逐渐增加,可发展至一天发作多次,且每次发作持续的时间延长。

4. 既往史、系统回顾、个人史以及月经、生育史　了解患者既往的健康状况对于现患疾病的诊断常能够提供非常有用的资料。例如,因皮肤色素沉着及乏力消瘦就诊的患者,如果既往有结核病史,则提示医生需考虑肾上腺结核导致原发性慢性肾上腺皮质功能减退症的可能。对于弥漫性甲状腺肿大的患者,需结合患者的年龄,是否来自高海拔地区或碘缺乏地区,考虑单纯性甲状腺肿的可能性。

（二）重要体检项目及意义

在全面查体的基础上,内分泌系统疾病体检的重点在于通过视诊和触诊仔细判断患者的全身状态和局部体征。检查前应选择合适的环境,与患者及家属沟通体格检查的目的,尤其注意保护患者的隐私。

1. 体重　大多数内分泌代谢性疾病,如糖尿病、甲状腺疾病、肾上腺疾病等都会伴有患者体重的改变,因此体检时需测量身高、体重、腰围及臀围。据此计算出体重指数（body mass index, BMI）[BMI = 体重（kg）/身高^2（m^2）],根据 BMI 判断是否消瘦、正常、超重或肥胖。腰臀比（waist-to-hip ratio, WHR）是腰围和臀围的比值,也是判定腹型肥胖的重要指标。进一步需注意观察患者体脂分布的特点,是均匀性分布还是向心性分布。单纯性肥胖者多为均匀性肥胖,而库欣综合征患者多表现为向心性肥胖。在疾病的治疗过程中,还需动态监测患者体重的变化。

2. 皮肤改变　甲状腺功能亢进症患者的皮肤多细腻、温暖而潮湿;甲状腺功能减退症患者的皮肤则干燥而粗糙,脱屑多,可见黏液性水肿。腺垂体功能减退症患者皮肤色素减退,苍白干燥。原发性慢性肾上腺皮质功能减退症患者则以皮肤及黏膜色素沉着为临床特征,牙龈及皮肤皱褶处尤为明显;库欣综合征患者皮肤菲薄,下腹部及大腿内侧等处常可见皮肤紫纹。

3. 毛发异常　体检时要注意观察毛发的多少及分布。腺垂体功能减退症、甲状腺功能减退症患者常见毛发稀疏和脱落。女性患者如发现体毛增多、上唇出现胡须、阴毛增多并呈男性化分布,提示体内雄激素水平增高或作用增强,需警惕肾上腺疾病以及其他有可能导致雄激素水平增高的相关疾病。

4. 甲状腺肿大　视诊时要注意甲状腺的大小及分度,触诊时进一步判断甲状腺的大小、质地、有无结节及压痛、是否随吞咽上下活动等。不同的甲状腺疾病其甲状腺的体征有所不同。如弥漫性毒性甲状腺肿患者,其甲状腺多为弥漫性肿大,质地柔软无结节,听诊可闻及血管杂音;桥本氏甲状腺炎患者的甲状腺,触之多质韧无压痛;亚急性甲状腺炎患者多为局限性结节或肿大,触之质硬,疼痛拒按。

（三）实验室检查及意义

由于很多内分泌代谢性疾病缺乏特异的临床表现,故明确诊断有赖于逐步进行的一系列实验室检查。例如通过测定血液及尿液中的激素和（或）代谢产物水平以明确相关内分泌腺体的功能状态,进行 B 超、CT、ECT 或 MRI 等影像学检查以发现内分泌腺体的形态改变。有些疾病还需要进行内分泌动态功能试验以进一步明确诊断。根据病情需在不同特定时间多次抽血及反复留取尿液。此时与患者及家属的充分沟通十分重要,往往是决定检查质量的重要因素。检查前需向患者介绍检查的目的、重要性、局限性、实施的步骤与方法、初步估计的时间、患者需配合的注意事项等。有时检查周期持续时间较长,有时即使做了多项检查仍不能完全明确诊断,需要后期进一步随访观察,这些都需要与患者及时充分沟通。如果医生未向患者讲清逐步检查的必要性以及所需的时间等信息,患者会产生医生冷漠、拖延、治疗不积极、不关心患者等负面印象,易引发医患之间的矛盾。当检查结果回报后,应及时向患者反馈检查结果以及交流将进行的进一步的检查或治疗,让患者在充分知情的情况下主动参与和配合实验室检查。

三、治疗中的积极沟通

（一）针对患方的医学与健康教育

内分泌代谢性疾病的治疗,常与日常生活密切相关。健康科学的生活方式不仅是疾病治疗的基础,也是决定疗效的重要决定因素。多数内分泌代谢疾病需要长期持续的治疗,并需要定期监测和就诊,因此患者的依从性与配合度至关重要。需要通过多种方式对患者及亲属进行健康教育,告知相关疾病的基本医学知识。让患者和家属学会预防和保健措施,了解所患疾病的自然病程及预后,知晓定期随访和监测的必要性等。

1. **对于糖尿病患者**　应让患者充分认识糖尿病并掌握自我管理血糖的能力。需告知的内容包括糖尿病的病因,自然病程,糖尿病的危害,如何预防急慢性并发症等。首先应对患者进行生活方式的教育,包括合理膳食、适量运动、戒烟限酒、心理调节以及维持理想体重等;其次应告知患者如何正确的服用降糖药物,包括服药时间与可能的不良反应。对需要使用胰岛素注射的患者,还需教会患者胰岛素的注射技术并交代注意事项。糖尿病患者的日常血糖监测和定期需进行的并发症检查亦属必须告知内容。此外,还应教会患者口腔、足部、皮肤护理的技巧以及在特殊情况下,如伴发其他疾病、应激、手术和发生低血糖时,如何应对等知识。

2. **对于血脂异常、痛风以及骨质疏松症患者**　需与患者沟通的内容包括疾病对健康的危害及引发疾病的危险因素等。重点要教会患者选择对身体有益的健康食物,避免加重病情的食物。例如骨质疏松症患者应多摄入富含钙及维生素D的食物,痛风患者应避免高嘌呤饮食等。另外,还要鼓励患者坚持进行适合自身的体育运动,督促患者遵医嘱服药,告知患者定期到医院复查以确保治疗长期达标。

3. **对于甲状腺疾病的患者**　患者对相关知识较为陌生,需耐心告知患者相关的甲状腺疾病知识。例如甲状腺功能亢进症有抗甲状腺药物治疗(antithyroid drugs,ATD)、^{131}I及手术等三种不同的治疗方法。在决定治疗方法前,一定要详细向患者介绍不同治疗方法的利弊及选择的依据。对甲状腺功能亢进症伴有突眼的患者还要教会患者如何保护眼睛,配合医生治疗。对于甲状腺功能减退症的患者,需告知甲状腺激素替代治疗的必要性及安全性等。此外,还应让甲状腺疾病患者了解饮食中的含碘量对所患疾病的影响,了解长期使用药物治疗需定期监测哪些指标等。

4. **对于腺垂体、肾上腺皮质以及甲状腺功能减退的患者**　一定要反复强调终身服药的必要性,随意停药的危险性,并告知替代治疗的安全性以解除患者服药的顾虑。要充分让患者及亲属知晓如何应对应激状态,伴发其他疾病时如何调整替代治疗药物的剂量等知识。尤其是腺垂体功能减退症和肾上腺皮质功能减退症的患者,应建议患者随身携带写有自己姓名、所患疾病以及服用药物的卡片,嘱患者及家属在因其他疾病需治疗时,需主动告诉主管医生自己所患疾病,以免贻误抢救时机。

（二）适度告知患者治疗中的风险

1. **糖尿病患者**　不管是口服降糖药物还是胰岛素治疗均有发生低血糖的风险。因此,医生应充分告知患者及家属低血糖的相关知识,让患者掌握低血糖的临床症状,如何预防和处理低血糖发作,学会血糖监测等。

2. **甲状腺功能亢进症患者**　在使用口服抗甲状腺药物治疗前,需充分告知患者服用药物后可能出现的一般副作用及严重副作用,如白细胞减少、肝功能异常、皮疹等。让患者知晓需监测血常规、肝功能,在服药过程中一旦出现发热、咽痛、乏力等感染征象或黄疸等,应立即停止用药并及时就诊。

3. **甲状腺相关性眼病患者**　如需采用糖皮质激素治疗,治疗前的沟通十分重要。谈话需包括以下内容:①治疗的必要性:如果不治疗,病情加重后有可能出现角膜溃疡、感染、失明等严重后果;②疗效的不确定性:给药后多数患者眼部症状可缓解,但由于个体的差异性也可能疗效不佳;③激素治疗的不良反应和应对措施:需告诉患者糖皮质激素治疗可能会出现的不良反应以及医生会采取哪些措施来预防或治疗等。

4. 腺垂体功能减退症患者　在开始替代治疗之前,首先应告知患者为什么需要长期替代治疗;其次,应向患者解释所使用的药物虽然是激素,但患者服用的是生理性替代治疗剂量,而不是药理剂量,不必过度担心激素的不良反应;最后,需告知患者当合并其他疾病时,应适当增加糖皮质激素剂量,决不能随意停药,否则会危及生命。

(三)　给予患方对治疗方案的知情选择

对于同一种疾病,临床上可能存在有多种不同的治疗方法。例如,甲状腺功能亢进症的治疗方法临床上普遍采用的有 3 种治疗方法:口服抗甲状腺药物治疗、^{131}I 治疗和手术治疗,三种治疗方法各有其利弊。口服抗甲状腺药物治疗是甲状腺功能亢进症的基础治疗方法,但疗程长、药物有个体差异的不良反应、需要定期随访,并且治愈率仅有 40% 左右,复发率高达 50% ～ 60%。^{131}I 治疗方法简单、经济,治愈率达到 85% 以上,但甲状腺功能减退是此种治疗方法难以避免的后续问题,一旦发生,需终身进行甲状腺激素替代治疗。手术治疗亦有相应的适应证和不良反应。因此对于每一位甲状腺功能亢进症患者,在决定治疗方案前,医生需要向患者详细说明不同治疗方法各自的优缺点,临床决定的参考依据,并告知不同方案所需的大致费用等,让患者在充分了解这些有关的信息后再根据自身的情况做出合适的选择。这样即使治疗后出现药物所致的白细胞减少、甲状腺功能减退或其他不良反应,患者能够坦然面对并可以继续与医生配合而最终达到良好的治疗效果。

一些内分泌代谢性疾病如糖尿病、血脂异常、原发性骨质疏松症等由于需要长期服药并定期监测,对于患者而言,经济压力较大。因此医生在决定治疗方案时,应采用个体化的治疗方案,需充分考虑患者的经济条件、受教育水平、依从性等。这些信息可通过有效的沟通获得。因此,要求医生与患者除沟通病情以外,还需深入了解患者的社会心理特征,收集信息以帮助制订方案。在可能的情况下,医生还应提供多种方案供患者选择,并事先说明各种方案的利弊及费用。以糖尿病为例,如果患者经济拮据,可以采用疗效确切又较为低廉的降糖药物,但需告知患者可能出现的不良反应及对策;如患者经济上较宽裕,可以根据其病情,选择疗效好且低血糖风险相对较小的降糖药物。临床治疗应以人为本,从患者的角度出发,设身处地的替患者着想,制订出恰当的治疗方案。

(四)　引导患者和亲属配合治疗

对于需要长期治疗及监测的疾病,患者只有充分理解定期复查及监测的必要性才能坚持长期配合治疗。比如一个新发的 2 型糖尿病患者,就诊时要求医生只给他开点降血糖的"特效药"。但医生在综合了解该患者的病情后,鉴于患者目前血糖水平仅轻度升高,制订的治疗方案是暂不用药,但需控制饮食、合理运动,监测血糖等。此时的沟通应包括:向患者解释其患糖尿病的原因,科学的饮食及运动对控制血糖的益处与方法,如何根据血糖检测的结果进一步调整治疗方案等。患者在知晓该方案的必要性和方法后,积极配合医生进行饮食控制及运动,一个月后复查血糖,控制良好,这增强了患者的自信心,更加自觉地配合治疗方案。

某些内分泌代谢性疾病目前治疗手段有限,预后不佳,一旦发展至严重并发症期,难以有效逆转其自然病程,这些情况都需及时与患者进行充分的沟通。比如糖尿病肾病患者因水肿、蛋白尿就诊,患者和亲属容易因尿蛋白不能转阴,反复水肿而抱怨治疗效果差。这时,如在沟通中只告知其糖尿病肾病已经无法逆转,会给患者造成极大的精神压力,使其丧失治疗的信心。因此,医生应针对患者的具体病情,介绍其所患疾病的基本知识,提前告知治疗后能出现的各种不同反应、后续的应对措施,以帮助患者建立信心,引导患者与医护人员配合,以争取最好的治疗结果。当患者对自己的病情有了充分的了解,并感受到医护人员为他所做的各种努力,即使病情出现反复或恶化,也在患者预期之中,能够接受与面对。

四、常见医患沟通障碍及化解

不同的患者对药物治疗的反应可出现很大的差异,这些差异的存在,尤其是一些不良反应往往是医患纠纷发生的潜在根源。如果医方在治疗前对个体差异估计不足,容易出现医患之间的矛盾。

【案例6-7】

王女士,31岁,农民。8年前分娩时因难产,发生大出血而休克,经输血抢救后转危为安。产后出现无乳、闭经,并渐感乏力、食欲缺乏、有怕冷等不适,且渐加重。因经济困难,一直未就诊。3天前受凉后出现咳嗽、发热,伴恶心、呕吐、极度乏力。在当地医院经抗感染等治疗后症状无好转,渐出现神志淡漠,急转至某市医院。入院后经相关检查,确诊为席汉综合征(垂体危象前期)、左下叶肺炎。紧急予以静脉补液、抗生素控制肺部感染,氢化可的松200mg静滴治疗。用药后,患者生命体征逐渐平稳,一般情况好转。但从第3天起患者出现兴奋多语,后发展至胡言乱语、躁狂,出现被害妄想。患者丈夫对治疗中出现的问题非常不满,认为怎么越医越重,担心患者不能恢复而成为"精神病",拒绝进一步的检查和治疗。患者在治疗中出现的精神症状可能与其病程长、机体长期处于甲状腺功能减退和肾上腺皮质功能减退,对氢化可的松特别敏感有关。经反复耐心向患者亲属解释患者的病情及预后以后,同时调整激素的用量,3天后患者病情趋于平稳,后逐渐康复,精神症状完全消失。患者丈夫专门向主管医生道歉。

对于该病例而言,如果用药前能够认识到糖皮质激素使用后的个体差异,预先告知患者和家属可能出现的不良反应,在很大程度上,能够避免纠纷的发生。用药后应仔细观察患者对治疗的反应,对治疗中出现的问题积极分析原因,及时与患者和亲属沟通,并根据患者的反应调整治疗方案。

视频案例

视频6-13 静脉生理盐水负荷试验前的沟通

视频6-14 Graves病药物治疗前的沟通

视频6-15 激素替代治疗前的医患沟通

(夏文芳)

【作业题】

实践性作业

在内分泌科病房见习,与1~2位患者及亲属接触,了解患者病情及心理特点,利用所学的医患沟通原理进行分析,然后制订具体的沟通方案及要点,在老师的指导下进行临床实践,并写出体会。

第六节 神经内科医患沟通

临床重要沟通问题

- 面对头痛患者,你应该询问患者哪些问题?
- 怎样安抚一个可能会发生呼吸肌麻痹的患者?
- 怎样说服一个结核性脑膜炎患者配合多次腰穿检查?
- 如何与脑卒中的患者沟通长期规范的二级预防治疗?
- 如何说服吉兰-巴雷综合征的患者接受昂贵的丙种球蛋白治疗?
- 如何与呼吸肌麻痹患者的家属沟通气管插管及气管切开等抢救措施?

一、患者身心特点与社会因素

由于神经系统疾病发病及临床特征的特殊性以及对一些疾病的治疗、预后的不可知性,尤其是一些慢性疾病的治疗效果不佳并出现药物疗效下降、药物副作用等问题,使得患者及家属心中充满疑惑、焦虑和担心,会出现各种心理及情绪的变化。

(一)恐惧

一些老年人,尤其是患有高血压病、糖尿病、心脏病及高血脂、高血黏度,非常担心自己会得脑血管疾病,而患过脑血管病的患者又担心会再发,因此产生一种恐惧心理,身体稍有不适,如头晕、手麻等症状就急切地到医院要求做头 CT 检查,担心是否患了脑梗死。久而久之,造成心理压力。

(二) 焦虑、抑郁

患有神经系统疾病的病人,由于一些病症的特殊性,病程长、恢复慢,很多留有神经功能的缺损,甚至不同程度的残疾。比如脑血管病患者,由于肢体活动受限,可能还有语言功能障碍,无法表达自己的意愿,患者常常非常担心疾病的结局,担心会给子女造成负担,因而产生焦虑、烦躁、忧愁,也有些出现情绪低落、缺乏兴趣,表现出抑郁症状,甚至不配合医生的治疗。

(三) 易产生孤独心理及人格变化

如患有帕金森病的患者因行动迟缓、震颤等产生自卑心理,不愿与人交往,情绪变化无常,焦虑、忧愁、烦闷情绪时时缠绕在身,久而久之,则可能出现人格变化、情感脆弱、敏感且多疑,感到孤独和失落。

(四) 主要社会因素

1. 社会人口老龄化　随着社会的进步、经济的发展,人类的寿命得到了显著的提高,人口老龄化日益显现出来,随之而来的是老年病,尤其是脑血管疾病的发病率逐年攀升,其他老年性神经系统疾病也呈不断上升趋势,如帕金森病、阿尔茨海默病等。

2. 生活习惯的变化　随着人们生活条件的改善,生活水平大幅度提高,饮食习惯和饮食结构发生很大的变化,大量摄入高脂肪、高胆固醇食物,应酬增多、过量饮酒、大量吸烟。因工作压力大、工作节奏加快、繁忙,缺乏甚至完全没有体育锻炼,因此过多、过早发生动脉粥样硬化的人数显著增加,心脑血管病的发病率也随之增高。

二、诊断中的医学信息沟通

(一) 病史询问的重要性及意义

1. 现病史　全面、细致的了解疾病的发生、发展直接关系到疾病的诊断,因此要重视对现病史的询问,尤其是一些细节问题,更要注意。例如,对一个因头痛就诊的患者,以下问题应重点询问:①发病前有无外伤、药物及毒物接触史,有无熬夜劳累、受凉感冒或精神诱因等;②头痛的起病方式,是突然起病(如霹雳样头痛,患者往往能够正确回答起病的日期和时间)、急性起病、隐袭起病还是间断发作;③头痛的部位:前额、颞部、顶部或枕部;④性质:是胀痛,跳痛还是抽痛、刺痛等;⑤程度:是轻度、中度还是重度;⑥伴随症状:有无畏光畏声,恶心、呕吐,是否伴发热、全身酸痛等;⑦加重或缓解的方式:头痛是否因体位变化而变化,如卧位完全缓解,坐位或站立后头痛加重;⑧既往检查及治疗的效果等。

2. 既往史、个人史　既往史及个人史对于神经系统疾病的病因和鉴别诊断有重要意义,主要包括以下内容:既往史,如高血压病、糖尿病、心脏病、中毒、外伤等;个人史,如职业、烟酒嗜好及摄入量、冶游史等。

3. 家族史　一些遗传性疾病,如遗传性共济失调、肝豆状核变性、偏头痛等,家族史的询问非常重要。

(二) 认真细致、准确的体格检查是疾病诊断的关键

神经系统体格检查有其特殊性,除了应进行的内科系统查体之外,还要进行神经系统的专科检查,包括高级神经活动、脑神经检查以及运动系统、感觉系统、神经反射、脑膜刺激征等多项检查,通过细致、认真的体格检查而获得准确的阳性体征,再结合病史使临床医生对可能的病变部位做出初步的判断,即定位诊断。

1. 脑神经　脑神经共有 12 对,一般嗅、视神经由相关科室检查,其他脑神经相关疾病均应该进行详细的检查,并通过检查判断神经损伤是中枢性还是周围性,是多个脑神经受损还是单一脑神经受损,为诊断提供依据。例如:面神经在检查时发现仅有一侧鼻唇沟变浅,而无同侧的额纹消失和闭目不全,提示面神经麻痹是中枢性的,再结合其他的阳性体征,如对侧肢体瘫痪、麻木等,如急性起病,通

常优先考虑脑血管病,当然还需要结合影像检查排除假性卒中。

2. 运动系统　要检查病人有无肢体运动障碍,是上运动神经元瘫还是下运动神经元瘫,是否对称,是否有锥体外系受损和小脑受损症状等。如病人突然出现双下肢瘫、排尿困难,经检查发现双下肢为弛缓性瘫痪,反射消失,无病理反射,有感觉减退平面,则提示为脊髓病变、脊髓休克期。

3. 感觉系统　感觉障碍检查也非常重要,通过检查,可发现病人是否有感觉障碍,辨别是周围性、传导束型、还是分离性。如病人有手套、袜套样的感觉障碍,则提示是周围神经病变,若是传导束型感觉障碍,则提示为中枢病变。如果病人自述有肢体的麻木症状,但部位不固定,时间长短不等,且伴随胸闷心悸、睡眠差等症状,体格检查没有感觉障碍,则提示可能是精神因素导致的躯体不适。

4. 神经反射　神经反射的检查包括生理反射和病理反射的检查,生理反射的减弱和消失、生理反射的亢进以及病理反射的出现都是有意义的反射异常。

5. 脑膜刺激征　病人存在脑膜刺激征时,常常提示有中枢神经系统感染或蛛网膜下腔出血,需要进一步完善腰穿及头颅 CTA 或 DSA 等检查。

(三) 进行辅助检查的必要性及意义

1. 影像学检查　对于神经系统疾病的诊断,影像学检查非常重要,包括 CT、MRI、MRA、MRV、CTA、DSA 等。要根据病人的病情选择最恰当的检查项目,如突发脑血管病的病人应该首选 CT 检查,对于特殊部位的脑血管病和缺血性卒中早期应选择 MRI 检查,如脑干或小脑梗死等。血管造影对于脑血管畸形、动脉瘤以及静脉血栓形成等的诊断至关重要。而选择何种影像检查还要根据病人情况而定,如果是血管的初步检查应选择无创的颅脑超声检查,如病人是过敏体质或肾功能不全,则应选择不需造影剂的 MRA 检查。对于有损伤的 DSA 检查,要向病人及家属交代可能出现的后果,积极沟通,以得到最好的检查结果。神经系统的许多疾病如脊髓病、颅内感染性疾病、脱髓鞘病、胶质瘤或转移瘤及癫痫病等都需要进行 MRI 平扫或增强帮助进一步明确诊断。

2. 脑电图和肌电图　对于脑炎、各种脑病及癫痫等疾病的诊断,脑电图检查是必需的,而怀疑病人为肌肉病变或周围神经病变则应进行肌电图的检查。

3. 脑脊液检查　对于颅内感染性疾病、脊髓疾病、某些周围神经病以及蛛网膜下腔出血等疾病的诊断,腰穿脑脊液的检查是必要的,尤其是颅内感染性疾病,脑脊液的常规、生化检查是无可替代的。一般患者对于腰椎穿刺检查有顾虑,担心留有后遗症,很多病人甚至会拒绝此项检查。因此,在遇到这样的患者时,医生要有足够的耐心与病人沟通,解释检查的必要性并进行安慰,解除其恐惧心理,使其配合检查,以助明确诊断。

4. 经颅超声多普勒检查　该项检查可初步判断脑部血管的状态,是否存在狭窄、闭塞及其程度,为进一步检查提供依据。

5. 放射性同位素检查　包括单光子发射断层扫描术(SPECT)和正电子发射计算机断层(PET),此项检查对脑缺血的早期诊断、癫痫灶的定位诊断、痴呆的早期诊断以及肿瘤的良恶性判断都具有重要意义,被越来广泛的应用于临床。

6. 血液生化检查　血液指标的检查如怀疑亚急性联合变性,通常需要检查血清维生素 B_{12} 水平,排除肝豆状核变性需要检查血清铜蓝蛋白,考虑线粒体脑肌病需要检查血乳酸水平等。此外,快速进展认知障碍的患者,除影像检查排除中枢神经系统感染、正常颅压脑积水、CJD、颅内肿瘤、硬脑膜动静脉瘘等疾病,甲状腺功能+抗体、梅毒螺旋体抗体、HIV 等检查也是需要考虑的。

三、治疗中的积极沟通

(一) 针对患者的医学与健康教育

在治疗疾病的同时,向患者及家属积极宣传医学常识、进行健康教育是非常必要的,使他们提高健康意识及对一些疾病的认识,有利于对隐袭、缓慢起病疾病的早期发现、早期诊断和早期治疗。如对偏头痛患者普及预防和治疗的相关知识,告知其尽管偏头痛目前尚无法根治,但可以预防、可以控制。应尽可能避免各种诱因,尽量减少止痛药的使用,如果符合预防治疗原则,尽早预防,规范治疗可以很好地控制偏头痛发作,减轻头痛程度,大大改善患者生活质量。

对家族中有帕金森病或老年痴呆的患者,告知其尽管目前尚无法根治或逆转,但规范治疗可以延缓疾病进展,改善患者生活质量。而对于脑血管病高危人群,通过积极的宣教,能提高人们对其认识,从脑血管疾病的一级预防着手,尽量减少发生是重中之重。

（二）适度告知患者治疗中的风险

神经系统疾病的发病、病情进展有其特殊性,有些患者在入院之初,病情可能并未达到高峰,对于这样病人的病情要有充分估计,并向患者家属交代可能会出现的变化、最重的状况,应注意观察什么,尽量不告知患者本人,避免给病人增加心理负担和压力。如吉兰-巴雷综合征患者入院时,仅表现为四肢无力、反射消失,而随着病情的进展,可能出现呼吸肌麻痹,需要气管切开,用呼吸机维持。对于这样病情的严重程度应该及时与患者家属沟通,密切观察患者的呼吸状况,交代有关气管切开的事宜。一旦出现呼吸肌麻痹,可立即行气管切开以辅助呼吸,避免延误抢救时机,同时也使患者家属事先有心理准备,减轻惊慌、恐惧情绪。

（三）给予患者及家属治疗方案的知情选择

针对诊断明确的疾病,从治疗角度可以采取不同的治疗方案,一些方案在实施过程中可能会出现明显的副作用或治疗费用高等,对此采取哪一种方案应该与患者及其家属沟通,征求他们的意见,并说明不同方案的治疗效果,使患者及家属在对不同方案充分知情的情况下做出选择。例如:急性脑梗死超早期的溶栓治疗,在严格掌握适应证的前提下,向患者及家属交代使用溶栓药可能会引发脑出血、缺血再灌注后加重脑损伤等副作用,如同意需签字为证,从而避免可能出现的医疗纠纷。对于吉兰-巴雷综合征病人,治疗最有效的方法是血浆交换或丙种球蛋白注射,但前者血浆来源困难,后者价格昂贵,一个疗程需要数万元的费用,是否应用要与患者及家属沟通,征得同意后方可使用,避免患方不知情而使用可能造成欠费纠纷。

（四）引导患者和家属积极配合治疗

在对患者实施治疗的过程中,除了治疗方案、治疗药物、治疗费用要与患者及家属沟通外,一些诊疗操作还要得到患者及家属的积极配合。例如,对于神经系统感染疾病结核性脑膜炎患者,需要多次进行腰椎穿刺,一方面帮助诊断,另一方面根据脑脊液化验结果的动态变化判断疗效,还可以同时鞘内给药,提高中枢神经系统内抗结核药物的浓度,有利于迅速缓解病情。而对于腰穿检查,多数病人及家属会担心留有后遗症,这时就需要医生给予解释,说明腰穿对诊断及治疗效果判定的重要性,告知大多数情况下不会留有后遗症,解除病人及家属的顾虑,得到积极的配合,使疾病能早期诊断和治疗。

对于神经系统疾病患者,尤其是瘫痪及有意识障碍的病人,护理工作至关重要,及时翻身、叩背、排痰是减少肺部感染的关键,也是预防褥疮的关键,并发症不发生或少发生直接影响病人的预后。因此,医护工作的配合以及医患之间的配合非常重要,力争做到衔接紧密、沟通及时、配合默契,从而取得较好的治疗效果。

四、常见医患沟通障碍及化解

神经内科与其他科室一样,在医疗过程中不可避免地会出现医患纠纷,如何避免和减少纠纷的发生也是医务人员的工作之一。

（一）医疗费用较多

由于医疗费用较多而发生的纠纷最常见。在繁忙的医疗工作中,因一时疏忽大意对医疗处置的某些项目重复收费,或者对没有实施的项目收费,病人没使用的药物收费等,造成医疗费用过多从而导致病人及家属的不满。化解此类纠纷的方法是加强医护人员的责任心,建立住院费用明细单,使患者及医护人员能够有据可查,对确实出现的不合理费用及时向患者和家属解释清楚,并予以退还。

（二）病情突然加重甚至危及生命引发纠纷

神经系统疾病如重症肌无力、自身免疫性脑炎或急性播散性脑脊髓炎等，就诊之初往往仅表现"冰山一角"，随着时间推移，病情会出现迅速进展恶化，甚至很短时间内出现呼吸肌麻痹、癫痫持续状态、呼吸心搏骤停等危及生命的情况。避免此类纠纷的关键是医生要充分评估可能会发生的危险，及时向家属交代，并且密切注意病情变化，当病情加重或出现其他变化时，及时发现，并采取积极的抢救治疗措施，使病人的病情能够得到缓解，即使病人抢救无效死亡，由于采取了积极地抢救，也可以避免纠纷的发生。

（三）因检查项目不合理或开错检查单引发纠纷

此类纠纷较易发生在神经内科门诊，由于每日门诊量大，患者多且症状各异，可能会有体格检查不够细致、准确，或因病情复杂，某些体征掩盖了实质病变部位的体征，出现了检查项目不够合理，或者由于笔误开错检查部位的情况。为避免此类纠纷的发生，医生要细致、认真地对待每一个病人、每一个检查项目，并且要加强专业知识的学习，提高业务水平，尽量做到检查项目合理，准确。

（四）医患沟通障碍及化解

1. 因用药毒副作用导致的沟通障碍

【案例6-8】

患者，张先生，70岁。患三叉神经痛3年余，每天备受疼痛折磨。发病初期偶尔疼痛，未予重视，近1年来发作频繁，疼痛难忍。头颅MRI未见明显异常。来院就诊后，医生处方卡马西平，从每次半片，每天3次开始，逐步加量至每次1片，每天3次。叮嘱服药过程中，注意有无过敏反应，如有，需要及时停药并复诊。患者服药1周后症状改善，两周时明显缓解，但出现瘙痒及皮疹。因当时面部疼痛明显缓解，且距离初始服药已有两周，患者没想到是药物不良反应，以为是食用的鱼虾过敏，没有在意，并继续服用卡马西平，在随后的3天里，皮疹加重，到皮肤科就诊，考虑为卡马西平导致的过敏反应，因病情严重，收住入院，尽管积极治疗，仍然不可避免地出现了剥脱性皮炎，住院抢救治疗一个多月后病情才算稳定，但花费较大，患者和家属都极度不满，要求当班医生赔付。但主诊医生表示，当时反复跟患者交代过，并且在病历上写明，如服药期间有过敏反应，需立即停服，并来院就诊。患者家属查看就诊病历后，看到了当天的医疗记录，表示理解，后未再纠缠。

此案例提醒我们，老年或知识文化程度低的患者单独就诊时，如果初始治疗，一定选择毒副作用少的药物，如果必须使用某些很可能出现副作用的药物，让患者配好药后再返回诊室，跟患者当面反复交代，并在药盒的醒目位置做出提醒。同时在病历上详细写明相关注意事项，尽量做到防患于未然。如果有家属陪诊，需要跟家属详细告知可能出现的常见不良反应，请家属注意密切观察相关情况，并及时提醒。

因患者或家属缺乏医学专业知识，常常对疾病的严重程度、病情中可能发生的并发症及不良预后认识不足，对治疗抱有的期望值很高，一旦病情恶化则没有思想准备，部分病人及其家属不承认医学的局限性。

2. 患者家属对医方的告知沟通没有充分理解

【案例6-9】

患者，李某，因"突发头晕伴行走不稳2天"入院，既往有"高血压"病史多年，不正规服药。头颅CT：右侧小脑半球大片梗死。入院后床位医生立即跟家属沟通，告知病情：短期内可能因脑水肿加重，甚至出现脑疝，呼吸心搏骤停等情况。但家属不以为然，认为患者"就是脑梗死而已"，哪会有医生说得那么"玄乎"。入院第3天晚上，患者出现呼之不应，双瞳孔散大。家属气急败坏，在病房大闹，说来医院时还好好的，怎么一下子人就不行了。考虑为后颅窝压力增高导致的枕骨大孔疝，立即给予脱水降颅压处理，使患者神志转清，请脑外科会诊后给予去骨瓣减压后病情稳定、好转出院。

该患者在入院初期，家属因医学知识匮乏，对医方的告知沟通不重视，对突发的病情变化无法接受，导致情绪失控、无理取闹。这提醒我们需要以通俗、易懂的语言跟家属充分沟通，争取家属最大程度地理解和配合治疗。

视频案例

视频6-16   老年患者焦虑症的沟通

视频6-17   GBS患者入院病情沟通

视频6-18   TIA患者病情突然变化时沟通

（赵红如）

【作业题】

临床实践

在病房观察医生询问两例脑卒中患者的病史和相关情况，对病人的心理状况进行分析，应该如何进行沟通并写出体会。

第七章 外科医患沟通

图 7-1   "中国外科学之父"、医学教育家——裘法祖院士

临床重要沟通问题

- 患者及家属对疾病认识不足,且对手术期望值过高,如何进行有效医患沟通?
- 当疾病有多种手术治疗方式时,手术前如何与患者及其家属进行有效沟通,选择最适宜的手术方案?
- 复合性外伤的患者,需行多专业外科手术治疗,手术前各专业医生与患者及家属如何进行有效沟通?
- 手术前,如何与医疗费用高昂、手术风险大的择期手术患者及家属进行有效沟通?
- 手术中出现医疗意外或致命损伤,如何与患者家属沟通?
- 术前检查、术前诊断与手术所见不一致,如何在术中与家属有效沟通?
- 手术后,患者出现严重并发症,如何与患者及其家属进行有效沟通?
- 术前医患沟通不到位,如何在术后促进有效沟通?

第一节   外科特征与患方特点

一、外科特征

外科是研究外科疾病的发生、发展规律及其临床表现、诊断、预防和治疗的科学,是以手术切除、修补为主要治疗手段的专业科室。手术治疗是外科疾病治疗方法中最重要的一种。随着科学技术的进步,手术治疗范围扩大、手术技术提高、手术普及加快,手术治疗出现了引人瞩目的变化。主要表现:手术领域不断扩大,过去没有有效治疗方法的某些先天性畸形、脏器功能衰竭等疾病如今可采用手术治疗,与其他疗法相比,手术疗法有其自身的特点。

(一)收效快与局限性并存

有些疾病手术可以令其"手到病除",有些也只是探查或明确诊断,手术对某些疾病的治疗也只是其中环节之一,还要其他措施辅助治疗。

（二）强调团队协作

手术需团队协作,因技术复杂、环节多,涉及临床、医技、后勤等多个部门,围手术期及手术的各环节应达到无缝连接。

（三）治疗具有侵袭性

手术治疗虽然以拯救患者的生命为目的,但该治疗手段对患者的组织、器官具有一定的侵袭性,易对人体造成损害,对某些患者可能是灾难性的损害。

（四）其他特征

外科的特征还有对医生的技术水平要求高,医疗风险大,对医护人员无菌技术及医院感染管理要求严格,对医疗设备及器械依赖性大。

二、外科患者的特点

无论是何种手术,对患者都是一种心理和生理的强刺激,这种刺激如得不到缓解,将会影响手术效果,加重术后情绪障碍或引起并发症。

（一）手术前患者的心理特点

患者手术前的心理反应最常见的是焦虑、恐惧和睡眠障碍。引起患者术前焦虑的原因有:对手术安全性缺乏了解,特别是对麻醉几乎是陌生的,顾虑严重;担心手术效果,对手术成功缺乏信息与信心;对手术医生的技术水平与手术经验不了解、不放心;害怕疼痛;对医生的态度存在顾虑;渴望在手术前与主刀医生见面,向主刀医生表达自己的心情;担心治疗费用超出自己的支付能力;担心手术会影响自己将来学习、生活、工作的安排等。

这些影响因素的个体差异较大。一般认为年轻的患者反应较严重;女性患者相对明显;文化程度高的患者想法及顾虑较多;性格内向、不善言语表达、情绪不稳定以及既往有心理创伤的患者容易出现焦虑情绪。

（二）手术中患者的心理特点

非全身麻醉的患者,会对手术中医护人员的言行举止用心倾听、揣摩,会对手术器械撞击声格外留心。全身麻醉的患者,会对麻醉前医护人员的言行举止用心倾听、揣摩,对麻醉醒来时的所见所闻特别在意。

（三）手术后患者的心理特点

手术患者的焦虑恐惧、紧张反应不仅仅局限在手术前,也始终伴随至手术后。由于重大手术均有可能引起部分生理功能丧失和体象改变,患者容易出现愤怒、自卑、焦虑、人际关系障碍等心理问题。有些患者可能因术后一时不能生活自理、长期卧床,难以工作、孤独、对手术效果不满意等原因,继发严重的心理障碍。

外科医生应及时了解手术患者的心理,采取适宜的医患沟通,减轻患者的心理应激反应,帮助患者顺利度过围手术期,以期取得最佳的治疗效果。

（康德智）

第二节　外科医患沟通的方法

手术治疗的创伤性和高风险性,决定了外科是医患沟通障碍的高发区,外科医疗活动的高风险性要求良好的医患沟通。对患者来说,医生的每一句贴心嘱咐都是一剂良药。但是,目前外科的医患沟通状况不尽如人意。例如:在外科医生办公室里,一位主任让其助手将一位患者次日做手术可能的风险与并发症一口气读完之后,抛下一句话:"做不做手术,你们自己决定,决定做就在同意书上签字,不签字就安排别人做了。"然后,转身就走,没有一句解释。这位主任进入了一个沟通的误区,认为医患沟通只是"例行公事"。面对突如其来的问题,患者家属茫然无主,只好四处打听找熟人。最后,为了治病,只好硬着头皮签字了。

这样的医患沟通方式并不罕见。面对患者,有些医生态度淡漠,惜字如金。医生不会"说话",折射出对患者知情权的忽视。一些医生存在"知识傲慢"和"技术傲慢"的表现,不能尊重和平等对待患者。在患者的诊疗过程中,患者实际知道的远远小于实际应知道的,存在严重的信息缺失、告知不尽全。部分外科医患沟通没达到目的,简单地说,就是有"沟"未"通"。

在外科医患沟通过程中,医生理应像老师一样循循善诱,践行"同理心"的沟通方式,用最通俗的语言把最复杂的医学道理讲清楚,促进医患间的理解与支持。这不是对患者的恩赐,而是医生的本职。对于那些用心沟通的医生,即便发生了医疗意外,患者和家属往往也能理解。外科医师应该从自身做起,减少医患矛盾。和谐的医疗环境,除了应该通过提高自身技术水平以保证医疗质量之外,外科医生手术风险意识的培养和手术技巧的掌握同样重要,即在考虑怎么做这个手术之前,得先明白这个手术该不该做。聪明的医生会先和患者交朋友后给患者做手术;会对手术条件和患者对风险的承受能力做到心中有数,做好充分准备,创造一个良好的医疗环境。如果医患之间意见不统一,宁可暂停手术,先做好医患沟通工作。

一、全面了解患方身心与社会信息

希波克拉底有句名言:"了解什么样的人得了病,比了解一个人得了什么病更为重要"。病是在人身上发生的,要治病首先是要治疗患病的"人"。因此,先要了解和认识患者的心理特征、心理需要和社会信息,掌握患者心态,是实现有效沟通的重要条件。要认识到患者是带着自己独特的身心需求到外科接受治疗的,要给予患者更多的身心关怀、照顾而使他们身心处于最佳的状态,这样有利于提高医患沟通的效率和术后生活质量,减少医疗纠纷。

（一）关注手术患者的心理特征与需要

1. **行为表现异常** 手术患者行为表现与其年龄、社会角色不相称。在躯体不适时的哭泣,甚至喊叫,都是为了引起周围人的注意,以期获得关心与同情;平时自己能料理的日常生活也要依赖他人去做,希望得到家人、朋友、医护人员特别的照顾与关怀。

2. **情感脆弱** 手术患者常为小事而发火,情绪易激动,莫名的愤怒,怨恨命运,自责、作践自己。

3. **自尊心增强** 手术患者自认为应受到特殊照顾,特别注意医护人员的态度,稍有不妥即视为对其不尊重而生气,对治疗不合作,对医生不信任。

4. **敏感、多疑** 手术患者对声、光、温度等自然环境的变化特别敏感,稍有声响就紧张不安,对别人说话的声调、表情、神态、动作等也会挑剔,易反感。手术患者易盲目猜疑,对诊断是否正确,手术是否成功,医生的水平、责任心等产生怀疑,凡事追根问底;躯体不适的耐受力下降、主观体验增强,易害怕。这些变化都会影响手术的效果。

5. **恐惧、焦虑** 手术对患者是一种强烈的心理刺激,因而恐惧和焦虑是手术患者常见的心理特征。不同年龄阶段的手术患者恐惧心理不同,儿童害怕手术后引起疼痛;青壮年更加关注手术的安全性,对术后康复等问题忐忑不安;老年人则担忧手术的死亡危险。不同疾病的手术患者恐惧心理也不一样,其中,恶性肿瘤中晚期患者常常因担心疾病发展、手术预后差而忧心忡忡。

6. **悲观、失助感** 因丧失了劳动能力,或导致了形象变化,手术患者变得异常悲观,少言寡语,对外界事物不感兴趣;有的患者会出现"无能为力、无所适从、听之任之、被动挨打"的情绪反应,进而自暴自弃、放弃治疗,甚至出现轻生的念头。

7. **期待** 是指患者对未来的美好想象的追求。手术患者盼望自己能够早日手术,一旦安排了手术日又惶恐不安,希望能得到医护人员的特别关照。手术患者期待安全治疗是至关重要的。

（二）了解与手术患者相关的社会信息

1. **心理社会因素** 个性特征、情绪状态、应对能力、社会支持、生活事件数量等心理社会因素,对外科手术患者的心理应激程度、手术顺利程度及术后康复状况都有影响。

2. **家庭、社会信息**　患者的家庭状况、经济能力、工作性质、文化程度、社会关系等,也是影响医患沟通有效性和治疗方案选择的因素。

二、手术方案的告知与患方选择

"医生在诊疗活动中应当向患者说明病情和医疗措施。需要实施手术、特殊检查、特殊治疗的,医生应当及时向患者说明医疗风险、替代医疗方案等情况,并取得其书面同意;不宜向患者说明的,应当向患者的近亲属说明,并取得其书面同意。"这是以法律条文形式规定了医疗行为(临床决策)的基本边界与路径,其核心点有:一是充分履行医疗告知,尊重患者的选择权,是每个医务人员依法执业的底线;二是医疗方案的选择必须最大程度地让患者及家属参与,患方对临床决策有否决权和选择权。可见,让医生学会"说话",已不再是道德要求,而是法律要求。

(一)告知患者手术方案

对患者而言,接受手术难免恐惧、焦虑、失眠。如何缓解患者紧张的情绪,争取患者最大程度地配合,手术医生将手术方案告知患者是关键的环节,告知的过程中首先要以同理心不断鼓励患者,舒缓患者的情绪。

大多数患者都想和医生交朋友,只是有的医生没有给他们机会。外科医生应该先和患者交朋友,然后再做手术。医生应在有限的时间内把治疗方案、预期结果、可能发生的医疗意外及并发症清晰地告诉患者和家属,特别说明医疗意外和并发症的预防及力所能及的应对之策,让他们明白:你是站在他们的立场上思考问题的,你愿意为他们着想。外科医生必须以诚恳的态度,用患者及家属能听懂的语言和他们沟通,尽量用较短的时间争取他们的配合。

(二)尊重患者的选择权

当我们需要作出手术决策时,常常需要对是否手术、什么时候手术、采取什么术式作出选择,在选择的过程中,一定要让患者参与其中。此过程的沟通要点包括:

1. 确保让患者或家属知道正在发生或将要发生的事及原因。

2. 以建议而非命令或指令的方式与患者或家属沟通。

3. 给患者或家属选择的权力。

4. 让患者或家属参与决定。

(三)演好医生的"角色",把握好沟通的方法

1. **设身处地**　医生与患者之间的沟通是一个交换信息、达成一致、共同解决问题的过程。然而,二者在认知上存在一定差距,医生的理性认知与患者及家属的感性认知间存在矛盾,医生要设身处地站在患者的立场上,体验并理解患者的认知和感受,用心灵去感知、思维和体验,做到感同身受。

2. **认真倾听**　医护人员应耐心地倾听患者的诉说。患者的诉说是内心痛苦的释放,可以消除忧愁与悲伤。积极主动地倾听,不要打断患者的话,通过患者的诉说,可以及时掌握患者的病情及心理变化,了解患方身心的真实情况,发现在治疗中忽视的细节。包括倾听患者的欲望和需求、情感和思想、为疾病所承受的痛苦等。

3. **认同患者的感受**　医生要努力营造使患者感到自在和安全的氛围,让患者及家属能够主动、自由地表达自己的意见。医师应接受、肯定患者的真实感受。以一种表明你了解他所述的真实情况和理解他对这件事的感受的方式来作出反馈,也就是用你的语言把患者的事情复述一遍。

4. **复述一遍**　医生的责任心总会通过一些细节体现出来,对一些关键问题,让患者复述一遍,一来可防止医生自己说错,二来可防止患者听错,既能体现医生始终在关注患者内心的感知,还可以避免很多纠纷的发生。

5. **善于观察,注意对方的反应**　医生要用心观察表明患者及其家属感受的种种迹象(包括表情等身体语言)。

6. **真诚鼓励**　医生要善解患者的难言之隐,鼓励患者把自己的担心、不安说出来,解除压抑在心

里的情绪,对患者的鼓励要具体、真诚而及时。

7. 细致对焦 沟通的最终目的是就焦点问题在医患之间达成理解和共识,也就是将患者想知道的和你想告诉患者的都用通俗易懂的语言向患者表达。表达时,首先应注意自身良好的形象,掌握好语调语速,提高语言艺术,每一个医者都必须致力于锻炼日常医疗用语和平易近人的交流方式;其次,应充分利用身体语言,拉近医者与患者的距离;再次,在解释一个复杂的问题时,可充分利用图像、资料、实物标本,将复杂的沟通过程简单化,可以巧妙地应用一些比喻、类比、举例的方法,让患者认同医生的行为;最后,让患者复述你的观点,表示对方真正理解与认同。

加州大学洛杉矶分校的沟通调查,总结出了医生赢得患者信赖的“73855”定律,为医生开出了一张对症的“沟通处方”。医生通过与患者沟通赢得患者信赖,55%取决于医生与患者沟通时的肢体语言(包括眼神、表情、手势等);38%取决于医生与患者沟通时的语音、语调;7%取决于医生与患者沟通时说过、写下的语言文字。医生的诊疗从与患者的第一个眼神交流开始。人的心能听到理性听不到的东西,外界对一个人的判断不是根据一个人的品格、学识,而是根据讲话方式。医生透过自己的品格、学识外化出的行为决定患者对你的感受。

三、术前指导与谈话

外科医生在手术前应该想到手术可能发生什么危险,手术会存在哪些个体差异和解剖变异,应该采取什么措施加以预防和处理,还要对患者进行换位思考。这是外科医生的职责与己任,也是对患者负责和尊重的根本体现。

手术前,患者及其家属希望了解手术的必要性和危险性。外科医生应根据患者的不同情况,采取不同方法对患者作针对性的解释和开导,让患者消除顾虑。如果患者惴惴不安地向医生倾诉感受时,医生只以一句“小手术一个,不必紧张”敷衍,一旦治疗效果不理想或出现手术并发症,患者就会抓住医生说的“小手术一个”而纠缠不休,甚至引发医患冲突。

(一)术前指导

手术前,医护人员应遵循“尊重、不伤害,耐心倾听,鼓励表达”的原则,为患者提供正确的心理疏导,指导患者加强自我训练,调动患者的主观能动性,配合医生迎接手术。例如,培养患者的自我分析能力、控制能力和联想能力,让患者分析自己疾病是采取保守治疗好,还是采取手术治疗好,以主动地控制自己紧张、恐惧的状态。

手术前,要叮嘱患者休息好。睡眠对手术顺利进行是非常必要的,所以,对失眠的患者,要告诉他睡眠是为了手术时减少体力消耗,有利于手术的进行。对害怕手术疼痛的患者,要让他明白为免除疾病折磨,手术是必要的,并告知现有的技术已能很好地控制疼痛,使患者平静地接受手术。

患者进入手术室时,医护人员应以端正的仪表、和气的语言向患者介绍手术室的环境、手术医生及麻醉师,使患者对手术有一个大致的了解;告知患者,其亲人正在手术室外等候,使患者知道有许多人在关心他,尽量减少患者到手术室后的陌生无助感,提高患者手术期间的安全感和信任度,增加对手术治愈的信心。

(二)术前谈话

手术前,医生要找患者、患者家属或单位领导谈话,并要求他们在谈话记录上签字,这是一种常规制度。告诉患者手术的名称、方法,让患者了解手术的大致情况和适应办法。例如:对非全麻下进行腹部手术的患者,应该告诉他,在牵拉脏器时会有不舒服,但只要尽量放松或作几次深呼吸,就可以减轻;又如,对胃肠道术后需放胃管的患者,应事先告诉他术后说话会不方便,在这种情况下应如何表达自己的要求等。

通常情况下,医生是在征得患者及其家属同意后才决定手术的。手术是以损伤为前提的,患者是否接受这种治疗,自己完全有权决定。按常理而言,患者都是在无奈的情况下面临手术的。因此,应向患者及家属充分说明手术的必要性,以及不及时治疗可能产生的严重后果,以利于患者及其家属作出决断。当患者充分体会到不进行手术会产生难以接受的后果时,患者及家属才会对手术后的残存症状表示理解。

在与患者家属谈话时,应注意分清家属与患者的关系及家庭成员的构成。一般来说,排在第一位的是患者的配偶、父母、子女,第二位是患者的兄弟姐妹、祖父母、外祖父母,在同一序列中的每一个人都具有同样的权利,这一点应加以注意,特别是当患者失去表达能力时,有时会因家属的意见不统一而产生医疗纠纷,建议家属先统一认识,然后再作出决定。

手术前,与患者及其家属沟通时要注意:

1. **实事求是**　谈话切忌主观片面,要实事求是地说明病情、手术疗效与风险,任何的夸大其词都将可能成为医患纠纷的隐患。有针对性地组织交流同类手术患者的信息,更有利于促进患者了解治疗的目的。

2. **全面、到位**　应着重对术中、术后可能出现的危险与并发症进行全面和到位的说明与解释,特别是有可能危及生命的情况,更要说到位,以使家属在术前就有充分的认识和思想准备。同时,也要对医生为防止和应对风险及并发症所做的准备作适当的介绍,以取得家属的信任和理解。此外,对治疗所需的费用,也要在术前让家属了解和准备。

3. **善意掩饰**　对于某些病情较重,预后较差者,应特别注意谈话技巧。直接对患者谈时,应在执行保护性医疗制度的前提下,满足患者的部分愿望,可以有所保留,但对家属就应把问题说透。

4. **个体化**　谈话时,医生不能千篇一律地向所有的手术患者和家属都讲同样的话。要根据每个患者的具体情况,有针对性地进行沟通。

5. **医生要树立风险共担的理念**　医生不能陷入医患沟通的误区——把患者及其家属的签字当作免责、减责的凭据。不能认为有了签字,就可以不承担风险和责任。

6. **关注患者的安全感受**　介绍手术医生和护士情况,以使患者及家属对医护人员有更全面的了解,并产生亲近感,从而增强患者的安全感。

四、手术中的沟通

手术进行中,是医患双方都高度关注的治疗阶段。由于疾病和个体的差异,术中仍然可能发生各种难以预料的情况,加之外科治疗手段的特殊性,决定了术中仍应进行实时的医患沟通。术中医患沟通应做到:

1. **言谈举止要把握分寸**　手术中,医护人员切不可在非全麻患者面前表现出惊讶、可惜、无可奈何,以免患者受到不良的暗示或知道了不该知道的病情;医护人员不要讲容易引起患者误会的话:如"掉了""断了""糟了""穿了""做错了""取不完了""接反了",等等,以免引起医源性纠纷。

非全身麻醉的患者,对医生在施行手术中的一举一动都会有非常认真地体会和考虑,当术后发生一些不良情况时,患者常会把手术中的情况联系起来。在手术台上,还应避免谈论与手术无关的话题,特别是手术患者为清醒状态时,手术医生谈论无关话题和接听电话会使患者产生恐惧、增加危险感,即使手术医生能够保证谈话不会影响手术质量,患者的投诉也在所难免。

2. **必要时术中作补充告知**　若在手术过程中发现患者情况与术前预计的不完全相符,考虑需要扩大手术范围或者改变手术方式,甚至可能损伤周围的组织、器官或需要切除预定范围外的组织、器官时,医生应及时告知患者家属,做好有效沟通,征得患者家属的同意并签字后方可继续进行手术。术中出现意外大出血或其他危及生命的情况,也应及时与患者家属沟通。

3. **避免不良刺激对手术的影响**　事先要告诉患者在手术中听到医疗器械的碰撞声、医护人员的走动声时,不必惊慌,以免影响麻醉和手术进程。

五、手术后的沟通

手术结束,并不是一切都平安无事了,术后仍可能发生病情变化,有时甚至是瞬息万变的。医生除了应重视术后患者的观察与处理,还应继续做好医患沟通。术后医患沟通应当重点注意:

1. **及早沟通**　手术结束后,医生应及时向患者和(或)家属说明手术情况,并再次说明术后病情恢复的一般规律,可能出现的并发症及观察与治疗的方案,使患者及其家属对病情有更深入和客观的认识。

2. **及时说明,消除顾虑**　有些术后身心反应严重的患者,虽然手术非常成功,但患者仍可能有较多的不适主诉和顾虑,情绪不稳定。医生要给予指导,帮助患者减少"角色行为",让患者认识到术后病情是逐渐好转的,以增强患者的信心。

3. **正确指导术后患者的活动**　如嘱肺部手术后患者多咳嗽、咳痰、保障气管通畅;腹部手术后患者适当活动,以加速血液循环,促进康复,一有排气就要告诉医生。告诉他们做这些动作刀口不会裂开;骨科手术后患者要保持功能位,加强功能锻炼;颈部手术后患者要防止大出血,影响呼吸,等等。

4. **适时沟通、及时了解**　在术后出现病情变化或并发症时,应及时向患者家属说明可能的原因、转归和处理方法,以求得患者和家属的理解和配合,并在观察治疗过程中随时进行必要的沟通。

六、与危重患者及家属的沟通

(一)危重患者及家属的心理特点

危重患者的心理有一定的共性。首先,急诊入院后紧张的抢救过程及突然离开熟悉的环境和亲人,极易产生焦虑和恐惧情绪。其次,在进入监护室的 2~5 天内则会先后产生否认、孤独及忧郁情绪,而意外受伤者还易愤怒。一些患者则会因认同监护病房环境对其生命安全有较大保障,而产生依赖心理。由于危重患者是在重症监护室里进行治疗,患者家属只能在规定的时间里,短时间地访视患者,其余时间只能在监护室外等待。这种长时间的等待,决定了患者家属对能够及时了解患者病情及其转归十分渴望,并因而容易产生焦虑、烦躁,甚至是猜疑、愤怒的情绪。了解了危重患者及家属的心理特点后便可"对症下药",使沟通达到事半功倍的良好效果。

(二)与危重患者及家属的语言沟通

1. **首先是针对恐惧、焦虑孤独等负性情绪**　要避免在患者面前谈论病情,没有一个意识清醒的急危重症患者可以承受医生的一句"你已无药可救了",特别在患者极为痛苦时,更应对其进行安慰和鼓励,这对于增强患者抗病的信心、减轻焦虑情绪和战胜恐惧都有着很大的作用。然而,面对患者的发怒,医生应充分理解其过激行为,切不可训斥患者,反之应鼓励其合理宣泄,在与其沟通时,应给予充分的精神支柱,尽力消除意外使其产生的不平衡心理,要对倾诉出烦恼表示充分理解,并使其感觉到你感同身受,这样可让其感受到医院的温暖、安全的同时,也可加深患者对医生的信任。

另外,与患者家属沟通应记住一条中心法则:"医生不能完全代替患者家属满足患者对情感的需求",探视前,医护人员应指导患者家属不要在患者面前流露出悲伤情绪,强调在患者面前保持镇定的重要性,并应嘱咐家属探视时对患者讲一些利于疾病康复的话。

2. **面对家属质疑和愤怒**　首先对于前者,我们应该真诚的表示理解,做到有求必应,及时告知家属患者的病情及其可能的转归,以及下一步准备对其实施的治疗方案,随时保持和家属的接触与沟通。对于后者,应及时找出家属愤怒的原因,不急于与其辩白和争论,也不要急于否认,等待其情绪宣泄后,找好时机沟通。事的背后藏着情,莫先处理事,要先处理情;能用"情"解决的事,莫用"理",能用"理"解决的事,莫上"法庭"。

3. **应对患者产生的依赖情绪**　应了解患者产生此情绪的原因在于对自身身体状况的不自信,沟通中应强调让患者尝试简单的恢复训练,为其建立"我办得到"这一信念。适时转移患者注意力,不让其想起不愉快的回忆,从而进一步克服忧虑。

4. 应鼓励意识清醒的危重患者把自己的想法说出来　切不可对其看法直接给予评价,而是在谈话中引导患者从客观的角度自己进行评价。根据和其谈话中发现的问题,适时与患者谈论病情当前的治疗情况,并告知下一步治疗计划,关键在于让患者明白该怎样配合,为其树立信心(图7-2)。

(三) 与危重患者的非语言沟通

非语言沟通是指运用一切非语言信号所进行的人际沟通(包括:身体动作、体态、语气语调、空间距离等)。微笑是人间最美好的语言,自然而真诚的微笑具有多方面的魅力,能使患者消除陌生感,增加信任感、安全感,营造出安全、可信赖的氛围,从而达到有效交流的目的。

医生的衣着及各种动作、姿势也是一种"无声的语言"。医生的形象显得干练、精神,便可给患者带来安全感。然而监护室里患者更渴望得到尊重,有时可能一个极细小的动作便可对其造成心理伤害,甚至延误病情。例如:医生倾听患者诉说时,频繁改变姿势或使用手机,会让患者觉得漫不经心和不耐烦,从而伤害患者的自尊心。又如:当患者痛苦时,轻轻抚摸他的手或拍拍他的肩;患者发高烧时,摸摸他的额部,都会带给患者无言的关心。

图7-2　2006年感动中国获奖者、人民的好军医——华益慰主任

非语言的医患沟通正好体现了"医学既是科学又是艺术"这句话的含义。医生的手能够温暖患者的心:一个小故事在当今医学界流传甚广,外科巨擘裘法祖教授曾经为一位患者进行腹部体检时,使这位患者竟然因此落泪。因为,此前他曾先后看过6位医生,没有一个人伸出自己的手,与患者的身体有过必要的接触。故事虽小,但耐人寻味。

七、麻醉科医患沟通

麻醉医生在患者围手术期始终扮演着重要的角色,对患者的心理、手术安全及其病情转归都起着举足轻重的作用。加强麻醉科医患沟通是提高麻醉科医疗服务质量和保障患者手术安全的重要前提。

(一) 麻醉科医患关系的特点

一方面,与外科医生直接管理患者不同,通常情况下,麻醉科医生仅在术前访视中与患者接触,难以在短时间内取得患者的信任。患者的精神心理类型,麻醉科医生也掌握较少;另一方面,因患者及家属对麻醉知识的缺乏,在他们心目中,麻醉是神秘的,进而对麻醉产生恐惧和疑虑,决定了他们对麻醉医生具有高度的依赖和期望。这些特点就要求麻醉医生应与患者及家属有较为深入的交谈,充分了解患者对手术的认知程度、紧张程度、期望值,还需了解患者对麻醉的基本要求,对手术、麻醉的心理准备,这些对于麻醉的选择是至关重要的。

(二) 麻醉科的医患沟通

1. 术前访视沟通　手术患者术前紧张、恐惧和消极的心理,会增加麻醉的困难和并发症的发生率。麻醉医生应重视术前访视,加强医患沟通,了解患者的全身情况,避免麻醉意外的发生。

择期手术患者手术前一天,主管麻醉医生应亲自去病房访视,认真履行麻醉前沟通、告知义务。术前访视沟通的内容包括:

(1) 说明原理:向患者及家属详细说明麻醉的基本原理及麻醉过程中患者的可能感受。如局部麻醉患者是清醒的,在手术中能听到手术器械的声响;全麻患者会暂时失去知觉,麻药消退后会转为清醒等。麻醉医生应向患者及家属讲明道理,以消除患者及家属的恐惧和疑虑。

（2）告知风险：把麻醉可能发生的并发症和意外告知患者和（或）家属，耐心听取和解答他们提出的问题并客观地交换意见，以取得患者和家属的理解、信任和充分合作，确定麻醉方案并签署麻醉知情同意书。

此外，还应告知患者及其家属，手术结束后患者可能要进入麻醉恢复室或 ICU 观察。避免术后患者家属未能及时看到患者而产生焦急、猜疑。

2. **术中医患沟通**　手术当日，麻醉医生再用几分钟时间与患者近距离、心贴心的交流，询问手术前一晚睡眠情况，并告诉患者自己在整个手术过程中都会陪伴在他身边，以缓解患者的紧张情绪。摆手术体位时，只要条件允许，尽量不过分暴露患者，让患者在一种轻松的环境下度过手术。

术中如因具体情况需要改变麻醉方式，必须及时与家属沟通，并再次签署同意书。若出现不宜施行麻醉和手术的情况，如出现严重的高血压，或者术中出现麻醉意外，均应及时与家属沟通，以取得理解。

3. **术后医患沟通**　手术结束后，麻醉医生应主动告知术中的麻醉情况，并应着重针对麻醉清醒后的注意事项（如体位、进食等的要求）以及可能出现的不适反应（如疼痛、呕吐等），与患者和（或）家属进行沟通，既确保术后患者安全，又再次取得患者和家属的理解。

总之，在外科医患沟通中，医生要用心做到有"沟"一定"通"，让自己成为一个不仅具有"高水平、高素质"、能够"施救于人"的人，还要努力成为一个"受人尊敬"的人。这样患者才能放心，医患才能共同开心。

视频案例

视频 7-1　手术前医生与患者沟通

视频 7-2　医生与危重患者的非语言沟通

视频 7-3　麻醉师术前与患者沟通

视频 7-4　麻醉师术中与患者沟通

视频 7-5　麻醉师术后与患者沟通

（康德智）

第三节　常见医患沟通障碍及化解

一、医患医疗信息不对称导致的医患沟通障碍及化解

【案例 7-1】

患者，陈某，女性，43 岁。以"反复腹胀、呕吐 3 年余，加重，伴便秘 1 周"收住入院。结合胃镜检查结果，拟诊为"十二指肠溃疡瘢痕性幽门梗阻"。入院后积极完善各项检查，予抗感染、改善腹胀、营养支持等对症治疗，4 天后未见明显好转，行 B 超、腹腔透视检查示：腹腔胀气明显，余未见明显异常。继续加强抗感染、营养支持等治疗，高热持续 1 周不退。入院后第 16 天行 CT 检查提示：腹腔脓肿（膈下），行 B 超引导下穿刺置管引流，并予以调整抗生素等处理，但仍有持续低热。又在全麻下行"腹腔探查"，术中见膈下脓肿、腹腔内广泛粘连，术后予改善循环、抗感染、营养支持等对症治疗后，切口一期愈合，30 天后痊愈出院。

患者家属认为：患者只是一个普通腹部胀痛，术前也作了相应检查，但认为医生不够重视病情，假如一入院就行 CT 检查就不会误诊而多花医疗费用，术前医生沟通使用过多的医学术语，没有让患者充分了解自己的病情。但该科主任巧妙地应用一些比喻、类比、举例的方法，例如：向患者及家属解释，诊疗就如警察破案一样，首先考虑嫌犯的可能，然后逐个排查，利用现有证据及技术侦察手段，锁定可能性最大的，最后逐一比对，最终破案，因而发现犯罪事实与最后破案总有一个时间差。医生治病亦如此，当初患者的症状决定了医生治疗的思路、最可能的诊断和最适宜的检查，通过症状变化及辅助检查才能做出最后诊断。并需要借助一些图像、资料、实物标本，同时阐明了该疾病的隐匿性，及

时消除了患者及家属的焦虑和疑问。针对患者经济条件较差,本着经济实惠的治疗原则,最终取得了患者和家属的谅解。

二、以签字代替沟通导致的医患沟通障碍及化解

【案例 7-2】

患者,林某,男性,67 岁。以"反复头痛 2 年余"为主诉收住神经外科。入院后,拟诊"鞍区占位,颅咽管瘤可能性大",于入院后 7 天在全麻下行"右额开颅探查术"。术中锯开颅骨瓣后,突然出现右额叶皮层迅速膨胀,张力增高,麻醉师检查后认为麻醉无异常,同时探查右额叶及骨窗周围未见明显出血,且行术中 B 超探查额叶内均无血肿影像,遂嘱予过度换气、脱水等处理,脑膨隆有所减轻,考虑到继续手术可能出现的困难以及难以预料的意外情况,手术第一助手拿着一张写好的手术同意书,在前后不到一分钟时间里,由家属签字确认要求终止手术。术后 6 小时复查头颅 CT 平扫提示:右顶叶可见 5.2cm×3.4cm 团块状密度增高影。

本案例中,患者家属对签署终止手术同意书表示反悔,认为医生是乘人之危,借此推卸责任。医生的一味签字要求让家属有受蒙骗的感觉。而治疗组医生始终认为诊疗符合规范,终止手术有家属签字为证,双方一直无法进行有效沟通,以至于家属一看到治疗组医生就开始谩骂,医生看见家属就绕道走开,甚至连后续治疗双方都难以达成意见。

医务部门接到家属反映后,随即组织病区主任亲自向家属进行解释,重点解释终止手术同意书签字一事,系因当时主刀主任在手术台上抢救患者的脑膨胀,为避免延误抢救,临时让第一助手与家属沟通,并非医生害怕,而不敢与家属沟通。对助手的沟通存在言行简单(只让家属签字),造成误解表示道歉。鉴于医患存在隔阂,承诺该患者由病区主任亲自主管,多次组织全科、全院专家会诊,并邀请家属参与讨论治疗方案,病区主任每天查房,表现出对患者的充分尊重和友好,举止稳重,语气诚恳、温和,用良好的言行举止感染了患者家属。1 个月后,患者病情稳定,在术前准备完善下再次手术,顺利切除肿瘤。患者家属耳闻目睹医生尽心努力,最终对医生表示了谅解。

当患者家属带有情绪时,首先应以同理心舒缓患者家属的情绪,积极主动地倾听并利用表情等身体语言表明你了解患者家属所述的真实情况并理解其对此的感受,从而帮助家属实现理性判断、人性沟通。同时,积极让患者家属参与必要的医疗决策,确保患者家属了解正在发生或将要发生的事及原因,以建议而非命令的方式进行沟通,给患者或家属选择,让其参与决定。这无疑是化解医患沟通障碍的有效方式。

(康德智)

【作业题】

1. 实践性作业

在外科病房见习,与 3～5 位患者及家属深入接触,了解患者病情及心理特点,利用所学的外科医患沟通方略,拟定具体的术前、术中、术后沟通要点,在指导老师的指导下进行临床实践,并写出实践体会。

2. 案例分析

患者,男性,20 岁。车祸引起右小腿损伤。当即感到右膝关节疼痛,右小腿及脚麻木,继之青紫,脚冷,不能活动。急诊拍 X 线片:右胫腓骨上端粉碎性骨折,收入院。将患肢置于郎氏架上,行皮牵引,随后右小腿肿胀,青紫加重,并出现水泡,脚冰冷。家属将上述症状告诉值班医生,值班医生嘱其热敷。次日上午查房,发现患肢肢端缺血性症状全部具有,此时距受伤时间已有 30 个小时,予行手术探查,见腘动脉断裂,因小腿肌肉已坏死而截肢。本案例的教训是什么?如果你是经管医生,会如何处理?该如何与患者及家属沟通?

第八章　妇产科医患沟通

图 8-1　中国妇产科学主要开拓者、医学教育家——林巧稚院士

第一节　妇科医患沟通

临床重要沟通问题

- 妇科患者有何特别的心理表现?
- 面对与性传播疾病有关的患者,怎样能得到真实有效的信息?
- 面对拒绝阴道检查的患者应该怎样沟通?
- 治疗需要涉及生育功能的去留问题怎样沟通?
- 面对拒绝男医生治疗的患者怎样沟通?
- 对于需要延续性治疗的患者怎样告知?

一、患者身心特点与社会因素

(一)性别心理和特点

男女两性,在沟通交流、风格上存在显著差异。男性多倾向于针对实际情况,讨论实质问题;女性则更倾向于试图通过情感交流来解决问题。许多妇科疾病与情感相关,如下丘脑性闭经、产后抑郁症、更年期疾病,等等。一方面说明成年女性是身体状况受情感影响明显的群体,另一方面也说明医生非常有必要了解妇科疾病的诱因。妇产科疾病也常常涉及患者的个人隐私,如性传播疾病可能与不洁性生活史有关,不孕症的发生可能与婚前性行为、人工流产等有关;这些疾病对患者的生理、心理以及社会生活等方面均造成了负面影响。若医患沟通不足,可能导致误诊、漏诊;另外,患者对阴道检查常常怀有害羞、惧怕心理,尤其对于男性医生,患者更容易产生厌烦和躲避情绪。针对女性患者的这些特点,妇产科医生尤其要以关切的言谈举止,促进医患关系的融洽。

159

（二）社会角色和家庭角色

中国有几千年的男尊女卑的封建思想,使得女性对于自身健康往往忽视,并且对于妇科疾病往往难以启齿。再加上中国女性常年在社会家庭处于隐忍、牺牲、奉献的角色,使得很多时候女性对于疾病的治疗并不积极。普查疾病谱发现,妇产科疾病患病率高达40%以上,经济困难人群中患病率更高。随着社会的进步,越来越多的女性意识到男女平等这一观念,对个人的健康关注程度增加。然而,现代女性除了家庭重任外,还需要和男性一样在社会、工作上承担庞大的竞争压力,故患病的概率增加。

（三）生育功能器官

女性承担着伟大的社会角色——母亲,这一特殊角色与生殖系统直接关联,妇产科的决策必须关注此问题。妇科疾病若需要手术治疗,则可能涉及能否保留生育器官、维持生育功能的决策,并可能影响到患者日后家庭生活,故患者对手术治疗的意义、有关情况,尤其是手术的必要性、危险性都有迫切了解的愿望,这也要求医生务必了解患者自身的愿望、对治疗的期待,甚至是否恐慌等,向患者及家属进行充分解释,与他们达成共识,从而做出适宜的决策。

（四）疾病特点

妇科的良恶性疾病,各有其特点。如宫颈癌可以通过定期体格检查而发现癌前病变、早期病例,通过及时和适当范围的手术,可将癌症阻断于萌芽状态;卵巢癌,往往发现时已是晚期,需要较大范围的手术,术后多次化疗等,多数患者预后不良;滋养叶细胞疾病可以通过成功的化疗而治愈,治愈后的患者甚至可成功孕育下一代;妇科的一些良性疾病,如子宫内膜异位症,具有良性疾病、恶性行为的特点。这种发生于育龄女性,严重影响生育功能、生活质量的疾病,在绝经以前几乎不可能治愈,甚至反复发作,可能手术之后继续药物治疗,也可能药物治疗之后继续手术治疗,需要打持久战。对于这些疾病,医患之间必须充分沟通,使患者知晓各种治疗方法的利弊以及远期复发的风险,与医生共同决策,密切配合,才能"长治久安"。

二、诊断中的医学信息沟通

（一）病史询问

妇产科疾病常常涉及患者的个人隐私,如性传播疾病可能与不洁性生活史有关,不孕症的发生可能与婚前性行为、人工流产等有关;这些疾病对患者的生理、心理以及社会生活等方面均造成了负面影响。若医患沟通不足,可能导致误诊、漏诊;而医患充分沟通,则利于疾病的正确判断和恰当治疗。

1. 沟通方法   要持有专业态度,善用沟通技巧:①理解与接纳;②倾听与观察;③反馈与澄清;④提问与总结;⑤代述与重构,善用躯体语言。

2. 沟通时机   尽早沟通,可以达成一半的成功。绝大多数妇科患者因疾病而就诊。建议从首次接诊开始,即建立良好的医患沟通关系。这样,患者从就诊开始就感受到了医生的充分关注,知晓自身的诉求能够得到医生理解;医生也在诊疗过程中体现对患者的关切之情,能够尽可能从患者的角度来思考问题和解决问题,从而做出正确决策。沟通的目的其实是使医患双方对治疗方案达成共识,共同承担责任,实现医患双赢。如对于痛经、子宫腺肌病患者,有多种治疗方式:手术或药物,孰重孰轻、孰先孰后,医生均要根据患者的年龄、对治疗的愿望、对生育的要求,等等,来做决定。这就要求医生耐心倾听患者诉说,认真询问病史,了解既往治疗的效果,结合客观检查结果,准确判断病情。

在妇科门诊,有不少"病急乱投医"的患者,其中多半是炎症等常见病、多发病。他们可能因为羞怯、图省事等心理自行购药或去非正规的诊疗场所接受治疗,导致误诊误治或错过了首次规范治疗的最好时机,为后续治疗带来不必要的麻烦。门诊医生要详细询问,以良好的沟通技巧掌握问题实质,以合理的检查对病情进行准确判断,使患者得到适当的治疗。例如,细菌性阴道病、滴虫性阴道炎或念珠菌性阴道炎,若不针对具体的炎症种类而盲目用药,且疗程不够,极其容易反复发作,并导致微生物耐药。

（二）相关检查

与患者及家属正式沟通,作出诊断和处置意见之后,需完善各种体格检查、实验室检查、影像学检查等;有些检查的风险以及花费需要与患方沟通,让其知道检查的目的和必要性,让患者知晓并认可。签署同意书时,详细告之检查注意事项、检查时间、标本留取等;不要让患方认为光消费做了检查,不见治疗,会滋生不信任及逆反情绪而易引起医疗纠纷。检查结果回报要告知患者,进行分析,对病情作出较精确评估,并制订出具体的治疗方案,估计所需的治疗周期、治疗时间及治疗费用,让患方做好时间上、精神上及经济上的准备。

另外,患者对阴道检查常常怀有害羞、惧怕心理,尤其对于男性医生,患者更容易产生厌烦和躲避情绪。针对女性患者的这些特点,妇产科医生尤其要以关切的言谈举止,促进医患关系的融洽。

三、治疗中的积极沟通

（一）医患共同参与对治疗措施的选择

妇科是以手术为主的科室,在手术前后做好充分沟通,至关重要。对手术做出决策,需要患者和亲属的理解和积极配合。医生既根据医学原则和规范,也要了解患方对自身疾病的认识及治疗需求（如对于良性疾病、卵巢、子宫等器官去留的想法等）,与患者商讨以便做出最适宜的治疗决策。例如,对于子宫肌瘤而言,是剔除肌瘤还是切除子宫,是腹腔镜还是开腹手术或阴式手术,等等,要使患方知晓各种方法的疗效与风险,使患者充分理解目前医生能够做到的程度以及可能遇到相应风险,让患者深思熟虑,以决策者的角色和医生取得共识,一起决定手术方式。对于恶性疾病而言,疾病本身对于患者及家属都是坏消息,医生应该以恰当的方式向患者及家属传达坏消息,说明治疗的方法、预后,无论怎样的情况都应该同时给予鼓励。

对于必须手术的危重急症患者,一方面尽快准备手术,一方面也要向患者和家属充分交代手术的必要性、急迫性以及风险性,使其有思想准备。对于暂无手术适应证的妇科急症,如病情尚平稳的宫外孕,需要密切观察患者病情变化,及时监测血 HCG（人绒毛膜促性腺激素）,以决定下一步治疗方案,更需要医生详细向患者及家属解释流程,取得其理解和配合。

（二）引导患者配合治疗

在医疗活动中,让患者愿意表达自己的处境和想法,通过倾诉缓解自己的心理压力,可以增加对医务人员的信任和合作,双方在治愈疾病这一目标上也可以达成共识。医生要表现出积极治疗的态度,让患方感到医院正在为有 1% 治疗希望的病人做 100% 努力。要用自己积极的心态感化患者,以利于诊疗。常常患者和家属也把医护人员当成亲人、朋友一样信任,理解医疗工作的高风险性、医疗过程的不确定性、疾病表现的复杂性,体谅医务人员承受的巨大工作压力,即使出现技术性事故,患方也会理解。

（三）疗效不满意的解释

1. 患者诊断不明确或治疗效果不佳时的沟通　对于症状不典型,或者罕见,或合并有多个器官疾病,或目前医疗技术条件所限难以很快诊断明确的疾病,医生以全院多科会诊乃至院外会诊的方式,积极推进疾病的诊断和治疗,要坦诚、及时地与患者和家属沟通会诊情况,讲明患者病情和下一步采取的诊疗措施,告知医学领域有很多未知,有的是尚无办法解决的,即使在医学发达的国家也同样有解决不了的问题,任何医院和医生都不可能包治百病,使患者和家属对医疗效果抱有客观的期望值,能够积极配合。

2. 病情发生变化时的沟通　患者在手术时、手术后、化疗时、化疗后、放疗后,病情会发生变化,有时是较严重的变化,甚至危及生命,如:术后大出血、DIC、化疗药过敏性休克、伪膜性肠炎、放射性直肠炎等,医师需及时与患方沟通,分析病情变化的原因及预后,并采取相应的治疗措施,积极治疗,使患者伤害降低到最小。

3. 对特殊情况的告知

（1）手术前后的沟通：大量研究资料表明，在术前患者普遍存在的恐惧、焦虑的心理会直接影响患者获取信息的能力，严重者降低机体抵抗力，延缓病程。需要手术的患者，术前向患方详细交代手术目的、术前注意事项、手术前的准备（技术、物品、病人心理等）以及术中、术后可能发生的意外、并发症和采取的措施等，征得患方的同意和理解，并按要求签署知情同意书。有时候需要面对一些个体化治疗的手术，需要充分与患者商议，把可以做到的程度以及可能遇到相应的风险充分告知，让患者经过深思熟虑后起到一个决策者的角色，了解到需要承担的风险，并签署知情同意书。手术结束后，由术者或第一助手向家属交代手术中的情况。术后经管医师与患方就病理结果进行沟通，制订术后的处理方案，如随访或者肿瘤病人的放化疗问题。对于出现手术并发症的患者，应该积极与患者沟通，不可隐瞒，坦诚告知并应积极治疗，使对患者的伤害降低到最小。

（2）化疗前的沟通：一些妇科恶性肿瘤患者，手术之后，本应该接受化疗，但患者对化疗存在偏见或忽视了术后化疗；而滋养叶细胞肿瘤，仅用化疗就可以治愈。对于患者的不同情形，医生要有的放矢地耐心与其沟通。另外，年轻患者有保留生育功能愿望，期待疾病治愈后达成做母亲或再生育的愿望，则更要针对个体进行治疗。经过详细的沟通，可以发现患者对放化疗的担忧，如：脱发、呕吐、腹泻等。医生需努力开导患者，打消患者顾虑，鼓励患者树立起战胜疾病的信心，取得患者及家属的理解和积极配合。同时也要告知放化疗期间，放化疗之后的不良反应，让其知情、理解，并按要求签署知情同意书。

（3）出院时的沟通：患者出院时，经治医师应与患方交流，总结回顾一下在院时的治疗，说明出院后的注意事项、具体用药、康复训练方式以及复诊的时间。对于恶性肿瘤的患者告知治疗后康复是渐进的过程，建议其主动采取康复措施：①适当地开展体育锻炼；②规律的生活和适当的营养；③根据体力情况，从事力所能及的工作。这样，必将改变患者以前对癌症的偏见，对战胜癌症更有信心。同时，要告知其随访复查的重要性，随访的具体时间及联系方式等。

（4）出院后的沟通：任何治疗都是有连续性的。妇产科有相当一部分疾病与卵巢功能相关，如子宫内膜异位症；也有部分恶性疾病，如滋养叶细胞疾病、早期宫颈癌等能够得到成功治愈。疾病治疗后的定期随访，非常重要，更需要连续的沟通。在随访之中，患者感受到医务人员一直在关心她、牵挂她，对她的病情有整体的掌握。这样，医务人员不但对患者的了解越来越充分，对医学的认识也会越来越充分。

（5）健康教育，防病于未然：定期体检可以筛查出早期的宫颈病变、子宫内膜病变等。这对于女性的健康有着巨大的帮助。所以医务工作者的重要责任之一是在与患者沟通之时，传达预防意识。现在众多医院都有适合不同人群的科普形式，如青春期性教育，更年期一日门诊，针对肿瘤病人的《携手俱乐部》等。还有医院会提供多种形式的科普宣传，如海报、宣传册等。

四、常见医患沟通障碍及化解

1. 因用药毒副作用导致的沟通障碍
【案例8-1】

患者，28岁。因卵巢早衰需要行性激素治疗，以害怕发胖、担心肿瘤风险为由拒绝治疗。

患者，52岁。停经3个月。听说性激素治疗可以延缓衰老，自行到药店购买性激素治疗相关药物。

性激素是治疗绝经相关疾病的重要手段，在性激素治疗上有两种极端心理，一种是过度恐慌副作用而谈激素色变，另一种是由于认识错误，表现出对性激素治疗的强烈愿望，盲目补充激素或热衷于富含激素的保健品。

对于第一种情况我们要告知患者卵巢早衰会使卵巢不能提供维持身体正常功能的性激素，缺乏性激素会导致衰老、骨质疏松、心血管事件发生率增加。外源性补充的是患者体内缺乏的，而非额外的性激素。医生应耐心解释性激素治疗对患者带来的益处，同时详细介绍性激素治疗与发胖、子宫内膜癌、乳腺癌、血栓等发生的相关风险,缓解患者的担忧,并告知在治疗过程中,出现轻微的乳腺胀痛、阴道少量出血是正常情况,用药过程中会逐渐缓解,在妇科医生的严密监测下,性激素替代治疗是一种相对安全且必要的治疗措施。

对于第二种情况,我们要告知患者性激素虽是人体的一味"补药",但补多了或补不好也会伤身,轻则阴道不规则出血,重则"吃"出内膜恶性病变。性激素治疗是一种医疗措施,需要有严格的适应证,并且排除禁忌证才能使用,需要在妇科医生的指导下使用,使用过程中也需要进行密切的监督随访。

2. 患者对疾病认识不足导致沟通障碍

【案例 8-2】

育龄期女性患者,停经 50 天,腹痛 3 小时伴阴道出血就诊急诊:患者停经 50 天,自查尿 HCG(+),3 个小时前突发下腹痛,伴少量阴道出血。接诊医生询问病史后,告知患者需要行妇科检查。患者以"妇科检查会导致流产"为由而拒绝。医生告知患者需行超声来确定是否为异位妊娠,患者又以"超声检查会影响胎儿"而拒绝。经接诊医生耐心的解释,明确告知疾病诊断的重要性,以及超声检查对于胎儿的影响微乎其微,患者最终同意接受检查,被确诊为异位妊娠并及时行手术治疗,预后良好。

患方有权拒绝医生提出的某种检查或治疗措施,但医生必须要告知患方拒绝医疗可能出现的严重后果:①对病人的生命构成严重威胁;②对病人的原有疾病的治疗中断,病情可能出现反复甚至加重,可能会使以后的治疗变得更加困难甚至无法救治;③有可能会导致病人出现各种感染、伤口延迟愈合、疼痛加重;④有可能会导致某个或多个器官功能下降、部分或全部丧失;⑤将会使原来的各项治疗花费变成浪费等。医生应尽量与患者沟通,并讲明严重后果,为防止可能导致的医疗纠纷,应将患者拒绝医疗和沟通的情况记录到病程记录中,并让患者签字确认。

视频案例

视频 8-1　术前谈话

（白文佩）

【作业题】

实践性作业

在妇产科病房或者门诊见习,与 1~2 位病人接触,列出病人的心理特点,用所学的医患沟通原理进行分析,然后制订具体的沟通方案及其要点并实践,写出体会。

第二节　产科医患沟通

临床重要沟通问题

- 产科患者有何特别的心理表现?
- 面对分娩时疼痛到丧失理智的孕妇怎么沟通?
- 面对拒绝阴道检查或超声检查的孕妇怎么沟通?
- 患者无剖宫产指征,却坚持要求剖宫产,如何沟通?
- 面对需要紧急行剖宫产或产钳终止妊娠的患者,怎样沟通?
- 发现胎儿畸形如何与患者沟通?

尽管妊娠和分娩是生理过程,但自古以来都被百姓视为"鬼门关",可见多么充满风险。它承载着家庭繁衍的期待,有着深厚的社会意义。若母子发生任何意外,较其他疾病而言,更难以让人接受。所以,产科领域的医患沟通显得尤为重要。产科危重症往往缺乏预见性、来势凶猛且可能瞬息万变,病情急转直下,医生必须充分了解病情、做出正确的判断、采取积极有力的措施,并与患者和家属进行充分沟通,也许起到立竿见影甚至起死回生的效果;否则,也很有可能贻误最佳治疗时机,造成不可挽回的严重后果。

一、患者身心特点与社会因素

（一）对妊娠期待高

产科的多数患者,实际处于正常的生理状态,而并非患病。但由于我国长期实行的计划生育政策,以往一对夫妻只能生育一个子女,产妇及家属优生优育的愿望强烈,对新生儿的期望值增高。因此,一旦在产前保健或者分娩过程中出现意外或诊断出缺陷,产妇及家属往往不能接受并归罪于院方,医疗纠纷难免发生。然而,诸多情形,例如现代医学并不能检出所有的胎儿畸形、妊娠中意外出现并发症(如胎盘早剥、妊娠期脂肪肝等危重症)、分娩中突发危急情况(如脐带脱垂、产后出血,甚至因为抢救产后大出血而切除子宫来挽救生命等)很可能令患者及家属不能接受,而引发纠纷。医患之间更需要反复沟通,使孕产妇及家属充分知晓妊娠、分娩潜在的风险,理解医学的局限性,积极配合,使这一过程变得更为顺利。

（二）对分娩的期待和忧虑

1. **产前保健期间**　忧虑、害怕甚至始于怀孕的准备阶段。这样的心理状态可以一直持续到产后。准备妊娠时,着急尽快能够妊娠;一旦妊娠,就担心是否是宫外孕、胎儿有无异常、会不会流产,等等。尤其是那些有过不良妊娠史的夫妇更为焦虑。而不良的心理状态,可通过中枢神经系统和自主神经等的影响,引起交感神经-肾上腺素系统和肾素-血管紧张素-醛固酮-前列腺素系统的功能失调,使子宫及其动脉收缩,从而影响胎儿神经系统的发育;或出现前列腺素增多,促使子宫发生收缩而导致流产或早产;还可引起反复的或持续的血压升高,出现妊娠高血压综合征。有研究发现,如果怀孕时,孕妇有严重紧张、焦虑心情,则孩子成长后情绪常不稳定。因此,在孕妇的孕期保健检查中,要增加心理指导内容,以消除孕妇不必要的紧张情绪,这对保证胎儿的健康发育,预防流产、早产、妊娠高血压综合征等都有重要的意义。

2. **临产前后**　我国绝大部分产妇是初产妇,由于缺乏对分娩的直接体验,以及社会媒体对分娩痛苦不适当的宣传,产妇在分娩期常产生显著的心理变化。另一方面,由于独生女子的普及、社会及家庭对分娩的重视程度提高,这些因素加重了产妇的精神紧张程度。对宫缩引起的阵痛,破膜后的阴道排液,见红时的阴道出血,产妇及家属往往忐忑不安。担心分娩过程中出意外或胎儿异常时,则更精神紧张。当产妇有分娩先兆进入待产室时,因对周围环境感到陌生,会产生焦虑情绪,出现失眠、食欲下降,引起疲劳、脱水和体力消耗,可出现宫缩乏力而难产。

3. **分娩过程**　初产妇普遍对分娩过程存在焦虑和紧张,孕产妇和家属一方面非常依赖医护人员,若稍有意外又非常容易迁怒于医护人员。正常产程不超过 24 小时,部分能够顺利阴道分娩,部分因产程进展异常而需要手术助产,如剖宫产、产钳、胎吸等,更有少见而危急的情况(如胎盘早剥、脐带脱垂等)需要紧急剖宫产。此时,进行医患充分沟通难度较大,产妇的状态基本已经无法进入"共同抉择的"非理智状态。

二、诊断中的医学信息沟通

（一）诊断在计划与非计划妊娠中的沟通

计划妊娠和非计划妊娠,严格意义是划分为两个部门:产科与计划生育科。对于接诊医生在明确诊断妊娠的前提下,应该尊重患者的意愿。同时提供医疗建议:如患者选择终止妊娠,应告知适合的后续治疗的方案——药物流产、人工流产、引产等治疗方式,可能出现的近期以及远期的合并症,注意事项等;如患者选择继续妊娠,应告知孕期保健的必要性、具体步骤以及必要的检查和用药。同时应告知患者新生命的决策应该由夫妻双方共同决定,建议患者与家属慎重商议后再决定。

（二）诊断胎儿畸形、妊娠合并症时的沟通

我国有完善的孕产妇三级保健网络,绝大多数孕妇能够按时进行保健,接受孕期指导,及时发现

妊娠合并症、并发症，得到及时诊断和治疗，保障妊娠安全。对于绝大多数孕妇的孕期是平顺的，但对于诊断胎儿畸形或者妊娠合并症时，医患的沟通显得尤为需要重视。诊断胎儿畸形对于孕妇和整个家庭的打击很大，不仅是短期的影响，可能会影响到孕妇的一生甚至一个家庭的稳定。然而对于胎儿畸形的处理在医疗上是有严格的指征，有的畸形对于胎儿是致命的，或者对于新生儿的预后非常不利，这样的医疗建议是引产即终止妊娠。但是部分胎儿畸形是对新生儿预后影响不大，或者医疗水平完全可以进行补救的，比如唇腭裂、简单的先天性心脏病等。这就更需要孕妇及家属进行决策。医务工作的义务是尽其所能把患者的情况以及预后、后续治疗等告知患者，同时告知风险以及不确定性，和患者及家属共同决策。对于妊娠合并症诊断后的沟通主要注意以下几个方面：①对于孕妇的影响；②对于胎儿的影响；③继续妊娠的风险及可能发生的意外；④终止妊娠的风险及可能发生的意外；⑤对于再次妊娠的影响；⑥现在医学能解决的问题。客观的告知患者及家属病情及医生能做的帮助，让患者能理智的选择后续的治疗。

（三）妊娠期超声、核磁共振检查前与患者的沟通

对于孕妇的观念，任何的影像学检查都让她们联想到"辐射"二字，同时担心流产、早产、新生儿畸形等。实际上，对于影像学检查，MRI以及超声是安全的。因此，实验室检查、影像学检查等的风险以及花费需要与患方沟通，让其知道检查的目的和必要性，让患者知晓并认可，签署同意书。同时详细告之检查注意事项、检查时间、标本留取等；不要让患方认为消费光做了检查、不见治疗，会滋生不信任及逆反情绪而易引起医疗纠纷。检查结果回报要及时告知患者，进行分析，对病情作出较精确评估，并制订出具体的治疗方案，估计所需的治疗周期、治疗时间及治疗费用，让患方做好时间、精神及经济上的准备。

三、治疗中的积极沟通

（一）妊娠期用药的沟通

用药前或更换药物时，向患者或家属交代使用药物的作用，可能发生的不良反应及防范措施、用药注意事项和医疗费用等情况，对于使用贵重药物要签署特殊用药知情同意书；用药后要了解病人可能出现的不良反应及疗效等情况。

妊娠期用药是有严格的要求，在正规的药物上市之前会有严格的FDA分级，其中A类是对于人类妊娠无害，比如维生素等。B类是对于动物妊娠无害，但无法在人类实验，基本也认为可以使用，但要详细和患者交流。而其他用药一定要详细的和患者分析病情，使用可能带来的风险，不使用可能会带来的风险，让患者有充分的思想准备和知情权。

（二）因妊娠合并症需要提前终止妊娠的沟通

妊娠合并症诊断后需要提前终止妊娠的沟通主要注意以下几个方面：①对于孕妇的影响；②对于胎儿的影响；③继续妊娠的风险及可能发生的意外；④终止妊娠的风险及可能发生的意外；⑤对于再次妊娠的影响；⑥现在医学能解决的问题；⑦终止妊娠后，早产儿或流产儿可能出现的情况。

（三）分娩过程中发生合并症时的沟通

部分产妇能够顺利阴道分娩，部分因产程进展异常而需要手术助产，如剖宫产、产钳、胎吸等，更有少见而危急的情况（如胎盘早剥、脐带脱垂等）需要紧急剖宫产。此时，需要医务人员的准确判断、果断决策和积极干预，保障孕产妇、胎儿和新生儿的安全。在争分夺秒的情况下，进行医患充分沟通难度较大，此时产妇的状态不允许"共同抉择"。这就需要医务人员取得产妇和家属的绝对信任。分娩过程中，要以安慰鼓励为主，让产妇努力配合并消除恐惧。若在产前保健时、在临产后，医务人员已经给孕妇和家属概要讲解分娩过程和可能遇到的风险以及应对措施，孕妇和家属已大致知晓，则会使沟通过程容易许多。

（四）急诊剖宫产、阴道助产时的沟通

在分娩方式选择上，大多数孕妇无论从自身还是孩子的角度考虑，均以安全和健康为首要因素。

在整个围产期保健中,利用每次与孕妇的接触机会,通过医患沟通不断强化对阴道分娩与剖宫产的利弊的认识。从医学的角度正确认识阴道分娩与剖宫产的利弊,从孕妇的健康利益、长远利益出发处理分娩问题。因产程进展异常而需要手术助产,如剖宫产、产钳、胎吸等,更有少见而危急的情况(如胎盘早剥、脐带脱垂等)需要紧急剖宫产。此时,需要医务人员的准确判断、果断决策和积极干预,保障孕产妇、胎儿和新生儿的安全。此时要言简意赅的明确告知:现在所做的是保护您和孩子的生命安全。

(五) 发现新生儿畸形时的沟通

尽管产前保健积极地筛查新生儿的染色体畸形与外观畸形,但仍有大量的疾病做不到产前筛查诊断明确。在对孕妇进行胎儿畸形筛查时,就应该充分的告知,使孕妇和家属对医疗效果抱有客观的期望值,能够积极配合。当有不那么完美的孩子降生,除了要和家属坦诚的交代病情以外,应该竭尽所能提供后续的治疗以及新生儿预后的情况。

(六) 产后

1. **分娩后** 胎儿分娩后,产妇往往情绪激动,急切关心新生儿是否有异常、性别,甚至会问许多细节问题。此时应该在保证临床安全的前提下,尽可能能告知患者,并提醒患者胎盘娩出以及后续助产步骤是非常关键的,以便让患者继续配合治疗。此时产妇的情绪和子宫收缩密切相关,过度的兴奋、失望和悲伤均可影响子宫收缩,并可能导致产后出血。胎儿娩出后,应该立即行早吸吮,有效地诱发机体分泌催产素,增加子宫收缩;母婴皮肤接触,缓解了产妇的紧张情绪,也能够减少产后出血,促进母乳分泌更多和更早,促进母乳喂养的成功。若分娩过程中发生并发症,则应该格外关注产妇精神状况,适时给予疏导和告知,促进医患配合。

2. **产褥期** 目前,我国的产妇多为初产妇,照顾新生儿以及自我护理能力较差。医护人员应该主动予以指教,对于产妇以及家属的疑问应耐心解答,并告知在即将来到的几天或几周,产妇以及新生儿会有怎样的变化,指导产妇顺利康复和新生儿健康成长。

特别注意的是,在产后的初期,产妇和家人的注意力往往一致性地转向了新生儿。然而,此时却是女性情绪障碍的高发时期之一,10% ~85%产妇在产后10天内情绪低落,在第3~5天达到顶峰,表现为情绪波动、易激惹、悲伤、疲劳、惶恐等;产后4周内产后抑郁症患病率达到6.5% ~15%,可能导致母婴关系不良、新生儿或婴儿喂养以及教育困难、自身难以得到适当的产后指导、远期患抑郁症风险增加、孩子远期精神疾病风险增加。此时,产妇自杀风险虽然低于正常人,但仍然是某些国家(如英国、澳大利亚)产妇的首位死亡原因。所以,医务人员要高度关注产后妇女,与产妇和家属多交流,不仅关注分娩相关的生理性恢复或病理状况,也要关注其情绪、精神问题,发现那些容易被忽略却有着潜在危害的问题,促进其全面康复(图8-2)。

图8-2 出生后的快乐

四、常见医患沟通障碍及化解

1. 因担心药物副作用导致的沟通障碍

【案例8-3】

孕妇妊娠 28 周,诊断为妊娠期糖尿病。因饮食控制、病情控制不佳,医生建议胰岛素治疗。患者以药物对胎儿有危害为由,拒绝胰岛素治疗。

面对患者的疑惑,我们要进行详细的解释。对于饮食、运动治疗不能控制的糖尿病,胰岛素是重要和最有效的治疗药物。从目前的证据来看,胰岛素治疗是安全的,且全世界广泛应用,正确合理的应用胰岛素不会增加胎儿畸形的风险。同时也要向患者和家属说明,未治疗或病情控制不佳的妊娠期糖尿病给孕妇和胎儿带来的风险,希望患者积极配合,有效治疗疾病,促进母胎安全。也要告知患者,胎儿畸形与多种因素相关,如环境因素、遗传因素、病毒感染、理化因素、孕妇自身疾病、高龄等;即便妊娠期不用药,也有胎儿畸形的风险。建议患者充分了解相关知识,积极配合治疗,平稳度过妊娠期。

2. 因知情同意导致的沟通障碍

视频案例

视频 8-2　急诊剖宫产

（白文佩）

【作业题】

实践性作业

在产科病房或门诊见习,与 1~2 位病人接触,列出病人的心理特点,用所学的医患沟通原理进行分析,然后制订具体的沟通方案及其要点并实践,写出体会。

第九章　儿科医患沟通

临床重要沟通问题

- 患儿高热咳嗽急诊就诊，X 线摄片"肺炎"需要住院，怎样与家长沟通？
- 患儿肺炎住院第三天，因病情加重转入 PICU，如何与家长沟通？
- 新生儿败血症患儿需要做腰穿，但家长不舍得给孩子做检查，怎么办？
- 白血病患儿复查骨穿，如何与患儿及与家长沟通？
- 怎样与高热惊厥的患儿家长沟通？
- 面对害怕看病、打针、吃药的患儿，如何根据患儿的身心特点进行沟通？

第一节　患儿疾病特征和身心特点

一、儿科疾病特征

（一）起病急，变化快，临床表现不典型

小儿患病起病急，尤其是孩子出生半年后，从母体获得的抗体基本消失，极易得感染性疾病。新生儿及体弱儿严重感染时往往临床表现不典型，仅表现为反应低下，缺乏典型的症状和体征。例如，新生儿败血症时易发生化脓性脑膜炎，而缺少典型的临床表现，易造成漏诊。儿童患感染性疾病时，常起病急、来势凶，易伴随全身症状。例如，病毒性感染并不仅仅限于鼻、喉等上呼吸道感染，还会引起腹泻等消化系统症状，甚至导致脱水等全身症状。小儿病情易反复且变化多端，但只要诊断及时、处理得当，不少病情危重的患儿，经及时诊断、治疗后迅速转危为安，直至痊愈；也有某些患儿特别是新生儿、体弱儿，防御疾病能力差，虽然起病时较轻，但由于病原体毒力较强、自身抵抗力较弱等原因，病情骤然加重，甚至突然死亡。

（二）儿科疾病谱与成人不同

小儿并非成人的缩影，年龄越小与成人差异越大。儿科疾病谱常常围绕生长与发育的特点，不同年龄阶段小儿的解剖、生理、病理、免疫等方面均各有其特点，而且相同的临床症状在不同年龄阶段小儿的病因也各不相同。儿科先天性疾病、遗传代谢性疾病发病率相对较高，有些疾病是儿童期特有，如佝偻病是因生长期缺乏维生素 D 所致的一种慢性营养缺乏病，多见于 2 岁以下的婴幼儿。儿科疾病谱与成人不同，如心血管系统疾病，小儿以先天性心脏病为多见，成人则以冠心病多见。

（三）小儿免疫功能未完善，防御疾病能力弱

小儿皮肤、黏膜、淋巴系统、体液免疫以及细胞免疫等免疫功能随年龄增长而完善，各器官发育未成熟，体液免疫和细胞免疫功能均较差，白细胞吞噬能力等也较低，其他体液因子如补体、趋化因子、调理素等活性较低，因而防御疾病能力差。由于母体 IgM 不能通过胎盘，新生儿体内 IgM 量很低，易受革兰阴性细菌感染；婴幼儿体内 IgA 特别是分泌型 IgA 水平较低，易患消化道及呼吸道感染。

二、患儿及家长身心特点

（一）患儿的身心特点

1. **自我表达能力差**　儿科通常被称为"哑"科，由于孩子不能很好地表达自己的意愿并向大人倾

诉,婴幼儿稍有不适和疼痛,不会通过语言来表达其不适和要求,往往表现出烦躁和哭闹不安。有时年长儿也不能完整、准确地自我表达病情,常靠家长代述(图9-1)。

图9-1　患儿的身心特点

2. **情感控制能力低,检查及治疗时不易配合**　患儿的心理活动大多随诊疗情景而迅速变化,情感控制能力较成人明显低下。尤其是3岁以下儿童,年龄小、怕生、怕痛,在看病时一看见穿白大褂的医生,往往精神紧张、哭闹不安。儿童注意力相对不集中、转移较快,容易被外界事物所吸引。有些孩子生性好动,医务人员询问病史时常很难控制与他们的谈话,做体格检查、治疗时部分患儿表现出不合作。

3. **对疾病的耐受力低,反应性强**　3岁以内的婴幼儿,由于处于生长发育初期,其中枢神经发育不完善,对疾病的耐受力低,对外界刺激的反应较强,容易泛化。

4. **患病后性格改变**　有些孩子生病后在大人的鼓励下,战胜了疾病带来的身体痛苦和心理压力,练就了勇敢、坚强的性格。但有些孩子生病后,父母和祖辈的焦虑和紧张情绪会影响孩子,对孩子有求必应,孩子易受这种情绪的感染,认为疾病是一个砝码,可以换来自己想得到的一切。一场大病后变得爱发脾气,对家属的依恋及依赖性增强。一点要求不满足,就大哭大闹。

（二）家长的身心特点

1. **期望值过高**　孩子身体健康是所有家长的心愿,一旦发现孩子生了病,马上送到医院就诊。由于对疾病的发展过程不了解,对正常的诊疗过程不理解,往往不配合治疗,过多干涉甚至拒绝。如有的家长抱着发高热的孩子一天内多次看急诊,希望孩子的病立即治愈。

2. **医疗信息不对称**　由于缺乏相应的医学知识,不理解医学的高风险性,有些家长认为医生应该"包治百病",希望"医到病除",而对现代医疗技术达不到的地方,有的家长会认为是医生的医术不高,"花钱未治好病"的怨愤直泄医方,从而与医生产生分歧、矛盾,甚至引发医患纠纷。

3. **全家紧张担忧**　孩子生病不但牵动着年轻父母的心,而且往往也牵动着孩子祖辈的心,家长常常因为孩子生病而出现焦虑担忧、无助等不良情绪。住院患儿的家长更是如此,由环境的陌生感而产生紧张和焦虑,同时对于医生的医疗技术水平、一些侵袭性检查、药物治疗副作用以及住院后加重的经济负担,等等,产生的担忧也会接踵而来(图9-2)。

图9-2　家长的身心特点

4. 对高年资医护人员依从性较高　家长看病时希望孩子得到医护人员最好的治疗和护理,往往喜欢选择年纪大、经验丰富的医生,对年资高的医生信任度高、依从性好,而对年轻医务人员会产生不信任、不尊重。如刚刚进入临床的实习医生,由于缺乏医患沟通技能,缺乏临床经验,操作技术不熟练,容易使家长产生怀疑、挑剔、轻视和不信任,拒绝实习医生参与操作的情况时有发生。

三、社会因素

由于卫生资源配置不合理,全国80%的医疗资源集中在大城市,特别是高水平儿科医生集中在大医院,出现大医院患儿人满为患,小医院门可罗雀的状况。20世纪80年代为我国第三个生育高峰,现在,受"二孩政策"的影响,目前已进入新一轮的人口生育小高峰。与发达国家相比,我国儿童人口数与儿科医师数的比值存在很大差距,而综合医院儿科萎缩,急剧增加了儿童专科医院的医疗任务,难以满足日益增长的儿科医疗需求,医疗纠纷时有发生。增加儿科专科医生培养,通过建立良好的社会环境来改善医患关系,这是进行有效医患沟通的重要环节。

视频案例

视频9-1　患儿的身心特点

视频9-2　家长的身心特点

（薛海虹）

第二节　儿科医患沟通要点

医务人员所接触的患儿各不相同,其家庭背景也千差万别,千篇一律地对待患儿及家长显然行不通。医务人员要从患儿和家长的具体情况出发,在整个医疗过程中,充分考虑到患方的愿望和实际经济状况,找到切实有效的切入点,有针对性地进行认真、积极的沟通,给患方更多的决定权,以达到较好的医疗效果。

一、与患儿沟通的要点

1. 根据不同患儿特点进行沟通　儿童在不同的年龄阶段心理发育不同,在患病时的反应也不同,医务人员要有童心,培养爱患意识。依据各年龄段的特点,通过不同的方式进行有效的沟通,给予孩子关爱、尊重。

新生儿不会用语言交流,常用哭啼表现身心变化和需求。需要爱抚时哭声清脆响亮;饥饿时哭声很大,直至不适解除;生病时会长时间哭闹,但当疾病严重时,哭声低甚至不哭,并伴不吃、不动、体重不增等。医务人员熟练掌握观察病情的技巧,操作时动作轻巧、敏捷,并应该用语言和抚触等给予无微不至的关爱和呵护(图9-3)。

婴幼儿特别需要爱抚,并会用形体表达出喜悦、愤怒、惊骇等情绪。婴儿住院后,其生活环境发生了很大的变化,使其缺乏安全感,常常表现出恐惧、孤独、抑郁和分离性焦虑。医务人员在接触婴儿患者时,说话要语气温和,动作要轻柔,要予以爱抚和亲近,与患儿建立感情,消除患儿的陌生感和内心恐惧感。

图9-3　手暖小生命

学龄前期患儿有依恋家庭的情绪,疾病痛苦可引起患儿抑郁、焦虑、恐惧,疾病的刺激和打击,可使幼儿患者出现退缩行为(withdrawal behavior),曾经获得的行走、控制排便、自己进餐等技能可暂时丧失,医务人员要给予他们耐心、细致、周到的关怀和呵护,对住院患儿要多加关心,亲近他们,允许他们携带自己喜爱的玩具和物品,使他们尽快适应环境变化。

学龄期患儿,患病后可引起内心情绪波动,产生抑郁、焦虑、恐惧、悲观、自责等心理,出现对抗、挑剔、任性、不遵医嘱和攻击行为,易与家长和医护人员发生摩擦。医务人员在接触年长患儿时,应感情细腻,适当提问、引导,适时应和,多给予夸奖和鼓励。体格检查的方式要适合儿童,切不可粗声粗气、疾言厉色,伤害其自尊心。对恢复期的学龄期患儿,为了消除因住院而耽误学习和功课所产生的焦虑情绪,应适当帮助患儿补习功课,鼓励他们参加社会活动和轻微劳动。

此外,对不同病情的患儿,医务人员要在家长的协助下,对他们采取不同措施而进行沟通,这样有助于患儿早日恢复健康。例如:各种疾病的危重期患儿,医护人员要付之予天使之情,使他们安静、配合治疗;病情稳定后,可陪患儿玩玩具、看画报、听故事,使患儿心情愉快,从而与医务人员合作;对病情较轻的、处于恢复期的患儿,可指导家长和患儿,开始逐渐增加活动量,并安排一定时间的户外活动,以利于患儿早日康复。

2. **解读婴幼儿及儿童患者的体态语言**　婴幼儿患病不能诉说感受,小儿科也历来被称为"哑"科,他们通过面部表情、声音、身体活动同成人建立联系,达到与成人的相互理解。医务人员在接诊时,有时要以看和听的方式为主,解读患儿的体态语言。在医患交流中,患儿的体态语言能否为医务人员正确解读,是实现良好的医患沟通,达到理想沟通的基本保证。

婴幼儿患病后,在语言上往往不能准确自我表达,有些患儿由活泼好动转变为无精打采,对父母的依赖性增强,并且会特别留意医务人员的非语言性行为。医务人员应从患儿的面部表情、动作、态度中进行细致的临床观察,及时发现病情变化,发现病症所在(图9-4)。

图9-4　解读幼儿患者的肢体语言

3. **克服患儿的恐惧心理**　儿童在就医时会产生不同程度的医疗恐惧,而且年龄越大,医疗恐惧程度越高。医生在见到患儿和家长时面带微笑,态度和蔼可亲,照顾细心周到,消除陌生感,营造一个轻松、和谐的就医气氛,使家长有被尊重的感觉。医护人员声音柔和、亲切地称呼孩子的名字或乳名,在查体时,一些患儿不能主动配合,耐心有限,医生需要尽量缩短查体时间,并可通过观察患儿的表情来判断其感受,查体时要注意保护患儿隐私,注意细节,如查体前搓暖双手,查体结束后为患儿盖好被子,等等。

医务人员还应注意满足孩子"皮肤饥饿"的需要,如搂抱婴幼儿,抚摸患儿的头部,轻拍他们的上肢和背部,使之获得亲切、友好的满足感,增强患儿的信任感和安全感。对住院的患儿主动接近他们,多加爱抚交谈,讲清生病住院的道理,帮助熟悉环境,安排合理的生活作息制度,并为他们介绍小伙伴,鼓励他们积极参加集体活动,消除紧张恐惧心理,主动配合对疾病的治疗(图9-5)。

图9-5　注射中的爱

二、与家长沟通的要点

1. **针对患方的医学与健康教育**　医务人员沟通时,应充分体谅患儿父母及亲属的心情,耐心倾听,鼓励患儿和家长有充分时间诉说病情,善于解释,观察家长的反应,帮助家长重复表达说过的事实,确保表述问题的准确性,提高有效沟通率。由于患儿来自不同的家庭,家长文化素养不同,经济条件也不同,反对盲目千篇一律的沟通,反对无的放矢的沟通,应针对患方的特点积极开展健康教育,详细解释病情,引导患方正确对待疾病。例如,对高热惊厥、脑电图"轻度异常"患儿,医生应向家属解释病情,告诉家长六岁以下的小孩由于其大脑神经系统发育不完善,高热容易引起惊厥,但一次短时间抽搐对孩子的智力不会有大的影响,脑电图"轻度异常"是暂时的,不会留下严重的后遗症,家长不必为此过多担心。

2. **告知患方治疗中的风险**　告知患儿家长孩子疾病治疗的效果或风险,本着实事求是的原则,真实、准确地进行表述。医务人员与家长之间的谈话应避免让患儿听到,不应在患儿面前流露出消极情绪。若医生过于"善心",交代病情时只是和颜悦色、轻描淡写地说上几句,会使家长误认为病情很轻微,可能会引起不必要的纠纷。如对确诊白血病的患儿,医生应明确交代病情,实事求是地讲清疾病的严重性,解除家长的疑虑和侥幸心理,使其面对现实,积极配合医生治疗。

3. **尊重患方治疗方案知情选择**　医生应向患儿家长作通俗易懂的解释和说明,告知患方治疗方案,检查或治疗经患儿家长同意,完善各种知情同意书,严格执行谈话签字制度,充分尊重患方的权利。如先天性心脏病心导管介入术,告知家长手术的危险性和基本知识,如麻醉意外、大出血,在心脏介入手术中可能会遇到封堵不成功需开胸手术等。对治疗措施的选择和决定,患儿家长都应该清楚地了解并表示是否同意,在此基础上取得他们的信任,减少由此引发的医患纠纷。如对白血病患儿,医生在化疗之前应详细介绍化疗方案,告知可能出现的并发症,如白细胞降低、严重感染、脱发、胰腺炎等,并告知预后及复发可能等情况。

4. **适时引导患儿和家属配合治疗**　学会换位思考,本着尊重患方情感体验、尊重患方意愿的医学人文精神,适时进行医患沟通。把握医患沟通时间,包括门诊沟通、入院沟通、住院期间沟通、出院沟通和随访沟通。提倡家属陪伴儿童住院,使患儿住院后不感到孤独、缺乏安全感,重视患儿家属的心理变化及身体健康状况,防止他们心理负担过重、过度疲劳而患病。科普宣教疾病有关知识,让家长参与疾病治疗的全过程以配合治疗(图9-6)。

图 9-6　引导患儿和家长配合治疗

5. 营造适宜的儿科医患沟通环境　就医环境是影响医患沟通效果的重要因素,就医环境对患儿及家长的心理能产生正面或负面的影响。如医院门诊大厅吵吵嚷嚷、候诊室拥挤不堪、医生诊室里患儿及家属川流不息,空气混浊,这种不良的就医环境,使患儿及家长难以感受到温馨的人文关怀,是造成医患沟通障碍、医患关系不和谐的重要因素。

医院的陌生环境会使儿童缺乏认同感,从而表现出逃避等不配合行为。门诊诊察室与病房要求保持清洁、卫生、安静、空气流通,适当温度、湿度和光线;在布置病房和装饰墙壁时应选用白色、浅绿色、粉红色彩或浅蓝色,构成比较柔和、清新的色调。墙壁上涂有可以使儿童心情愉悦的、带有颜色的卡通动物图案,在病房内张贴一些宣传图、患儿绘画和祝福的词语,护士和患儿的着装、病房被褥要注意色彩,给患儿以安静、平和与舒适之感;病室可设有游艺室,备有必要的玩具和文娱用品,作为恢复期患儿的娱乐场所(图 9-7)。

图 9-7　儿童医院门诊

视频案例

视频 9-3　根据不同年龄患儿特点进行沟通

视频 9-4　克服患儿恐惧心理

视频 9-5　克服患儿恐惧心理的成功沟通

(薛海虹)

第三节　常见医患沟通障碍及化解

患儿家长对疾病认识不足导致的沟通障碍

【案例 9-1】

（一）病历摘要

小张之女——患儿因因，G2P1，38 周+1 天，因其胎动减少行急诊剖宫产至其娩出，脐带绕颈，羊水Ⅲ度污染，Apgar 评分 1 分钟，评分 3 分；5 分钟，评分 6 分；10 分钟，评分 8 分。予心肺复苏后患儿仍有气促青紫，转入新生儿重症监护室治疗。

（二）诊疗概况

小张怀孕已有 9 个多月，因为 2 年前流产一次，这次怀孕特别紧张。离预产期还有 2 周，发现胎动减少，到医院急诊，行急诊剖宫产，娩出后，诊断"重度窒息，胎粪吸入性肺炎，代谢性酸中毒，呼吸衰竭"，立即转入新生儿重症监护室治疗，并告病危。治疗 2 小时后，因患儿头罩吸氧下氧饱和度不能维持，须立即给予气管插管呼吸机辅助通气，再次向家长告病危。

（三）患者及家属心理状态和表现

入院时，家长存在以下几种心理：①"重度窒息，胎粪吸入性肺炎，代谢性酸中毒，呼吸衰竭"，听到这些医学术语就觉得非常严重，宝宝救得过来吗？②孩子一生下来就输在了起跑线上，将来会不会影响孩子的智力发育？③怎么住院了孩子还不好，甚至上了呼吸机，两次告病危，这医院水平是不是不行啊？④宝宝刚出生就要住院，全家人都很紧张焦虑，这么小就离开妈妈太可怜了！

（四）沟通过程与成效

产科医生安慰家长并马上请新生儿科医生会诊，告诉家长孩子病重。新生儿接诊医生在询问孩子的病史时非常仔细，告知家长诊断"重度窒息，胎粪吸入性肺炎，代谢性酸中毒，呼吸衰竭"，需要立刻转入 NICU 治疗。患儿很快住进 NICU，医生马上制订了详尽的检查和治疗方案，并把患儿家长请到办公室谈话，明确告之患儿病情危重，并告诉了家长治疗方案、可能出现的并发症以及预后等。患儿上呼吸机后，再次向家长告病危，并告诉家长已采取各种治疗措施。3 天后患儿的青紫明显改善，无气急，病情稳定后告诉家长患儿精神、食欲明显好转，奶量增加，再住院观察几天后就可以痊愈出院了。

（五）沟通要点和分析

医护人员与患儿及家属沟通成功在于：

1. 产科医生安慰家长并马上请新生儿科医生会诊，告诉家长新生儿病区的治疗水平很高，同时主动介绍病情，真实、准确地进行表述，让家长知情。

2. 治疗之前详细介绍治疗方案、可能出现的并发症、预后等。

3. 医护人员对患儿富有同情心，对患儿温柔呵护。

4. 当患儿上呼吸机病情加重时，医生马上通知家长告病危并再次进行沟通。医生此时如实交代病情，实事求是地讲清疾病的严重性，使家长对疾病有正确的认识和较充分的心理准备。

5. 在患儿病情好转时，及时告诉家长，包括孩子的精神、奶量完成情况等细节，让家长对医护人员产生信任感。

（薛海虹）

【作业题】

实践性作业

1. 小组讨论：说说你亲眼看到的儿科医患沟通故事，或者你自己经历过的印象深刻的儿科医患沟通事例。归纳小组讨论结果，写一篇自己的感想。

2. 在儿科病房见习时，与 1~2 位患儿及家长接触，列出患儿和家长的心理特点，用所学的儿科医患沟通原理进行分析，然后制订具体的沟通方案及要点并实践，并写出体会。

第十章 全科医学医患沟通

临床重要沟通问题
- 全科医学是一门什么样的学科?
- 全科医生与大中型医院的医生有何区别?
- 城市社区患者和农村患者有何异同之处?
- 为什么要求全科医生注重与患者开放式谈话?
- 城市全科医生的医患沟通优势在何处?
- 农村全科医生的医患沟通优势在何处?

第一节 我国全科医学概述

全科医学是一门为病人、家庭、社区提供持续性医学照顾的医学门类,它为民众提供在空间、时间、感情上"可亲"的医学服务,成为社区居民健康的"守护神"。在国外,全科医学又称为家庭医学。全科医学在我国是新兴学科。全科医学与其他专科的区别首先在服务方法理念上,全科医学更重视病人的心理感受及其社会背景对其健康的影响。全科医学更强调"以人为本"的重要性,更重视医患沟通能力的培养。其次在医疗费用的控制上,全科医学不仅是社区百姓健康的守门人,还是医疗费用的"守门人"。对大多数慢性非传染性疾病而言,最重要的是控制疾病的发展及并发症的出现,让病情保持稳定。全科医生在社区通过随访和简单的技术监测能使患者花最少的费用保持慢病的稳定,对整个社会医疗资源是非常大的节约。因此,世界发达国家大力发展全科医学,我国政府也特别强调大力发展全科医学。

一、全科医学医疗服务的特征

全科医学是综合型的二级医疗专科,其主要特征是以临床医学诊疗为主要服务手段,结合预防医学、康复医学、心理学、社会学等多方面的知识,为社区、家庭、个人提供个性化、连续性、整合性的全人照顾。全科医生作为全科医疗服务的主要承担者,其主要任务是以社区为范畴、家庭为单位,以人的健康为中心,面向社区居民,提供社区初发疾患诊治、慢性病控制及管理、家庭病床访视,建立居民健康档案等全方位服务。

在我国,随着医疗卫生制度的深入改革,社区卫生服务的作用逐渐受到重视。作为社区卫生服务的基础,全科医学是适应我国卫生事业发展需要、满足群众对医疗及服务需求的较理想的医疗服务形式。目前,广大农村普遍实行新型农村合作医疗制度,城市推广社区卫生服务的卫生保健服务模式,立足于社区为居民提供卫生保健的全科治疗显得十分重要和紧迫。在建立覆盖城乡的基本卫生保健制度中,中国特色的全科医生将显示出良好的适应性,全科医疗将成为为基层和农村的广大群众提供安全、有效、方便、价廉的卫生服务最佳模式。

二、全科医生应具备的素质与能力

全科医生经过全科医学专门训练,在社区卫生服务中心工作,能够为病人个体及其家庭成员以及社区居民提供优质、方便、经济有效、全方位负责式的健康管理。其服务对象涵盖不同性别、年龄的人；其服务内容涉及生理、心理、社会各层面的健康问题；能在所有与健康相关的问题上，为每个服务对象当好健康守门人。全科医生的素质直接决定着社区提供的医疗和保健服务的质量。

（一）全科医生的素质要求

作为社区卫生服务的学术核心和业务骨干，全科医生在基层医疗服务中，可使用适宜技术，贴近服务于广大社区居民。因此，有希望塑造医生的良好形象、建立密切的医患关系、实现卫生服务的公平性与经济性。鉴于此，全科医生应具备以下素质：

1. 人文情感与人文关怀理念　全科医生必须具有服务于社区人群并与其相互交流、相互理解的强烈愿望和需求，亦即"以人为本"是全科医生最重要的服务理念。要做到"以人为本"，全科医生必须认真学习践行我国传统儒家思想"仁、义、礼、智、信"，而"仁"更是全科医生应该秉持的道德核心。

人文情感与人文关怀理念最具体的体现，就是在医患沟通技巧和表达能力方面。良好的沟通能力不仅可以使医生自己迅速而正确地掌握患者的病情，还可让患者增进对疾病的了解，增强其战胜疾病的信心，提高其依从性，早日康复。在医患交流过程中，语言是沟通医患之间感情的"桥梁"，是传递信息的重要工具。良好的语言交流能使全科医生得到病人的充分信任。反之，交流能力的欠缺可能影响与病人沟通，影响工作质量。

2. 良好的管理能力　社区卫生服务是涉及医疗服务、预防、康复等多角度、多方位的工作，这些工作不是全科医生一个人的工作，而是由社区服务团队共同完成的。全科医师是这个服务团队的领导者，因此，全科医生还要具备良好的管理协调能力。同样，这个能力需要沟通技巧，与同事进行有效沟通的技巧。全科医生必须在团队中具有协调意识、合作精神和足够的灵活与包容性，从而成为团队的核心。

3. 良好的工作作风和服务观念　社区卫生服务要求每个全科医生在工作中应有良好的工作作风和服务观念。在工作中，全科医生提供的服务不仅是技术上的，而且是行为和社会的；服务的对象不仅包括患病人群，而且也包括健康人群、高危人群和老年人群；服务的方式不仅有"坐堂行医"，而且还有上门服务；担任的角色不仅是治疗者，而且还是协调者、管理者、咨询者、教育者、辩护者、知己和朋友。全科医生只有深入了解病人，熟悉病人的生活环境，才能适应居民多层次的服务要求。

4. 不断自我学习能力　全科医生的工作相对独立，服务的对象多样，面临的问题涉及面广。许多知识不可能在学校或者继续教育培训中完全覆盖，因此必须培养自己良好的自我学习能力，及时更新自己的知识，提高自己的技能。自我学习能力是全科医生的关键素质之一。另外，全科医生应与各专科医生保持经常的、良好的交流，相互尊重、相互学习、相互协作，在工作中超出自己能力和工作范围的问题，要积极请教、会诊或转诊。

（二）全科医生的医学知识和技能

从全科医疗实践的要求来看，一个合格的全科医生应能胜任以下工作：①社区各种常见病、多发病的诊治及适时转诊；②社区慢性病人的系统管理；③急、危、重病人的院前急救、转诊与转回社区后的后续诊治、管理；④社区健康人群与高危人群的健康管理；⑤根据需要提供家庭病床服务；⑥社区重点人群保健（包括老人、妇女、儿童、残疾人等）；⑦健康教育；⑧为社区人群提供基本的精神、心理卫生服务（包括初步的心理咨询、常见心理疾患的识别与治疗）；⑨社区康复；⑩计划生育技术指导；⑪健康档案的建立与管理等。

除了医学专业知识和技能外，全科医生还应具备以下知识与技能：①了解与病人健康问题的发生、发展及与康复相关的人文社会因素的知识与技能，如考虑病人情境、依从性、成本效益等；②与服务体系相关的知识与技能，如医疗服务体系利用、医疗管理、团队合作等；③职业价值观形成相关的知识与技能，如服务和诊疗的态度、价值观、职业责任感等；④与自身和团队业务发展相关的知识与技能，如终生学习的能力、参与科研和教学的能力、评估与质量保证、信息收集与批判性阅读的能力等。

我国的全科医生还应该加强中医知识和技能的学习。中医体系本身强调人的整体性，许多疾病，中西医疗效相当,且中医治疗的花费远低于西医。中医的更多参与在医药费用的控制上将会大有作为。

（潘志刚）

第二节　城市社区卫生服务中心医患沟通

一、城市社区居民患者特点与社会因素

城市居民的就医行为,多是采用知识-态度-理念-行动模型,而在农村,知识和健康行为之间联系较弱,需要更多关注被忽略的社会规范和文化环境等因素。

（一）城市居民在社区卫生服务中心就医特征

1. 以慢性病以及初发、未分化的疾患为主。

2. 选择医生更看重于社区医生的职业素养、专业水平,所以更乐意选择服务态度好且业务水平高的医生,而对年龄、性别、职称等不是非常看重。

3. 选择治疗方式更倾向于"看医生"和"自我医疗"相结合。随着生活节奏加快、居民健康意识增强、医疗保险制度改革以及药品器械等进入家庭,城市消费者的零售市场逐步形成,自我医疗的比例增加。

4. 对健康及疾病治疗的期望值高,对医疗服务的要求也更高。

（二）就医的行为的其他相关因素

1. **教育程度**　教育水平的提高会增进人们对健康以及医疗知识的了解,增强个人对自身健康状况的关心。学历越高,认知能力越强,自我保健意识越强,就诊率越高。

2. **职业和经济收入**　收入是医疗可及性的一个重要决定因素。在城市社区卫生服务中心,由于城镇医疗保险覆盖面及报销比例比较高,收入水平已不再是影响城镇居民在社区卫生服务中心就诊的重要因素。

3. **医疗保障制度**　城镇职工基本医疗保险制度显著促进了城镇居民的就医频次。

4. **对疾病的认知**　居民对疾病相关知识的掌握,在一定程度上影响着就医行为的健康与否。病人不遵从医生的医嘱,与其对疾病的认知水平有关。城市社区卫生服务中心的医护人员应努力提高患者对疾病的认知。

二、诊断中的医学信息沟通

城市社区卫生服务中心的职责是面对初发的、未分化的疾患进行诊治,同时,还要识别大量的心理问题。因此,在诊断过程中,获取完整的信息是这个阶段医患沟通的主要目标。

在临床实践中,社区的患者有的爱说话,有的不善言辞,有的叙述症状条理清晰,有的言辞模糊、逻辑关系混乱。对不同类型的患者应该有不同的沟通技巧。必须强调的是,要发自内心关爱患者,有强烈想要帮助患者的愿望,这是医患沟通的核心,离开这个核心的沟通技巧就变成无本之源。

医患交流过程中,医生问诊的一个最重要的目标就是发现患者就诊的原因。这似乎不需要特别强调,但实际情况并不是每个医生都能够做到这点。接诊开始时的问话很重要,要使用开放式的问题,即患者必须加以描述或解释的问题,如"你自己怎么考虑你的胃部不舒服?"封闭式的问题,患者只需用点头或摇头,"是"或"不是",或者简单的数字就能回答的问题。如"你胃区不适有多久了?"开放式的问诊有助于探究患者对自身疾患的想法,封闭式的问题则有助于确定疾患的性质。开放式的问诊技术与封闭式的问诊技术有机结合可以帮助迅速明确患者的问题所在。

在与患者沟通过程中,要始终注意患者,留心观察患者口头上或视觉上的线索。这样会提高诊疗效率。这里"线索"是指患者对医生的一种反应信号,线索或信号可以是语言的,也可以是非语言的,即患者所说的,以及他们没说出来的,包括他们讲话的语调、面部表情、姿势以及他们的动作。

三、治疗中的积极沟通

医院治疗过程中的医患沟通,较多的是书面沟通,常见的有知情同意书、病重及病危通知书等。而社区卫生服务中心多以慢性病、常见病为主,除门诊病史记录以外,大多不涉及书面的沟通,而以对话为主。患者是否一定会按照医生的计划行事,按时吃药、如约检查取决于很多因素,如医患关系,患者自身对医学知识的了解程度、患者自身的性格特点等。良好的沟通是提高患者依从性的关键。研究表明,只有约三分之一的患者能够按照医生的计划行事,还有三分之一的患者根本不听从医生的建议,另外的三分之一患者对医生的建议持左右摇摆态度。如果是慢性病的患者,需要患者长期坚持某种治疗时,患者的依从性随时间推移而明显下降。

对那些听从你建议的患者来讲,很可能是因为医生在接诊的交流中获得了他们的信任和理解,并且他们内心对自身疾患的想法与你的建议很接近。例如:一位肥胖的糖尿病患者听说长期吃降糖药物对肝脏不好,很惧怕服用太多药物,很想用一种自然安全的疗法,而医生的建议恰恰就是控制饮食、增加运动,这个患者就会有很好的依从性。还有的患者是出于对医生职业的尊重而听从。

城市居民对自己健康知情权的要求比较高。互联网的出现,为患者了解医学知识提供了最大可能性。医生不再是医学秘密的唯一守护人。尽管患者得到信息可能是错误的,但绝大多数患者仍按照自己的健康信念行事。患者的健康信念不是一成不变的。社区医生在了解患者,包括患者相关的生活、职业、健康信念等方面有着得天独厚的优势。

用适合具体患者个性化谈话方式和易于理解的语言解释可能选择的诊疗措施及所有治疗的可能效果,就有可能改变患者的健康信念及遵医行为。患者的健康意识不同,与医生一起讨论并共同决定自己的诊治方案的意愿程度也不同。患者的社会地位和教育水平越高,其参与决定治疗方案的愿望越强烈。这之间的差异是巨大的。医生必须明确患者想在多大程度上愿意参与共同决定。

四、常见医患沟通障碍及化解

【案例 10-1】

患者王女士,45 岁。因胃部不适 2 个月前来社区卫生服务中心就诊。

医生:"哪里不舒服?"

王女士:"我经常胃部不舒服。"

医生:"最近吃过辣的东西吗?"

王女士:"没有。"

医生:"有没有黑便?"

王女士:"没有。"

医生:"有没有恶心、呕吐?"

王女士:"没有。"

医生:"这样的情况有多久了?"

王女士:"2 个多月。"

分析点评:开放式的问题有助于了解事情的经过以及患者的想法,封闭式的问题能够快速锚定问题的性质。在王女士的例子中,医生过多地运用了封闭式问题,使得这个就诊过程完全是医生主导的,患者的想法还没有触及。这个过程可能会比较迅速地帮助医生做出鉴别诊断,但是,却没有探知患者就诊的真正原因。这对后续协调治疗方案的过程会造成负面影响。

【案例 10-2】

患者刘女士,45 岁。因胃部不适 2 个月前来社区卫生服务中心就诊。

医生:"您好! 请坐。"

刘女士:"谢谢!"

医生:"您哪里不舒服?"

刘女士:"我经常胃部不舒服。"

医生:"您能具体描述一下吗?"

患者:"我最近一个多月以来感觉胃区时常隐隐不舒服,不是痛,与吃饭没有关系,也没有别的什么异常。就是这个毛病,我以前身体很好,从来没什么不舒服。我女儿帮我在网上查了一下,很多病都可以这样,但又都不像。"

医生:"有没有恶心、呕吐、黑便?"

刘女士:"都没有。"

医生:"您的症状已经持续一个多月了,您为什么这次来看病了呢?"

刘女士:"我这个病一个多月来总是好好坏坏,我有些担心了。"

医生:"担心什么?"

刘女士:"我担心是否会是肿瘤。"

医生:"您前面提到过您女儿帮您在网上查了很多资料,为什么您担心是肿瘤而不是别的病呢?"

刘女士:"我父亲2个月前……"

分析点评:在这个问诊过程中,患者就诊的真正原因被清晰地表达出来。这样反而会缩短就诊时间,并利于医生有针对性地进行后面的诊治方案的安排。

视频案例

视频 10-1　耐烦的问诊

视频 10-2　不耐烦的问诊

视频 10-3　平等耐心地讨论诊断检查

视频 10-4　通俗易懂地回答患者问题

（潘志刚）

第三节　农村卫生服务中心与村医室医患沟通

农村卫生室与城市社区卫生服务中心,在硬件设施、人文环境方面有很大不同。农村卫生室设备简单,甚至简单的化验都不能进行。现代医学提到的诊断、鉴别诊断的许多现代技术手段如血常规、X线摄片,很少能够开展甚至没有。转诊对患者而言又极其不方便,不到万不得已,患者也不愿意跑那么远去看病。因此,村卫生室医生只能运用最简单的医疗辅助工具,例如听诊器进行最简单的检查,然后根据所学的医学知识及个人经验进行非常粗略的判断和治疗。特别是在交通不便的偏远农村,医生和农民获得信息的渠道都非常有限,更不要说医学信息。在这样的环境背景下,专科医生很难发挥专长,而这恰恰是全科医生的特色和价值所在。对农村卫生室医生而言,医患沟通能力显得尤为重要。

一、农村医患特点与社会因素

1. **患者对医学知识理解、接受能力较低**　在我国大部分农村,长期存在的城乡二元结构造成农村和城市享有完全不对等的社会资源,导致农村的发展落后于城市,也是造成农村文化贫困的根本性因素。文化贫困直接导致对医学科学知识的理解和接受能力较低。由于对医学知识不了解,科学思维判断能力不强,许多农民患者存在对医生的敬畏感与不信任感的矛盾状态之中,当面不敢顶撞医生,甚至自己内心的正常焦虑、担忧都不敢对医生表达,虽然短期内可能依从医生给予的治疗,但远期依从性较差。同时,对道听途说的所谓民间偏方、验方缺乏科学鉴别能力,盲目信任、使用。

2. **村医接受培训少,医学与健康知识不足**　农村卫生室的医生工作环境相对独立,缺乏相应的支持资源,获得有关医学培训、健康教育等方面的信息渠道不畅,有关医学知识存在不足。这也是农村患者对村医远期信任度低,依从性差的原因。提高农村卫生室医生的教育培训水平是一项长期而艰巨的任务。

另外,健康教育在我国起步较晚,而农村更为薄弱。基层卫生人员专业素质较低,健康教育工作不能有效开展,大多数村医没有参加过健康教育专业培训;农村健康教育效果缺乏科学有效的评价,导致难以对村卫生室医生进行有效考核并给予相应的投入,村医对开展健康教育工作积极性显著不足。

3. **生活方式不健康**   随着经济和社会的发展,在一些经济发达地区,农村生活水平的提高,一部分富裕起来的农民越来越不满足于"日出而作、日落而息"的传统生活方式,渴望丰富多彩的生活;但同时又缺乏相应的健康保健知识,缺乏科学饮食以及良好的生活习惯,导致摄入过多高蛋白、高脂肪、高热量饮食,养成无节制吸烟、酗酒的恶习而危害健康。这些不良的生活方式能直接或间接地引发多种慢性病,而这些潜在的危险大多数农民都未能意识到。近 20 年来,高血压病、冠心病、糖尿病等慢性病的患病率在农村明显上升。

上述农村社会文化环境及农民患者自身的特点决定了农村基层医患关系的特殊性。在医患沟通中,医生必须充分考虑到这些因素,以患者能够接受的方式和语言进行交流沟通,完成医疗保健任务,构建和谐医患关系。

二、诊断中的医学信息沟通

患者就诊目的,除了搞清楚自己"怎么了"和"怎么办"以外,还带着对自己身体状况的担忧、焦虑以及期望。农村卫生室的医生可以通过了解患者病史、进行必要的体检来回答患者"怎么了"的问题,也就是诊断问题。但同时还要注意,没有人仅仅是为了某个症状来就诊的,必须考虑到患者内心的担忧、焦虑和期望。换言之,搞清楚患者"为什么来"是医生在诊断过程中的重要职责。

农村患者多羞涩,对医生具有一定的畏惧感和神秘感,医生如果热情、耐心,患者可能会告诉医生更多的有关信息,甚至包括自己的隐私。因此,在医患沟通时,医生要善于运用心理疏通引导法,以亲切、耐心、体谅、关怀的态度倾听患者诉说和主观感觉。根据患者的认知程度,针对性运用医学知识和临床实践经验,认真恰当地解释疑问,提高患者战胜疾病的主观能动性。交谈中,医者要善于运用语言艺术和身体语言的交往,注重情感的支持。以温和同情的语调询问病史,以专注的神情和通俗易懂的语言与病人交谈病情,以亲切的目光迎送病人。冬季体检时,先把手捂热,动作轻柔,扶病人一把,帮病人盖好被子等,使患者充分感受到关爱之意,赢得相互信任。反之,如果医生态度蛮横、粗暴无礼,大多数农村患者多表现为唯唯诺诺,仅仅回答医生问过的问题,而不是疾病的全部过程。这对医生做出正确的诊断是非常不利的。

对于缺乏医学常识和一定科学知识的农村患者,医生需用通俗易懂的语言、词汇进行讲解沟通。另一方面,在农村卫生服务中心或服务站,社会交往圈较小,患者多来自周边村镇,不少医生和患者之间存在不同程度的亲戚朋友关系,有相近的风俗、文化背景。因此,在医患沟通中,医生要充分利用这一点既做患者的"熟人",又做患者的"医学专家",注意角色转换,设身处地"想患者之所想,急患者之所急,帮患者之所需",以融洽医患关系,达到有效的双向沟通。对诊治的必要性、安全性、合理性要尽量解释,尽可能为患者提供更多的选择。使患者真正感受到医生完全是为他的健康和利益出发来施行诊治。

三、治疗中的积极沟通

1. **与患者共同决定治疗方案**   卫生室的医疗条件有限,不可能进行很多的辅助检查,加上交通、经济等原因,将患者转诊到上级医疗机构都很困难。因此,患者的诊断往往是非常初步的、有待观察的,治疗方案也只能是暂时性的、有待及时调整的。农村患者对医学知识了解不多,对医生的依赖度比较高,甚至有敬畏感,这是农村卫生室不同于城市社区卫生中心的特点。但农村患者的长期依从性并不高。原因就在于农村卫生室的医生与患者的沟通不够,常用简单的语言"打发患者",不了解患者真正的需求,所制订的治疗方案是医生"自己的",不是患者需要的或者患者所理解的。

村卫生室的医生应该在全面了解患者病情的基础上,根据患者的具体情况,提出几种治疗方案,并用易懂的语言介绍不同方案的利弊,和患者一起做出治疗决定。虽然村卫生室的医生常常面对诊断要"凭经验,凭感觉",而不是辅助检查的证据,在治疗上只能"试着看",但往往熟悉患者的家庭情况,可以进行追踪随访,根据患者的病情变化及时调整治疗方案,但必须事先对患者进行说明,达成一致,才会增加患者的长期依从性。有些农村患者不善言辞和表达,所以在医患沟通时,医生要保持敏锐的观察力,注意患者的情绪反应和表达方式;对诊疗顾虑重重者应耐心解释、积极开导、树立战胜疾病的信心;客观、公正地分析诊疗的利弊和预后,避免期望值过高和对不良反应缺少的心理准备。

另一方面,要妥善处理好知情同意权与保护性医疗措施的关系。根据不同地区的风俗文化背景和个人性格、受教育程度,结合患者的心理类型,对恶性疾病或风险大的治疗措施,选择适当的方式、恰当的时机,酌情向患者提供必要的信息和(或)向其委托人提供所有的医疗信息,以完善知情过程,尊重其同意权。

2. **引导患者和亲属配合治疗**　在获得患者亲属同意后,采取共同决定的医疗过程中,需要引导患者和亲属配合治疗。尽管现代医学的发展使很多疾病得以明确诊断,但仍有很多疾病缺乏特效治疗手段,尤其是一些与生活方式有关的慢性疾病,需采取以改变生活方式为基础的综合治疗方式。比如糖尿病的治疗、饮食控制和锻炼是治疗方案中的基础环节,需说服患者改变以往的不良生活方式,这对血糖控制会有极大帮助。医生需要适时向患者及亲属传播健康教育知识,普及疾病预防和卫生保健知识,针对患者病情和具体的生活习惯提出合理的建议,从而增加患者的治疗顺应性,提高治疗效果。

3. **适度告知患方治疗中的风险**　在一些患者及亲属看来,告知他们医疗风险及可能的不良后果,有推卸责任之嫌。实际上,尽管目前医学科学较发达,但是仍存在诸多不确定性,很多治疗措施会带来不良后果,如实告知患者或亲属治疗的风险,这既是对患方权利的充分尊重,又是尊重客观事实的表现。但是应尽量避免过分夸大治疗风险,以免增加患者的心理负担和焦虑情绪,不利于治疗。所以结合患者病情、农民患者的理解程度,适当告知治疗风险是妥当的。

4. **针对患方的医学与健康教育**　向农民开展卫生科普宣传和系统的健康知识行为教育刻不容缓。在疾病诊断和医疗费用增长的情况下,促进农民健康,降低医疗费用最有效、最经济的方法就是在广大农村进行科学、积极、有效并有可持续性的健康教育与健康促进工作,以此改变居民的不良生活习惯和不健康的生活方式,从而提高农民自我保健意识,增强自我防病知识。现在社会上的健康教育宣传专业性较强,农民群众难以接受,也很少主动去关注健康教育的资料。所以当农村社区医生接诊患者时,是进行健康教育的良好机会。结合农民患者自身的健康状况讲解有关医学常识、自我保健、常见病防治、早期识别等知识,容易被理解和接受;同时也是良好医患沟通的开端。在医学与健康教育时,可适当准备一些宣教材料,在内容上应以既科学又通俗易懂的预防保健宣传资料为主,比如将各种卫生知识编成"顺口溜"、制作成图文并茂的宣传单,这样既可提高农民群众对基层健康教育人员的信任度,也增强了农民群众健康行为的适从性,提高农民的健康水平。

四、常见医患沟通障碍及化解

【案例 10-3】

张大妈,52 岁,某市远郊农民。近一段时间经常感觉胸闷、心烦气躁,看到电视剧里的心脏病病人的症状与自己很像,有些担心,因此去村卫生室找医生检查。村卫生室里面人不多,刘医生正给几个患者打针,她怕太啰嗦引起刘医生不高兴,就简要地讲述了自己的病情。刘医生没有等她说完就不耐烦地说:"没啥!年纪大了都这样,正常!"张大妈口里万分感谢,心里却疑惑地回家了。半年后症状依旧,最终她心里放心不下,去了市里的某大医院,花了 1 天的时间去看病,花费 700 多元,诊断为

"更年期综合征"。

分析点评：该案例中，刘医生与张大妈的沟通是失败的。刘医生的判断也许是对的，但没有充分了解张大妈的担忧并给予相应的解释，事后也没有随访。另外，从刘医生不耐烦的态度上看，刘医生对患者的关爱之心有些欠缺。对于医生来讲，"富有仁爱之心的态度"以及"富有责任心的随访"是任何现代科技手段都无法替代的。

刘医生如果能够出于医生的使命感和责任感，对患者多一份爱心和耐心，认真了解张大妈的病情，及时针对患者担忧和焦虑的问题进行解释，并及时随访，不仅可以缓解张大妈内心对健康的担忧，并可能免去张大妈不必要的700多元的医疗费用支出以及路途、时间方面的损耗。同时，一定也可以因此与张大妈建立和谐、稳固的医患关系。

（潘志刚）

【作业题】

1. 分别到城市社区卫生服务中心和农村卫生服务中心（或村医室）见习，与3～5位患者及亲属接触，了解患者病情及心理特点，利用所学的医患沟通原理进行分析，然后制订具体的沟通方案及要点，在老师的指导下进行沟通实践，并写出体会。

2. 在某城市社区卫生服务中心，面对一位血糖、血压控制不佳的脑梗后遗症患者，如何运用你所学习到的沟通技巧，实现与患者共同做诊疗决策？

3. 在农村卫生室，面对不爱说话的老大爷，需要运用哪些沟通技巧获取完整病史？

第十一章　中医医患沟通

临床重要沟通问题

- 中医医患沟通有哪些特点?
- 通常中医科的患者有何特别的心理表现?
- 最有效的中医医患沟通技巧是什么?
- 对缺乏中医基础知识的患者,沟通中应特别注意哪些问题?
- 晚期肿瘤患者,如何通过沟通处理好中西医两个领域交叉治疗问题?
- 对疑病症患者,如何通过沟通消除其疑虑?

中华民族有数千年悠久文化,中医学作为祖国传统文化瑰宝之一,受儒学、道学影响颇深,具有浓厚的儒医色彩。中医诊病重视整体,在强调"天人合一"的同时,十分注重医患沟通。所谓"医者,意也;医者,理也",指的是医者诊察病人,必先全神贯注于病人,以天地变化、季节更替、世事变革、阴阳消长及生克制化之道"近取诸身,远取诸物",意达于彼,意明其理,融会贯通,方为良医。而欲意达于彼,一是依赖于良好的医德;二是必须注重沟通的技巧,故此有"为医必须上通天文、下知地理、中识人事"之说。自清代起,现代医学从西方开始渗透、影响我国,中西汇通医家开始涌现。发展到现在,医学科技进步日新月异,中医也逐步走向现代化,迈入新时代,中医高等院校开设现代医学基础及临床课程,同时,医科大学也相应开设了中医基础课程,中西医两大体系的联系与结合日益紧密。

现代综合性中医医院同样能利用现代化的技术设施开展诊疗活动;传统中药剂型也在不断改革完善;中医理论在实践中进一步得到发展,诊治范围不仅仅局限于慢性疾病,中医药参与救治危急重症取得了进展。但同时也随之出现一些负面影响:传统医学浓厚的医学人文氛围有逐渐淡化趋势,医患纠纷与现代西医医院一样逐年增长,中医科医患沟通同样亟待加强。

中医整体观及取类比象的辨证思维有利于医患沟通。将复杂的医学理论转化为朴素的生活常理,以打比方的形式进行阐明,患方容易理解接受;特别是对一些现代医学技术尚无特效治疗手段的疑难杂症、绝症,在告知预后时不宜采用绝对化观点,可以避免给予患者及家属不必要的心理打击。中医辨证论治,因人、因时、因地制宜的思想便于实现个性化沟通;儒医"推己及人""他人之心,予忖度之"与"大医精诚""人之一命、贵乎千金"的传统医德教育的完美结合,是实现有效医患沟通、形成良好医患关系的强有力的文化基础。

第一节　中医医患沟通的途径和趋势

一、综合性西医医院中医科医患沟通

1. **综合性西医医院中医科要发扬传统优势,建设合作式医患关系**　由于中医科收治的病人大多数为慢性心身疾病患者,除机体的生理因素外,社会、心理因素在疾病的发生、发展过程中同样起着重要的作用。因此,强调中医科医师在内部专业分工的同时,必须注意保持并充分发扬传统医学所形成的"一个医生"对"一个病人"这样一种稳定联系的优势,尽量避免由于内部专业分工而集体医疗,从而产生的几个甚至更多医生与一个病人发生联系的医患关系分解的局面。应针对不同个体,根据其生理、病理、心理特征,社会地位及经济条件等的不同,采取个性化沟通方式,保障实现医患高层次

的有效沟通。如对神经官能症或心身疾病患者,接待时应端庄大方、沉稳老练,尽可能耐心、认真地倾听其较多的主诉,并有所反应,如变换表情和眼神,点头作"嗯、嗯"声,或简单地插一句"我听清楚了",等等。即使病人"扯得太远",医生也需要巧妙地提醒,让他回到主题上来,切忌唐突地打断病人的谈话。检查时应耐心细致、周到全面,解释时应简洁明了、语气果断,有利于培养威信、建立信任。在此基础上,再适当通过心理暗示、转移分散注意力等手段达到强化有利因素、促进良性心理建立、弱化甚至消除其猜疑心理,从而达到有助于疾病治愈的目的。

另外,个体化沟通中同时要注意观察患方的情绪状态和心理反应,结合其生活阅历及社会经济条件、受教育程度、自身对所患疾病的认知程度、对沟通中所使用的中医术语及临床医学语言的理解接受能力、对疗效期望值等的不同,选择最佳沟通方案。如对社会经济条件差、生活经历坎坷、受教育程度低、自身对所患疾病认知程度低的患者,交代病情时应尽量使用通俗易懂的语言,充分发挥中医"唯象主义"特长,以取类比象方式将疾病有关生理、病理,可能出现的病情变化,有关医疗措施解释清楚,做到"隔行不隔理",就能取得良好的沟通效果。再如对经济条件好、受教育程度高的慢性病患者,由于他们大多对自身病情关注程度较高,常常就诊前已通过咨询、查阅资料等多种途径对自身疾病有一定的了解,医方与其沟通时应层次分明、重点突出,着重介绍中医辨证治疗与现代医疗技术手段结合方面的最新进展,以取得患者信任和配合,帮助患者树立战胜疾病的信心。

此外,不同的性格、心理特征对疾病有关预后真实信息的承受程度也是有很大差别的,医方在总体上要把握得当,如抑郁质患者常不苟言笑,内抑倾向明显,对疾病尤其是预后不良的疑难重症的有关信息承受能力差,因此医务人员交代病情时要审慎。在取得家属理解、配合的基础上,尽量引导病人往好的方面考虑,以增强病人信心,促使其更好地配合治疗。多血质患者性格大多外倾,对疾病有关信息容易接受,但也要注意方式,特别是对于文化程度高、内在情感活动丰富的患者,告知过多不利因素会明显加重其心理负担,因此适度把握十分重要。

在综合把握心身疾病患者病情与心理机制的基础上,还可适当运用情志疗法改善病情,在这方面,中医历来十分重视,早在一千多年前的《素问·阴阳应象大论》就有记载:"东方生风,……,怒伤肝,悲胜怒,……;南方生热,……喜伤心,恐胜喜……;中央生湿,……,思伤脾,怒胜思……;西方生燥,……,忧伤肺,喜胜忧……;北方生寒,……,恐伤肾,思胜恐",后世运用情志疗法来治疗疾病的医案也屡有报道。只是受现代伦理及法律制度体系所限,运用时应当十分慎重,如确有应用必要,强调一定要坚持以下两条原则:一是确保情志刺激适度、不加重病情的原则;二是事先充分告知患者近亲属或法定代理人,取得他们的理解、书面同意与支持的原则。

2. 加强医务人员的医疗作风和服务态度的建设　在整个医患沟通过程中,强调医方始终要不厌其烦,态度诚恳,对患者的不适主诉要注意倾听,同时肯定病人感受的真实性,不可妄加否定。关注、真诚、尊重、同情、体贴患者,这是建立良好和谐沟通关系的基础。其次,通过亲切、自然、得体的语言,整洁的仪表和优雅的体态,柔和的表情以增加患者的信任感,缓解紧张和恐惧情绪。提问时注意尽量不要采取格式化的固定顺序提问,多采用"开放式",适度应用"有限开放式",少用"封闭式"提问方式,尤其要避免"连珠炮"封闭式的"审问"方式。第三,检查动作要轻重适宜,柔和适度的触摸常可起到加强沟通的作用。

3. 加强医疗技术与医患沟通的有机结合　在技术因素方面,强调要通过详问细察和必要的实验室检查,时刻掌握病员的症状、体征及检查结果、中医舌苔脉象等的变化,用中西医两套医学理论对病情、治疗措施及效果加以分析,并用通俗易懂的中医术语及现代临床医学语言,将病情详细交代于患者及家属。对于各种治疗方案的利弊,要结合患者医疗费用等实际情况,提供最佳参考方案供患者及家属选择。同时,在生活起居、饮食宜忌、情绪控制、心理调适等方面指导患者配合医疗,以调动一切积极因素,帮助患者尽快恢复,以真正建立起具有新时期特点的稳定、牢固的参与合作伙伴式医患关系。

二、综合性中医医院医患沟通

1. 保持中医传统特色，避免过度依赖现代医学技术　随着现代医学的不断完善，专科分化日益精细，中医医院借助并依赖现代高科技的成分比例越来越大，而对自己在慢性心身疾病调理方面，传统优势的开发利用却易受忽视，因此要强调综合性中医医院借助现代科学技术"补短"不是目的，只是手段，真正的目的是通过现代高科技更好地发扬中医自身的特色和优势，即"补短"只为更好地"扬长"。体现在医患沟通这一层面，也必须强调发扬传统：

（1）注重个性化：在沟通过程中，始终要体现"一对一""因人、因时、因地制宜"。

（2）体现全方位：强调"天人合一"，借助"望、闻、问、切"手段收集各方信息于一体，融合医学、天文（五运六气）、地理（四隅八方）、性格心理特征（阴阳二十五人）、人际交往各科知识于一身，在处置理法方药同时，对患方析理、解释、劝慰、疏导、合理暗示，并对饮食起居、生活宜忌详细交代，多途径、广范围开展沟通，帮助患者恢复健康。

（3）注重预防保健：《内经》所谓"圣人不治已病治未病"，与《伤寒论》"上工治未病"均体现了中医预防为主的思想。具体可通过开设中医膏方、冬病夏治、药膳加工、气功导引、自我按摩及健康指导门诊，针对亚健康状态调理一些季节性发作疾病的防治（如哮喘的夏季穴位贴敷），对慢性心身疾病康复等方面提供有效指导，可进一步促进医患沟通。

2. 要强调体现中医医患沟通的时代性

（1）在沟通的思想准备方面：要强调传统儒医"医乃仁术""仁者爱人"思想与现代执业医师医德规范及法律义务教育的有机结合。传统儒医从"为医立身之本"出发，以情感的升华、道德上的"利他主义"为基础，而现代法治社会不仅重视道德规范在调整医疗行为上的重要性，更强调"权利"与"义务"的对等与统一。

（2）在沟通过程中：要做到现代临床医学语言与中医医学术语、临床医学语言与公共通俗语言的有效结合。这需要现代中医科医师不仅要掌握中西两套医学理论，拥有丰富的临床实践基础，更需要优秀的文字理解、组织和语言表达能力。例如：现代中医师在医患沟通时，对患者详问细察，诊脉望苔，按照中医传统四诊（望、闻、问、切），八纲（辨阴、阳、表、里、寒、热、虚、实）开展辨证论治，并结合运用现代必要的特殊检查治疗手段的同时，仍要切实履行告知义务，对开展特殊检查、有创性检查、手术目的、并发症、中医药可能产生的损害等进行详细告知，让患方在充分知情的情况下，行使其选择的权利。此外，在亲切柔和的气氛中，要注重中医传统"望、闻、问、切"与现代医学"视、触、叩、听"的完美结合。

3. 通过非药物疗法加强医患沟通　成立富有中医特色的病友之家、健康俱乐部，加强医患沟通。如通过开设公益网站、义务讲座、电话咨询、保健处方、发放健康联系卡等多种形式，加强与慢性病患者的联系沟通，增进医患交流，缩短医患距离，增强自我康复能力，并可通过组织有焦虑、抑郁倾向的患者去集体郊游、欣赏音乐、教练气功等各种放松疗法来纠正患者的不良情绪，同时使医患在与自然的接触中，情景交融，使情感融为一体，在更高的层面上实现有效沟通。

（滕士超）

第二节　中医医患沟通方略

一、患者身心特点与社会因素

1. 普通病人心理特征　就诊中医的患者，同样有普通病人共同的心理特征。疾病是个应激源，它使个体感到可能丧失或即将丧失某些有价值事物的威胁，因此感到痛苦、焦虑、恐惧；对一些有创检查治疗既感到畏惧、担心又无可奈何；因生病离开家庭和工作单位去就诊，接触的都是陌生人，容易产生孤独感和不信任感；受病痛折磨稍遇不如意即发火，容易产生愤怒；有些长期四处求医仍得不到良好的疗效,期待心理屡屡受挫,容易产生迷惘、消沉、自卑自怜等消极情绪。

2. 中医就诊患者特有的心理特征

(1)期待心理比较严重:一些饱受慢性疑难疾病之苦的病人经四处打听,辗转慕名而来,容易对所要求诊的名老中医产生神秘感和过高的心理期望值,病人角色行为不断强化,社会角色容易退化,自我中心加强,兴趣狭窄,全神贯注于自身机体,同时依赖性明显增强,表现为一切起居悉听医嘱,症状稍有改变即诚惶诚恐、患得患失。

(2)侥幸心理较多:部分患者寄希望于寻求"偏方""秘方"或道听途说、或对号入座,但又不敢轻易尝试,将"秘方""偏方"出具给主诊医生后,既希望得到首肯又怕其怪罪恼怒。有的则采取等医师处方开完后偷偷核对的方法,一旦大相径庭则心存疑惑,患得患失,认为不能完全对症以致不敢服用等。

(3)囿于知识水平,容易产生偏执心理:认为中医"越老越吃香",高明的医生只要"搭搭脉、看看舌苔"就能识出病根,因此对年轻中医医师不信任,认为其详问、细察是"没有水平"。医师开出处方后,有的患者根本就没有取药,有的即使取了药,也犹豫不决,再三找他人咨询确认后,才敢作出是否服用的决定。此类情况于县级及县级以下乡镇中医院较为多见。

(4)容易接受暗示:中医诊疗疾病强调整体观念,通过"望、闻、问、切"收集信息,运用四诊八纲、六经与脏腑辨证等中医理论,确定理法方药,构成其独特的诊疗方式。医患"一对一"个性化交流过程中,重主观感受(症状变化)、轻理化检查的倾向常较明显,以致患者极易接受来自医方的暗示。

(5)初诊患者对针灸、拔火罐等容易产生恐惧:针灸、拔火罐是中医特有的治疗手段,初诊患者对之缺乏感性认识,容易产生恐惧感,尤其对需要用长针治疗头面部疾患的患者来说,更是如此。

(6)部分患者对服用中药饮片有厌恶、恐惧心理:中药饮片直接由原生药材加工而成,其中包括许多虫类药如蜈蚣、地龙等;有些甚至是动物的粪便、排泄物,如五灵脂;加之中药饮片特有的气味通常较难入口,使相当一部分患者不太容易接受,常易诱生厌恶甚至恐惧心理。近年来,随着种植中药的大量使用,担心农药成分残留也不同程度加重了其恐惧心理。

(7)对综合性中医医院开展现代大型手术有疑虑心理:患者通常认为中医医院是"慢郎中",现代大型手术非其所长,对中医医院开展诸如脏器移植、心脏冠脉搭桥等重大手术的成功率普遍抱有疑虑。因此,中医医院开展此类手术时,有关医务人员所要承担的社会、心理压力较西医医院医师明显要大得多,事先做好有效沟通愈显重要。

(8)主要社会因素:中医科就诊患者主要为慢性病及心身疾病患者,影响疾病的主要社会因素包括:①环境污染:《素问·生气通天论》中"苍天之气,清净则志意治",说明环境对人心理的影响是巨大的。中医把环境中影响健康的各种污染物统称为毒邪,耗气伤血,可导致虚劳等病;②工作生活中的心理压力:中医理论认为,长期紧张、心理压力过大,容易导致肝气郁结,气机疏泄失常,久则影响血行,产生多种疾病,即元代朱丹溪所谓"气血冲和,万病不生,一有怫郁,诸病生焉。"

二、诊断中的医学信息沟通

1. 望诊信息沟通　中医向来重视望诊,所谓"望而知之谓之神"。望诊包括:望患者的神色、形态、舌苔等,一位富有经验的中医医师可通过敏锐的目光即刻收集自己需要的信息,而得出阴(寒)证、阳(热)证、阴阳错杂证的大致判断。尽管如此,仍需排除先天肤色、化妆、药食染苔、一时情绪失控等多种因素造成的干扰,此时则必须通过语言沟通来一一甄别。对经确认的信息所代表的意义,可通过打比方的方式让患者理解,关键性的信息(如面部气色晦暗,常代表病情深重)可教会患者在日常生活中自我观察,从而调整不合理的饮食起居生活方式,配合医方加速康复步伐。

2. 闻诊信息沟通　"闻而知之谓之圣"。闻诊包括:①听声音:听患者的语声、咳嗽声、嗳气声、呃逆声等,通过清浊、高低等情况判断疾病的表里虚实;②闻气味:特殊气味能反映疾病的特征,有助于病机的分析判断。由于闻诊主要靠医方用心体验,沟通中只需多做些解释性工作,以取得患者理解。

3. 问诊信息沟通　中医问诊内容十分广泛,为防止遗漏重要信息,前辈专门制订了"十问歌",对寒热、汗出、头身、胸腹、饮食、大小便、耳听、口渴、妇人月经、小儿天花及麻疹情况均需一一问明。问诊中应注意态度和蔼、语言亲切,问后注意倾听,不要粗暴打断患者的话语,即使患者答非所问,也要巧妙引导患者到自己关心的话题上来。对患者的主诉应当格外重视,在得出病理机制后,一定要给予耐心解释。

4. 切诊信息沟通　包括切脉和体表部位的触诊,均要做到动作轻柔、细致有序。对患者腕部寸口脉要双手切取,严格按浮、中、沉顺序进行切取。危重病患还应切取颈部人迎脉、足部跌阳脉、太溪脉等,以帮助判断病情及预后。

三、治疗中的积极沟通

中医通过"望、闻、问、切"四诊得出病因、病机后,便开始拟定治疗方法、按照君臣佐使的配伍原则遣方用药。对处方药物的煎煮方法,需要耐心说明,包括浸泡时间、用水量、火力(急火或文火),其中有先煎、后下不同要求的,需要特别交代清楚。对生活起居中的注意事项,包括饮食禁忌、心理调摄、合适的运动方式与运动量等均要详细告知患者。

视频案例

视频 11-1　问诊信息沟通

(滕士超)

第三节　医患沟通案例解析

【案例 11-1】

（一）病历摘要

患者,女性,32 岁。小学教师,大专文化,汉族,丈夫为某工程队工头,家庭经济富裕。患者因咽部阻塞感伴胸闷不适在某中医医院消化内科就诊。由于门诊病人较多,候诊约半小时。接诊张某某系住院中医医师,经询问病情,患者否认既往有特殊疾病史,虽有咽部阻塞感但饮食无碍,流质吞咽时反较硬质困难。胸闷不适,遇活动或分散注意力时反而好转。体格检查咽部及心肺未发现阳性体征。该医师诊断考虑,中医:癔球(气滞湿阻型),西医:咽部神经官能症。简单说明病情后,予半夏厚朴汤、越鞠丸口服。其间患者反复询问医生要不要紧,在得到否定答复时,又追问会不会得了早期食道癌? 张医师便很不耐烦,一口否决。一周后患者自觉症状加重,以医生未作任何实验检查便草率处方,因不负责造成病情加重为由投诉该院。后经该院安排专家诊治,详问病情,细察苔脉,并在征得患者同意后行食道吞钡检查(-),食道拉网查脱落细胞(-),一番耐心细致的解释后,解除了患者思想顾虑。之后,患者顿觉释然,病情随减。

（二）患者心理状态和表现

1. 就诊前心理　作为小学教师,患者有一定文化和医学常识,加上丈夫工作常年在外,缺少关心,情绪长期处于抑郁状态,容易引发自主神经功能失调。而一旦感觉吞咽障碍便自然联想到食道癌的可能,从而引起疑虑、恐惧和不安。去医院选择消化科就诊正好与此暗合。此时心理矛盾,既希望医生详细检查明确,又害怕不利的检查结论。

2. 就诊时心理　医生草草询问几句,看了下咽部,听了听心肺,连中医传统的"望苔、切脉"都未做便处方用药,与患者挂号、候诊等候时间形成强烈对比,感觉自己不受重视,虽得到了自己希望的答案,但明显感觉医生不负责任,诊断结论不可靠,因此疑虑、恐惧丝毫未减。

3. 就诊后心理　由于思想顾虑未解决,注意力过分集中,自我感觉病情加重,疑病心理日益强化,遂由疑生怨,以致投诉医院。

（三）沟通过程与成效

由于首诊医生处理草率,病人未经全面细致的检查就作出结论,又不注重观察患者的心理表现,对其症状加以耐心解释以消除其疑虑,造成患者不信任、不满意应在情理之中。"心病应用心药医",针对这种情况,医院安排了老中医为其诊治,首先取得了患者的信任,通过现代化检查排除食道癌可能,则可进一步强化良性心理,彻底消除其疑虑。以上措施取得了病人的谅解。

(四) 沟通要点和分析

首诊医生的不足:①专业知识欠缺,没有作全面的检查,仅凭经验作出诊断,使病人缺乏信任感,认为他不负责任;②缺乏社会心理学知识,对病人一再表露出的疑病症倾向丝毫没有觉察;③病情解释简单生硬。

1. 面对患神经官能症特别是有疑病倾向的病人,接诊医师应当通过详细的问诊、全面的体检、必要的现代化检查体现自己服务的细致和耐心、经验的丰富和老到,树立自己的权威性,以首先取得病人信任。

2. 在取得病人信任后,在交代病情和回答患者对诊断的有关疑问时,语言既要通俗易懂,又要简单明了;语气要干脆果断、不容置疑,表现自己信心十足,可起到良好的暗示和强化作用。

3. 由于工作中的不足或失误,引起病人不满投诉,接待部门虚心诚恳的接受,可以取得患者的信任,有助于纠纷的圆满解决。

(滕士超)

【作业题】

在门诊或病房观察医生询问2～3例中医科病人,根据中医科医患沟通原理对所观察的病例进行分析,写出体会。

第十二章　其他临床科室医患沟通

第一节　肿瘤科医患沟通

临床重要沟通问题

- 如何告知恶性肿瘤的诊断？
- 如何告知恶性肿瘤的分期？
- 患者出现转移复发时如何沟通？
- 如何与晚期恶性肿瘤患者沟通？
- 如何与恶性肿瘤患者沟通手术方式？
- 如何与患者沟通化疗方案和可能的不良反应？

一、恶性肿瘤患者心理特征

恶性肿瘤患者有着共同的心理社会背景,他们都有着对未来的不确定感。恶性肿瘤可能复发、转移,各种治疗可能产生心理和躯体的不良反应,一些治疗可能造成残疾而导致生活和工作能力的下降和丧失。因此,恶性肿瘤患者普遍存在显著的情感痛苦和心理变化,如恐惧、焦虑、愤怒、怨恨、悔恨、敌意、抑郁、失望或绝望等,这些情绪体验也会导致相应的心理行为,如怀疑、回避、幻想、依赖、求生等。这些典型的心理变化过程,结合人格特征和应对方式等,共同构建出恶性肿瘤患者的心身特征。一般恶性肿瘤患者的心理变化过程有如下阶段。

1. **震惊阶段**　患者得知罹患恶性肿瘤后,会很震惊,常表现出惊恐、焦虑,甚至晕厥。此时患者往往无力主动表达内心的痛苦,对提供帮助的医护人员或家人表示拒绝。

2. **怀疑和否认阶段**　患者竭力否认和拒绝接受患癌事实,怀疑诊断结果,认为这是不可能的事。常表现出四处求医,希望得到否定恶性肿瘤的诊断意见,或是想找一位能给自己以希望的医生,因此患者在此阶段很容易上当受骗。

3. **恐惧、悔恨阶段**　患者不得不面对患恶性肿瘤的事实,感到恐惧和沮丧,常常责怪自己平时缺少体育锻炼、抱怨未能及早改掉不良生活习惯。此阶段容易出现情绪易激动,把愤怒指向周围的人,甚至出现攻击行为。

4. **妥协、幻想阶段**　随着对痛苦事实的适应,患者的求生欲望随着对美好生活的留恋而逐渐增强,被动地正视疾病,与恶性肿瘤妥协,但同时又存在许多幻想,希望奇迹出现,此阶段患者会态度积极地配合治疗。

5. **绝望、抑郁阶段**　在恶性肿瘤治疗过程中由于疗效与期望值不符合,或由于病情的波动与恶化,幻想破灭之后从而确信该病不可治愈,同时由于难以忍受的治疗副作用,使许多患者丧失信心,从满怀希望积极配合治疗转而陷入极度的绝望与抑郁情绪之中,对周围的事物反应迟钝,失去生活的勇气,产生轻生念头、行为,或情绪变得对立,不服从治疗,此阶段特别要注意防范患者有自杀等过激行为。

6. **认可、接受阶段**　随着时间推移,患者逐渐适应角色,开始变得客观、理性地面对和接受现实,接受恶性肿瘤的严重后果,并能认真考虑和正确对待死亡问题。患者显得平静、安宁,不愿给亲人和社会增加负担,希望早日结束生命,此阶段患者对濒死过程的恐惧甚于死亡本身。

二、诊断中的医学信息沟通

1. 肿瘤标志物检查的沟通　肿瘤标志物是指在肿瘤发生和增殖的过程中,有肿瘤细胞合成、释放或肌体对肿瘤细胞反应而产生的一类物质。目前临床上常用的肿瘤标志物有十几种,如甲胎蛋白(AFP)是诊断原发肝癌最好的标志物;癌胚抗原(CEA)常用于结、直肠癌的诊断;前列腺特异性抗原(PSA)用于前列腺癌的诊断。肿瘤标志物对于肿瘤的辅助诊断、治疗疗效的观察、判断转移或复发具有重要的作用。在标志物信息的沟通中,我们要让患者知道肿瘤标志物对诊断的意义、判断病情及预后的作用以及为什么要对他进行某种或某些标志物的检查,并要通过沟通为将来的复查做好铺垫。

2. 影像学检查的沟通　影像学检查如 B 超、CT、MRI 和 PET 等,对于肿瘤的定位、定量与定性诊断,乃至分级与分期都有重要的价值,有良好的敏感性和特异性。影像学信息具有形象和直观的特点,沟通中可以直接向患者说明肿瘤的大小及形态,指出肿瘤的具体位置,与身体相对应的部位和大小。沟通力求浅显易懂、形象生动,以便患者或家属理解。对于需要进一步检查的,需要告知已有检查的优点及不足,以及下一步检查的优点及必要性。

3. 病理诊断的沟通　肿瘤的诊断方法中,组织病理学诊断的级别最高,被誉为诊断的"金标准"。病理诊断可以明确肿瘤的良、恶性质,如果确定为恶性肿瘤就要对肿瘤进行分类、分期和命名,进而确定病变侵袭的范围,提示是否存在转移等与预后相关信息,还为医生选择正确的治疗方案提供依据。沟通的重点是告诉患者关于病理诊断的意义和临床价值,病理诊断所包含的信息如取材的部位、良恶性、肿瘤类型、是否转移,等等。帮助患者及家属更好地理解诊断及根据病理检查结果需要做的下一步检查或治疗。

诊断信息的沟通往往需要多次和反复进行,每次结束交谈时,都应与患者及家属建立进一步密切的联系,沟通下一步的检查及治疗计划。

三、告知恶性肿瘤坏消息的方式

所谓坏消息,是对被告知者期望的目前或将来的情况进行否定的消息。肿瘤的诊断、复发、转移、终止治疗都是坏消息。告知患者肿瘤诊断的方式不仅会影响患者对疾病的理解,也会影响他们长期的心理适应。

临床医生对于恶性肿瘤患者的诊断告知、病情进展的告知也是尽量回避或者避重就轻,主要是担心患者心理上难以承受身患"肿瘤"的事实,并由此产生绝望,使医疗、护理难以进行。然而,这些观念目前已经发生了很大改变,认为坏消息的告知是可行的。患者与医生间的沟通,意味着患者和医生之间交换语言性和非语言性的讯息。成功的沟通不仅只有语言,连同表情、姿势、动作、语气及语调等非语言性讯息也扮演着很重要的角色。

在国际上流行两个模型用来培训临床医护人员如何告知坏消息,第一个是由美国 Walter Baile 医生发明的 SPIKES 模型,模型由 6 个步骤组成:①设置;②患者对疾病的认识;③患者对信息的需求;④如何提供医疗知识给患者;⑤用共情对患者的情绪反应作出回应;⑥对以上的步骤进行总结。第二个模型是由日本的 Fujimori 等医生提出的 SHARE 模型,由四个步骤组成:①告知坏消息要有支持性的环境;②如何传递坏消息;③一些附加的信息;④给患者适当的安慰和情感支持。这两个模型共同的地方是告知坏消息都要有适当的环境,培训如何传递坏消息,提供共情或有情感支持;所不同的是,SHARE 模型注意到了东方文化在疾病中起的作用,因此,它在告知坏消息中有患者家属参与,而SPIKES 模型只适合于对患者本人的坏消息告知。

四、治疗中的积极沟通

（一）针对患方的医学与健康教育

恶性肿瘤不同于其他慢性疾病，无论从文化观念的角度，还是从疾病的治疗及转归过程，都是患者及家属难以接受的，甚至一经诊断恶性肿瘤就认为已经被判了死刑，同时，恶性肿瘤的治疗不同于其他疾病的治疗，它的治疗周期长，即在治疗过程当中疾病仍有转移复发的特点，并且常出现患者难以忍受的不良反应，需要针对这种疾病治疗的特点建立积极的沟通方式。对恶性肿瘤患者的医学与健康教育应循序渐进，分阶段进行。

1. **疾病知识的教育**　恶性肿瘤患者除了心理上承受巨大的压力外，急切需要了解病因、疾病的预防、发生、发展、转归以及疾病不同阶段的注意点，了解自身目前和将来可能发生的各种变化以及应对变化所应具备的知识。恶性肿瘤患者比一般患者需要更多地知识以应对疾病。如乳腺癌诊断后需要告知患者乳腺癌发生的可能机制及影响因素，临床特点是全身性疾病，不仅仅局限在乳腺；肿瘤如何分期，不同分期可选择治疗的方法，如可能保乳手术，也可能需要根治性手术，可能先进行化疗，再考虑手术，也可能需要先手术治疗，再进行放化疗治疗；治疗的周期长度；可能的花费以及治疗过程中需要的一些注意问题，如预防感染、定期复查、出现哪些症状需要及时与医生联系等。

2. **手术治疗的教育**　患者对外科手术风险、手术疗效、并发症等极易产生心理压力，因而恶性肿瘤患者有全面了解手术的需求，应及时重点介绍术前注意事项、手术方法与经过、术中配合、术中可能出现的合并症及预防措施，以解除患者紧张心理，提高患者对手术的信心。如胃癌的手术常常需要切除胃的3/4，或切除胃的全部，并以空肠代胃，这样的术式如何让患者接受，需要良好的沟通技能，让患者知道手术对他生存的意义、术后可能出现的问题、应对的方法、营养问题，等等。

3. **放疗和化疗知识的教育**　让患者充分熟悉、了解放化疗方案的内容和目的。将放化疗可能发生的毒副作用告知患者，提高患者的自我防御能力，减轻对毒副作用的担心、恐惧，增强自我协调能力及主观能动性，有利于增加疗效。如淋巴瘤的首选治疗是化疗，但患者可能认为自己失去了手术的机会；鼻咽癌的首选治疗为放疗，患者也会出现同样的担心。在沟通方面要告知患者为何选择化疗或放疗而不是手术治疗的目的和意义，解除患者不必要的担心和疑虑。

4. **康复期的健康教育**　恶性肿瘤患者康复期仍然渴望得到健康教育，并且与文化程度、职业不同而不同。不仅想利用健康教育这一资源来促进自己的心身康复，尽快适应社会、回归社会，患者还希望获得有关自身疾病的相关知识发展动向、营养饮食、用药等方面的指导，进一步提高自己的生活质量。可选择一些集体干预的方法，就患者共同关心的问题给予解答。例如，邀请专业人员讲授恶性肿瘤患者适合的化妆法、如何选择和护理假发、头巾的使用方法等与恶性肿瘤患者日常生活密切相关的内容。

（二）适度告知患方治疗中的风险

恶性肿瘤的任何治疗如手术、放疗和化疗都是风险性比较高的治疗，无论是哪种恶性肿瘤都可能进行这三方面的治疗。因此，在治疗前，充分告知这三种治疗方法的可能风险不可缺少。每一项治疗都需要患者签署患者知情同意书。在告知患方治疗风险时，应当强调科学的告知，既要说清楚治疗的风险，又不至于对患者造成过重的心理压力或其他负面影响。基本的原则是：如实充分、通俗明确、合理适度。

（三）给予患方治疗方案的知情选择

随着世界范围对肿瘤的研究与探索，各种新药不断上市，治疗方案不断更新，但是，实际工作中因经济条件、医师的专业技术及医疗机构整体水平，患者自身条件限制等因素，患者的治疗方案不尽相同，特别是在出现多个合理的治疗方案或治疗方案需要冒很大风险时，医生应尽量提高病人的知晓度，将每种治疗方法的利弊如实告知患者及家属，让患者参与其治疗决策，使患者对疾病的治疗有强烈的参与感，彼此之间能够发挥双方的积极性。

1. 放疗方案的知情选择　放疗最大的优点是可保留器官的功能。但放疗在杀灭肿瘤细胞的同时,对周围部分正常组织也会有损害,放疗的效果不仅与肿瘤细胞的病理类型、肿瘤分期和肿瘤的部位有关,还与能否在规定时间内完成既定照射剂量有关。所以我们需要跟患者沟通放疗的原理、优势,放疗的部位,放疗前的准备工作及注意事项,放疗的次数,放疗可能达到的效果。同时,也要跟患者沟通放疗存在的风险及不良反应,如胃肠道不适、白细胞下降、皮肤和黏膜反应等以及出现不良反应的应对措施。减轻患者的焦虑,提高其治疗的依从性。

2. 化疗方案的知情选择　化疗是目前治疗恶性肿瘤的主要方法之一。化疗药物能抑制恶性肿瘤的生长和发展,并在一定程度上杀灭肿瘤细胞,但对人体来说也有相当大的毒性,它在杀灭或抑制肿瘤细胞的同时,亦损伤相当数量的正常细胞,并直接影响心、肝、肾、神经系统及骨髓的造血功能。我们需要根据患者的病情为患者提供合理的化疗方案,化疗药物的种类,该药物的作用特点,使用该药物的注意事项,如有的药物需要避光,输液快慢的不同取决于药物是时间依赖性还是浓度依赖,常见的副作用及出现副作用的应对措施等。

3. 手术方案的知情选择　根据肿瘤的分期、脏器、类别的不同以及患者的状况来选择适合的手术方式。我们需要跟患者沟通手术的目的、手术的优点、手术的类型、是开腹手术还是腹腔镜手术、是根治性手术还是姑息性手术、手术时间的选择、手术的风险、麻醉的风险、手术前是否需要辅助放化疗、术后注意事项、术后并发症等都需要告知。

（四）引导患者和家属配合治疗

恶性肿瘤并不等于死亡。WHO 早已确认,1/3 的恶性肿瘤是可以预防的,1/3 的恶性肿瘤是可以治愈的,1/3 恶性的肿瘤是可以通过医疗手段改善生活质量和延长生命的。病人是家庭单元的组成部分,当一名家庭成员被诊断为恶性肿瘤时,整个家庭都会随之改变,常常会改变家庭的日常生活、现在和将来的计划、感受以及家庭内部成员对自己和其他家人的看法,整个家庭会出现危机。家庭是影响病人心理环境的一个常见因素,家属和亲友是病人的精神支柱,家属的态度会直接影响患者的情绪。此外,医生与家属的关系也占有非常重要的地位,如果家属对医生的工作有疑义或不理解,就会制造纠纷和麻烦,更重要的是影响患者的治疗配合度和治疗信念。但是恶性肿瘤是危机也可能是转机,可以带来很多机会,使家庭关系增强,家属对待患者的态度可以通过医生的引导而起到积极的作用。对恶性肿瘤的治疗除了患者本身以外,还需要关注整个家庭的变化和需要,稳定家庭的核心功能,改善家庭成员之间因恶性肿瘤而紧张的关系以及增强家庭成员应对疾病的能力,包括重新制订日程、症状管理、长时间的照管、保持家人之间的情感和联系等。

五、常见医患沟通障碍及化解

每位患者和医生都期待好的治疗效果,但是恶性肿瘤的治疗,实际情况不一定尽如人意,而且患者对治疗效果可能有着自己的理解,和医生的理解不完全一致,就可能因此出现一些误解和医患矛盾,不及时与患者及家属沟通很可能造成纠纷。

【案例 12-1】

患者,男性,73 岁。经医院确诊为腹膜后软组织肉瘤而行放疗治疗,但瘤体无缩小,患者的 3 位子女认为效果不好,在诊室情绪激动地要求退费。作为主管医生该如何与患者家属进行沟通?

分析点评:在这样的情况下,医生首先要表示理解并对患者及家属说:"治疗前大家都期盼好的治疗结果,现在检查结果回来发现瘤体大小没变化,与你们的预期设想不一样,令各位很失望、着急,我们非常理解"来平息家属的焦虑。这样家属才容易坐下来与医生进一步沟通交流。再进一步说明:"肿瘤没有缩小的两种可能,一种是表面看起来大小虽没有明显变化,但是里面的成分发生了质变,剩下的仅仅是失去了肿瘤活性的成分,所以大小没有变化并不代表没有效果,而且检查结果并未发现其他新的病灶,因此,还可以认为治疗是有效的。另一种情况可能是真的没有疗效,在这种情况下,还有其他的治疗方案可以选择。"如果真的没有进一步的治疗方案,也要坦诚地与患者或家属说清楚,让其理解肿瘤治疗的方案制订过程、目的、可能出现的结果,让家属接受恶性肿瘤治疗中可能出现的无效的一面。之后,让家属理解医院是按照国家规定的标准进行收费的,患者接受了医院的治疗,就会发生一定的费用,产生的费用不能退回,因为治疗并没有错误。

视频案例

视频 12-1　晚期癌症患者突发情况沟通(错误)

视频 12-2　晚期癌症患者突发情况沟通(正确)

视频 12-3　姑息治疗告知(错误)

视频 12-4　姑息治疗告知(正确)

视频 12-5　肿瘤复发沟通(错误)

视频 12-6　肿瘤复发沟通(正确)

(唐丽丽)

【作业题】

实践性作业

在肿瘤科病房见习,与 1~2 位恶性肿瘤患者及家属接触,了解恶性肿瘤患者的病情及心理特点,利用所学的医患沟通原理进行分析,然后制订具体的沟通方案及要点,在老师的指导下进行临床实践,并写出体会。

第二节　眼科医患沟通

临床重要沟通问题

- 如何与白内障手术患者及家属就术后期望视力进行沟通?
- 如何说服青光眼患者长期随访和规范治疗?
- 如何与复发性视网膜脱离需再次手术患者进行沟通?
- 斜视矫正术后出现欠矫或过矫现象,如何与患儿父母沟通?
- 球后视神经炎患者等疾病患者经药物治疗后效果不佳,如何与患方沟通?
- 如何就准分子激光术后视力未达到预期值与患者沟通?

一、患者身心特点与社会因素

(一)患者的身心特点

眼睛是心灵的窗户,是个体接受外界信息的重要工具。眼科患者在身心特点上,除了具有与其他科患者共同特点外,还有其特殊性。

1. 过分焦虑和恐惧　这是眼科患者最常见的一种心理特征。因为很多眼部疾病以视力下降为特点,有的伴有疼痛等症状,患者因存在对丧失视力的恐惧,极易表现出焦虑、烦躁并出现失眠、易怒、情绪极端化等表现。有些疾病因病情发展迁延,需要反复住院并多次手术,治疗费用较高,患者及家庭经济和精神负担较重,更易存在焦躁、恐惧的心理。这类患者在临床上会有两种表现:

(1)希望立刻得到诊治,并且要求治疗效果迅速、有效,反之,就会对已有的治疗丧失耐心,甚至对医师、医疗机构产生不信任感。如眼科最常见的急性结膜炎,一旦病情发作,眼红症状往往持续 2~3 周,而有些患者在药物治疗 2~3 天后觉得眼红仍然存在,就认为是医师没看好病,常常频繁更换医师,甚至医院,导致治疗缺乏延续性。

(2)对治疗丧失信心,过早地放弃治疗,有的甚至对生活也丧失信心。如合并肾衰竭的晚期糖尿病视网膜病变患者,这类患者因视力预后差,有的会自暴自弃,过早地放弃治疗,有的因视力预后达不到自己的期望值,出现情绪极端化等表现。

2. **对自身疾病疏忽大意或者不予重视**   眼科疾病种类繁杂,表现各异,有些疾病在早期缺乏明显症状,患者不易察觉,部分病人缺乏对疾病严重性的认识,往往延误诊治。有些疾病需要患者长期随访或治疗,但患者常因工作忙等原因或者存在"怕到医院"的心理,往往延误随访和治疗;或担心长期治疗的副作用,不愿意作进一步的诊治,甚至隐瞒、否认相关病史,导致诊疗上的被动。

3. **期望值过高**   由于病情的复杂性和目前医疗水平的有限性,特别是视网膜神经细胞及视神经疾病损伤的不可逆转性,相当一部分疾病治疗后视力无法得到有效提高,并且有很多疾病的治疗不是以提高视力为主要目的:如视网膜脱离的手术治疗是以视网膜复位为主要目的、年龄相关性黄斑变性治疗目的是尽量控制疾病不再恶化;青光眼滤过性手术是以控制眼压为主要目的等。如果患者不能认识到这些,就会导致他们对于治疗效果不满意。

(二) 家庭及社会因素

1. **家庭影响因素**   患者家属往往具有与患者同样的对治疗期望值过高、希望治疗迅速、有效的心理,这种情绪在二者之间相互影响,加剧患方焦虑、烦躁的心情。眼科患者多为年长者或低年龄患儿,其家属(如子女或患儿的家长)多为青壮年人,他们工作压力和家庭负担较大,希望患者能够立即被治愈,而往往不了解疾病本身的复杂性和当前医学水平的局限性,忽视了治疗的过程,常常把这种焦虑的心情转嫁到医师或者医疗机构身上。

2. **主要社会因素**

(1) 环境因素成为重要的病因:当今社会竞争日趋激烈,学习、工作压力大,电脑依赖,缺乏户外运动。我们见到许多患者,他们身体的疲劳集中表现为眼部的不适,产生类似干涩、异物感、酸胀感、视物模糊等症状,但缺乏明确的体征,临床称为"疲劳综合征""终端综合征"等。如果仅把它们当做一般眼疾给予局部治疗,效果很差。此时应当侧重于引导患者从更好地适应环境着手,合理安排作息,养成良好的生活习惯,对这些疾病往往需要采取综合性治疗的方法与手段。

(2) 社会进步和生活方式的改变,也会导致常见病种的变异:随着人民生活水平的不断提高,饮食结构、工作性质及生活方式都有了很大的变化。人群中"三高"即"高血压、高血糖、高血脂"为代表的代谢综合征患病率逐年提高,相应的诸如高血压性视网膜病变、糖尿病视网膜病变等疾病的患病率也显著上升;随着新生儿存活率的提高,早产儿视网膜病变有所增加;由于电脑、空调的广泛应用,干眼症患者人数大增,且年龄结构呈低龄化趋势;近视等屈光不正的患病率在青少年当中居高不下。这些现象为眼科工作者提出了新的任务及挑战。

二、诊断中的医学信息沟通

1. **重要病史采集项目及意义**   眼科病史采集有其自身的特点,强调病史的完整性,不能仅满足于眼科相关症状的描述,要有全局观,避免误诊、漏诊。

(1) 重视年龄、性别、职业等一般情况对疾病诊治的提示:如同样是视力下降、视物变形,青壮年可能是中心性浆液性视网膜病变,而老年人很可能是黄斑出血、黄斑变性。有些疾病有明显的性别特征,如干眼症、巩膜炎患者中女性占多数,中心性浆液性视网膜炎、眼外伤等主要集中在男性患者中。同样是验光配镜,成年人可以通过辨认与回答,其检查结果可以作为配镜的依据。而儿童、弱智及聋哑者无法通过辨认与回答确认检查结果,只能通过检影验光。

(2) 重视询问患者工作、生活环境,通过问诊发现可能的病因:如工作性质是以室内工作为主还是户外工作为主? 如在室内且经常使用电脑、空调,则干眼症、视疲劳的发病率较高;而户外工作因过多接触紫外线,有可能加速白内障的进程及增加翼状胬肉的发病率。是否有粉尘、化学品、射线接触史? 阅读环境、用眼习惯、验光配镜的经历如何等都有助于对疾病的诊断与治疗提供帮助。

(3) 注意全身情况和一般用药史的了解:如有无高血压病、糖尿病、肾脏疾病、血液病、甲状腺病、自身免疫性疾病等及这些疾病的简单病程和治疗经过,等等;另外,患者有无针对某些疾病的全身用药史,如使用阿司匹林、华法林、抗结核药、抗抑郁药、避孕药等情况,来帮助诊断和治疗。

（4）掌握疾病家族史：如高度近视、青光眼、角膜营养不良，某些先天性疾病及某些眼底疾病往往呈现出明显的遗传特征。

（5）重视眼部症状的发作缓急和持续时间：如视力下降是突然发生的还是渐进性的？前者可能与视网膜中央动脉阻塞、视网膜静脉阻塞、玻璃体积血、视神经炎等疾病有关，而后者可能与白内障等有关。

（6）区分不同的视功能障碍：视功能主要包括视力和视野，视功能障碍是眼科最重要的临床症状。它的种类繁多，如远视力不清、近视力不清、中心视力不清、暗点、昼盲、夜盲、复视、多视、幻视、视物变形、变色、色盲、闪光感、飞蚊症、视野缩小，等等。

（7）区分不同的眼部疼痛：疼痛也是主要的临床症状之一，一般分三种：①眼的疼痛：又分为急痛和慢痛。前者多由角结膜异物、倒睫、机械性和化学性烧伤、角膜炎、青光眼、眼内炎或三叉神经痛等引起；后者多见于慢性结膜炎、睑缘炎、屈光不正或严重的视疲劳等；②眼眶痛：见于眶骨膜炎、眶蜂窝组织炎、筋膜炎、球后视神经炎或副鼻窦炎等；③放射至眼部的头痛：如视疲劳、偏头痛、垂体疾病或其他颅内疾病。此类疾病应同时注意视野改变。

2. 眼部常规检查项目及意义　　眼科体检强调眼部检查的全面系统性，并需重视双眼对照的重要性，而不能仅局限于病变明显的部位，避免以偏概全。一般需借助特殊器械，在暗室中进行。

（1）视功能检查：①视力：包括裸眼视力和矫正视力，还有近视力的检查，特别是矫正视力，临床意义更大，决不能因贪图方便而忽视后者的检查。通过远视力和近视的对比可大致了解患者的屈光状态；②眼压：可通过指测法和眼压计测得。注意眼压正常波动及测量误差对结果判断的影响，眼压作为眼科常规检查，对筛查不可逆转性致盲性眼病青光眼，具有十分重要的意义；③视野：包括中心视野和周边视野。对怀疑青光眼、视网膜、视神经病变和不明原因视力下降的患者，也应把视野作为常规检查；④其他视功能指标：包括色觉、暗适应、立体视觉和对比敏感度等，可根据需要进行检测。

（2）眼附属器检查：包括眼睑、泪器、结膜、筋膜、眼外肌、眼眶等，可在自然光线和裂隙灯下观察；眼血管神经功能的检查还需借助超声多普勒、电生理等辅助设备。随着干眼症的增加，BUT、Schirmer试验，角膜荧光染色等检查手段也需要经常使用。

（3）眼前段检查：包括角膜、巩膜、前房、虹膜、瞳孔、晶状体。除了某些明显的体征可被肉眼直接观察到，通常需在裂隙灯下检查。通过房角镜可直接观察房角情况。

（4）眼后段检查：包括玻璃体、视网膜、脉络膜。必须借助一定的器械，如直接检眼镜、间接检眼镜或各种类型的前置镜。

3. 辅助检查项目的重要性　　眼科的辅助检查项目较多，不同的辅助检查有不同的作用，应了解各种检查的适用范围及局限性。恰当的选择检查不仅可以帮助诊断，减少和避免误诊和漏诊，还可以追踪疾病的发展，对治疗前后患者眼部情况进行客观记录。但我们同时应切记不能以辅助检查的结果替代常规体检结果。

眼科辅助检查在临床上非常重要，这些辅助检查如眼部照相、眼前节照相、眼底照相、眼底广角照相、超声影像、UBM、OCT、HRT、FFA等可以客观记录患者眼部情况，不仅为医师提供了详细的病变特征，为诊断和治疗提供依据和随访观察的重要指标；同时也为患者及其家属提供了患者病情的客观记录，可以让患者和家属直观地了解患者的病情和治疗进展情况。眼科辅助检查的应用可以使医师和患者之间有更好、更客观、更有依据地沟通。

一些检查（如荧光造影）有一定风险性，但对诊断和治疗是重要的，甚至是必要的。医师应向患者详细介绍这些检查的重要性、可能发生的情况及医方为此所做的相应准备，让患者对这些检查有一定的了解，对可能发生的情况做好心理准备，尊重患者是否接受检查。如果患者仍不能接受这些检查，医师应在病历上进行记录；如果患者同意进行检查，应签署知情同意书。眼科医生尤其应该充分了解客观辅助检查在术后与患者沟通中的重要性。

三、治疗中的积极沟通

1. 针对患方的医学与健康教育   眼球结构精细微妙,眼科疾病因眼球的解剖特点而具有特殊性,患者对于所患疾病医学知识的缺乏,是引起医患纠纷的重要原因,所以简单、易懂、有效的医学和健康教育是做好医患沟通的必要条件。

(1) 需要告诉患者及家属的医学知识:首先,医师可以用通俗、易懂、形象的语言,通过口头和书面的方式,告知患者及家属所患疾病的病因、机制、临床特点、治疗方案及可能并发症和预后,使之对疾病的特点、治疗和预后有基本的了解,让患者充分认识到坚持长期随访、治疗的重要性和必要性。疾病临床路径化治疗和良好随访制度的建立,也有助于提高患者的依从性;其次,对于一些疑难病症,还可以通过告诉患者及家属目前国内外诊疗进展,争取患者的积极配合,增强战胜疾病的信心;第三,需要客观评述,使患者和家属充分认识医学发展和各项诊疗技术的局限性、风险性及其疾病转归的不可预见性,使患者和家属对疾病转归特别是治疗无效、复发、多次手术处理、长期用药及副作用等各种可能,做好充分的心理和思想准备。

(2) 需要告诉患者及家属的健康知识:眼科许多疾病的发生、发展与生活习惯、生活方式、精神状态有关,如何养成良好的用眼习惯和健康的生活方式,对疾病的防治有重要意义。同时,眼科还有许多疾病需要手术治疗,如何就术前、术后的护理常识对患者和家属进行健康教育,使之能够积极配合治疗,取得最佳治疗效果,也是医师护士的重要工作之一。如随着电脑、手机、多媒体等电子产品的广泛应用,干眼症和视疲劳患者越来越多,医师可指导患者通过减少长时间用眼、电子屏幕低于视平线以下、用眼过程中注意多眨眼等方法,减轻疾病症状。对于中心性浆液性脉络膜视网膜病变患者,吸烟、熬夜、过度劳累、精神紧张会诱发病情的发展和复发,经治医师可给予患者必要的精神、心理引导,教育患者避免熬夜劳累,保持乐观心态、戒烟,等等。

2. 适度告知患方治疗中的风险   眼科手术无论大小,始终是有一定创伤性的,这种创伤有时会激发隐匿性葡萄膜炎、视神经炎及其他隐匿性眼病的可能,也有发生交感性眼炎的可能,临床医师需根据患者的具体情况和将采取的治疗方式,充分告知患者和家属治疗中可能存在的风险、原因及相关预后,使其能理解和配合。如青光眼是不可逆性致盲性眼病之一,对于青光眼患者来说,手术是控制眼压的重要方法。但由于青光眼的致病因素是多因素的,至今尚不完全明确,术后仍然存在眼压控制不满意,需药物治疗及再次或多次手术的可能,有的晚期青光眼患者病情严重,术后甚至出现视力丧失可能,经治医师应告知患者及家属治疗的必要性,手术并发症、术后病情变化的可能以及需长期随访的重要性,以使患者和家属能理解并配合治疗,等等。

3. 给予患方治疗方案的知情选择   在整个临床诊疗过程中,知情同意是贯穿始终的重要步骤。眼科一些疾病在治疗上会有多种方案如药物治疗、激光治疗、手术治疗等。根据患者的具体病情、年龄、身体状况、家庭经济条件,主治医师应根据具体情况充分告知患者及家属可采用的治疗方案以及不同治疗方案的利与弊,让患者及家属充分考虑和选择,并尊重患者及家属的决定,在取得患者或直系家属书面的知情同意签字后才能实施相应治疗或放弃治疗。

4. 做好围手术期医患沟通   眼科属于显微手术科室之一,手术精细复杂、种类繁多,与其他手术科室一样不可避免有一定比例的医疗意外和并发症的出现。因此,围手术期是医患矛盾较为集中的时间段,做好围手术期的医患沟通有其现实意义:①术前患者往往表现出对手术的恐惧及由于对预后的不确定而表现出过分焦虑。在患者面前所有医疗小组成员应保持意见一致,所表达的应该是集体讨论、慎重提出治疗方案。要特别重视术前谈话的作用,内容要详细而明确,并以书面形式保存。②术中手术医师应谨言慎行,尽可能保持手术室的安静,聊天、玩笑、接听电话都会使患者担心自己没有得到应有的精心治疗。术中如需要临时采取某些措施,医师应尽可能征得患者及家属的同意,避免不必要的误会。③术后多数患者需要对手术眼进行包扎,部分患者需要双眼包扎,有的还必须长时间保持特殊体位,术后疼痛也是造成患者焦虑不安的重要因素。术后对病人的主动关心及帮助可以有效增进医患之间的良好关系,医方应主动关心患者的情绪变化,给予适当的心理安抚;注意观察眼部体征,积极处理并发症,减少术后疼痛。

5. 求助式沟通的重要性 医生除了直接与与患者及家属之间的沟通外,我们还提出了求助式沟通方式——指不同亚专科间沟通、求助上级主管部门的帮助、寻求与其他医院之间的沟通交流,以及求助书本知识及网络公共平台知识等沟通方式,帮助我们与病人及家属间进行沟通,起到了增加沟通途径,减少医患纠纷的重要作用。

(1)不同亚专科间沟通:随着眼科学的发展,亚专科的划分越来越细,如白内障、青光眼、眼底病、葡萄膜病、斜弱视、眼眶及眼整形、泪道专科、角膜与眼表等多个亚专科,所以,眼科医师的专业化程度越来越高。当接诊医师遇到非自己本专科的疑难疾病患者时,如果依据自己的专业知识不能很好地诊断和处理,应该向本专科其他医师或其他亚专科的医师"求助",可以告知患者看相应专科的门诊,以免误诊和漏诊。

(2)求助上级主管部门的帮助:在临床上往往会遇到各种要求的患者,如有的眼外伤患者就诊时患眼尚有光感,但因外伤严重,手术预后差,患者坚决要求行眼球摘除手术,并且患者家属一致同意,这时摘除眼球需慎重,要反复与患者及家属进行沟通,告知摘除患眼的"利"和"弊",如果患者及家属仍然坚持摘除患眼,应于医院医务科进行备案登记,寻求上级主管部门的沟通。有些病例,需要在卫生局主管部门进行备案登记。

(3)寻求与其他医院之间的沟通交流:有的患者患病后因治疗没有达到自己的期望效果,对医师、医疗机构产生不信任感。对这类患者,医师可以主动建议患者去其他医院相应的亚专科就诊或会诊。参照其他医院相应专科医师的诊疗意见,有利于患者理解并接受可行的诊疗方案,帮助患者得到更好的治疗,也可帮助解决患者及医生本人的困惑。

(4)求助书本知识及网络公共知识平台:医方和患方均可通过书本和网络公共平台了解关于疾病的知识和治疗进展,这些不仅为患方提供了医学知识的教育途径,也为医方提供了诊疗的依据,更利于医患之间的沟通。

四、常见医患沟通障碍及化解

【案例 12-2】

患者,男性,65 岁。左眼视力下降加重 2 年,诊断为左眼老年性白内障(成熟期),行左眼白内障超声乳化摘除联合 IOL 植入手术,手术顺利。术后检查眼底发现左眼黄斑区存在网膜下脉络膜新生血管伴出血。患者不满意,认为术前已进行了一系列的眼部检查,怎么没查出黄斑病变?

分析点评:①向患者及家属展示术前的眼前节照片和 B 超检查照片,用具体直观的客观检查资料展示因成熟期白内障术前无法看到眼底,而 B 超检查存在局限性,仅能显示球壁及玻璃体腔的大致情况,无法辨别细微病变,故术前无法得知眼底病变的存在;②告知患者及家属脉络膜新生血管病变是个逐渐发展的疾病,与手术本身无关,该病变有继续发展的可能,需要长期观察和随访。

【案例 12-3】

患者,女性,52 岁。工人,自幼双眼高度近视,右眼明显视力下降伴眼前黑影 2 个月。右眼视力指数/40cm(矫正),左眼视力 0.1(矫正)。经检查确诊为"右眼黄斑白孔性视网膜脱离、右眼增殖性玻璃体视网膜病变,右眼高度近视巩膜后葡萄肿",给予右眼玻璃体切割 ILM 剥除联合激光及硅油注入术,5 个月后行右眼玻璃体切除硅油取出术,术后视网膜复位良好,右眼视力指数/40cm(矫正)。患者因右眼视力未提高,非常不满意。

分析点评:该患者手术非常成功,但患者觉得未达到她对视力的期望,也听不进去医方的解释,此时就要采用求助式沟通,也就是寻求其他医院的沟通。我们让患者去其他医院的眼底病专科就诊及会诊。在听了多家医院、多位医师对手术的肯定和对视力预后的分析后,患者理解了疾病的预后,化解了纠纷。

视频案例

视频 12-7　医生与白内障患者讨论治疗

视频 12-8　医生与白内障患者手术后沟通

（姚　进）

【作业题】

实践性作业

在眼科病房见习，与 1～2 位患者及家属接触，了解患者病情及心理特点，利用所学的医患沟通原理进行分析，然后制订具体的沟通方案及要点，在老师的指导下进行临床实践，并写出体会。

第三节　耳鼻咽喉科医患沟通

临床重要沟通问题

- 面对耳聋的患者，你应该询问患者哪些问题？
- 怎样安抚一个反复鼻出血的患者？
- 怎样说服一个过敏性鼻炎的患者坚持规范化治疗？
- 如何与扁桃体术后出血的患者家属沟通？
- 如何说服高度怀疑鼻咽癌的患者接受鼻咽部活检？
- 如何与需要全喉切除手术的患者及家属沟通？

一、患者身心特点与社会因素

耳鼻咽喉科病人的身心特点除了具有一般患者的恐惧、焦虑或抑郁等表现，受到各种社会因素的影响，还可表现为：

1. **不重视疾病的防治**　大部分耳鼻咽喉科疾病早期症状轻微，不易引起患者重视，而且认为这都是些小病，或者有的儿童患病，误以为"等小孩长大，自己就会好了"，无需到医院诊治。常见的病患是聋哑儿童，其家长往往认为是小孩学讲话比别人慢，不愿意到医院检查儿童的听力，反而影响了小孩的语言发育。另外慢性过程的疾病更不易引起患者的重视，往往任由病情发展而延误治疗。比如声嘶是常见的喉部疾病症状，病人往往不予重视，有些病人等到出现呼吸困难才到医院就诊，被诊断为晚期喉癌，错过了最佳治疗时机。

2. **擅自盲目用药**　由于对疾病认识不足，患者常常擅自盲目用药或根据广告宣传盲目用药。如鼻塞长期使用麻黄碱，不但不能缓解鼻塞，还会引起药物性鼻炎，使鼻塞加重。有一部分患有过敏性鼻炎的患者，常常认为自己是"感冒"，服用感冒药，症状马上缓解，但一停药，症状又出现。又如慢性中耳乳突炎流脓时自用粉剂喷入耳道，致使脓液不能排出，虽然不流脓了，却导致了颅内外并发症而危及生命。

3. **对检查有畏惧感**　因为耳鼻咽喉器官部位隐蔽，需借助特殊器械及仪器诊断和治疗，患者往往有畏惧感或紧张感，不能配合检查，甚至拒绝接受诊疗，特别是儿童。因此医生有必要向患者解释操作的目的和意义，以取得患者的理解和配合。

4. **对功能恢复期望值高**　由于听力、平衡、嗅觉、发声等功能障碍对患者的日常生活及工作影响明显，因此患者对治疗效果及功能恢复期望很高，这是可以理解的。但鉴于目前医疗科技水平，还有不少疾病的病因、病理机制不明，无特效的治疗方法，即使有可用的治疗方法，效果难以预料，对功能的恢复难度更大。例如对突发性耳聋的治疗，常采用血管扩张药、神经营养药和（或）高压氧等治疗，大部分患者能够恢复，仍有一部分患者不能恢复，这与该病病因不清，治疗缺乏针对性有关。

5. **对治疗手段不理解或不接受**　不同疾病需要采取不同的治疗措施，有时个别的治疗方案会使患者丧失某些生理功能,有的患者不能理解,片面强调功能恢复或保留功能,给治疗效果带来很多负面影响,比如喉癌的病人,有一小部分需要进行全喉切除术,必然影响术后患者的发音功能,有的病人因此拒绝手术治疗,其预后当然不好。有的治疗措施的采用受到社会因素的很大影响,例如有些聋儿的家长认为佩戴助听器是残疾人的标志,会被周围的人看不起,拒绝尽早给聋儿佩戴助听器,结果明显影响聋儿的言语和语言发育,甚至导致聋哑。

6. 主要社会因素

(1) 大气污染和吸烟的危害:气体、雾、烟、粉尘等形式的有毒物质均能通过鼻腔、咽喉部而危害人体。研究表明多种环境因素可能与喉癌发生有关,其中包括各种有机化合物(多环芳香烃,亚硝胺),化学烟雾(氯乙烯,甲醛),生产性粉尘和废气(二氧化硫,石棉,重金属粉尘)和烷基化物(芥子气)等。由于烟草燃烧后产生的苯丙芘可使呼吸道黏膜充血、水肿,上皮增生和鳞状上皮化生,纤毛运动停止或迟缓,有致癌性。一般估计,吸烟者患喉癌的危险度是非吸烟者的 3 ~ 39 倍。据统计约 95% 的喉癌患者有长期吸烟史,而且开始吸烟年龄越早、持续时间越长、数量越大、吸粗制烟越多、吸入程度越深和不戒烟者的发病率越高。

(2) 吸入变应原增加:随着我国工业化与经济的发展,可引起变应性鼻炎的变应原的种类和数量增多。如宠物饲养(鸟、猫、狗)导致动物毛变应原增多,地毯、窗帘的广泛应用使屋尘螨增多,中央空调机的真菌、都市绿化的花卉孢子等,这些变应原的存在使得变应性鼻炎流行率有明显增加趋势,发达国家已达总人口的 10% ~ 20% 以上,我国虽无正式统计,有学者估计也在 8% ~ 10% 左右。

(3) 人口老龄化:近年来,人口老化明显提速。内耳的退行性改变引起的老年性耳聋是老年人群中第三个最常见的慢性病。有报道在 65 岁以上的居民中,听力减退者占 72%,亦有文献报道三分之一的老年人有老年性耳聋。

(4) 噪声的危害:随着工业企业、交通、能源和军事装备的发展,噪声的危害与日俱增,在随身影音电子器件日益普及的今天,这些使人感觉"舒适"的噪声,也在不知不觉的悄然损伤着我们的听力。近二十年来,听力学专家注意到非职业或娱乐性噪声接触,在一定程度上会导致听力损害。

二、诊断中的医学信息沟通

1. 重要病史项目及意义

(1) 鼻塞:指经鼻通气不畅。如慢性单纯性鼻炎多呈阵发性或交替性鼻塞,日轻夜重,常受体位影响,如侧卧时,居下一侧鼻腔阻塞;慢性肥厚性鼻炎多为持续性鼻塞;变应性鼻炎的鼻塞可呈常年性或季节性发作,与接触变应原的时机有关,通常伴有鼻痒和打喷嚏等症状。对于主诉鼻塞的患者应详细询问病程的长短、鼻塞是单侧还是双侧、鼻塞的程度及发作时机,是发作性还是持续性,有无交替变化或渐进加重,有无其他伴发症状。

(2) 鼻漏:指有液体自鼻腔经前鼻孔或后鼻孔流出。如急性鼻炎的早期可流出水样鼻涕,恢复期则呈粘脓涕或粘涕;慢性鼻炎常为两侧多涕,呈黏液性,少数为粘脓性;慢性鼻窦炎多为粘脓涕,有时是纯脓涕,可限于一侧或双侧;一侧流涕、臭而伴有少许血液者,可能为鼻腔异物或鼻腔、鼻窦恶性肿瘤;阵发性大量流清水样鼻涕,应首先想到变态反应性鼻炎,其次应考虑鼻窦囊肿和脑脊液鼻漏。脑脊液鼻漏者,多有头颅部外伤或手术史,以单侧居多,在低头、咳嗽或打喷嚏时,液量可增多。询问病人时不能问:"你有没有鼻漏?"而要问:"你流鼻涕吗?"或"你感觉痰多吗?"这样病人才能理解医生的问题。应询问鼻漏发生的时间及诱因、鼻漏量、发作次数、是从前鼻孔流出还是从后鼻孔吸出,是一侧还是双侧;询问鼻漏的性质,如水样的、黏性的或脓性的。

(3) 鼻出血:很多鼻腔及全身性疾病皆可引起鼻出血。应询问其出血侧、是反复出血还是偶发出血、是鼻涕带血还是大量出血、有无伴随全身其他部位的出血,以便判断出血部位,寻找出血点,估计出血量。还要询问伴发症状、既往病史。对女性病人还应询问鼻出血与月经的关系,有无月经紊乱等。须注意病人的年龄,儿童前鼻孔出血多为挖鼻等损伤所致;青少年反复鼻出血尤其伴有鼻塞者应考虑鼻咽纤维血管瘤;成人则应考虑鼻腔、鼻窦及鼻咽部有无肿瘤。中老年人反复鼻出血多为高血压或动脉硬化所致。

（4）咽痛、喉痛:咽喉痛有刺痛、钝痛、烧灼痛、隐痛、跳痛、胀痛等,可为阵发性或持续性,疼痛程度轻重不一,可以是双侧或是单侧的,可放射至耳部,常伴有吞咽疼痛。因此应询问病人咽喉痛的性质、程度、发作时间。

（5）吞咽困难:咽喉部的炎症、肿瘤、异物等均可因阻塞性原因或咽痛原因而引起吞咽困难,且病变侵犯的部位越低,受累的咽壁组织越深,越易导致吞咽困难。上述原因所致的吞咽困难多表现为初起时固体食物不易咽下,而液体饮食无阻碍。而由于神经原因所致的咽喉肌肉麻痹或痉挛均可引起吞咽障碍,进食液体食物时吞咽困难症状明显。食道异物、炎症、狭窄、肿瘤也引起不同程度的吞咽困难。

（6）咽感觉异常:为咽部慢性疾病或功能性疾病的表现。多表现为异物感、烧灼、瘙痒、梗阻感及紧迫感等。最常见于慢性咽炎,也可见于咽部肿瘤、特殊性溃疡及反流性食管炎等器质性病变。较常见的异物感及梗阻感症状常表现为空咽(不进食)时明显,且部位不固定,此多为功能性因素所致,与神经官能症、内分泌功能紊乱等有关。

（7）声嘶:多为声带病变或其他原因使声带的正常运动发生障碍所致。声嘶常出现于发声稍久之后,通常伴有发声过度的病史,如大声啼哭、高声喊叫、歌唱过度等。声嘶也常见于声带的急性炎症、肿瘤、声带缺损、喉部肌肉或神经的麻痹等。应询问声嘶发生时间、持续时间,是突发性还是渐进性,有无发声过度,发声方法是否正确等,有无伴发症状。

（8）呼吸困难:喉病引起的呼吸困难以吸气性呼吸困难为主,常伴有喉喘鸣。可由喉腔变窄引起(如肿瘤、结核、白喉、炎症、异物、外来压迫、损伤等),也可由双侧环勺后肌麻痹,使声带不能外展而引起。喉痉挛可以引起阵发性窒息发作。气管异物、气管肿瘤可引起阻塞性呼吸困难,甚至窒息。对呼吸困难严重的病人,应先积极抢救,同时简要询问病史,待病情稳定后再详细询问病史。

（9）耳漏:指外耳道积聚或流出液体。询问耳流脓的侧别、间歇性或持续性、首次发病时间、本次发作时间、脓量多少等。注意了解脓液的性状,有无臭气,胆脂瘤型中耳炎的脓液有奇臭。还应了解有无耳内出血史,出血前有无挖耳等外伤史等。询问病人的听力情况,注意有无耳鸣、眩晕、过去有无面瘫史。本次发病以来有无发烧、头痛、耳痛、恶心,呕吐等症状。

（10）耳聋:耳聋是耳科疾病中最重要而又最常见的症状。详细的病史询问对诊断甚为重要。应了解耳聋的侧别,如耳聋为双侧,则应以每侧耳为一疾病单位,详细了解其发病情况、发病时间。若病人诉耳聋为突发性,则需进一步了解病人能否回忆发病的具体时间,包括年、月、日、时和当时所从事的活动等,患突发性聋的病人,一般均能对此作出明确的回答,因为起病后一般均在数分钟或数小时内听力下降至最低点,最长不超过3天。有些病人确实不知道自己的听力从何时开始下降,提示这种耳聋发病隐袭。此外,耳聋出现后的听力变化情况对诊断亦有重要的参考价值,耳聋呈进行性加重者,提示有耳硬化症、遗传性进行性感音神经性聋、自身免疫性内耳病、听神经瘤以及鼓室硬化、老年性聋等可能。耳聋时轻时重者,可能与早期梅尼埃病、慢性分泌性中耳炎等有关。

耳聋的伴发症状如眩晕、耳鸣、耳流脓等,对疾病的诊断亦很重要。药物中毒史、头部或耳部外伤史、噪声接触史以及全身其他器官或系统疾病等病史亦应询问。如为小儿,还应了解母亲妊娠时所患疾病及用药史以及患儿是否顺产、早产、难产、产钳助产或剖宫产,出生后有无窒息、高胆红素血症,等等。

（11）耳鸣:耳鸣是耳科疾病的常见症状,也可由某些全身性疾病(如精神、神经、血管、血液、内分泌系等)引起;耳鸣还可能是某些疾病的首发症状,如梅尼埃病、听神经瘤等;个别鼻咽癌病人也以耳鸣为唯一主诉症状。因此,对以耳鸣为主诉的病人,医师仔细地询问病史非常重要。耳鸣的病史包括耳鸣开始的时间、侧别、耳鸣发生的时间、规律等。轻度的耳鸣往往在寂静的环境中方能察觉,耳鸣重者,终日持续不停。询问病史时,要请病人描述耳鸣的拟声或近似的拟声,如蝉鸣音、蜜蜂发出的嗡嗡声、汽笛声、嘶嘶声、哨音,等等,以便初步判断耳鸣为高音调或低音调。

咽鼓管异常开放症患者的耳鸣声为"呼呼"声,与呼吸节律一致,深呼吸时加重。搏动性耳鸣,应询问其与脉搏或心跳的节律是否一致,颈静脉球体瘤的病人,常有与脉搏节律一致的搏动性耳鸣。注意了解耳鸣是否影响病人的学习、工作和睡眠,以便初步判断耳鸣的严重程度。由于不少病人在叙述病史时,只顾陈诉令其苦恼的耳鸣症状,而只字不提其他有关症状,如眩晕、听力下降等,所以应仔细询问其他有关症状。

(12)眩晕:是一种运动性或位置性错觉,感觉自身或外界景物发生运动。询问病史时,先让病人描述发病的情况,首先区分病人所说的"眩晕"是旋转性眩晕,或是升降、摇摆、倾倒感,或是头昏、头沉重感等。再了解眩晕发作的次数、每次发作的持续时间和伴发症状(如耳鸣,听力下降,恶心、呕吐,头痛等),以及伴发症状和眩晕发作之间的关系,如发生顺序等。询问有无耳流脓史、脓量的变化与眩晕发作间有无关系,询问头位变动与眩晕发作有无关系,询问眩晕发作的其他诱发因素、过去的头部外伤史、心血管疾病史等。

(13)个人史和职业史:鼻、咽、喉疾病的发生与接触外界刺激因素的关系密切,如烟、酒、高温、粉尘、化学烟雾等,询问时需多注意。由于职业与有些耳病有关(如噪声性耳聋、耳气压损伤等),宜注意详细询问,如为工人,则应了解其工种以及是否经常与噪声接触等。

2. 重要体检项目及意义 耳鼻咽喉科的体检特别需要病人的配合,因此,在体检前应向病人作适当的解释,取得病人的理解和合作。

(1)前鼻镜检查:做前鼻镜检查需要患者配合调节头位,鼻腔黏膜收敛时,药水可能流到咽喉部有不适感,需先向病人说明。

(2)鼻内镜检查:鼻内镜检查前需进行鼻腔黏膜麻醉和收敛,药水可能流到咽喉部有不适感,需先向病人说明。

(3)间接鼻咽镜检查:应避免接触患者咽后壁或舌根,引起恶心而影响检查。咽反射敏感致检查不能合作者,可先行表面麻醉,待数分钟后再检查。

(4)纤维内镜检查:检查者左手握镜体的操纵体,右手将镜体的远端经前鼻孔送入鼻腔底部,缓缓送入鼻咽部及喉部。拨动操纵杆,以使镜体远端弯曲,观察鼻咽及喉腔的各壁,对有可疑的病变部位,可用活检钳取活检,做病理组织学检查。

(5)间接喉镜检查:检查前需稍稍加热镜面,不使起雾,应先在手背上试温后,再放入咽部,以免烫伤黏膜。对咽反射较敏感的病人,要有耐心,可以让病人先作张口、伸舌发出"咿"声的练习。

(6)外耳道及鼓膜检查:可采用徒手检查、窥耳器、电耳镜、鼓气耳镜、耳内镜、显微镜等方式检查外耳道及鼓膜,必须按需要稍稍变换受检者的头位,方能看到鼓膜的各个部分。

3. 重要实验室检查项目及意义 耳鼻咽喉疾病的诊断除使用常规的方法,还需要特殊的检查:

(1)鼻通气功能检查:鼻通气功能的检查目的主要是判定鼻通气程度、鼻气道阻力大小、鼻气道狭窄部位、鼻气道有效横断面积等,通过这些指标的测定,对判定病情、确定治疗方针均有重要价值。

(2)喉肌电图检查:喉肌电图是通过检测喉部在发音(不同音调)、呼吸、吞咽等不同生理活动时,喉肌生物电活动的状况,以判断喉神经、肌肉功能状态,发现及评估肌肉及局部神经病变的严重性,评估自发恢复的预后,指导临床是否进行手术。

(3)嗓音声学特性的客观分析:对声音信号进行客观分析,包括声图分析和声谱分析,为声道疾病的诊断及疗效评估提供依据。

(4)听功能检查:临床听功能检查法分为主观测听法和客观测听法两大类。主观测听法要依靠受试者对刺激声信号进行主观判断,并作出某种行为反应,因此受到受试者主观意识及行为配合的影响,检查前需向受检者说明清楚,取得受检者的配合。

(5)前庭功能检查:前庭功能检查的主要目的在于了解前庭功能状况,并为定位诊断提供依据。在前庭功能检查过程,患者会出现眩晕,应先告知患者,尽量减少患者的恐惧感。

（6）X线计算机断层摄影：CT可清楚显示鼻、鼻窦、颞骨等部位的骨、软组织和临近部位等处解剖及病变范围，对判定病变程度和制订手术方案有重要指导意义。

（7）磁共振成像：磁共振成像对软组织辨认能力高于CT，能准确判定鼻、鼻窦、咽部、喉部、颞骨肿瘤的位置、大小及浸润程度，并能详细观察肿瘤与周围软组织、淋巴结的解剖关系，反映出肿瘤与血管的关系。

三、治疗中的积极沟通

（一）针对患方的医学与健康教育

1. 需要告诉患者和家属的医学知识

（1）耳鼻咽喉疾病可引起重要生理功能障碍，甚至致残：耳鼻咽喉各器官具有听觉、平衡觉、嗅觉、呼吸、发声及吞咽等重要生理功能，疾病往往导致生理功能的改变，如耳部疾病引起听力下降甚至聋哑；鼻部疾病导致嗅觉减退或通气障碍；咽喉部疾病使发音及吞咽等功能发生变化。疾病所致的生理功能改变可以是骤然的，也可以是渐进性的。渐进性的功能改变往往较少引起患者的重视，特别是单侧器官的功能障碍，如单侧耳聋常常不易发现。

（2）耳鼻咽喉诸器官的疾病密切相关：由于耳鼻咽喉各器官解剖结构相互沟通，生理功能相互关联、相互配合，导致疾病的病理过程相互影响，如急性鼻炎可并发中耳炎、咽炎、喉炎；耳聋影响准确发音与言语交流；小儿腺样体肥大、鼻咽癌可引起分泌性中耳炎。

（3）疾病可影响机体功能，也可能是全身疾病的局部表现：耳鼻咽喉疾病既有相对独立的一面，又有同全身的密切有机联系的另一面。耳鼻咽喉疾病可影响机体功能，常见的例证有中耳炎引起颅内各种并发症；鼻腔与咽喉的阻塞性病变引起睡眠呼吸暂停综合征；腺样体肥大引起发育障碍；慢性扁桃体炎引起风湿热、关节炎、心脏病和肾炎等。而高血压病的鼻出血、血液病的咽部溃疡和鼻出血、血管神经性水肿的呼吸障碍、血管疾病的突聋和耳鸣、颈椎病的眩晕等，均是全身疾病的局部表现。全身系统性疾病不可避免地在不同程度上反映在耳鼻咽喉局部区域，反之，从耳鼻咽喉的异常，又可发现和诊断全身系统性疾病。因此，必须有整体观念，使局部与整体密切结合，相得益彰。

（4）诊断及治疗需要专科特殊诊疗手段：耳鼻咽喉位于颅面深处，腔洞狭小，难于直接观察，必须借助专门光源、额镜、特殊器械及设备将光线反射至检查部位。检查时，需要使用鼻镜、后鼻镜、间接喉镜、耳镜，必要时使用电耳镜、鼻窦内镜、电子喉镜、显微镜、气管镜、食道镜等特殊器械和设备，才能看清局部病变情况；耳鼻咽喉疾病的诊断除使用常规的方法，还需要特殊的检查，如：纯音测听、听性脑干诱发电位、前庭功能、嗅觉功能、嗓音疾病评估等；耳鼻咽喉疾病以手术治疗为主，药物治疗为辅，药物治疗包括全身用药和局部用药。如果确诊为肿瘤，需要进行综合治疗。

2. 需要告诉患者和家属的健康知识

对耳鸣、耳聋的患者，要避免长时间接触高分贝噪声，避免长时间听耳塞；要慎用或禁用对内耳及听神经有损害的药物，特别是家族中有耳毒性物过敏史者更应慎用此类物；要养成科学的饮食习惯。多食含锌、铁、钙丰富的食物，可减少微量元素的缺乏，从而有助于扩张微血管，改善内耳的血液供应，防止听力减退；要积极治疗高血压病、高脂血症、脑动脉硬化及糖尿病等疾病；要保持良好的精神状态。

对慢性鼻窦炎、过敏性鼻炎的患者，应鼓励患者加强体育锻炼，增强体质；注意改善生活及工作环境，使空气流通、阳光充足，避免粉尘及有毒气体的长期刺激；戒除烟酒不良嗜好及辛辣刺激食物；增进营养，多食水果、蔬菜，补充维生素，多饮水；避免长期局部使用血管收缩药如萘甲唑啉等，以免药物性鼻炎；鼻塞严重时，不可强烈擤鼻，以免引起中耳炎；流感期间，少到公共场所，外出宜戴口罩；不要用手挖鼻，以免引起鼻疖等炎症。

对慢性咽喉炎的患者，应劝诫患者勿饮烈性酒和吸烟，饮食时避免辛辣等强烈调味品；改善工作生活环境，减少粉尘，有害气体的刺激；清晨用淡盐水漱口；适当控制用声等。

（二）适度告知患方治疗中的风险

耳鼻咽喉科疾病中的急、难、危、重病占有一定的比例,具有相当的风险性。医生应及时告知病人及家属疾病的风险程度,以取得他们的理解和配合,并有足够的思想准备。喉阻塞是耳鼻咽喉科常见的急重症之一,常由于小儿急性喉炎、急性会厌炎、喉部外伤、喉部及气管异物、喉血管神经性水肿、喉部肿瘤等引起,若不及时治疗,可因窒息或心力衰竭而死亡,呼吸困难严重者需立即实行气管切开术。气管、支气管异物有窒息和呼吸困难、心力衰竭的表现,可危及生命。鼻咽癌晚期、颅底外伤出现的鼻腔大出血,可直接导致病人死亡。咽喉部晚期肿瘤的病人可因吞咽功能障碍,导致极度营养不良甚至恶病质。耳部手术的患者可能引起周围性面神经瘫痪或感音神经性聋。

（三）给予患方治疗方案知情选择

作为经治医师都有责任根据患者的具体情况,充分告知可采用的治疗方案以及各自的利弊,尊重患者及家属所作出的选择。如同样是一个喉癌患者,可能因肿瘤大小不同、部位不同、有无远处转移、患者的身体状况或基础疾病不同而选择不同的治疗方案,如激光手术、喉部分切除术、喉全切除术、颈部淋巴结清扫、化学治疗或放射治疗等;耳硬化症的病人是佩戴助听器还是接受手术治疗等。

（四）引导患者和家属配合治疗

总的来说,耳鼻咽喉科疾病以手术治疗为主,药物治疗为辅。针对不同的疾病采用不同的治疗方案,同一种疾病也可能采用不同的治疗方案,因此在实施治疗方案前,一定要向病人及家属作解释,征得他们的理解和同意后,才能实施,特别是可能损害器官功能的治疗方案,一定要征得病人本人的同意。例如,喉癌、喉咽癌的治疗,有一部分病人因病变范围较大,需要接受全喉切除术,术后将丧失发音功能。医生在术前一定要向病人详细解释病情,介绍全喉切除的必要性,并向病人介绍术后重建发音功能的方法,如食管发音、电子喉发音等,以取得病人的理解并接受治疗方案,同时也增强病人与疾病做斗争的信心。

在解释治疗方法和治疗效果时,有时患者很难理解医生的述说,需借助某种视觉工具以帮助患者理解。如借助模型和图片,可清晰形象地向患者说明病变部位、手术方式及可能出现的并发症的原因,使患者及家属易于理解。

（五）建立医患长期联系

对手术后的病人进行随访,不但有利于病人的康复和预防复发,而且医生可不断总结临床经验。例如功能性鼻窦内镜手术后的病人,应在术后半年内定期行鼻腔清理,不间断用药,才能减少复发率。肿瘤患者化疗及复查需定期进行,可建立患者档案,与患者保持联系,定期化疗和复查,并指导康复。对某一疾病人群进行有组织的定期指导和交流,如组织"无喉协会""人工耳蜗植入协会"等,不仅病人可以及时得到医生的指导,病人之间也可以相互交流,增强战胜疾病的信心,这种医患沟通方式是目前国内外的发展趋势,并取得了良好的成效。

四、常见医患沟通障碍及化解

【案例12-4】

患者,男性,15岁。因渐进性左侧鼻塞而就诊,CT检查后发现鼻腔肿物。患者入院后进行了一系列相关的检查,包括MRI及病理活检等,但第一次病理报告为"鼻腔坏死性组织",主管医师拟再次行鼻腔活检,遭到患者家长的反对。此时,主管医师向家属详细介绍患者的病情及检查结果,指出只有进行病理检查才能确定肿物的性质并为进一步的治疗提供依据,而且由于鼻腔肿物表面常为坏死组织所覆盖,取活检的深度又不好掌握,因此常需要多次、反复活检才有明确的诊断,取得了家属的理解和配合,同意进行活检。在活检后的当天晚上,活检的鼻腔出血,经值班医师处理后血止,但家长出现恐慌及抱怨,值班医师及时与家长沟通,指出活检后的鼻出血可能与鼻腔肿物的性质有关,经处理后对患者并无生命危险。在病理确诊为"鼻咽血管纤维瘤"后,进行全科术前大讨论,制订详细的手术方案,术前与患者及家属进行充分的沟通,得到了患者及家长的充分理解,经手术治疗而顺利出院。

【案例12-5】

患者,王先生,因反复咽痛、发热3年就诊,检查见扁桃体Ⅱ度肿大,隐窝口有黄白色干酪样物,拟诊"慢性扁桃体炎",全麻下行扁桃体切除术,手术过程顺利,术后观察扁桃体窝白膜形成,体温正常,术后3天出院。术后第6天,患者出现口吐鲜血而急诊入院,检查见右侧扁桃体窝白膜脱落,吸除扁桃体窝血凝块后,见扁桃体窝内渗血,用纱球压迫后血止。患者及家属对出院后出现的出血情况不理解,认为是手术没有做好。经治医师及时向患者及家属解释,扁桃体手术后有出血的并发症,如果是手术后24小时内的出血与手术中止血不彻底、遗有残体有关;但该患者是术后6天出血,术后5~6天扁桃体白膜开始脱落,如果进食不慎擦伤创面或咽部活动过多可引起出血。此时医生也进一步了解到,因为术后都是流质饮食和软质饮食,患者觉得吃不饱,而且术后反应不大,患者未按出院医嘱,自行改为普通饮食。因此,患者及家属理解了出现术后并发症的原因,积极配合治疗,痊愈出院。

视频案例

视频12-9　因检查项目局限导致的沟通障碍

（叶胜难）

【作业题】

实践性作业

在门诊或病房见习,与1~2位患者及家属接触,了解患者病情及心理特点,利用所学的医患沟通原理进行分析,然后制订具体的沟通方案及要点,在指导老师的指导下进行临床实践,并写出体会。

第四节　口腔科医患沟通

临床重要沟通问题

● 面对牙痛的患者主要从哪些方面与患者交流?

● 儿童口腔疾病的医患沟通有何特殊要求?

● 缺牙患者欲行义齿修复应如何进行沟通?

● 错颌畸形患者的医患沟通主要包括哪几方面?

● 牙拔除术前特别是阻生牙拔除术前与患者的沟通包括哪些?

● 如何安抚口腔疾病治疗后发生并发症的患者?

一、患者身心特点与社会因素

（一）口腔科患者身心特点

口腔是人体健康的一面镜子,是消化系统的起始端,是面部美学的重要组成,世界卫生组织早已把口腔健康作为人体健康的十大标准之一。口腔疾病是人类的常见病和多发病,口腔的健康不仅关系到咀嚼功能,直接影响消化功能和营养的摄取,是全身健康的基础,而且还与呼吸、言语、表情、美容、味觉及心理状态关系密切。

由于口腔疾病具有发率病高、病程长,常影响患者的功能与美学等多个方面,且与身心健康关系密切等特点,因此口腔科的病人常常具有以下特点:

1. **自卑**　爱美之心,人人有之。健康、自然、匀称的口唇、鼻子、外耳、眼睛以及面颊是秀丽、英俊面型的基础,也是一个人整体形象最精华的部分。同样,牙齿作为口腔颌面部一个重要的器官,不仅与咀嚼、发音有关,同时支撑嘴唇,维持面颊的丰满度,所以也是重要的美容器官。在当今社会进步、经济发展和竞争加剧的时代,人与人之间的交往与接触更加频繁,健康的口腔和美丽的牙齿是人体外表形象的重要部分,客观上已成为人们在求职和交友,乃至事业成功和机会把握等方面的重要因素。口腔颌面部任何一个部位,包括牙齿,由于先天因素或后天疾病而出现的异常、变形、破坏或缺损,不仅影响正常的生理功能,也破坏了其面部外形,影响面容美观,对病人心理造成严重的创伤,往往这种心理创伤大大超过生理功能缺陷造成的后果。以错颌畸形的患者为例,特别是严重的前牙排列不齐、上颌前突或者前牙反颌,患者因面容丑陋长期自暴自弃。他们往往不愿意出头露面,总感到低人一等,不愿意表达,产生心理障碍。因此,口腔疾病患者与人交往时容易出现自卑的心理。

2. **恐惧**　口腔疾病,特别是各种牙病,临床上主要是在口腔这一内环境进行诊断和治疗的。在诊疗过程中,会使用各种器械和材料频繁地进出口腔。医生主要通过口镜、镊子、探针等器械进行各类牙病诊断。主要通过牙科手机、钻头、拔髓针、扩大针、根管锉、牙挺和牙钳和牙周洁治器械等设备和器械进行各种牙病的治疗,如龋坏充填、牙髓治疗、牙周治疗、牙齿拔除、义齿修复、牙齿矫治等,多以手术为主,较少应用各种药物治疗。

大多数口腔病人都是在正常知觉情况下或者在局部麻醉下接受检查和治疗的,患者多处于清醒状态。口腔科诊室里最常看到的是,病人口腔里的血液,诊疗盘里带血的棉块和敷料;最常听到的是口腔电机和涡轮机高速运转的声音,各种钻头磨牙时产生的声音,各种砂轮和打磨机磨改义齿的声音,牙挺、牙钳、小锤等金属器械的碰撞声,当医生用探针检查深龋或牙髓用力不当或动作突然,拔牙时用力过猛,注射麻药推注过快时,病人会发出不自主的呻吟声,尤其是儿童会因疼痛或害怕发出尖叫声和哭闹声;当诊疗环境不良、管理不善时,容易出现诊室混乱的现象,再加上医护人员衣冠不整、态度生硬,缺少防护隔离措施,患者更容易受到不良情景的刺激。

在正常的牙科治疗过程中和治疗后,由于疾病状态的敏感性,医疗操作的创伤性,以及术后反应的必然性,均有可能导致患者或多或少地感受到各种形式和不同程度的疼痛。这些疼痛包括牙体切削时的酸痛乃至刺痛;充填治疗时的牙本质敏感;开髓治疗中的牙髓刺痛和根管治疗中的根尖区刺痛;拔牙后的术区胀痛;根管治疗的术后反应——根尖区炎症反应导致的胀痛。而这些疼痛与一些特殊的器械、声音、行为相结合之后,就会加重患者的疼痛印象。

以上各种因素都会使病人产生恐惧心理,在他们的心理上形成了终生难忘的牙科恐惧症。在儿童表现为高声哭闹、肢体乱动、焦虑不安、拒绝治疗;在成人则表现为面色苍白、肌肉紧张、张口受限、心悸、躲避等,特别害怕到口腔医院,害怕看牙病,害怕听到口腔诊室刺耳的声音,因而延误了治疗。少数病人一旦产生记忆深刻的恐惧心理,以后几年、十几年、甚至几十年再也不看牙病,甚至别人提到牙病他们就会不自觉地感到牙痛。

3. **轻视**　正常情况下人类有 28~32 颗恒牙,由于口腔的代偿机能,病人并不感到咬合、发音、美观受很大影响。加之牙病一般进展缓慢,病程可长达几个月、几年、十几年甚至几十年,可以反复发作,但一般没有自愈性和终身免疫性。以龋病和牙周病为例,病人主要有牙齿不适、牙齿疼痛、咬合无力、牙龈出血、牙齿松动等局部自觉症状。虽然牙痛可能表现为程度不同的自发痛、咬合痛、放射痛、冷热刺激痛等,有时疼痛难以忍受,但是许多病人常常没有明显的自觉症状。而且牙病在一般情况下没有严重的全身症状,也不直接危及生命,再加上许多人错误地认为儿童的乳牙要替换,龋齿没有必要治疗;人到一定年龄牙齿自然会脱落,不需要到医院去治疗,等等,口腔疾病往往不受重视,得不到及时治疗。但当全口多数牙齿病变受累或发展到牙病晚期时,就会破坏组织器官的完整性,结果严重影响咀嚼功能和营养吸收,波及全身健康,干扰儿童和青少年口腔颌面部和全身的生长发育,导致人口健康整体素质下降。

4. **盲目**　许多病人认为看牙病很简单,就是补牙、拔牙和镶牙,没有多少高技术含量,不论口腔疾病的早期、中期还是晚期,治疗都应该比较简单,效果都应该比较好。许多人不了解口腔疾病治疗的效果与疾病发现和治疗早晚密切相关,不懂得口腔疾病治疗的复杂性,更不理解口腔医学通常分为牙体牙髓科、牙周科、口腔黏膜病科、儿童牙科、口腔预防科、口腔修复科、口腔正畸科、口腔颌面外科、口腔种植科、口腔放射科等诸多临床科室,即使在综合医院口腔科看病也常常分成不同的诊室,以至于病人到了口腔医院也不知道挂哪个科的号,到了口腔科也不知道进哪个诊室。

口腔疾病治疗的特点是以医生的操作性治疗为主,疗程长、易复发、操作复杂、单纯的药物治疗收效甚微,常常牵涉到几个有关的口腔专科,可能需要数次治疗才能完成,病人很容易产生厌烦情绪。感到为了区区一个牙齿,三番五次地跑医院排队挂号,还要牵涉不同的科室和医生,花费大量时间很不值得,对口腔疾病治疗的多次性、操作性、复杂性等特点不理解。另外,患者对牙病治疗结果的期望值也比较盲目。有些病人喜欢拿自己的病牙及其治疗结果与正常牙齿或其他人的治疗结果相比较。还有些病人认为许多疾病,如心脏病、糖尿病、高血压病等一时不能治愈是意料之中,却期望口腔医生治疗口腔疾病应该是"手到病除",稍有反复就不能接受。他们盲目认为是由于医生的技术问题或者责任问题处理不当造成的后果,因此容易引发医疗纠纷。

(二) 主要社会因素

长期以来,由于我国发展的历史原因,人民生活水平、文明程度和科学文化素质总体还不高,社会上对口腔疾病预防、保健和治疗的知识宣传普及不够,整体口腔医疗的资源比较匮乏,而且各地区发展也不平衡。虽然近些年来,我国政府逐步重视了口腔医学的发展,加大了对口腔医学的支持和投入,但就目前来看,广大人民群众和社会各界对口腔疾病的预防和治疗方面还存在着许多盲区和误区,对口腔医疗保健重视程度还有待提高,"口腔健康需要投入"还没有形成共识,这些都将会影响口腔疾病防治工作的顺利开展。

1. 患者对口腔疾病了解和重视程度不够　"牙痛不是病,疼起来要人命。"这句话很形象地反映了人们对牙病的认识。牙齿疼痛是牙病发生、发展的一个重要表现,虽然其疼痛不适给人带来很大痛苦,但许多人错误地认为牙痛不需要到医院去治疗,忍一忍不痛就算了,不会有什么大事。"痛"牙都不能算是病,对于"不痛"的牙病就更不需要去理会了。多年来,许多人认为牙齿之所以出现龋坏缺损是由于"牙虫"在作怪,因此,"虫牙"之说在许多人心目中根深蒂固,他们以为消灭了牙齿上的虫子,或者看不到牙齿上有虫子,牙齿就会安然无恙,根本不必去看医生,更谈不上定期到医院做预防性口腔检查。小孩换牙、老人掉牙,这是自然规律,天经地义。许多人错误地认为儿童的乳牙反正要替换的,乳牙龋齿没有必要治疗,他们不了解乳牙牙病同样可能影响恒牙萌出、颌骨发育、正常咬合关系的建立,甚至影响儿童的生长发育和身体健康。

以上持各种思想观念的人对口腔疾病缺乏正确的认识,不懂得口腔疾病的普遍性、危害性和防治的重要性,对自身口腔疾病没有足够的重视。加上口腔疾病的全身症状并不一定很明显,许多人总是以学习紧张、工作繁忙,或者其他种种理由为借口,很少主动去或者根本不去口腔医生那里检查治疗,只有口腔疾病到了疼痛难忍,或者不可收拾的地步,才不得已去口腔医院看医生,这时治疗起来往往比较复杂,效果也不满意。

2. 患者对口腔疾病的范围和严重性不够了解　许多人认为口腔疾病就是牙病,牙病就是蛀牙,就是牙齿逐渐破坏、变色、松动,最严重也就是病牙脱落。他们不了解口腔颌面部有牙齿、舌头、嘴唇、鼻子、颊部、唾液腺、颞下颌关节等器官,既有皮肤、肌肉、黏膜、神经、血管等软组织,还包括牙齿、颌骨等硬组织。与内、外、妇、儿等临床医学一样,口腔疾病也有炎症、肿瘤、外伤、畸形、传染病、免疫性疾病、感染等,病种多,范围广。因此,口腔疾病不仅会有牙痛、牙齿变色、牙龈出血、牙龈肿胀、牙齿松动、牙齿脱落、口臭、口腔溃疡等常见症状外,还可能会有颌面肿痛、张口受限、间隙感染、颌骨骨折、颌面软组织损伤、出血、颅内感染、呼吸困难等临床症状,除此以外,口腔疾病还可能引发全身病变,严重时,同样可以引起死亡。

3. 社会对口腔医学和口腔科医生缺乏了解　由于我国目前社会发展的文明程度和人们的综合素质有待提高,整个社会和广大人民群众对口腔医学、口腔疾病和口腔医生了解和重视程度不够,不了解口腔医学和口腔医生专科的特殊性和在防治口腔疾病过程中的作用和必要性。有些患者盲目认为口腔疾病只是一些微不足道的牙病,治疗牙病的口腔医生也没有什么了不起,没有多少高深的理论和技术。少数人甚至认为口腔医生并不是什么治病救人,值得尊重的医生,只是一些修理牙齿的工匠。因此社会上有些人把口腔医生称为"拔牙的""补牙的""镶牙的""整牙的"……

此外,由于口腔疾病常常涉及功能和美容,许多口腔疾病的治疗费用都属于自费,不能由保险公司赔付或者以任何形式由单位和医保报销,因而许多病人不愿意在治疗口腔疾病上花费。许多口腔疾病不能请病假休息,有关口腔医学的法律、法规还很不完善,种种现象都说明了社会对口腔医学和口腔医生缺乏正确、全面地认识和了解。有些病人抱怨在正规专科口腔医院或口腔科看病耗时太多、价格太贵、治疗太复杂。他们图省事方便,只顾眼前利益,宁愿到街头游医或非法诊所那里去解决问题,寻求所谓"简单""方便""快速""便宜",结果往往是"小病治不好,拖延成大病,大病治不了,乱治难收拾"。

二、诊前医患沟通

构建和谐的口腔科医患关系,不仅仅取决于口腔医生在诊疗过程中的一言一行,也取决于患者在就诊前对自身口腔疾病的了解以及对口腔医疗的认识。如果能将医患沟通放在患者就诊前提前介入,将有助于提高患者口腔疾病的治疗效果和就诊体验。

(一)卫生宣教

院前的医患沟通,取决于医护工作者充分的利用网络、报纸、电视、书籍等大众媒介对口腔疾病预防和口腔医疗工作特点的广泛宣传。重点是在少年儿童阶段,对于口腔卫生的宣教,将有助于他们将来更为有效地参与到口腔疾病的防护中,更加正确地认识口腔医疗工作的性质。如果能够实行面对面地牙科干预,效果则会更佳,例如针对幼儿园儿童的刷牙指导,可以让他们了解牙齿预防的重要性;针对小学生六龄齿的窝沟封闭,可以让他们切身感受到牙科治疗的微创和无痛。重点的口腔卫生宣教知识包括以下内容:

(1)让患者了解基本的牙齿结构及组成:给患者讲述如人类的牙齿有乳牙和恒牙两类及各萌出年龄;牙齿又有牙冠、牙根、牙髓等部分,牙冠外面覆盖的硬组织为牙釉质,等等。

(2)健康牙齿牙列的标准:牙齿完整无缺损、光亮清洁、无疼痛,牙龈呈粉红色、无水肿、无出血;牙列排列整齐、无缺失、沟窝相对、咬合正常有力。还可以向患者讲述保护健康牙齿和牙列的良好生活习惯,例如不抽烟、不酗酒、不用牙齿咬硬物(如啤酒瓶盖),勿用手指顶或者扳牙齿,正确使用牙线、牙刷、牙膏等。

(3)由于龋病及牙周病是危害人体健康最常见、最多发的疾病,应向患者宣传龋病和牙周病的病因、临床症状、预后及其防治方法。例如:如何正确刷牙、科学漱口、保健叩齿、氟化物的正确使用、窝沟封闭剂防龋术、龋齿早期治疗、龋齿的治疗方法、根管治疗、牙周病的预防和洁牙、牙周病的治疗方法等。

(4)根据患者不同的病症和需求,介绍一些常见口腔疾病的病因、主要症状、对局部和全身的危害等,如:楔状缺损、牙本质敏感、牙结石、牙隐裂、残根、口腔溃疡、口腔白斑、扁平苔藓、口腔癌、牙外伤、牙酸蚀症等,普及口腔疾病医疗保健的知识。

与此同时,还应向人民群众和患者普及常用的口腔疾病治疗方法及其适应证,例如拔牙术、补牙术、根管治疗、洁牙术、牙周翻瓣术、活动义齿、固定义齿、种植义齿、活动矫治、固定矫治、窝沟封闭术等。

(5)转变人民大众和患者的观念,重视口腔卫生保健:让越来越多的人意识到要定期到医院做检查。口腔疾病只有早发现、早治疗才能取得良好效果,只有坚持不懈,健康的牙齿才能够伴随我们终生。

(二)诊前沟通

诊前沟通是患者就个人的具体口腔疾病,在就诊前与特定的医疗机构进行沟通,包括院前的个性化沟通和院内的沟通体系。

1. 院前的个性化沟通 主要依靠医疗系统自身构建的实时院前客服系统,让患者在针对具体口腔疾病在就诊前,可以通过医院的客服平台(包括医院网站、微信公众号、专属APP、客服电话等)明确自己的口腔疾病所属的具体专科、自己疾病的概况以及诊疗流程,这样可以提高就诊挂号的准确性,也可以更好地理解医生的治疗合理性,甚至能够与医生沟通,在院前就采取一些自我救济措施,例如,在院前得到医生指导,对外伤脱位牙采用生理盐水、牛奶或者唾液保存,将会极大提高脱位牙再植的成功率。

2. **院内的沟通体系**　发挥好医院候诊大厅的宣教平台、导医台和预诊室的作用。候诊大厅是患者踏入医院的第一个场所,也是进行医患沟通的有效平台。很多医院会在候诊大厅设置各种形式的宣传板、显示屏,来介绍医院的布局、科室的功能和专家的特长,以做好就诊指南。导医台由具备一定口腔医学知识的护士或志愿者负责,可以针对患者的具体问题进行简单分诊,例如:患者所说的牙疼,如果有冷热刺激痛,可能是牙髓炎症,就需要到牙体牙髓病科就诊;如果有开口受限,就可能是智齿冠周炎,则需要到口腔颌面外科就诊。预诊室则由具有一定临床经验的医生负责,可以对患者的疾病进行简单检查,并做出初步的诊断和治疗建议,可以让患者实现更为精准的就医。由于许多牙科就诊患者并非急性和危重的病变,甚至只是为了进行牙齿美容等改善性口腔治疗;甚至有的患者经过预诊室的初步诊断和建议后,可以自行处理简单的口腔问题。

三、诊断中的医患沟通

（一）病史询问

医生是整个诊疗流程的主导者,一定要主导整个医患沟通的节奏。整个问诊过程既要简短、高效,又要亲切、温和;既要让患者感受到医生的专业素养和严谨态度,也要让患者感受到医生的平易近人和医者仁心。问诊交流时重点应关注:了解病变的部位、发生时间、有何症状、可能的原因、病变的程度、有什么影响、发作的特点、既往的口腔疾病发生和进展情况、治疗的方法和效果、患者对诊断和治疗有何要求和期望、全身其他系统的健康情况等。

首先,问主诉,患者到底这次需要解决什么问题,分清其中的主次与轻重缓急。例如,患者告诉你,这两天由于牙疼和头疼,一直无法正常进食和休息。那么根据经验,我们可以确定,一般头疼很少引起牙疼,而牙疼经常会导致头疼。但是为了做个区分,还是必须问一声,到底何者先发生? 如果牙疼先出现,就进一步确认牙疼是主要问题。即使明确是牙疼,也要让患者诉说头疼的痛苦和表现,这既是为了进一步验证初步的判断,也是为了释放患者的焦虑情绪。但是患者口中的"牙疼"实际上可能包括了牙髓炎、智齿冠周炎、根尖周炎等牙科疾病;其次,我们要进一步缩小包围圈,逼近真相。所以需要进一步引导患者,可以询问患者疼痛的变化、范围与性质以及最先出现的位置。如果患者先是出现冷热刺激痛,基本可以确定为牙髓炎。这时适当的引导和静心的倾听,可以让患者感受到医生的关注和关爱。医生既需要有一颗慈悲的心,也要有一颗冷静的心,必须防止被患者的情绪所引导。由于牙髓炎经常是半侧单颌牙列所有牙齿都会出现疼痛,这是放射痛的表现,患者往往会急切地告诉你哪颗牙齿有问题,但往往并不准确。这时需要果断打断患者的诉说,通过进一步的口腔检查和放射检查来快速定位。

（二）检查中的医患沟通

牙科的检查由临床检查和实验室检查组成。不同的检查方法的作用、方法、费用和时间也不一样,有的是为了确定病变的物理性状,有的则是为了明确患者的主观感受,特别是疼痛的性质。因此,应当在事先与患者沟通,以获得患者的理解与配合。

1. **临床检查**　临床检查包括颌面部检查和口腔检查,颌面部检查主要服务于口腔颌面外科疾病,而口腔检查则是口腔各分支学科均需涉及的,其检查内容主要包括:牙和牙列,牙周和黏膜组织。不同的部位、不同的组织所运用的检查方法不一样,同一检查方法在不同部位的作用和方式又有所不同。除了常规的视诊、触诊等方法外,牙科还有一些特殊的检查方法。

（1）探诊:

1）牙齿:主要用于龋洞的探诊,以确定部位、范围、深浅、有无探痛等。对于活髓牙,深龋探诊时动作一定要轻,以免碰到穿髓点引起剧痛,邻面和龈下的探诊要避免遗漏。探诊还包括牙齿的敏感范围、敏感程度的确定,充填物边缘是否密合,有无继发龋等。

2）牙周:探测牙龈表面的质感是松软还是坚实,检测牙周袋的深浅,牙龈和牙的附着关系,了解牙周袋深度和附着情况等。

3）窦道：多见于牙龈，偶见于皮肤，窦道的存在提示有慢性根尖周炎患牙，但其位置不一定与患牙相对应，可将圆头探针插入窦道并缓慢推进，探明窦道来源。

（2）叩诊：用平头金属器械的末端叩击牙齿，根据患者的反应和叩击声音确定患牙。垂直叩诊主要是检查根尖部有无炎症，水平或侧方叩诊主要是检查牙齿周围组织有无炎症。

（3）嗅诊：通过气味的鉴别进行诊断的方法，一般在问诊过程中已同步完成。凡口腔卫生很差，有暴露的坏死牙髓、坏死性龈口炎等，可有明显的口臭甚至腐败性恶臭。

（4）松动度检查：用镊子夹住前牙切端或镊子闭合置于后牙𬌗面中央后，进行唇舌向（颊舌向）、近远中及𬌗根向摇动，可检查牙齿是否松动。而牙齿松动的程度，可根据松动幅度和松动方向两种评价标准来判定。

（5）咬诊：检查牙齿有无咬合痛和早接触点的诊断方法可通过空咬或咬棉签、棉球等实物时出现疼痛的情况判断有无根尖周病、牙周病、牙隐裂和牙齿过敏等。也可将咬合纸或蜡片置于拟检查牙齿的牙尖，嘱其做各种咬合动作，根据留在牙面上色迹的深浅或蜡片上牙印的厚薄，确定早接触点。还可以通过特殊的咬诊工具对出现咬合痛的部位进行定位。

（6）冷热诊：冷热诊是通过观察牙齿对不同温度的反应以对牙髓状态进行判断的方法。原理：正常牙髓对温度有一定的耐受范围（20～50℃）。牙髓炎发作时，疼痛阈值降低，感觉敏感；牙髓变性时阈值提高，感觉迟钝；牙髓坏死时无感觉。低于10℃的检查可用于冷诊，高于60℃的可用于热诊。虽然有些仪器可用于冷热诊检查，临床上最常用的还是冷水和牙胶加热的方法，简单有效。

（7）特殊检查：

1）牙髓电活力测试法：牙髓电活力测试法是通过观察牙齿对不同强度电流的耐受程度对牙髓状态进行判断的方法，其原理与冷热诊相似，不同的只是刺激源。使用时隔湿后将检查头置于待测牙面，调整刻度以变换电流的刺激强度，同时观察患者的反应，感觉疼痛时离开牙面，读取数字，并与邻牙和同名牙比较后作出判断。

2）诊断性备洞：临床上有时难以对牙髓的状况进行准确的判定，这时可通过诊断性备洞来检查，如果患牙牙髓未坏死，当磨到牙本质层时，患牙即会有感觉，这时可结合其他检查结果进行下一步的治疗，反之则说明患牙牙髓坏死。

3）局部麻醉法：通过麻醉排查的方式从易混淆区域中确定疼痛部位的方法。如牙髓炎患者的疼痛牙齿分不清或检查结果和患者的叙述出现矛盾时，用局部麻醉药将三叉神经中的某一支麻醉后再行检查，有助于确定疼痛的病牙。

不同检查方式的侵入性不同，如简单的视诊、触诊、嗅诊和咬诊属于非侵入性的，患者基本无疼痛等不适感觉，能够很好地配合。但是对于使用特殊器械进行的检查，如探诊、叩诊、冷热诊和诊断性备洞等，则属于侵入性检查，对患者存在潜在的刺激和创伤，需要谨慎操作。例如，牙科最为常用的探诊，由于需要使用探针深入龋洞，以探查患者龋洞的深度、质地以及患者的主观感受，对于深龋患者极易引起患者的酸痛，乃至刺痛的感觉，使得患者的就医体验非常不佳，甚至导致后续的检查或治疗无法继续。所以对于具有侵入性的检查，医生需要在检查前，就检查的作用、可能的感觉告知患者，让患者做好充分的心理准备。在有思想准备的前提下，患者对于疼痛的耐受度会有所提高。

2. 实验室检查 由于牙科疾病的病种相对局限，临床表现特征性明显，口腔的体征可以直观地体现，因此，有时单纯的临床检查即可帮助确定诊断。但是对于复杂病例，如存在多个患牙，但无法确定疼痛位置，则需要进一步的实验室检查。对于口腔医学领域，由于主要为牙齿、牙列，乃至颌骨等硬组织的疾病，因此常见的为放射检查。由于病变区域的范围大小不同，对于分辨率的需要不同，可以选择不同的放射检查方式。

（1）根尖片：可了解牙体、牙周、牙髓组织及根尖周组织的病变情况，具有放射剂量小、空间分辨率高、操作简便等优点，是龋病治疗和根管治疗中最常用到的X线检查。

（2）曲面体层 X 线摄片：可用于观察全口牙齿的病变、牙槽嵴的吸收状况、颞下颌关节的形态和病变等情况，还有助于了解颌骨的病变情况。

（3）头颅 X 线摄片：根据不同投照体位和作用常用的有头颅正位片、头颅侧位片、下颌斜侧位片、头颅后前位片、咬合片、颞下颌关节片和颧弓切线位片等。主要用于了解牙齿、颞下颌关节和颌骨包括颅面骨组织的病变情况

（4）锥形束 CT：可用于牙体、根管系统、牙根、根尖周、颌骨等组织结构的检查，在常规 X 线检查提供信息有限的情况下，可以作为进一步检查的手段选择。锥形束 CT 投照方便，投照时间短，组织吸收剂量很低，还可以三维重建。与测量分析软件同时工作进行定量检查，可以避免根尖片因重叠和投照角度偏差而造成的假象，是全面了解牙齿、颌骨病变和治疗效果常用的辅助诊断工具。

有时，为了明确病变的性状和治疗结果的确认，需要多次、多种放射检查。例如根管治疗中需要常规拍摄三张牙片，第一张需要在术前明确疾病状态，包括根管数目、根管形态、根管钙化情况、根尖感染情况；第二张需要在术中利用牙胶确定根管预备的效果，有无遗漏根管；第三张需要在术后拍摄，以确定治疗效果，如根管充填是否到位，牙胶是否密实等。为了获得患者认同，需要事先向患者解释每张牙片的作用，最好能用拍好的牙片向患者介绍治疗的成效，能让患者了解疾病严重性、治疗困难性和牙科严谨性。

四、治疗中的医患沟通

1. **科学适度告知患者治疗中的风险**　由于很多人都认为口腔治疗绝对安全，所以在就医过程中，就放松警惕，很多个人医疗信息，未能及时提供给医生。而有些医生对病人的全身情况也缺乏了解意识，或者缺乏相关专业知识，导致患者在诊疗过程中发生一些本可以防止的风险，甚至出现危及生命的意外。

根据患者对自身疾病具有知情权的原则，我们在口腔操作诊疗开始之前，必须与患者讨论有关治疗的具体内容及其治疗中可能存在的风险。在条件允许的情况下，尽可能与患者签订《口腔科治疗知情同意书》，以避免一些可能潜在的医患纠纷。比如告诉需要拔除低位下颌阻生牙的患者局部麻醉也可能有心血管的并发症，手术可能损伤下齿槽神经、影响邻牙，术后可能会出现伤口出血、张口受限、局部肿胀、疼痛、干槽症等。对于需要做根管治疗的患者应向其说明治疗有可能造成牙齿侧壁或者髓底穿孔、器械折断，术后可能出现肿痛加重，牙齿折裂等。当然，我们在告知沟通的过程中，应注意方式、方法、科学适度，既不夸大，也不忽略。更重要的是告诉患者如何配合治疗，防止和减少风险的发生，出现了风险以后如何处理。用真实、真诚、认真负责的态度感染患者，取得患者的理解（图 12-1）。

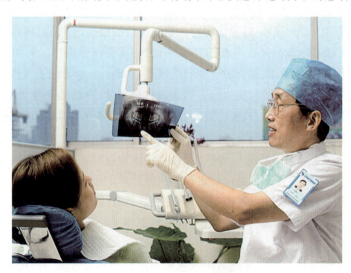

图 12-1　诊前"三分钟"沟通

2. **给予患方治疗方案知情选择**　医生在与病人的讨论中,对一些估计较难处理的问题,应该着重加以说明,并介绍整个治疗程序、完成治疗所需花费的时间和费用,预计可能出现的问题和解决问题的办法,对病人所提出的过高期望,应该实事求是地加以解释,不要急于承诺和应允。特别在同一种情况可能有几种不同的治疗选择,例如牙齿缺失后义齿修复,医生应尽量用通俗易懂的语言向病人客观如实地介绍活动义齿、金属冠、烤瓷冠、全瓷冠、种植义齿等各种修复方法的利弊以及所需要的大致费用,并提出自己的意见(建议)和通常的做法,让病人自己权衡以后,根据自己的实际情况做出最后的选择,有时病人对一些复杂的情况一时拿不定主意,可以让病人回去考虑或与家人朋友商量,也可以找别的医生咨询,考虑成熟后,再与医生共同制订切实可行的治疗方案,以便他们在日后的治疗过程中积极配合,避免医患纠纷的发生。

3. **取得患者家属的配合**　在口腔疾病的治疗过程中,患者家属的配合和态度对疗效和预后有着很大的影响。在医患沟通中,经常会出现患者对于疾病现状认识不清、治疗计划不够理解、不同方案无法抉择,从而导致沟通无法继续,治疗无法开展。这些与患者的教育背景、心理状态、理解能力有一定的关系,例如:农村患者由于受教育程度不高,对于一些医学知识不够理解;一些老年患者,由于反应、理解能力下降,会对某些新的医疗技术和手段无法接受;而对于未成年人,由于其心智尚未成熟,不具备独立判断的能力,当遇到这类患者,就需要有家属陪同,最好是具有一定教育背景和理解能力的青壮年亲属,对于未成年人则应该是法定监护人,由他们帮助患者与医生进行沟通,并做出决定。患者家属不仅能够帮助患者理解和分析疾病状况与治疗方案,更能为患者带来安全感,能够在后期的家庭维护中做好督促和帮助。

因此,作为口腔科医生在治疗过程中,应尽量取得患者家属的配合,来引导患者顺利完成治疗。

4. **充分运用形态学资料和视觉工具**　口腔医学中有许多形态学的问题,沟通过程中,病人常常很难理解医生的述说,尤其是关于口腔疾病的病因、治疗方法和治疗效果等,此时,医生可以利用一些形态学资料和视觉工具帮助病人理解,还可以将此作为资料保存。常用的形态学资料和视觉工具主要包括画图和照片、图书画册、幻灯录像、口腔模型、X线摄片、计算机图像、口腔内窥镜等。特别是口腔内窥镜的临床应用,它是一种特殊构造的摄像镜头,可以伸入口腔,在自备光源的照射下摄取牙齿和口腔软组织的细节,在计算机屏幕上显示清晰的放大图像。在口腔内窥镜的帮助下,口腔科医生能更好地发现和观察牙齿和口腔软组织的病变,并能让患者直观、全面了解到自己口腔病变的详细情况,特别对一些隐蔽的、常规检查难以发现的病变更有意义(图12-2)。利用这些形态学资料和视觉工具向口腔科病人及家属解说治疗方案、治疗步骤、预测治疗效果,使患者更加直观详细了解自己口腔疾病目前的状况,有助于病人对自身口腔疾病的诊治有更充分地了解,促进病人更加积极地参

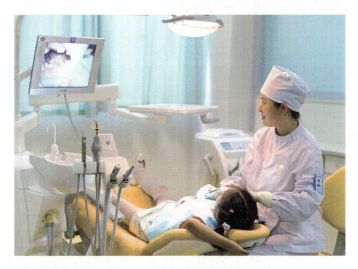

图12-2　看见自己的牙坏了

与、配合口腔疾病的诊治。

5. 改变治疗方案需及时与患者沟通   有时,在治疗过程中,由于一些难于预测或不可抗拒因素,迫使临时改变治疗方案,因术前没向患者交代清楚的突发情况,应及时与患者或家属说明原因和下一步将采取的治疗方法,要征得患者或家属的理解和同意,方可进行下一步的治疗。例如:在牙齿龋坏充填中发现有露髓,如果不处理将会引起牙髓炎症,应及时与患者或家属沟通,采取根管治疗,避免牙髓炎的产生。切不可在发现露髓的情况下,仍然坚持简单充填,也不可在没有患者或家属的同意下,擅自采取其他的治疗方法,这样很容易造成日后的医患矛盾和不良后果。

6. 注意与儿童牙病患者的交流沟通   在口腔疾病诊疗过程中,有一个特殊的群体,更需要口腔科医生做好与患者及家属的配合治疗工作,那就是少年儿童,这个阶段是口腔疾病多发期,尤其是牙体、牙髓疾病和牙颌畸形。少年儿童因为年龄较小,不能独立承担民事行为和责任,就诊时常由家长陪同,所以与少年儿童口腔疾病患者的沟通有一定的特殊性。不仅要掌握一般医患沟通的原则和方法,还应掌握儿童心理学和教育学的有关知识,了解少年儿童在接受口腔疾病治疗时的心理状态,正确处理和把握好医生-患儿-家长这一特殊的沟通关系,帮助患儿消除恐惧和不安,配合医生的各种治疗。

（1）创造良好的诊疗环境,努力消除患儿的恐惧感和紧张情绪:候诊室内应布置有符合少儿特点的小桌椅、玩具、图书、游乐器材、宣传画,少儿熟悉的歌曲和背景音乐,使少儿患者有一种自然温馨的感觉(图12-3)。治疗时避免在患儿面前摆放注射针、牙钳、探针等器械和带血的棉块儿,避免发出刺耳的器械碰撞声。尽量缩短治疗时间,一般不要超过30分钟,尽可能做到无痛或微痛治疗。

图12-3   儿童牙病科就诊环境

（2）正确处理好医生-患儿-家长的“三角”关系:一般来说,在给成人进行口腔治疗时医生与患者构成一对一的关系,而在治疗少儿患者时,则构成了医生-患儿-家长特殊的“三角”关系。就诊的患儿对陪同的家长有很强的依赖性,他们的言行对患儿有很强的暗示作用,能否正确地利用这种依赖性和暗示作用,对顺利成功治疗少儿口腔疾病有着重要的意义。因此,治疗少儿口腔疾病时,只有取得陪同家长的同意和合作,才能进行治疗。这就要求医生首先要通过家长了解或证实患儿的病情,更重要的是明白家长的要求和希望,详细说明治疗的作用、必要性、步骤、效果,消除他们的顾虑,取得他们的信任,使他们提供患儿的病情,积极配合医生的治疗。当然,医生与患儿的关系是这个“三角”中最重要的关系。医生应以和蔼的态度、亲切的语言与患儿沟通交流,发现和消除患儿的恐惧和不安,建立相互关心和信赖,让患儿感到医生是可信赖、可贴近的,这是顺利成功治疗少儿口腔疾病的关键。

（3）与患儿语言沟通时的特点:与患儿说话时,应面带笑容,可与患儿握握手、摸摸头、拍拍肩,多使用表扬和称赞的语言,可以称呼患儿的小名或爱称,耐心回答患儿提出的问题,并与他们谈论少儿喜欢的话题,如患儿的特长、优点等。对患儿的提问和回答,应尽量让他们讲完,要尊重患儿的独立人格,对其病情和治疗方法、步骤、效果用通俗形象的语言、卡通画、照片、模型等加以说明,讲解时应配合示范动作,如张嘴、咀嚼。不应对患儿撒谎或故意用指责、深奥、蔑视、讥笑的语言,也不能训斥、讥笑家长,即使对哭闹不合作的患儿也必须怀着极大的耐心和爱心,与家长共同做好与患儿的沟通。

五、常见医患沟通障碍及化解

【案例12-6】

(一)病历摘要

患者,女性,67岁,系退休干部。因上下颌多数牙齿缺失,来院要求修复缺失牙,恢复其正常咀嚼功能。经检查并与患者沟通,最终确定采用种植支持的覆盖义齿修复方案。在种植二期手术中,取出覆盖螺丝,安装愈合基台。结果在术后第二天,其中一颗愈合基台松动脱出,差点被患者误吞;第三天患者前来复诊,由于原主诊医生出差,患者另请一位医生为其处理,医生重新拧入愈合基台,患者感觉胀痛,医生便以手感拧紧为准,让患者回家,结果第四天愈合基台再次松脱,患者非常恼火,但由于家中有事,直到第六天才来医院就诊,由于软组织已长满袖口,该医生建议患者在局麻下切除增生的软组织,再行愈合基台复位,并行拍片确认,患者不愿行软组织修整术,也不愿拍片,医生不得已在局麻下做一松弛切口,重新拧入愈合基台,结果第七天愈合基台再次松脱,患者及其家属顿时情绪激动,认为医生不负责任,让患者多吃苦、多受罪。

(二)患者及家属的心理状态和表现

其一,因患者对种植修复抱有过高期望,认为种植是费用较高的新技术,其治疗效果应该更好,治疗过程应该更顺利;其二,患者对于愈合基台的就位技术理解较为简单,认为就像日常生活中"拧螺丝"一样,没有技术含量;其三,数次的愈合基台反复松脱导致患者对医生的治疗技术和治疗成效表示怀疑。

(三)沟通过程与成效

常规的二期手术后愈合基台的拧入一般要求扭力不大,手感拧紧即可,但对于多次愈合基台松脱的病例必须分析其反复松脱的原因。该患者第一次愈合基台松脱的原因是为达到微创,二期手术的切口过小,而该患者的种植体位置偏深,导致软组织张力较大,引起愈合基台松脱。第二次就诊时,接诊医生没有进行仔细分析,简单认为是第一次愈合基台未拧紧所致,而且拧紧的评判标准错误的以患者的主观感受为准,没有拍片确认,导致愈合基台再次松脱。第三次接诊医生虽然知道应该按照正规程序处理,但由于患者的不信任和不配合,只能简单处理,最终导致愈合基台再次松脱。

该患者的原主诊医师回来后,与患者进行了详细的沟通工作,解释了愈合基台松脱属于常见的并发症,而且对患者的治疗效果影响极小;解释了愈合基台松脱的原因和常规处理流程,赢得了患者的理解。同时,也为前期并发症的告知不足和中间的衔接工作不畅进行了道歉,与患者重新建立了信任关系,并制订了新的处理方案。

(四)沟通要点和分析

医生存在的沟通问题:第一,对于愈合基台松脱这一临床并发症,未能事先与患者交代注意事项,导致患者的配合度不足。第二,由于主诊医生临时有事,未能将患者的情况与后续治疗医生进行充分交流,导致患者的病情诊断与分析不准确;另外,患者对后续治疗的医生的信任度不足,导致未能按完善的操作流程进行处理。第三,对于临床治疗程序,应该坚守诊疗规章,而不能因患者的不理解、不接受而简化处理,反而导致更为严重的问题。

沟通要点:出现并发症不应简单处理,而应仔细检查、分析并发症发生的原因,并与患者一起分析寻找原因,赢得患者的理解与支持,以采取正确对症的处理措施。对于由于同一并发症反复出现的患者,应当换位思考,充分理解患者急迫和失望的心理,勇于承认医方的不足和失误并真诚道歉,除了解释并发症的原因,还需解释后续处理方案的可行性和可靠性,以期重新赢得患者的认可。

【案例12-7】

（一）病历摘要

患者,女性,32岁。大学文化,外语教师,身体健康。患者因右上前牙(右大门牙)缺失,影响美观和咀嚼,到修复科就诊,特意挂了专家号,要求安装义齿修复。医生检查病人口腔情况后,建议病人用固定桥修复缺牙,因需要磨除两边正常邻牙,患者不愿意,最后采用活动义齿修复。但病人戴了活动义齿后,总感到很不舒服,有异物感并影响发音,难以接受,曾五次到修复科门诊找到经治医生,医生虽对义齿进行了磨改,重做了两次,患者仍感到不满意,认为是医生技术不高造成,向医院投诉。

（二）患者心理状态和表现

患者是位年轻教师,每天要面向学生授课,对外表比较重视,门牙缺失比较影响教师形象,所以患者想要将牙齿修复到完美状态的心理比较急切。医生建议的固定桥修复,患者拒绝后,采用活动义齿修复,医生没有交代清楚固定桥与活动义齿的优缺点。活动义齿难以达到完美修复牙齿的状态,患者感到不舒服,多次磨改仍无法满意,遂产生医患矛盾。

（三）沟通过程与成效

接诊医生请上级主管医生会诊后,认为该患者对修复缺牙要求较高,综合考虑还是应该采用固定修复缺牙的治疗方法。上级主管医生耐心地向患者解释固定修复与活动义齿的优缺点以及相关费用,如果想要在短期内达到这位年轻的女教师想要的无异物感和不影响发音的状态,固定修复中的种植义齿方式显然更适合。传统的固定桥修复缺失,虽然对于门牙缺失来说,可以最大限度地恢复失牙的形态、咀嚼及发音等功能,恢复牙颌系统功能的完整性,但是需要磨除损伤两边的正常邻牙,是得不偿失的不当方法。而种植义齿具有损伤小,成功率高,恢复美观和功能效果好,感觉舒适,不损伤邻牙等优点,虽然费用较高,但是综合考虑患者的实际情况和性价比,这位年轻的女教师很高兴地接受了种植义齿的修复,并获得了理想的治疗效果。

（四）沟通要点和分析

初诊医生没有向患者进行充分的告知说明缺牙后各种修复的方法及其适应证和优缺点,以这位患者的学历和知识层次完全可以理解各种修复方法的优缺点并进行选择。她选择活动义齿修复,是因为缺乏口腔专业知识,认为每一种解决方法都可以达到想要的效果,所以当总是不舒服,多次修复仍感不满意后,认为是医生技术不高造成,产成医患矛盾。实际上活动义齿修复其中一个主要的缺点就是长期有异物感,舒适度差。如果初诊医生能多向患者介绍各种修复缺牙的治疗方法,解释清楚各种方法的优缺点,或许这位患者一开始就会考虑种植义齿的修复方法了。所以在治疗前,作为医生有责任要告知患者各种治疗方法的详细内容、适应证、优缺点及可能产生的不良反应,让患者有充分的知情权,便于选择和理解。

视频案例

视频12-10　口腔科医患沟通(错误)

视频12-11　口腔科医患沟通(正确)

（胡　建）

【作业题】

实践性作业

在门诊或病房观察临床医生询问2~3例口腔病人,根据口腔疾病医患沟通原理对所观察的病例进行分析和小组讨论,制订具体的沟通方案并进行实践,写出体会。

第五节　老年医学科医患沟通

临床重要沟通问题

- 老年人的身心特点和疾病特点是什么？
- 怎样与老年患者家属沟通？
- 对老年患者进行问诊和查体时如何沟通？
- 怎样及时发现老年人的常见病？
- 怎样指导老年患者正确认识疾病的复杂性和相关风险？
- 怎样引导老年临终患者及家属积极配合临床救治工作？

一、患者身心特点与社会因素

除了一般内科患者的身心特点外,老年科患者常常还具有以下的身心特点:

(一)老年人身心特点与常见心理变化

1. **脑功能下降,记忆力衰退**　在人衰老过程中,老年人由于生理特征出现形态、功能及器官系统等变化,脑功能会自然衰退,神经系统的灵活性下降,常出现注意力不集中、情绪易激动、记忆力减退、精神和躯体容易疲劳等表现,记忆减退表现为近事记忆减退明显,远事记忆则相对保持较好。

2. **主观衰老感**　老年人在主观上常会产生衰老感,这也与老年人生理特征的变化有关,如由青丝变白发,由精神饱满变得气力衰弱,等等,这些变化对老年人的心理状态都会有很强的负面影响。

3. **性格变化**　人进入老年阶段,心理特征和人格也会发生明显的改变。人格弹性会明显减退,会出现固执、自尊心过强等性格表现,他们多年形成的固有的生活作风和习惯很难改变,他们在评价和处理问题时,容易固执己见,不愿接受新事物、新思想,经常以自我为中心,很难正确认识和适应生活现状,会变得傲慢自尊、对立,等等。

4. **情绪变化**　老年期是人生的"丧失期",他们不仅丧失了社会地位,还丧失着金钱、亲人、健康,等等,所有这些变化和丧失都会强烈地刺激老年人的精神和心理,使他们的情绪敏感、猜忌而多变,如话多爱唠叨、感觉孤独寂寞、空虚无聊,等等。老年人退休后,生活、工作和社会环境的骤然变化和闲暇时间的突然增多,会让老年人的孤独、寂寞感和空虚感油然而生,很容易产生一种"被遗弃感",从而对自身的价值感到怀疑和绝望,这种负面情绪不仅会加速人的衰老,而且对老年人的身心健康也会造成很大的威胁。

老年人自控能力变差,经常会被负面情绪控制,如焦虑、恐惧;孤独、忧郁;偏执、暴躁;自卑、自责、自弃,等等,且他们会对外界和周围环境的人和事及其变化漠不关心或缺乏热情,或经常会出现比较消极的言行。从人衰老的过程来看,老年人的话多爱"唠叨"是其思维方式和思维过程混乱的一种表现,也是老年人寻求心理平衡、排解寂寞的一种主要方式,因此要予以充分理解。

5. **喜欢安静但又惧怕孤独**　老年人由于神经抑制高于兴奋,所以更喜欢在安静、清闲的环境中生活,而有些老年人由于退休后生活、工作和社会环境的相应变化,如子女分居、朋友离世、疾病缠身等,会产生强烈的孤独寂寞之感,常常会感到若有所失,无法接受。

6. **睡眠不调**　老年人由于中枢神经系统结构和功能的变化,导致睡眠调节功能下降,会出现睡眠不调的表现,如入睡和睡眠维持困难,睡眠少、睡眠浅、易惊醒、黑白颠倒等。这种睡眠不调对老年人的心理和身体都会有很多的不良影响。

7. **经验丰富,判断准确**　老年人的思维常因循守旧,创造性下降,但由于丰富的人生经历和社会经验,综合分析能力和判断能力依然保持完好,常常对问题和自我有深刻的认识和准确的判断,能更深刻地认识当前的事物,避免失误和错误出现。

8. 希望健康长寿　老年人都有一个共同的心愿,就是自己能有一个健康的身体,患病之后能尽快痊愈,不留任何后遗症,能健康长寿,不给晚辈增加负担,尽可能达到延年益寿,能够看到自己愿望的实现。

（二）老年人的疾病特征

1. 多系统疾病共存　老年人随年龄的增长,患病种类不断增多,尤其是高龄老人,常会同时患几种或十几种疾病,而且有些疾病一直不曾被医生发现,给医生的正确诊断和治疗增加了很多困难,如老年的心血管病、肺病、脑血管病、肾功能不全,等等。

2. 起病隐匿,缓慢发展　有些老年疾病起病较隐匿,进展也较缓慢,有些疾病的起病和发展在相当长的时间内均无症状,如动脉硬化、糖尿病、骨髓增生异常综合征、原发性骨质疏松等,往往是发现症状时病情已经较重或到了终末期。

3. 临床表现不典型　老年人由于年老体衰、各器官功能均有减退、感觉敏感性降低及应激功能下降等原因,常使疾病的临床症状变得复杂而不典型,且有许多老年患者常常表现为病情重而症状轻,疾病容易被漏诊和误诊。如老年人心梗往往会没有典型的心前区疼痛等表现,而仅表现为胸闷、气短、牙痛、腹痛,等等,甚至有些疾病根本就没有临床症状,或是症状不明显。

4. 病情变化快,猝死率高　老年人由于各脏器功能及内环境稳定性明显减退、应激反应能力下降、对药物的敏感性明显降低等原因,抗病能力减弱。某些原发疾病一旦病情发生变化,就会迅速恶化,使病情变得更加复杂,且容易发生猝死,给临床治疗增加了很多难度,如老年人的多器官功能障碍综合征,不仅可同时累及多个器官系统,而且起病急、发展快、死亡率高。

5. 并发症较多　老年人由于同时患多种疾病,发病时症状又多不典型,常常是以并发症的出现而被发现,如由某些原发病较重而并发的肺部感染,水、电解质失衡,血栓,栓塞,意识障碍,多脏器功能衰竭等。

6. 药物不良反应多,治疗难度大　老年人由于多种疾病共存,用药的品种和数量较多,用药时间也较长,而且药物在体内的吸收、代谢和排泄均较慢,故其药物不良反应的发生率较高,所造成的药源性疾病也会增加,原有的疾病更容易加重,使临床治疗难度加大,预后较差。

（三）老年患者的主要社会影响因素

1. 社会角色的转变　老年期是人生的一个重要转折期,老年人退休后的社会角色发生了本质的变化,从社会活动的主角转变为了配角,从忙碌的职业角色转变为闲暇的家庭角色,经济收入、生活圈子和家人的关系都发生了巨大的转变。这些突然的变化对老年人身体、性格及心理都会产生很大的负面影响,直接或间接影响到老年人的身心健康。

2. 社会环境因素　社会环境的不断变化,如空气污染、环境嘈杂、社会风气、社会福利状况,等等,也会对老年患者的生活方式和身心健康产生很大的影响。

3. 社会心理因素　人的心理状态会受很多因素的影响。良好的社会心理因素,如自我尊重、亲密而忠诚的关系、独创性、安静的生活环境、内在的精神活动和受人尊重、爱抚和关怀等,对老年人的身心健康都大有裨益,相反过大的精神压力、压抑、焦虑、敌对等不良的社会心理因素对老年人的身心健康损伤很大。

二、诊断中的医学信息沟通

（一）重要病史项目及意义

医患沟通开始于病史采集过程,是医生诊治疾病的第一步,明确和快速的临床诊断取决于准确和完整的病史采集,老年患者的病史采集尤其需要特别细致和全面,因其对临床诊断和治疗都有非常重要的参考价值。

1. 老年患者病史采集特点

（1）临床症状不典型:老年疾病的临床症状大多不典型(如前所述),且由于老年患者认知功能和叙述能力的下降,大大增加了病史采集的难度。因此,医生病史采集更要耐心和细致,并注意完整性和准确性。

（2）疾病症状与衰老表现相混淆:随年龄的增长,人体的一些组织器官会出现生理性老化,而这些衰老的表现有时与疾病的症状相混淆,不好辨别。如活动后的心悸、胸闷症状可由衰老引起,也可能是老年心脏病的早期症状,问诊时要特别注意将心血管疾病的症状与衰老的生理表现相区别,以便去伪存真,准确诊断。

（3）对症状感觉不敏感:老年患者常常对某些疾病的症状感觉不敏感,往往是症状已较明显而自己浑然不觉,如老年肺病患者发烧时,可能已经发热很久自己却感觉模糊,反应迟钝;又如老年高血压病患者经常会伴有头晕症状,但由于老年人感觉不敏感,常会把头晕误当成头痛,等等,或者由于感觉的错乱,也可能会把一种症状感觉成另一种症状,这些均可能会直接影响到病史采集的准确性,应当仔细加以辨别。

（4）症状叙述特点:老年人由于认知功能及语言表达能力下降,也会增加病史叙述中的困难,如发音不清、言语混乱、记忆力下降、症状描述不准确等,故医生在病史采集过程中,要特别注意耐心引导、主动询问。

（5）心理因素对问诊的影响:由于社会地位、家庭及经济收入的改变,老年人心理状态会发生很大的变化,如焦虑、恐惧、猜疑、唠叨、抑郁、失落等负面心理因素,均会使原有的病情加重或变得更加复杂化,增加了医生问诊的难度,因此对老年患者的问诊要有耐心,不能急躁,多采用一些心理疏导的方法,并给予患者充分的理解和尊重。

2. **职业和个人史**　某些老年疾病具有明显的职业特点,或与患者的个人生活习惯密切有关,如高血压病多见于脑力劳动者,肺癌多与长期大量吸烟有关,酒精性肝病与常年酗酒有关,等等,故医生在具体的问诊过程中应充分了解老年患者的这些职业、生活习惯和个人史,采集准确的病史,避免临床漏诊和误诊。

3. **老年疾病常见症状**　某些老年疾病,会出现一些较为典型的临床症状,如心悸、胸闷、胸痛常见于心脏疾病;呼吸困难、咳嗽、喘憋常见于肺脏疾患,而头晕、晕厥、乏力则常见于脑血管病、心律失常、肿瘤,等等,医生在临床病史采集过程中要注意观察、耐心询问、仔细辨别。

4. **常用沟通技巧**　病史采集的过程常采用“三段式”模式,即开始、深入及结束阶段。开始阶段常用的沟通技巧主要是非语言交流、观察与倾听、提问等;深入阶段常用的沟通技巧主要是提问与澄清、反应与共情、控制与引导等;结束阶段常用的沟通技巧主要是总结、核实与协商治疗,等等。

（二）重要体检项目及意义

1. **老年患者体格检查特点**

（1）体征的不显著性:老年人由于反应能力减弱及症状的不典型,体征也可能不显著,如查体进行心脏听诊时,心音会较弱;进行腹部触诊时,腹部压痛会不明显;一些老年患者已经患有严重的骨质疏松而查体却无阳性体征等。医生为老年患者进行查体时,对视、触、叩、听的每一个环节都一定要做到认真、仔细、全面。

（2）多种疾病体征互相掩盖:老年患者常常是多种疾病共存,多种疾病的体征也会互相掩盖、相互混淆、难以辨别,如老年心衰的湿啰音与肺部感染时的湿啰音常同时存在,心源性水肿和肾源性水肿也同时存在,等等,查体时要认真、仔细,并需要结合病史,审慎的加以辨别。

（3）与固有的衰老体征相混淆:衰老是一个自然生理过程,人进入老年期后,会出现相应的衰老表现,如眼花耳聋、行动迟缓、反应迟钝、心音减弱等,在体检过程中,要注意将这些自然衰老的体征和某些老年疾病引起的体征变化相鉴别,如老年心衰时的心脏杂音与心音减弱等变化;自然衰老后心脏瓣膜钙化等引起的心脏杂音与心音减弱是有本质区别的。

（4）查体时配合能力差:老年人机体能力减弱、反应迟缓,在接受一些体格检查时,不能做到很好地配合,如做屏气、抬高肢体等动作时,都不能很好地坚持或配合,因而往往不能满足医生查体的需要,所以在查体过程中,要注意不能急于求成,要循序渐进,逐步完成。

（5）行动不便,耐受力差:老年人在接受体格检查时,如坐起、躺下、翻身等动作时,行动较慢,且维持时间较短,故医生在对老年患者做检查时,尽量要小心谨慎、缓慢简单,给患者留出足够的缓冲和歇息的时间。

2. 重要体检项目及意义

（1）心脏检查:老年人心血管的结构和功能均会发生退化,主要表现为心脏储备力下降,心功能逐渐衰减,全身动脉内膜增厚,血管硬化,弹性下降,且心脏的视、触、叩、听及外周血管检查随所患疾病的不同会有相应的改变。如老年急性前壁心肌梗死并发室壁瘤形成,患者心脏检查会出现心尖搏动减弱、心音减弱等体征。

（2）肺脏检查:随着增龄而老化的老年人肺脏,其弹性回缩力、胸壁顺应性和呼吸肌肌力均会明显下降,咽部肌肉变弱,易发生呼吸道梗阻、误吸及肺炎等,且由于呼吸系统储备力减少,容易导致各种呼吸系统疾病的加重。如老年慢性阻塞性肺气肿急性加重患者或肺癌晚期患者,均会出现明显的咳嗽、喘憋症状,查体会有肺部啰音等体征。

（3）肾脏检查:老年人肾脏会出现组织形态和功能的变化,表现为肾重量减轻、有效肾单位数量减少、开放的毛细血管丛减少等,并可出现肾小管的浓缩和稀释功能受损,肾素和醛固酮水平下降,肾素合成和分泌均减少等,从而导致肾脏的各种调节功能下降,肾功能减退。如老年高血压3级的患者及重症糖尿病的患者常常会合并肾功能的损害,出现肾功能减退或肾脏萎缩,出现面部水肿、少尿、贫血等症状,甚至发展至终末期肾病。

（4）消化系统检查:老龄也会出现消化道的一些改变,如吞咽反应变弱、食道下括约肌松弛、胃排空延迟、肠蠕动减弱、肠壁张力降低等,老年患者一旦出现呕血或黑便等情况,一定要及时查出凝血时间、便常规等相关检查,以防进一步发展为消化道的大出血。如老年消化道肿瘤的患者早期常常无任何症状,患者往往是以偶然发现的呕血或黑便才到医院就诊,查体时可以触到明确的腹部局限性包块,也可能查体为阴性,而需要借助于进一步的辅助检查才能确诊,而且常常是已到了疾病的中晚期。

（5）神经系统及认知力检查:老年人由于中枢神经系统结构和功能的变化和老化,认知功能出现明显的减退,表现为记忆障碍和错构、虚构等现象,也容易患脑血管病、神经系统退行性疾病、智力致残性疾病及心理疾病等,如脑卒中、老年痴呆、帕金森病及老年抑郁症等,其中尤以老年人的阿尔茨海默病（Alzheimer disease,AD）预后最差,AD是高龄老年人易患的智力致残性疾病,其主要临床表现为记忆力逐渐丧失,理解力、判断力下降,不能正确的阅读和书写,有明显的精神行为异常等。及时和早期对老年人进行神经系统及认知力检查,如认知状态检测及 MoCA 量表筛查等,对早期发现和干预老年痴呆的发生和发展均有非常重要的临床意义。

（三）重要的辅助检查、实验室检查项目及意义

1. 血、尿、便常规及血生化检查　这是临床最常规的检查项目,用于各种疾病筛查和进行最基本的疾病分类。

2. 心电图　对老年人急性冠脉综合征、稳定型心绞痛、心律失常、心衰、肺栓塞等的早期发现和干预均有重要的筛查或诊断价值。

3. 胸片　老年人任何急慢性病,如高血压病、冠心病、脑血管病、恶性肿瘤的晚期等,发展到严重程度或终末期阶段,均或多或少会影响到呼吸系统,尤其是肺部感染最为常见,故及时准确的胸片检查,对肺部疾病的诊断和指导治疗都有重要的临床意义。

4. 超声心动图　任何老年心血管疾病或其他疾病到终末期阶段都可能会累及心肺功能,并发心衰或呼吸衰竭,因此超声心动图等心功能检查也经常要做,其对评估老年心血管疾病预后及指导用药等均有重要的参考价值。

5. 24 小时动态心电图检查及血压监测　24 小时动态心电图检查对早期发现老年人的心律失常,如病态窦房结综合征或房颤等的诊断和治疗有重要的参考价值;24 小时动态血压检查对老年人

的高血压诊断和治疗及用药的调整也有重要的参考价值。

6. **头部 CT 及 MRI**　对筛查和确诊老年脑血管病及指导治疗均有重要的临床意义,是老年患者较重要的常规检查之一,如老年脑梗死、脑出血的诊断与定位。

7. **冠状动脉 CT（CTA）**　对高龄老年患者、不能耐受或接受有创冠状动脉造影检查的老年心血管病患者应做该项检查,有助于冠心病的早期诊断和支架术后的评估。

8. **脑及外周血管造影**　是老年脑血管病及外周血管疾病较常进行的特殊检查,用于确诊相关疾病,评估疾病的严重程度和指导治疗。

三、治疗中的积极沟通

（一）针对患方的医学与健康教育

1. **需要告诉老年患者和家属的医学知识**　特别要向患者及家属说明老年人的解剖和生理特点:①解剖特点:随年龄的增长,老年人的体态、外形轮廓首先会发生变化,如身高会缩短、背部弯曲,腹部肥胖等,行动会变得不稳和迟缓。②生理特点:随年龄的增长,老年人的中枢神经系统及各个脏器功能均会发生退化或衰减,如视力模糊、两耳失聪、牙齿脱落、记忆力减退、动作迟钝、手脚不灵活;心脏衰退、血管硬化、肺活量减少、骨骼变脆、容易骨折、免疫力低下等,因此更容易患病和继发感染,一旦患病,痊愈和康复也比较慢,预后较差;同时也易产生各种精神和心理的问题。

同时要说明,人的一生是一个自然发展和衰老的生物学过程。从婴幼儿、儿童、青少年、青年、中年、老年,循环往复,使人生得以延续和进化。应使老年人和家属充分了解自己,客观认识疾病,坦然面对衰老和死亡的生物学自然过程。

2. **需要告诉老年患者和家属的健康知识**　有关疾病的健康知识及良好的生活、饮食习惯对老年疾病的预防和治疗都具有很重要的临床意义,对老年患者而言,认真做好以下几方面是非常重要的:

（1）做好身体保健,定期到医院查体:由于老年期身体健康状况的逐渐下降,心理承受能力的减弱,更容易患病或是原有疾病加重,需要经常或定期的为老年患者及家属举办健康知识讲座和康复指导,告诉他们老年人的生理和心理特点、讲解心脑血管病的易患人群和易患因素,指导老年脑血管病后遗症患者及老年痴呆患者进行康复锻炼和二级预防,定期提醒和督促老年人到医院进行健康体检,等等。

（2）张弛有度,避免过劳:这是医生需要告诉老年患者及家属最多的健康教育内容,几乎适用于所有的老年病患者,尤其对慢性阻塞性肺气肿、冠心病、心肌梗死、脑卒中等疾病患者,更要强调劳逸结合,避免过度的体力及心理负荷,有利于病情的稳定和康复。

（3）生活规律,心态平和:进入老龄期后,由于社会地位、家庭成员及经济收入等的改变,老年人的生活规律和心理状态会发生很大的变化,如何能做到规律的生活,保持住良好的心态,对老年人及老年疾病患者都至关重要,尤其是老年人家属的关怀和理解,对老年人的生活和心理影响非常重要。

（二）适度告知患方治疗中的风险

老年疾病中的急、难、危、重病占相当比例,其风险不言而喻。如老年人的急性冠脉综合征、急性左心衰、急性脑出血等,因其起病急、危险性大、死亡率高,在医生的治疗过程中,随时有可能会出现危及生命的意外风险。所以,在救治过程中随时可能会出现病情恶化,乃至死亡,故临床医生要根据每个患者的具体情况和特点,具体问题具体分析,并要及时充分告知患者及其家属治疗中有可能出现的风险及其严重程度,例如,急性心肌梗死的急诊介入治疗,医生一定要在术前与患者（如果患者意识清醒）及家属充分沟通,告知该急诊治疗的必要性、术前的准备情况、术中有可能出现的意外风险及相应的抢救措施、术后有可能出现的相关并发症及意外,等等,以便让患者及家属对这种治疗有大概的了解,能积极地接受和配合,对可能出现的突然变化有必要的心理准备,尽可能避免日后医疗纠纷的发生。

（三）给予患方治疗方案的知情选择

知情同意是临床医患沟通的重要项目,贯穿于医疗工作的始终。在某些情况下,同是老年患者,却常因疾病不同、患病基础情况不同、患者的抵抗力不同而采用的治疗方案也不尽相同,如内科保守治疗、介入手术治疗、化疗、放疗、免疫治疗等。医生应该及时与患者及家属进行良好、有效地沟通,让患者及家属了解疾病的进展情况及治疗方案,给患者及家属充分的知情权,以征得患者及家属的理解和配合。如老年肿瘤晚期的患者或危重病临终前的患者,患者及家属的态度可能会大相径庭,故医生要及时和他们进行沟通,讲清楚病情及预后,充分告知拟采用的治疗方案的利与弊,让患者及家属充分知情,给他们自愿选择的机会和权利,让他们自己做出"同意"或"拒绝"的决定,取得他们的理解和配合,并做书面签字。在与患方谈话中,切记不要刻意干涉患者和家属的个人意愿,要充分尊重患方的选择。

（四）引导患者和家属配合治疗

在老年疾病的治疗过程中,患者及家属对疾病的理解程度和所采取的态度对疾病的治疗效果和预后恢复都会产生直接的影响。所以,医生有责任做好患者和家属的心理疏导工作,用最通俗易懂的语言与非语言交流方式和患者及家属及时沟通,告知所患疾病相关的医学知识及诊疗方法,并充分揭示每种治疗的局限性、风险性及治疗方案,以便赢得患者及家属的理解和配合,避免医患矛盾和纠纷。

四、常见医患沟通障碍及化解

【案例 12-8】

患者,男性,87 岁,小学文化,因冠心病频繁心绞痛,且反复晕厥 2 次来就诊,门诊冠脉 CTA 检查报告显示为前降支近段高度狭窄,回旋支及右冠也有中度狭窄病变,经与患者及家属交代病情后,患者同意住院行冠状动脉造影检查及支架术。但在入院后的例行查体中发现患者心率很慢,加做 Holter 检查发现是三度房室传导阻滞。为确保患者冠状动脉造影手术的安全,全科会诊后决定先行起搏器植入术,待起搏器手术拆线后再行冠脉检查及治疗。会诊结束后,住院医生就直接通知患者要马上进行手术签字并准备次日行起搏器植入手术。患者及家属反应非常激烈,认为医生欺骗了他们,本来住院时说好的是来做冠状动脉造影手术和放心脏支架的,怎么住院后就突然又增加了一个起搏器植入手术? 患者及家属认为医院是在过度治疗,故坚决不同意行起搏器植入手术,并坚持要找病房主任理论。

分析点评:病房主任听说此事后,主动来到患者病床前,和患者及家属解释了患者高度房室传导阻滞的危险性及与晕厥的利害关系,讲清楚了不植入起搏器而先行冠状动脉造影或放置支架手术的危险性以及术后长期双抗用药出血的风险等问题。经过病房主任的细致讲解和耐心沟通,患者及家属终于理解了医生的良苦用心和科学的安排,愉快地签好了手术知情同意书并顺利配合医生完成了所有的临床治疗,很快就康复出院。

【案例 12-9】

患者,李先生,71 岁,退休工人,小学文化。因"冠心病,急性下壁心肌梗死"急诊来院,急诊冠状动脉造影结果为:右冠起始段以远完全闭塞,左前降支近段狭窄 50%,回旋支中远段弥漫性病变,狭窄 75%～95%。在向患者家属交代清楚病情后,急诊开通了右冠血管,并植入药物涂层支架一枚。患者胸痛、胸闷症状明显缓解,在 CCU 病房观察了 24 小时,病情稳定后转入普通病房继续治疗。

术后第 3 天,患者在晨起排便时再次出现了明显的胸痛症状,用药后症状缓解不明显,患者很痛苦,家属也非常不满,指责医生治病不彻底,强调说已经安放了支架,疼痛还有发作,甚至胸痛比来院前还重,所以怀疑治疗有问题,要求医院说清楚或给予经济赔偿,后经主管医生反复介绍病变情况和解释病情,反复交代清楚本次治疗的局限性及其后续的治疗方案等,患者及家属最终明白了术后的胸痛发作,并非急诊发病时的那条冠脉血管所致,而是其他血管的病变引起,对疾病的认识充分了解和澄清后,患者及家属的心理疑虑消除,紧张情绪很快就稳定下来,并积极配合治疗。

因检查和检验项目的局限性导致的沟通障碍

【案例 12-10】

患者,王先生,78 岁,退休干部。因"慢阻肺、心衰、胸水、喘憋"半个月住院,住院后经抽胸水等对症治疗后,心衰纠正,喘憋缓解,肺及心功能相关检查基本恢复正常,但患者仍然呈明显的消耗状态:消瘦、多汗、午后低热,无力下床活动等。查胸水的抗酸杆菌、肿瘤标记物等均为阴性,一时无法解释体质极度消耗的原因,经多科会诊后不除外结核,建议患者转到结核病院继续完善相关检查(所住医院专科检查项目不全),虽经主管医生多次解释和沟通,但患者及家属坚持认为患者不可能患有结核,患者之所以恢复不佳是由于主管医生技术水平不够,且治疗手段太差,坚决要求继续留院治疗,且要求病房主任每天必须亲自查房看病人,亲自调药治疗,否则威胁要把主管医生及医院的名字挂到网上宣传,搞臭医生和医院,经反复沟通协商后,患者及家属协商同意在现住的医院抽血后外送到结核病院做检查后再定。一周后,当结核病院的结果取回后,所有结核特异相关指标均远远高于正常值,且附有结核病院书面诊断书。在医学证据面前,患者及家属终于向医院赔礼道歉,并愉快地同意转院继续开始进行抗结核治疗。

视频案例

视频 12-12　缺乏人文关怀的医患沟通

视频 12-13　有恰当人文关怀的医患沟通

（高焱莎）

【作业题】

1. 思考题

（1）如何客观的认识老年人和老年病?

（2）在老年病的诊断和治疗中更要特别关注哪些问题?

（3）在医患沟通过程中,如何能做到彼此理解、配合、避免产生矛盾?

2. 实践性作业

在老年科病房见习,与 1~2 位老年患者接触并进行病史采集,列出患者的心理特点及查体所见,用所学的医患沟通原理进行分析,然后制订具体的沟通方案及其要点并实践,写出体会。

第六节　精神科和临床心理科医患沟通

临床重要沟通问题

● 精神障碍患者有哪些共同的心理特点?

● 精神障碍患者家属有哪些心理特点?

● 精神分裂症患者的诊断沟通应注意哪些问题?

● 抑郁症患者的诊断沟通应注意哪些问题?

● 针对精神障碍的医学与健康教育应围绕哪些问题?

● 哪些治疗中的风险需要向患方沟通以及告知的重点?

沟通是精神科的日常工作内容,沟通技巧是精神科医生必须掌握的基本技能。精神科的沟通要求以共情为基础,即站在对方的角度思考,深入到对方的内心来理解。要心怀包容和同情心地运用沟通技巧,耐心细致地进行沟通,同时要遵守伦理准则和法律规定。

一、患者身心特点与社会因素

（一）基本特点

精神障碍患者的心理特征及其涉及的社会心理因素和其他躯体疾病患者相比具有明显的特殊

性,主要体现在以下几个方面:

1. **广泛的、强烈的耻感**　精神障碍的耻感至今仍然是所有疾病中最广泛和最强烈的。社会和大众对精神障碍误解至深,对患者抱有过分恐惧的心理和视为异己的排斥态度。罹患精神障碍后,多数人羞于启齿,哪怕是常见的抑郁症、焦虑症等,也可能讳疾忌医。一些重性精神病患者的冲动行为也扩大了社会对精神障碍的误解,加重了病耻感。因此,和精神障碍患者沟通的基本要求是建立在共情基础上的包容、接纳、同情。

2. **疾病自知力的特殊性**　自知力是指对自身所患疾病的认识与理解能力。躯体疾病患者能意识到自己患病而主动求医,并保持获得疾病相关信息的动力。与之相反,部分精神障碍患者不能恰当地意识到患病,也不愿主动就医,而且听不进别人(包括医生)的意见。一般来说,以神经症为代表的"轻症"精神障碍患者,多数对疾病有自知力,能够主动求治;但其中也有一些特例如疑病症、躯体化障碍患者等,否认症状的精神-心理性质,认为是躯体疾病的表现,因此反复就诊于综合医院各科,不相信医生的解释,过度检查和治疗,成为各科医生都感到难以应对的患者。也有一些患者对严重的躯体问题视为正常,如严重厌食症的患者尽管已经骨瘦如柴,多项化验指标异常的证据、医生的反复解释等,都不能纠正他们认为自己太胖的观念,继续节食而导致严重后果。另一方面,以精神分裂症为代表的"重性精神病"(即所谓的"精神病人")在疾病期多数丧失自知力,不承认有病,不主动求医。总之,自知力问题在精神疾病中比较特殊,经常成为影响沟通的重要原因。

3. **人格异常导致沟通困难**　人格缺陷是精神障碍的致病因素(或称危险因素)之一,一些患者和家属存在不同程度的人格缺陷,而人格缺陷往往是沟通困难的重要影响因素。不了解这一点,沟通时就会对患者的表达与交流方式感到不理解和难以接受,从而出现情绪对立和行为冲突。

4. **精神障碍本身有交流障碍**　以精神分裂症为代表的"重性精神病",许多都存在交流和沟通的障碍。交流障碍可能是疾病的原发症状(或核心症状),比如思维松弛和情感淡漠的患者,一般人很难听懂他们的言语表达,也很难深入到他们的内心;交流障碍也可能是其他症状的继发影响,比如患者认为周围的人都在迫害他,因多疑和恐惧而拒绝交流与沟通;有的患者受偏执观念或其他妄想的影响,在交流中按照自己的思路谈话,很难听取别人的意见;有的患者处于思维异常活跃的言语兴奋状态,滔滔不绝很难打断;有的患者则完全缄默不语,对任何提问都毫无反应,这些都给沟通带来较大困难。

5. **疾病涉及的社会因素复杂并且繁多**　社会心理因素是精神疾病发病的两大致病因素之一(另一个是生物学因素)。一般来说,心理因素或多或少的在发病与治疗中产生不同程度地影响,心理治疗是某些心理障碍的主要治疗方法,也是多数精神障碍的重要辅助治疗。对抑郁和焦虑障碍来说,心理因素对发病和治疗都可能起到较大作用,而创伤后应激障碍则直接由心理应激所导致。

(二)　临床常见病患者的心理特点

1. **精神分裂症患者的心理特点**　精神分裂症是最常见的重性精神病,影响沟通的心理特点突出体现在:①自知力丧失导致不承认有病和拒绝治疗;②幻觉、妄想、思维松弛、情感淡漠等症状导致沟通困难;③恢复期心理负担重而需要医生主动进行心理疏导和沟通;④患者和家属对诊断、治疗、预后的不恰当判断与期望容易导致医患矛盾。

2. **躁狂症患者的心理特点**　影响沟通的心理特点主要是不切实际的喜悦心情所伴随的思维过分活跃,言语滔滔不绝,难以打断;或者对质疑和反驳产生过分反应,大发脾气和争论。交流时要注意因势利导、顺势而为地控制谈话主题,选择恰当时机插话和打断,尽量避免陷入争执。

3. **抑郁症患者的心理特点**　影响沟通的心理特点是心情低落伴随自我评价低,容易将别人的任何言语和情感做灰暗的甚至反面的理解,因此要注意言语表达的恰当性;患者的思维迟缓导致反应变慢,跟不上正常的谈话节奏,交流容易陷入迟滞和不流畅,与之谈话时要适当降低语速和节奏。

4. **神经症患者的心理特点**　内心的不安全感和焦虑不安是神经症患者的共同心理特点,经常表现出反复询问、验证、求保证等行为,让人产生纠缠感。患者的心理需求较多且强烈,需要被关注和理解。与神经症患者交流最考验沟通技巧的灵活运用程度,强调首先要真正了解和理解患者的内心需求,然后考虑最合适的沟通方式。

（三）患者家属的心理特点

1. **对治疗效果和预后的期望**　一些家属对治疗效果和预后有不切实际的期望,即便从专科的实际情况来看当前疗效是完全可以接受的,但家属往往因为没有达到他们所期待的疗效而产生不满,甚至出现医疗纠纷。因此在诊断确立之后,应当全面了解和评估患者家属对疾病性质的认识,以及对治疗效果的预期,及时就有关情况进行沟通。

2. **对治疗副作用的担心**　大众对精神药物存在许多误解,比如"精神药物都有依赖性""西药副作用比中药大""长期吃药使人变傻"等,这些观念严重影响治疗的规范化和依从性。如果事先没有良好沟通,患者出现一些常见的不良反应时就会强化家属对药物的错误观念,导致频繁换药、病急乱投医,甚至医疗纠纷。

3. **对住院的担心**　患者家属普遍担心住院可能对患者产生不良影响,比如"周围都是精神病"的环境里,患者是否互相影响而导致病情加重? 是否会受到其他患者的伤害? 是否会接受传闻中的"残忍"治疗? 这些担心都需要及时进行沟通。

4. **由于亲人患病导致的各种不良心态**　精神障碍尤其是重性精神病对家庭的影响非常大,家属在担心社会歧视和忍受患者异常行为的多重压力下,容易出现各种情绪反应,这是应当予以充分关注和理解的。有的家属认为孩子患病是因为平时关心不够,或者管教太严,因此产生内疚和自责,在态度和行为上矫枉过正,影响治疗和康复的正常程序。有的家属则对诊断始终抱有怀疑,过分干预治疗;有的家属则在照料患者的压力之下,自己也逐渐出现焦虑、抑郁症状而需要临床诊治;有的家属可能自己就是精神障碍患者。与精神障碍患者家属的沟通,其难度不亚于和患者的沟通。忽视或者不能正确理解家属的情绪反应,势必埋下沟通失败甚至医疗纠纷的种子。

二、诊断中的医学信息沟通

精神障碍的诊断信息主要通过交谈来获得,交谈过程本身就是沟通过程。与患者交谈即精神检查,有时也包含病史采集(就合作的患者而言);与家属的交谈则是传统的病史采集。对于轻症患者,应当首先选择与患者本人进行交流,并主动征求患者的意见以决定是否向家属了解情况。对于重症患者特别是自知力缺乏的患者,沟通的内容主要是鼓励患者讲述自己的症状,同时需要向监护人和近亲属了解情况。

除非法律另有特殊规定,患者的任何信息都不得向患者和监护人之外的其他任何人披露。精神障碍的诊断信息涉及个人隐私保密的伦理原则和法律要求,一定要认真严肃地对待。

（一）与精神分裂症患者的沟通

精神分裂症患者常常沉湎于自己的世界里,言语和行为明显异于常人,相当一部分患者不愿意主动诉说,甚至隐瞒内心体验。精神检查时应首先具备接纳的态度,不要排斥,更不能耻笑患者。应当在耐心倾听和仔细观察的基础上,根据具体情况谨慎应对。

对于不愿交流的患者应保持关心和耐心,鼓励患者多说,选择患者感兴趣的话题,比如从"拉家常"开始。对于具有幻觉和妄想的患者,不要与之争辩和讨论症状的"现实真实性",因为多数患者没有症状自知力,争辩和讨论容易导致患者的不信任,甚至激惹患者。应当在恰当的时机肯定其所见所思的"个人感受的真实性"——即肯定他见到或者听到了,他的想法有他自己的道理。然后告诉患者:医生以及其他人没有和患者同样的感受或者想法,这些现象可能是他独有的。

对于有被害妄想的患者,不能轻易地发生身体接触,以免病人误以为带有敌意。同时,注意不宜在患者面前或者他能看到、听到的地方,与别人窃窃私语、行为神秘,以免患者因敏感、多疑而产生新的妄想。少数患者有明显的兴奋躁动或者暴力行为,与之交谈时首先要注意安全,不要单独与之相处;多数思维和言语异常的患者只要不受到激惹,一般不会出现危险行为。因此关心、接纳的态度和言语是避免风险的最好方式。

（二）与躁狂患者的沟通

躁狂患者的突出特点是过分的喜悦和滔滔不绝、信心爆满，同时很容易被激惹而发生争执甚至打斗。躁狂患者对于诊断的信息都是主动诉说的，情绪有"顺毛驴"的特点，倾听和安抚是沟通的基调。要保持平静、温和、诚恳、稳重的态度，不要随意打断患者，更不要发生争辩。对于患者的一些越轨行为如粗鄙言语、挑逗等，要采取忽视、忽略等冷处理方式；对于其过分且无理的要求，应以诚恳的态度予以拒绝，同时提供其他可能的解决渠道，比如对要求的合理部分给予满足，对不合理的部分延迟满足或忽略。

（三）与抑郁症患者的沟通

抑郁症患者心情低落、自我评价低，精神检查时要注意言语表达的恰当性，不要说可能影响患者情绪或者降低其自我评价的话。患者的思维反应速度慢，在沟通时要注意语速舒缓，尽量用简短词句，而且要耐心等待患者的反应。提问要简明清晰，语速要慢，必要时予以重复，核实患者是否听明白或者理解了提问，耐心等待患者的回答，不要催促。

一些抑郁症患者存在悲观厌世和自杀观，如果患者主动提到，要鼓励其说出真实想法，并评估其自杀风险。如果患者没有提到，医生也要主动询问，不要担心会因此增加患者采取行动的风险。隐藏的自杀风险比公开讨论的自杀风险更大。轻度抑郁发作的诊断和风险评估结果，应首先和患者本人进行沟通；中度和重度抑郁发作的诊断以及中度以上自杀风险评估结果，应同时告知患者本人、监护人或近亲属。

（四）与神经症患者的沟通

神经症患者基本都能主动讲述病情，精神检查和病史采集可以合并进行，但是患者的心理特点和行为类型的差别较大，在交流中首先要了解和理解患者的心理特点和心理需求，根据具体情况采取不同的方式进行沟通，以达到最佳效果。由于多数患者具有良好的疾病自知力，在确立诊断后应当就诊断和预后信息与患者进行沟通，为随后的协商治疗打好基础。如果医生认为有必要将诊断告知患者亲属，要首先征得患者同意，或者由患者本人告知家属。

疑病症患者不仅对自身躯体的任何细微变化都特别在意地往疾病方面联系，而且对于医生的态度和言语特别敏感。因此对于患者的任何提问都要保持专业敏感性，不能随口回答，以免让患者产生新的疑病观念。多数疑病症患者对于检查结果抱着矛盾的期望和态度，他们总是希望通过检查能发现证实自己有病的证据，同时对任何否定疾病的检查结果都抱有怀疑。与患者交流检查信息时，态度要耐心，讲解要明确，尽量避免模棱两可的回答，以免患者产生不恰当的联想。对于患者不合理的纠缠性疑问，应保持耐心、坚定、明确的回答方式。

强迫症患者害怕出错，害怕变化，对任何不确定都担心，事无巨细、小心谨慎，讲述病症不厌其烦，因此，在精神检查时不必担心患者会遗漏症状，而是要注意帮助患者分清主次，并保证让患者相信医生已经充分注意到了他所讲述的所有内容。

（五）向家属采集病史时的沟通

一些重性精神病患者的病史需要向家属了解，而不少家属在提供病史时习惯地按照自己并不准确的主观判断对病史进行不恰当地取舍。因此在采集病史时应首先告之知情人尽可能客观、详细地描述患者的异常表现。如果判断家属对病史有隐瞒或夸大，应再次诚恳地强调客观描述的重要性，并应考虑通过询问其他知情人来互相佐证。最常见有两种情况：①家属过分强调发病的精神刺激因素，较多倾诉造成精神刺激的人或事而忽略描述患者的具体病情，此时应注意引导话题；②家属不善于表达，只笼统地说患者"胡说八道""瞎闹""折腾"等，应注意深入询问患者"胡说"的具体内容，"瞎闹"和"折腾"的方式与持续时间。

有些家属对医生的信任度较低、敏感多疑，与之交谈时应注意言语谨慎，开诚布公地当面说明疾病性质、可能的预后、治疗中可能出现的不良反应等。重性精神病的诊断确立之后，应首先向患者的

监护人说明和解释。严格说来,患者的诊断信息不应向其他亲属披露。如果家属之间对此意见不一,
应当与监护人沟通有关的法律规定,并协助监护人妥善处理家属之间的沟通问题。

三、治疗中的积极沟通

一些精神病患者需要施行"非自愿医疗"(违背患者意愿的医疗行为),这是精神科的一个特殊事
务,沟通的内容涉及伦理、法律、专业等多方面的问题。自愿治疗的患者对于精神药物的不良反应、疗
效与疗程等问题也存在诸多担心,需要积极主动地沟通。还有一些特殊的临床措施如电休克治疗、保
护性约束等,都需要进行临床沟通。

1. 针对患方的医学与健康教育 应围绕患者最关心的问题以及容易产生误解的问题。

(1)精神障碍的病因:许多患者及家属认为遗传和精神刺激是精神障碍的病因。实际上到目前
为止,临床常见的精神障碍多数病因不明。遗传是最重要的致病因素,精神刺激是重要的发病诱因,
但都不是决定性的病因。针对这方面的知识和患者及家属进行沟通,有利于减轻家属的负疚感,避免
受所谓的"断根"治疗的诱导。

(2)精神障碍的预后:精神障碍治不好或者可以"断根"的说法都是片面的、没有科学依据的。精
神药理学的迅猛发展使得临床常见的精神障碍如精神分裂症、抑郁症、焦虑症、双相障碍等,都成为可
治疗的疾病。但是,目前精神障碍尚不能予以病因治疗,对症治疗是现阶段的基本治疗原则,因此很
多精神障碍需要长期维持治疗,以避免病情复发。简言之,精神疾病是可治疗的,预后既不悲观也不
容乐观,长期维持治疗是使病情得到较好控制的首要方法,只要病情控制,就能保持日常社会功能。
从这一点看,精神障碍的治疗与预后和高血压病、糖尿病等慢性病有类似之处。

(3)特殊措施的必要性:少数严重精神障碍可能出现暴力行为、自杀风险、拒食拒药等,为了保护
他人的安全、挽救患者的生命,需要违背患者的意愿对其进行隔离或约束。这些内容在入院前的知情
同意过程中就应当进行沟通,并要按照医疗规范,在实际执行之前告知患者,在实施之后及时告知家
属,并对患者进行心理辅导,减轻医疗行为的心理影响。

(4)正确对待不同的治疗方法:现代精神医学提倡治疗方法的合理融合,依据不同的疾病以及某
种疾病的不同阶段,治疗方法的组合有变化和侧重,总的前提是要充分考虑每种方法的适用性、优点
和局限。重性精神病以药物治疗为主,结合心理治疗、物理治疗、康复治疗等。药物治疗以西药为主,
辅助以中药治疗。心理治疗在神经症性障碍中应用更多,并且因疾病类型而有所不同,如癔症以暗示
治疗为主,强迫症以认知行为疗法为主等。以上这些公认的治疗原则应向患者及家属进行耐心地沟
通。宣称某种方法"有特效""可以断根"的说法都值得怀疑。

2. 适度告知患方治疗中的风险

(1)暴力、自杀(自伤)、躯体疾病的风险:这些精神科治疗中特有的风险,应当作为治疗决策的组
成部分,和患者及家属进行认真沟通。针对这三类风险评估有专门的项目和工具,有些内容需要家属
的密切配合。评估结果和防范措施是沟通的重点,必要时应签署书面沟通文件。

(2)药物治疗的风险:新型抗精神病药物和抗抑郁药的安全性和有效性,都经过严格的医学科学
试验的验证,只要合理、规范的使用药物,罕见有危及生命的不良反应。常见的不良反应及其发生概
率,在药品说明书上都有明确的标示。向患者告知的重点是解释药物不良反应的表现、发生概率、发
生后如何处理等。在治疗开始时就应向患者告知,特别要告知不良反应发生后的处理方法。

还应详细解释药物的用法。不少精神科药物的使用采用"渐加渐减"的方法,达到治疗剂量的时
间因人因病而异。由于医生没有交代清楚药物用法而出现严重不良反应,甚至引起纠纷的例子,临床
上并非少见。因此,在处方时,不仅要详细说明用法,有时还要求患者重复一遍,以核实他是否真正
理解。

(3)电休克治疗的风险:无论患者、家属、还是公众,都误解电休克为一种残忍的治疗方法。事实
上,融合现代医学科技的电休克治疗,在适应证之内的疗效和安全性都高于药物。当然,罕见的意外

一旦出现就可能危及生命。患者和家属拒绝电休克的原因,多数是误解。坦诚、客观地进行解释和说明,是取得患者和家属理解的基础。

3. 给予患方治疗方案知情选择   由于部分患者拒绝治疗,非自愿治疗是精神科的一个特殊而又常态的问题。传统观念导致一些医生和家属在治疗决定权上的强势,有些家属则自作主张,随意改变治疗方案,这些做法都可能损害患者的利益。对于轻症患者,治疗方案必须首先与患者进行讨论后决定。对于无自知力的重症患者,首先和家属协商治疗是法律允许的程序,但同时应当选择合适时机向患者解释和说明治疗方案,因为患者对治疗的感受和反应是修正和完善治疗的重要反馈信息。关键是要树立尊重患者的自我决定的伦理意识,而不是想当然地认为所有精神病患者都丧失判断力。

4. 引导患者和家属配合治疗

(1)强调治疗依从性问题:多数精神疾病是慢性病程,需要长期治疗,比如,首发精神分裂症需要 2~5 年的维持治疗,复发病例则需要长期乃至终身服药,而这正是患者及家属难以接受的,经常病情刚刚好转就停止用药,或者受到虚假的"断根治疗"的宣传而换药,结果造成病情波动。研究证据表明,精神分裂症复发的首要原因是过早停止治疗。不同的抗精神病药、抗抑郁药的疗效很少有明显差别,规范、足够的疗程是治疗的关键,因此对于治疗依从性的沟通,是治疗决策中非常关键的步骤。

(2)劝说不愿接受治疗的患者:精神疾病患者不愿意接受治疗的比例无疑是所有疾病中最高的,劝说的关键是深入了解和理解患者不愿接受治疗的真正原因,然后因人而异、因事而异地进行耐心地解释和说明。有的患者是因为症状本身的影响,此时应有策略地迂回。比如妄想患者不承认有精神病,但承认自己睡眠不好,则可以先从改善睡眠的角度说服其接受治疗;有的患者不能忍受注射的痛苦,愿意口服药物,则可以依据情况改换药物剂型;有的患者因为费用问题拒绝用某种药物,碍于自尊而不愿承认,则需要医生充分理解其心理,不伤害自尊地改换恰当的药物。不了解患者内心真实想法而进行劝说,效果往往不佳。

四、常见医患沟通障碍及化解

(一)医方沟通障碍及化解

【案例 12-11】

患者,女,38 岁,双相障碍,本次因抑郁半个月、拒食 3 天,由丈夫陪伴来住院。愿意服药治疗,但拒绝进食和输液,理由是正在"辟谷"修炼,并保证 1 周后一定进食。检查发现其明显消瘦,血糖及血钾低。因入院时的身体条件可能增加药物治疗的风险,医生决定首先改善身体状况。由于患者拒绝进食,医生初步进行劝说,无效,遂医嘱鼻饲,并在约束下进行输液。护士执行医嘱,患者在短暂反抗后很快安静,转而被动地合作,但抽泣流泪。次日凌晨 5 点,患者在厕所上吊自杀,引发医疗纠纷。

分析点评:精神科的特殊性之一就是不愿接受治疗的患者较多,而劝说患者接受治疗就成为精神科最常见的沟通问题。本例的极端结果与医生的沟通不够有关。在初步沟通无效的情况下采用强迫措施,也许并不违背临床规程,但是深入思考是有诸多值得完善之处的。在并非"没有可替代措施的情况下"就采取约束措施,在伦理和法律两个方面都存在缺陷。此例沟通的关键是深入了解并理解患者为什么愿意服药治疗却拒绝进食,有无更为合适的方法和措施替代约束和强迫? 以下问题供讨论:

1. 患者的"辟谷"是某种精神症状还是一般的保健信念?

2. 深入了解患者"辟谷"的确切内容有何意义?(即完全绝食还是可以喝饮料?)

3. 除了强迫鼻饲和约束下输液以外,有无可以替代的方式来纠正患者的低血糖和低血钾?

4. 患者愿意服药治疗,说明什么问题?

5. 患者自杀的原因可能有哪些?

6. 你对这个案例有哪些具体感受?

（二）患方沟通障碍及化解

【案例 12-12】

患者,男性,42 岁。其 16 岁的儿子诊断为精神分裂症而住院,予以人工常温冬眠治疗。住院第 5 天,该男子在病房探视期间前来看望儿子,因治疗流程规定人工常温冬眠治疗期间不允许探视,当班护士拒绝其进入病房,引发争吵。该男子强行闯入,引发更大的争吵和肢体接触,不得不由医院领导出面,并以该男子进入病房探视儿子而告一段落。

分析点评:尽管精神科越来越多地采用开放式管理,但封闭式病房和管理制度仍然不可避免,本例因管理制度与患者的要求之间出现矛盾而引发沟通问题,患者家属的要求情有可原,但行为和情绪过激。护士的拒绝符合制度,但也许表达生硬,少点儿"人情味"。矛盾化解的关键是沟通,这类由一般矛盾发展成严重的言语和行为冲突的情况并非少见,需要根据具体情况,采取灵活变通的方式进行沟通。以下问题供讨论:

1. 制度的目的是什么? 当制度不能达到目的时能否变通?

2. 如果沟通的一方挑起争吵,应当如何应对?

3. 如何评价"知道对方是什么人和知道需要沟通什么事,同样重要"的观点?

4. 对本例场景进行角色扮演,并展开讨论。

（三）精神科特殊情况的沟通

1. 专科用药不良反应的沟通

【案例 12-13】

患者,女性,18 岁,诊断为精神分裂症,愿意在门诊服药治疗。医生处方为利培酮(一种效果好、副作用小的抗精神病药)5mg/d,患者当日服用 5mg 药物,几个小时后出现烦躁不安、喊叫难受,并出现脖子强直性后仰,控制不住地往一侧扭转,一夜不能入睡。次日恰逢长假期间,到急诊留观输液,停用利培酮后症状好转,不敢再用精神药物。长假数日之内精神症状恶化,最后不得不住院治疗。出院后家属向医院提出投诉,认为门诊医生诊治有误。

分析点评:因处方后解释精神药物使用方法的问题引起的纠纷并非少见。精神科用药一般需要缓慢加减,强调个体化用药。抗精神病药物一般需要 1 周左右时间,从小剂量开始逐渐增加到治疗剂量,而且要根据个体的反应决定加量的速度和时间。除非特殊情况,减药也要求缓慢进行。本例中,利培酮的常规治疗剂量是 4 ~ 6mg/d,患者第一天即服用 5mg,出现了明显的锥体外系反应(扭转痉挛)以及烦躁、失眠等,究其原因,或者是由于医生没有解释清楚,或者没有核实患者是否真正理解。

2. 自杀风险评估和防范的沟通

【案例 12-14】

患者,女性,23 岁,研究生,反复发作的心情低落、对任何事情不感兴趣,多次出现自杀行为。本次因停药 3 个月后复发 2 周,自行前来门诊。医生按照常规进行诊治,并询问了患者的自杀观念,患者回答仅仅偶尔想过自杀,强调本次复发主要症状是考前紧张,不能入睡。医生针对患者既往服用的抗抑郁药再次开处方,同时,按照患者的要求处方里增加了某种强效的安眠药物。患者第 2 天在学校宿舍顿服全部处方用药自杀,幸而被及时发现,送急诊抢救。家属到精神科投诉,要求追究门诊医生的责任。门诊病历没有记录自杀评估内容。

分析点评:抑郁症的诊治中,自杀风险评估是最重要的内容,目前有成熟的评估方法和工具。该患者既往曾经多次出现自杀行为,本次自己一人来诊,无论自己如何回答自杀评估问题,都属于高风险病例。处理时必须依据以下原则:

1. 坦诚、耐心地进行自杀风险评估,不要轻信患者的承诺。

2. 与患者讨论自杀风险的防范,进行自杀的心理干预。处方药物的总剂量不能导致致死后果。

3. 如果自杀风险高,则劝说患者住院治疗,同时建议家人或学校人员伴诊。

4. 在病历中如实记录沟通情况。

视频案例

视频 12-14   与精神分裂症患者的沟通(错误)

视频 12-15   与精神分裂症患者的沟通(正确)

视频 12-16   与抑郁症患者的沟通(错误)

视频 12-17   与抑郁症患者的沟通(正确)

视频 12-18   向家属采集病史时的沟通

视频 12-19   实施保护性约束前的沟通

(唐宏宇)

【作业题】

在教师的督导下,2~5 人一组,接触不同诊断的精神疾病患者 2~3 例,就患者最关心的问题与他们进行沟通,然后书写至少 1 篇沟通体会。

第七节   康复科医患沟通

临床重要沟通问题

- 康复科的诊疗服务对象包括哪些人?
- 康复科的患者心理特征表现有何特殊性?
- 怎样让患者意识到康复是一个长期甚至是终身的过程?
- 接诊患者时需要关注的重要的病史信息有哪些?
- 什么是功能障碍,解决功能障碍有什么重要性?
- 康复治疗中的医患沟通方式是怎样的?
- 怎样与一个因高位脊髓损伤而自暴自弃的患者沟通?

一、患者身心特点与社会因素

(一)患者的身心特点

康复科的诊疗服务对象包括残疾人、老年人、慢性病患者,疾病或损伤急性期及恢复早期的患者,同时,大量的亚健康人群也是康复医学的诊疗服务对象。这种诊疗对象的多样性决定了康复科的患者常常具有以下的身心特点:

1. **年龄结构跨度较大**   康复的诊疗对象既可以是嗷嗷待哺的婴幼儿(如脑瘫患儿),也可以是白发苍苍的老人(如脑血管意外患者);既可以是妇女,也可以是男子,即包括了内、外、妇、儿科的所有诊疗对象。因此,诊疗对象年龄结构跨度较大,给临床康复诊疗增加了挑战性,需要康复工作者具有更加全面的知识和技能。

2. **病史信息采集困难**   康复治疗的对象有时会出现认知功能障碍或言语功能障碍的情况,即患者不知道或不能很好地提供病史及当前状况的信息,从患者家属及护工那里获得的相关情况有时并不准确,甚至带有很多主观的因素,并不能反映患者的实际功能,这就需要康复工作者在诊疗过程中更加积极主动,仔细观测患者状况,适时的修订诊疗信息。

3. **心理状态混乱**   遭受重大疾病或损伤而致残的患者,如脑血管意外、脊髓损伤的患者,尤其是年轻患者,在接受康复治疗前的心理变化大致分为 5 个阶段:

(1)休克阶段:是人对创伤的即刻反应,意外事故突发时,患者往往处于休克或精神麻木状态,对巨大的打击表现沉默或无明显反应。这种情况可持续数小时或几天。

(2)否认阶段:创伤致残的打击往往超出患者的心理承受能力,对自己的残疾开始有所认识,怀有不切实际的幻想,是一种否定性心理防御,把现实与预后完全否定,以缓解心理压力。此阶段可持续数周至数月。

（3）混乱阶段：随着康复治疗的进行，患者逐渐明白残疾不能完全治愈或可能终身残疾，从而感到自己是一个"废人"，思想不平衡，表现为易责怪怨恨他人、易冲动或心情压抑、悲观失望、抑郁沉默、有自杀和暴力倾向。

（4）对抗阶段：患者认识到自身残疾后，有时会出现心理和行为倒退。产生过度的依赖现象，对康复训练不积极，有些甚至不愿出院，缺乏积极独立生活的心理和行为。

（5）努力阶段：患者接受了残疾的事实，并从心理到行为逐渐开始适应。同时认识到自我生存的意义，积极参加康复训练，努力争取生活自理，重新定位自己，开始全新生活。

以上几个阶段往往交叉存在，无法截然划分。虽然许多患者看上去已经陷入绝望，但其内心深处还是渴望从痛苦中解脱出来。长期引导性、支持性心理治疗，尤其是真心实意地关心、帮助、陪伴、安慰，可以使患者尽快面对现实，重新认识自我，增强其自信心，消除各种心理障碍，以良好的心绪积极、主动、持久地进行康复训练，争取早日回归社会。

4. 诊疗周期相对较长　康复的诊疗对象多为慢性病或老年病患者，此类疾病本身复杂多变；同时可能合并各种疾病，如高血压病、糖尿病等。因此康复治疗的疗程相对较长，有些甚至需要终身康复，康复治疗不可能像临床急性病那样"药到病除"。

5. 最终目标特殊　康复的最终目的是不仅要治疗患者的躯体疾病或功能障碍，还应该提高患者的生活质量、协助其重返社会。因此，康复工作者不仅需要诊治患者的躯体疾患，更重要的是恢复患者职业、心理和社会交往等方面的能力。同时，随着社会文明的进步，人们对生命的理解也由过去的"活着"逐渐过渡到"自主生活"层面，从而对治疗目标提出了更高的要求。

6. 家属群体心理多变　对于某些危重病变，如神经系统急性损伤，随着病情的变化发展，患者家属群体的心态也会发生不断的变化。在急性发病时，因急于抢救性命，患者家属心情急迫，往往对医务人员言听计从，甚至盲从；而当病情稳定后，其心情放松，此时各种各样的想法随之而来，往往对诊疗措施要求较高，甚至苛求。如对护理质量不满意、对康复治疗的价格诸多指责、对诊疗条件要求更高等。随着康复治疗时间的延长，患者家属对医疗程序及疾病知识有了一定的了解，对患者的期望值也随着康复进程的进展而大大提高，往往不仅要满足生存问题，而且要求有更高的生活质量。

（二）社会因素

1. 社会老年化　随着经济水平的提升和医学技术的发展，我国人群平均寿命明显提高，而这也导致各种老年病高发，如骨性关节炎、脑卒中等；同时，相关慢性疾病如糖尿病、高血压病、慢性阻塞性肺气肿、冠心病、高脂血症等的发病率也不断增高。这些疾患，除了应该接受临床诊疗之外，还需要康复医学的介入，以提升其功能，改善生活质量。

2. 亚健康状态　近些年来，人们的生活节奏不断加快，社会心理压力也越来越大，导致很多人长期处于亚健康状态，比较容易患上各类疾病，如慢性疼痛、抑郁或焦虑等。

3. 生活、工作环境的变化　随着经济的发展，各种工业污染包括放射线物质和废气、粉尘等，易于产生各种相关疾病；同时，如果孕妇长期处于此类环境，且加上生理、心理压力增加，往往导致脑性瘫痪的发生。近年来，脑瘫儿童的发病率有明显提升的趋势。

4. 安全、质量事故增加　很多康复科疾患与安全事故有关。随着工作和生活节奏加快，各种野蛮施工、建筑物垮塌、车祸等频频发生；同时，由于急救医学技术的进步，导致受害者的生命得到了保障，但各种损伤如多发性、重症骨折、脊髓损伤、周围神经损伤、截肢等则比较多见，产生不同程度的功能损害；由于进食了不洁甚至有毒食品、药品，导致中枢神经或周围神经损害，也会导致该患者甚至其后代的残疾，需要康复介入。

此外，人类灾害（如战争、放射线辐射等）及自然灾害（如大火、强降雨、寒流冰冻、地震、海啸等）也会引发各种大规模的群体性损害，导致长期、大范围的功能障碍。

二、诊断中的医学信息沟通

（一）获取重要病史及其意义

1. **伴发病症**　康复患者很多年龄较大,多伴有糖尿病、高血压病、冠心病、慢性阻塞性肺气肿等老年病,因此,在康复诊疗活动中,一定要注意这些疾病的诊断,并明确其当前治疗措施及效果,必要时可联系相关科室协助诊疗。

2. **并发病症**　康复患者,尤其是残疾人,往往会出现各种并发问题,如肌肉萎缩、关节挛缩、坠积性肺炎、泌尿系统感染、压疮等,需要我们更多的关注,因为这些问题常常会影响患者的日常活动,降低其生活质量,甚至造成较严重的后果,如脊髓损伤患者常见的死亡原因是呼吸道感染或压疮感染。

3. **运动功能**　运动能力往往也是患者比较关心的问题,很多患者或家属都会询问患者的运动功能状况及其预后,因此,通过问诊明确患者当前的活动能力以协助诊疗就比较重要了;要注意在患者自身状况描述中,间接判断其运动功能,如有些患者说其站立平衡较差,但在平行杠内或有人在旁边监护时,甚至可以独立平稳的步行。

4. **其他功能**　对患者综合功能的判断还应该了解患者作业功能、感觉功能、认知功能、吞咽功能、言语功能等方面,这些内容有时候是患者就诊的主要目的。

5. **家居状况**　康复医学除了关心患者的在院信息,还关注患者回归社会的状况,包括家居状况、工作条件等;了解了这些状况,可以根据患者的功能进行相应的改造,以增强患者自我照顾的能力。如增加门的宽度、降低灯开关的高度等,有助于患者驱动轮椅在家中自由的活动。

6. **心理状态**　康复患者常会出现轻重不等的心理问题,如抑郁或焦虑等,这些需要我们在诊疗中特别关注,否则,康复效果将会大打折扣,只能是"事倍功半"。

（二）重要体检项目及其意义

体检或评估是康复医学诊疗过程的重要环节之一,通过体检或评估,不仅可以明确当前的功能状况,还有助于设定康复目标、制订治疗方案、判断治疗效果和预测功能转归,此外,残疾的分级也需要详细的体检或评估。

1. **单一功能水平评估**　通过视诊、触诊、叩诊、听诊等措施,对患者的单一功能进行准确的评估,包括躯体功能评定(如人体形态学评定、发育评定、运动功能评定、感觉功能评定、心肺功能评定、电生理评定等)、精神/心理功能评定(如焦虑测试、抑郁测试等)和言语功能评定(如失语症评定、吞咽障碍评定等)。这些单一功能评定除了可以了解患者当前的各项功能状况,还可以有助于综合判断患者当前的综合功能状态。

2. **综合功能状态评估**　综合功能主要是患者日常生活或参与社会活动能力的体现,如日常生活活动能力、职业能力、社会生活能力、生活质量等方面,这些才真正代表了患者当前的实际功能状况,也更容易体现出患者迫切需要康复的方向。

（三）重要实验室检查项目及其意义

康复医学的诊疗对象较广,对功能的需求也很突出,同时,各种功能的范围也较广,这就意味着康复诊疗工作中需要用到较多的实验室及器械检查。

1. **血液检查**　康复医学中也需要用到较多的血液学检查,如糖尿病患者需要根据血糖状况调整运动方案、慢性疼痛患者需要根据血液生化、免疫等方面的检测辅助诊断等。

2. **尿液检查**　脊髓损伤者多见排尿障碍,因此,为了改善患者的排尿功能,往往需要结合尿液检查的结果,明确障碍的原因,以便于制订进一步的诊疗方案。

3. **等速肌力测试**　肌力是维持人体活动的基础功能之一,因此也是康复评定的基本项目之一。常用的肌力评定方式有手法肌力测试(manual muscle testing,MMT)、肌力计测试等,但最准确和有效的肌力检查项目仍要数等速肌力测试,可以提供各种肌力相关的参数和效能。当然,等速肌力测试也不是万能的,在患者肌力比较低下,甚至不能活动的时候,等速肌力测试则不能进行。

4. **平衡仪检测**　平衡障碍是较多下肢损害和神经损害的共同特征之一,在进行平衡训练之前,进行详细的平衡检测就显得十分必要。近年来,平衡仪在国内康复科已经普及,有力地促进了平衡训练技术的发展。

5. **肌电图检测**　康复医学中很大一部分患者是神经损害,包括脑损害、脊髓损害和周围神经损害等,这就需要定量的电生理测试来明确神经、肌肉的功能状况。常用的电生理检测方法为肌电图,这是需要所有康复工作者理解和熟悉的检测方法之一。

6. **临床步态分析**　步态是人体行走的姿态,步态分析是一种比较综合的功能评估,涉及神经、肌肉、骨关节、平衡、协调等诸多方面。恢复正常的步行能力是大多数康复患者的主要需求,因此进行临床步态分析十分重要。常用的步态分析方法有定性分析(如观察法)和定量分析(包括足印法、节段性肢体功能测定和三维步态分析等)两种。

（四）诊断的统一、规范及意义

1. **统一诊断信息**　康复治疗需要康复团队成员(康复医师、康复治疗师、康复护士、患者家属、社会工作者)一起协调统一工作,才能获得最大的康复效果,因此,对待患者的诊断问题,要用统一的名词或说法一起与患者交流,否则将会引起患者自身的困惑,也给团队成员与患者的沟通带来障碍。

2. **注意提供功能诊断**　功能是一种有目的、为达到一定目标而可以调控的活动能力和对外界刺激的反应能力。功能是人们维持日常生活和进行学习、工作等社会生活所必需的,如穿衣服、进食、用厕所、做家务等。功能障碍则是人体活动能力和反应能力的丧失、减弱或异常,直接决定了患者的生活质量和能力,也是康复治疗所直接面对的工作内容。因此,除了临床诊断外,康复医学需要对患者的功能状况进行全面的评估,并给出功能诊断。比如,脑梗死患者,除了要给出"脑梗死(右基底节区)"诊断外,还需要明确患者的运动功能(偏瘫侧别)、吞咽功能(是否有吞咽障碍)、言语功能(是否有失语症)等,给出功能诊断,这样对相关的康复治疗才能起到明确的指导作用。

三、治疗中的积极沟通

（一）针对患方的医学与健康教育

1. **需要告诉患者和家属的医学知识**　针对科室收治的某类病种或功能障碍的类型,除了日常诊疗中向患者及其家属进行医学知识教育外,还可以定期面向患者及家属举办一些科普宣传活动,重点讲解该种疾患或功能障碍的临床表现、康复治疗方法及治疗过程中的现象,并强调患者及家属主动配合诊疗的重要性。通过这种集体性的沟通,可以增强患者对自身疾病的认识,理解各种诊疗措施的作用,增强对其康复治疗的信心,同时无形中也化解了各种因理解差异所造成的医患矛盾或纠纷。

此外,还可以印制一些康复宣教手册,免费分发给患者及家属阅读。如将上述的讲课材料加以整理,汇集成册,放置在门诊、病房走廊、治疗室等地,供患者及家属随时取阅,以增进其对患者疾病的了解。当然,还可以将相关的疾病科普影片或授课讲解过程的视频在走廊、治疗室定时播放,也会有同样的沟通效果。

2. **需要告诉患者和家属的健康知识**　康复科常见疾患有不少属于生活方式疾病,与患者的饮食、生活和运动方式十分相关,如糖尿病、高血压病、颈椎病、膝骨关节炎等。告知患者注意适度的饮食,保证饮食的搭配,养成健康的生活方式,适当科学的运动锻炼,是保障身体健康的前提。

同时,一旦出现患病的苗头,不能漠视不理,更不能"病急乱投医",相信或采用各种"偏方"或"祖传秘方",而应该向康复工作者咨询,采用科学、健康的康复方案,以尽早恢复健康。

（二）适度告知患方治疗中的风险

康复治疗对象年龄跨度较大,病情变化多样,心理承受能力也不同,因此,对各种治疗风险的告知也要因人而异,最终的目的是既让患者明白治疗中的各种风险,也不增加患者康复治疗的心理负担。

针对未成年人或有明显智力障碍的人群,如脑瘫儿童,治疗中容易出现各种跌倒、骨折等风险,要向其父母或监护人充分解释和说明,并注意强化监护和预防。

老年患者,尤其是脑血管意外的患者,较易再次发病,甚至危及生命,康复工作者要充分告知患者及家属当前的病情状况,将要采取的治疗手段以及发生各种风险的可能。

当然,在与患者及家属交流时,要时刻注意言语的艺术性,既要提高患者对康复治疗的信心和积极性,也要"留有余地",注意说话的分寸,尽量不要使用一些太过肯定的词汇。因为医学毕竟是一门不易准确预测的学科。交流时,既要说出自己的信心,也要表达出其中的困难;既要展示成功的可能,也要告知这当中的风险。只有这样,才不会造成患者及家属的盲目信任或断章取义,从而在出现问题时保留协调的空间和余地,防止医患矛盾的发生。

（三）给予患方治疗方案知情选择

知情同意是医患沟通的重要内容,也是康复治疗中医患沟通的重点,贯穿于康复治疗的始终。康复治疗包括物理治疗、作业治疗、言语治疗、心理治疗、中国传统康复治疗技术和康复工程技术等,涉及的范围比较广,跨度也比较大,这就需要我们要向患者详尽地解释和说明患者当前的状况和需要采取的康复治疗方案,充分告知各种治疗方案的利弊得失,在取得患者或直系家属书面的知情同意后方可实施相应治疗。同时,对患者及家属的不合理,甚至有害的治疗要求,要积极解释和说明,告知相应的风险并坚决拒绝。

（四）引导患者和家属配合治疗

由于康复治疗有时是一项长时间的工作,甚至伴随患者的终身,因此患者和家属的配合或参与就显得极其重要,这就需要我们在康复治疗过程中进行积极引导,主动和患者及家属沟通。

要能积极早期发现可能出现问题的苗头,把这类患者及家属作为沟通的重点对象。一般来说,由于康复治疗的周期较长,患者及家属对治疗目的与服务态度产生疑问或不满时,大都会先在日常言语或行动中有所体现,如要求更换治疗师等。此时,如果康复治疗人员不能发现或理解其目的,就会进一步发展成为影响康复治疗效果的因素,甚至出现医患纠纷;而如果康复治疗人员在日常工作中善于发现这类问题,并及时与患者及家属进行有针对性地沟通,避免矛盾激化,就能达到防患于未然的目的。

当康复治疗人员与患者及家属间出现矛盾或沟通困难时,可主动和同事商量,让其代替自己与患者及家属主动沟通,了解产生矛盾的原因,并积极进行化解;当同事出面仍不能解决问题时,应及早向上级主管人员汇报,由上级主管人员安排并出面与患者及家属沟通,以尽快排除矛盾。另外,当康复治疗人员与患者沟通困难时,可考虑与其家属进行沟通;当与患者某位家属沟通困难时,可与患者家属中知识层面较高者进行沟通,并由其进行调解、说服工作。在沟通的过程中,要始终让患者及家属明白,沟通的主要目的是为了患者尽快地康复。

四、常见医患沟通障碍及化解

【案例 12-15】

患者,男性,46 岁。因"肘关节屈曲受限 3 周"入院。初步诊断为:①肱骨外上髁骨折术后;②肘关节功能障碍。入院后予以蜡疗、音频电、超声波理疗,并行关节松动术。

责任治疗师甲在行关节松动术过程中,患者述"治疗力度太小,要求加大治疗力度",甲予以拒绝,但并未解释原因。后患者自行要求治疗师乙给予治疗,乙在没有详细掌握患者病情、也没有通知甲及患者的责任医师的情况下,对患者行"较大力度的关节松动术"。治疗时患者"剧烈疼痛",治疗后,肘部疼痛明显,并逐渐出现红肿症状,摄片示"再发骨折"。后患者提起医疗损害赔偿诉讼,要求经济与精神损害赔偿。

鉴定与调解:该案经鉴定机构鉴定,最终结论为:治疗过程违反治疗规范,属于三级医疗事故,被告承担相应责任。

分析点评:该案中,责任治疗师甲在患者提出进一步治疗要求时,根据患者病情判断予以拒绝,是合理的;可是他没有向患者解释康复的进程需要一定的时间,应该遵循"循序渐进"的原则,导致患者转向其他治疗师寻求帮助,并导致再次骨折的结果。治疗师甲在此过程中虽说不用承担任何医疗责任,但却违背了"以患者为中心"的原则,应该说,其与患者之间没有建立起良好的医患关系。

治疗师乙则违背了常规治疗规范:首先,擅自对不属于自己责任治疗范围的患者进行治疗,属于超范围治疗;其次,在没有与其他同事进行交流沟通的情况下,擅自对不熟悉具体病情的患者进行治疗,并最终导致了医疗事故的发生,属于不当治疗。因此,治疗师乙应当承担全部的医疗责任。

【案例12-16】

患者,男性,76岁。因"左侧肢体活动不利,伴吞咽困难半年"入院。初步诊断为:①脑梗死、左侧偏瘫、吞咽障碍;②2型糖尿病。入院后予以物理治疗、作业治疗等。

患者入院后根据其吞咽困难状况程度,予以吞咽造影检查,发现患者对"稀黏稠物质"摄入时有明显的误吸,且咳嗽反射较弱,建议患者暂时插入鼻饲管进行胃肠营养。患者及家属认为患者可以经口进食,并且强调风险自己承担,拒绝接受鼻饲管。

鉴定与调解:与患者及其家属积极沟通,告知患者吞咽的风险,如发生误吸,不仅会有气道阻塞的可能,而且还会产生严重的肺部感染,导致康复进程受到严重影响。同时,举例说明既往患者误吸后的诊疗经过,使得患者及家属明白了误吸的危害,从而接受了这种治疗方式。

分析点评:患者因为专业知识不足,常常对疾病的严重程度、诊疗中可能出现的各种反应及并发症认识不足,从而因理解的差异导致双方的沟通障碍;此时,就需要医务工作者用尽量浅显易懂的语言告知患者诊疗的风险及其必要性,以取得患者的配合与理解。

（孟殿怀）

【作业题】

实践性作业

1. 为老人院或儿童福利院的老人和儿童进行义诊活动,实地观察老年人与残疾儿童的生活状况及功能障碍。

2. 参观康复科治疗室,观察患者接受治疗的过程,同时,参与康复团队的会议,亲身体验康复方案的制订与实施,结合理论课的知识,整理出具体的沟通方案。

第八节　医技科室医患沟通

临床重要沟通问题

- 医技科室医患沟通的基本方法?
- 检验科医生如何回答患方提问?
- 检验科需要与医生进行沟通吗?
- 当患者需要进行有风险、有创性检查时,影像科医生应怎样沟通?
- 如果进行某项检查涉及患者隐私时,如何处理?
- 病理科医生对某一标本性质不确定时,应怎样表述?

一、医技科室医患沟通的原则与方法

（一）什么是医技科室

医技科室(medical and technical department)指运用专门诊疗技术或设备,协同临床各科诊疗疾病的科室,包括检验、放射、药剂、物理医学、核医学、功能检查、病理、病案、超声诊断、内窥镜、输血、手术、消毒、供应、营养等。按工作性质和任务可分为以诊断为主、以治疗为主或以配合诊疗供应为主的科室。从系统的观点看,是医院运行系统中的技术支持系统,即以专门技术职能对直接运行的系统实施技术支持。

医技科室服务是指医技科室中的医务人员与患方在医疗过程中产生的特定医治活动,是医疗人际关系中的重要环节。作为医院的重要构成部分,医技科室为患者服务的质量好坏也将直接影响医院的声誉。随着医技科室范围不断扩展、内涵不断变化,传统的"坐等"服务方式将转变为"以患者为中心"的主动服务方式,其医患沟通变得更加重要。

（二）医技科室服务中医患矛盾易发因素

1. 客观原因

（1）医院检验相关规章制度设计上,给患者检查、检验带来不便,限制了服务水平的提高。

（2）部分医院医技科室设置分散,导医标志不完善,预约、划价、缴费等不在同一地点,尤其是初诊患者不熟悉流程,多处碰壁,易出现不满情绪。

（3）检查、检验程序过于复杂,患者等候时间过长等都容易引发矛盾,造成不和谐的医患关系。

2. 主观原因

（1）部分医务人员长期超负荷工作,工作压力大,言语不热情、不够耐心。而医患沟通技巧的培训侧重于临床,对医技科室医务人员要求不高,使其在工作过程中易出现沟通不良,在面对医患矛盾时往往措手不及,不能及时准确反应,造成矛盾。

（2）部分医务人员业务素质不过硬,与临床科室之间缺乏沟通,对不一致的结果缺乏必要的解释,也是产生医患矛盾的重要原因。

（三）医技科室医患沟通的主要原则

1. 优化医技科室相关制度与服务流程　医技科室的服务工作分为两个部分:一是技术服务,即用精湛的技术为患者解除生理疾患提供最好的帮助;二是非技术服务,即通过医技科室制度完善和流程再造与优化,为患者提供最佳的就医体验,而良好的就诊体验是改善医技科室医患沟通的关键与基础。近年来,很多医院在业务流程重组模式的框架下,对医技科室的非医疗服务流程进行梳理与优化,尤其是基于信息化建设的流程再造,减少了病人等候时间。

2. 对患方保持克制与适当沉默　医技人员的态度和举止,在患者眼中可能会有特定的含义,特别是在医技科室,患者会把医技人员的笑脸理解成检查结果很乐观,可能会因医技人员眉头紧皱联想到病情很严重。因此,医技人员必须把握好自己的情绪,避免因不恰当的情感流露传递给患者错误的信号。沉默也是一种克制,特别是当患者或亲属情绪激动时,以温和的态度保持沉默,可以让患者或亲属有一个调整情绪的时间,但沉默时间不宜过长,以免陷入僵持而无法继续交流。

3. 沟通中留有余地和区分对象　医技人员在患者解释检验结果时,一定要有分寸、留有余地,不能给出"结果完全正常、没有任何问题"等结论,否则一旦发生意外,由于患者及亲属没有思想准备,会造成纠纷。对个别缺乏就医道德的患者或亲属,必须严格按照程序并有防范准备。

（四）医技科室医患沟通的基本方法

为了改善医技科室服务意识,提高服务质量,需要着重从以下几个沟通方法入手:

1. 谨记窗口意识,严格遵守医务人员行为规范,正确使用文明用语,态度和蔼、给患者多一分理解和尊重。

2. 工作认真细致,熟知专业知识,了解相关学科知识,掌握学科前沿发展动态,避免因技术原因导致的误诊、漏诊。

3. 耐心倾听患方倾诉,表现出同情患者的病情或遭遇,愿为患者奉献爱心的姿态。

4. 力求使用表达贴切的通俗语言,注意既不能引起歧义,也不能引起患者不科学的幻想。同时要根据患者及亲属的文化程度和要求不同,采取不同方式的沟通。

5. 遇到就诊高峰时,应及时向患者做好解释工作。患者出现不满情绪并大声抱怨时,应冷静应对,保持克制与尊重,可改变场所再进行沟通,避免影响到其他患者。

二、检验科医患沟通

检验医学(examination medicine)是以方法学为契机,对患者血、尿、粪、痰及某些分泌物等标本通过物理、化学等相关检测技术，尤其借助先进仪器和试剂等进行实验室检验分析，进而为疾病的正确诊断与防护治疗提供理论与实物依据的学科。检验科室作为医院的窗口部门，更应注重与患者的沟通，努力消除患者对检验技术的陌生感与恐惧感，提高患者满意度（图12-4）。

图 12-4　开放式抽血

1. 检验人员应耐心倾听患者对检验项目的陈述，在本科室业务范围内客观、真实地解答患者问题，介绍检验目的，避免回答超过专业执业范围内的咨询。

2. 为使检验结果如实反映患者情况，检验人员对检验申请单、报告单的姓名、性别、年龄、送检者、检验项目等信息要仔细核对、询问，避免检验报告的差错和延误；同时要对自带标本者加以注明，强调检验报告的数据仅对所检测的标本负责。

3. 检验人员在采集标本前应明确告知患者具体事宜，如空腹采血、是否服用药物、采样时间、采样体位等，对大小便标本的正确采集方法也应详细告知患者，以免影响检验结果的准确性。在采血前后采用适当方法消除患者的恐惧心理，采血窗口明确标示"抽血后请按压5分钟"等字样并口头告知患者，同时，详细告知患者取得检验报告的时间，真正做到"以患者为中心"（图12-5）。

4. 检验人员解答咨询时，应使用保护性语言，避免"肿瘤筛查结果怀疑您有癌症"等刺激性语言，科学、客观解答问题，减轻患者对疾病的恐惧感，消除悲观情绪，缓解心理压力，增加战胜疾病的信心。

图 12-5　门诊检验告知栏

5. 注意保护患者隐私，特别是有关乙肝、癌症、HIV、HCG 等敏感项目，检验人员要争取创造独立空间，单独与患者本人交代病情。

6. 检验人员要积极把检验数据有效转化为临床信息，如发现不妥之处，应该及时与临床医生密切地进行信息沟通，以免引起歧义而导致不良后果。

三、医学影像科医患沟通

医学影像学（medical imageology）是利用不同的成像设备，如 CT、MRI、DSA、USG、ECT 等，对人体器官的结构和功能显示出影像，从而了解人体的解剖结构、生理功能状况及病理变化等，以达到诊断和治疗目的的一门学科。

（一）医学影像科易出现的医患矛盾

1. 医学影像学的显著特征是借助设备完成检查或治疗,大多数项目在较短时间内完成,期间更多的是与冰冷的医疗器械接触,减少了医患交流的时间。

2. 部分医技人员保护患者隐私权意识不够强,如对女性病人进行胸部及盆腔检查时,未适当遮挡及留陪护,容易引发医患矛盾。

3. 影像科人员对检查及治疗过程中可能产生的风险认识不足,不能严格掌握适应证,进行了一些有危险的检查和治疗。

4. 出现申请单书写不规范、检查部位或目的不明确时,与临床科室沟通不够,需要病人及家属中间传话,延长了检查等待的时间,易产生误解,引起不满。

（二）医学影像科医患沟通基本方法

1. 尊重患者的知情权和选择权,耐心、细致地解释相关检查,让其有更多选择余地;凡是有风险、有创性检查及造影剂的使用,影像科人员都应如实、详细事先告知患方并签字同意;同时要尽可能采取一些方法化解风险,将可能发生的风险降到最低限度。

2. 在放射科、CT 室工作区张贴"避免或减少射线损害"等温馨提示,特别是对妇女、儿童做放射检查前要明确告知,避免因此而引起的医疗纠纷(图 12-6)。

3. 要充分考虑患者的心理感受,尊重患者的人格权和隐私权。

4. 为弥补语言沟通的不足,可采用书面沟通方式,将就诊流程及注意事项等常规问题设为宣传牌,便于患者家属知晓(图 12-7)。

图 12-6　放射科温馨提示

图 12-7　放射科宣传牌

5. 出现申请单书写不规范、检查部位不明确等情况时,要首先与临床医师联系沟通,确认基本信息后再告知患者,如需患者往返诊室、检查科室时,要积极解释,减少患者不良情绪,必要时可先为患者安排好就诊号或检查前准备。

6. 进行检查时要积极主动与患者进行交流,采用通俗易懂的语言指导患者取合适的检查体位,同时可利用专业知识指导患者减轻不适等,关注患者检查后的感受。

四、病理科医患沟通

病理诊断是通过对活检组织,尸体剖验和脱落细胞等形态学观察,直接用于临床疾病的诊断,它对许多疾病的确诊、治疗方案的选择和预后判断具有重要的,有时甚至是决定性意义,被誉为疾病诊断中的"金标准"。同时,病理诊断作为疾病诊治的终末诊断负有法律责任,病理医师被称为诊断疾病的"法官"。在由多学科组成的临床病例讨论会中,通常由病理医生在会诊讨论的最后,公布病理诊断结果,一锤定音,揭开疾病表现的谜底。因此,医学界认为"最后一句决定生死的话,一定是要由病理医生来说的。"病理诊断又称"最后诊断",病理医生被称为"医生的医生"。

近年来,病理医患纠纷日益增多。很多纠纷并不是诊断水平差引起,而是沟通差引起。病理医师作为"幕后英雄",与临床和患者的沟通工作是医院全面质量管理的薄弱环节。

（一）分析前阶段

分析前的质控是保证检查结果准确性的前提。做好与临床的沟通工作,加强其质控意识,才能保障病理科接收标本的合格性和申请单信息的准确性。

1. 标本预处理及标本送检　分析前质控是保证检查结果准确性的前提。临床医师缺乏对病理室前质控的认识(如标本预处理不到位、申请单信息不完整及送检标本不符合要求等),申请单和标本合格率长期达不到质控要求,造成病理科诊断准确性下降和工作效率低下。病理科与临床有效沟通,取得临床科室理解与合作,采取措施保障送检标本的质量和申请单填写合规。

2. 患者知情同意书的签署　病理知情同意书的签署要做到细心和耐心,取得患者的理解和信任。冷冻切片报告与石蜡切片报告不一致以及免疫组织化学、特殊染色及分子病理学等检查项目加大患者费用支出是病理投诉的主要方面,需要充分解释快速病理的局限性和新检查手段增加费用支出的必要性。

（二）分析中阶段

大体检查和镜下检查是影响诊断准确性的核心环节,加强与临床沟通的重要性不言而喻。当大体检查过程中出现送检组织与病理申请单不一致、标本标记不清、难以找到病变组织等问题时,需要及时与临床进行沟通,必要时请临床医师亲自现场辨认,协助取材;镜下检查过程中疑难病例需与临床进一步询问病史、借阅影像学资料、查看内镜资料、沟通手术所见等;当病理诊断与临床不符合时,第一时间与临床医师沟通核查;因为重取、重切、免疫组织化学、特殊染色等原因导致报告延迟时,要及时书面或口头沟通。病理多学科协作模式(MDT)作为一种完美的临床与病理结合的模式,能起到学科互补、共同提高诊治水平的作用。

（三）分析后阶段

分析后阶段主要是将检查结果的信息准确地输送到临床,运用到临床的诊疗工作中。此阶段要求病理医师变被动质询为主动沟通。完整的病理报告发出后,病理人员还应全方位对患者和临床医师提供病理检查医学咨询服务。临床医师对病理结果理解的偏差将严重影响患者的诊疗方案,甚至造成医患纠纷。发出病理报告并非病理工作的最后一步,对于重点疑难病例需要定时与临床医师和患者沟通,进行回顾性学习分析,积累诊断资料和经验。

（四）沟通效果的评价

作为高风险、高责任的病理科,不能仅仅做"幕后英雄"或"闭门造车",应主动加强与临床及患者的沟通工作,提高双方的满意度。在整个质量管理中,要求科室发挥团队精神,在各个工作流程中相互尊重、密切配合,摆脱"只见标本不见人"的传统工作模式,贯彻"以患者为中心"的服务理念,不断加强沟通工作,提升病理诊断水平,提高服务质量,进而保证医疗质量与安全。

（宋守君）

【作业题】

实践性作业

长期以来医技科室一直被定义为"辅助科室",医技人员与临床医生之间缺乏有效沟通。当出现检查结果与临床诊疗不一致时,临床医生常常把责任都归于医技科室;而医技人员又苦于不知道所检查标本的采集、运送情况和患者的临床信息,难以对检查结果进行全面综合的分析。彼此沟通的缺乏,影响了医技科室与临床科室的关系,也使得部分患者未得到及时的诊断与有效的治疗。如何加强医技科室与临床科室的有效沟通? 请结合医疗实际给出你的建议。

第九节　临床药学服务中的药患沟通

临床重要沟通问题

- 我国临床药学服务的现状是什么?
- 药患沟通的含义和内容是什么?
- 药患沟通的方法和注意事项是什么?
- 门诊药患沟通要注意什么?
- 病房药患沟通要注意什么?

一、我国临床药学服务概述

(一) 临床药学的概念

临床药学是研究药物与人体相互作用规律的学科。其主要任务包括指导临床合理用药,提高药品治疗水平;提高临床药学研究水平,对新药的有效性与安全性做出科学评价;进行治疗药品监测,为制订和调整药品治疗方案提供理论依据;监测上市后药品不良反应,保障药品安全性。

世界卫生组织(WHO)早在20世纪70年代就提出合理用药标准,即"用适宜的药品,在适宜的时间,以公众能支付的价格保证药品供应,正确地调配处方,在正确的剂量、用药间隔、用药日数下使用药品,确保药品质量安全有效。"上述标准可概括为安全、有效、经济和规范。

(二) 药患沟通的含义

临床药师是指医院药师中具体从事临床药学实践工作的药师。临床药师作为医院的重要医疗人员,参与临床服务直接面向患者,已成为医院药学发展的必然趋势。在实际临床工作中,除手术治疗外,大多数疾病的治疗是通过药物治疗来实现的。要使药物治疗得以顺利进行,医生必须与患者和家属有效沟通,由于药品作为特殊商品及临床药学服务的特殊性,往往需要临床药师的参与。药学服务的对象是患者和家属,实施的全过程都需要沟通,良好的沟通有助于提高药学服务效率和建立良好的药患关系。

(三) 临床药学服务的内容

目前临床药学服务内容由浅入深,大概分为三个层次:第一个层次,即面对患者的服务——为患者提供科学、客观的用药咨询,交代必要的注意事项,提醒患者药物何时服用,有何不良反应,孕妇能否服用,老年人是否应该进行剂量的调整,药物如何保存,如何鉴别药物是否变质以及不同剂型药物如何服用等问题,这是最基本的药学服务;第二个层次,面对护士的服务——指导护士药物的配伍、监测、保存等方面,开展药物咨询,帮助护士及时发现不合理用药现象并及时指出、纠正等;第三个层次,面对医师的服务——药师不仅要为医师提供最新的用药信息和药物配伍注意事项,还要参与医师的用药决策,协助医师制订用药方案,这是临床药学服务的最高层面。

(四) 临床药学服务的现状

随着医疗卫生事业的发展,医院药学工作正向"以患者为中心"的药学服务模式逐渐转变。药学服务需要临床药师与医护人员、患者及家属共同协作,完成设计、实施、监测药物、治疗计划的全过程,参与临床疾病诊断、药物治疗,提供药学技术服务,提高医疗质量。目前,我国多数医院药房还停留在保证药品供应等日常事务性工作上,没有足够的时间和精力与患者进行沟通,同时也缺乏适宜的场所和环境进行沟通,这大大影响了药师与患者沟通的主动性。同时,由于药师医学和药物治疗学知识的缺乏,面对医护人员和患者时,信心不足,缺乏主动为患者服务的意识。另外,沟通技巧、语言文字能力不强,对沟通方式的选择不妥也会给沟通过程造成障碍(图 12-8)。

图 12-8 门诊取药环境

二、药患沟通的内容与方法

患者临床用药的依从性如何,在很大程度上取决于其对药物的了解程度,临床药师与患者的交流有利于提高患者的用药依从性。在与临床药师的交流中,可以使患者增加对药物的认识,如药物的有效性、药物对病体的作用等,以此增强患者战胜疾病的信心。临床药师在进行临床药学服务时,除了必须具备扎实的药学理论知识和一定的临床实践经验以外,还要掌握临床药学沟通技巧,才有可能通过良好的沟通行为,建立互相信任的、开放的、良好的药患关系,确保药学服务的实施,保证患者安全、有效地使用药物。

(一)药患沟通的内容

1. **使患者获得有关正确使用药品的知识** 临床药师与患者沟通有利于患者合理用药。随着药品种类的日益增多,药品不良反应也有增多的趋势,如何安全、有效、经济地应用药品已受到人们的极大关注。临床医师由于专业原因,很难全面掌握有关药品的相关信息,因此无法为患者详加说明。作为药学专业人员,临床药师在这方面具有优势。比如,临床药师可以向患者说明药品正确的用法、用量;可以详细了解患者的用药史,以降低过敏反应的发生;可以向患者提示药品可能的不良反应;还可以根据患者的经济情况,运用药物经济学知识向患者推荐疗效好、费用低的药品。

2. **解决患者在药品治疗过程中的问题** 患者在使用药品的过程中,可能出现这样或那样的不适,有些是疾病过程中相关临床表现,有些则由药品引起。它可能是药品的不良反应,也可能是药品的毒副作用。当其由非疾病因素引起时,医师往往难以给出合理解释,这时,需要临床药师发挥自己的专业特长,帮助患者解决问题,使临床治疗得以顺利进行。

为了保证临床用药的安全性和有效性,医师必须为每一位患者制订优化的药品治疗方案。而最优用药方案的制订,首先要了解患者的年龄、性别、生理病理状态、药品过敏史、所使用各药品之间的相互作用、耐用性情况、药动学和药效学特点以及遗传因素对药品作用的影响,在此方面尤其需要临床药师的大力支持。

(二)药患沟通的方法

1. **发药指导** 临床药师在门诊窗口或病房发药时,就药物的用法用量、注意事项等对患者进行指导。该模式的特点是临床药师相对主动,患者被动接受指导。沟通的内容仅涉及处方中的有关药品。

2. **用药咨询**　患者在门诊或病房向临床药师咨询与用药有关的一些问题。该方法的特点是患者相对主动,临床药师根据患者的疑问进行解答,特点是针对性比较强。

3. **用药教育**　临床药师和患者在不同的场合下,以多种不同的方式就药物信息对患者和家属进行教育与沟通,如开展讲座、宣传板报、宣传资料、网络宣传和交流等。在这种情况下,临床药师本着为患者服务的精神,不仅关心患者的健康状态,同时关注其心理和精神状况,患者把药师视为可信赖的朋友,愿意向其倾诉自己的感受和提出与用药有关的问题。交流的内容不仅涉及药物的用法用量、不良反应、禁忌、药物相互作用、患者的用药史、过敏史等,还可涉及其他生活、饮食、居住、喜恶等。该方法是药患沟通的理想模式(图 12-9)。

图 12-9　门诊药物咨询

（三）药患沟通的技巧

1. **与患者沟通时语速要慢,尽量少用专业术语,语言要通俗易懂**　患者或家属最关注的问题是用药时间(餐前或餐后)、剂量和次数,其次是他们对各种特殊剂型(如缓释剂、咀嚼片、喷雾剂和粉末剂等)药品知识缺乏。临床药师应详细介绍用药方法,把药品的使用、注意事项、保存条件、服用禁忌等相关信息传递给患者。

2. **从仪容、服饰、形体、语言等诸多方面同时着手,在专业服务的同时,做到来有迎声、问有答声、去有送声,让患者满意而归**　掌握科学的药患沟通技巧,做到懂礼、讲礼、重礼。

3. **相互尊重,平等交流**　临床药师要耐心倾听,不要轻易打断对方的话,使患者感受到被重视;消除患者不安全感,建立信赖感。只有这样才能赢得患者的信任,而信任是建立良好沟通的基础。

4. **转变服务理念,提高自身素质**　临床药师必须转变服务理念,由原来的"以药为本"的模式转变为"以人为本"的服务模式,不断学习新知识,提高自身业务水平,应用药学专业知识向患者提供安全、高效和优质的药学服务。

（四）药患沟通的注意事项

1. **注意患者文化**　患者文化层次不同,对疾病认知水平及理解力不同,对临床药学服务的要求也不尽相同。对临床药学服务沟通认同度各异。低文化层次群体特别关注药效方面,如发热时,关心的是所用药物能否把体温降至正常,而对采取何种药物关注度不高。高文化层次群体主要关注药物的毒副作用及对机体的远期影响,也更关注联合用药时药物之间的相互作用。故药师在沟通时,选择的语言应尽量与患者的知识层次相适应,既通俗易懂又言简意赅,要求药师及临床医师要应用自己的专业知识储备,选择恰当的语言,语中要点,使患者满意。

2. **注意患者年龄**　老年人随年龄增长,人体的各种组织、器官开始退化,生理功能开始减弱,容易出现暂时性智力障碍,对环境适应力、听力、视力均有不同程度下降,故在与其沟通时,必须要注意其身心特点。儿童用药剂量需要根据体重计算,必须对家长当面交代清楚,避免误解剂量服用给孩子带来不必要的伤害。

3. **注意患者性别**　在临床药学服务中,女性患者作为特殊群体,其生理及心理均有其特殊性。女性天生细腻、多疑,对自己及家人的疾病和用药关注度明显高于男性。无论作为母亲、妻子、女儿,女性都在家中担任照顾患者的主要角色,因此,会更加关心病患的用药情况,与之进行良好沟通,详细告知服用药物时的可能副作用及注意事项是非常必要的。

4. **注意患者疾病**　在临床药学服务中,应注意与不同疾病人群沟通,肝脏和肾脏是药物在体内最重要的代谢和排泄器官,其功能障碍必然会显著影响药物的体内过程,进而影响药效。在临床用药时,医师和药师必须对患者的肝肾功能做出充分评估,合理选择药物,降低不良反应风险;同时应将其告知病患及家属,求得充分配合。

三、门诊药患沟通案例解析

【案例 12-17】

(一) 病历摘要

李某某,男性,5 岁。患儿因发热伴咳嗽 2 天,到儿科就诊,被诊断为急性支气管炎。医嘱:5% 葡萄糖注射液 100ml+青霉素 360 万单位静脉滴注。由于当时门诊药房没有剂型为 100ml 的 5% 葡萄糖注射液,只能用 5% 葡萄糖注射液 250ml 替代,药房对此未做特殊说明,配药时未认真核对,将患者输液配制成 5% 葡萄糖注射液 250ml+青霉素 360 万单位。在液体输注不到 100ml 时,护士发现错误,及时停止输注,重新计算剂量后,完成输液,保证了患儿输液量及药物剂量均符合原医嘱要求。但患者家属知情后,意见非常大,找到门诊药房药师询问情况,药师说:"用 5% 葡萄糖注射液 250ml 和 5% 葡萄糖注射液 100ml 均可",患者家属不能接受,到门诊部投诉。

(二) 沟通过程与解析

患者家长从发现医院将液体量配错,即产生对医方的不信任感。虽医方及时改正错误,但未就此与患方进行良好沟通,特别是药师的冷淡态度,加重了患方的反感,使之与院方产生矛盾。此医疗差错主要由药师发药和护士配药时疏忽和责任心不强造成,护士及时发现错误并纠正的同时,应及时告知家长,以得到家属的谅解,同时要对自己的失职诚恳道歉。而门诊药师与患者家属的沟通过于简单,加剧了护患、药患矛盾。

四、病房药患沟通案例解析

【案例 12-18】

(一) 病历摘要

张某某,女性,88 岁,离休干部。因"反复上腹部不适 1 年"入院。入院后经系统检查,排除肿瘤。明确诊断为"慢性胃炎,反流性食管炎"。临床药师深入临床,希望系统询问病史及既往用药情况时,她侃侃而谈,叙述其既往就医经历、离休后的生活,甚至还有她离休前时的一些单位琐事。药患沟通耗时不短,却获得大量与疾病无关的信息,关键的既往用药情况却未能获取。

(二) 沟通过程与解析

这是药师在与患者沟通的技巧上出了问题。患者经济条件优越,特别是在经过系统检查,排除恶性肿瘤后,思想包袱完全放下,心情舒畅,故侃侃而谈。为了使沟通有效顺利进行,药师在交谈中要时刻保持主动权,使交谈内容紧密围绕获得患者信息展开。对于有用信息要深入询问、详细记录,而对非相关信息,要学会及时"过滤"。当患者的回答偏离所需有关信息时,需要及时引导其回归主题。才能达到有效沟通目的。

视频案例

视频 12-20   临床药学服务沟通

(尹忠诚)

【作业题】

1. 在临床药学服务中,医师、临床药师、护士各自应发挥怎样作用?

2. 目前临床药学服务的大部分工作是由医师负责,怎样改变现状?

第十三章　医患纠纷与医患沟通

现实中的重要问题
- 为什么医患纠纷是社会焦点问题之一？
- 医患纠纷产生的主要原因是什么？
- 医患沟通与医患纠纷有何联系？
- 在解决医患纠纷中什么方法对医患双方更有益？
- 有何方法可以减少或减轻医患纠纷？
- 发生重大医患纠纷后,医院和个人应如何应对？

第一节　医患纠纷概述

近年来,医院的纠纷事件呈上升趋势,正常的医院秩序和医疗工作程序受到干扰,直接影响了医疗卫生事业发展和社会稳定,如何正确认识、预防和妥善处理医患纠纷,是医疗机构、法律部门、舆论界及社会各界都需要研究解决的问题。

一、医患纠纷的定义

医患纠纷,狭义是指医患双方对医疗后果及其原因的认定存在分歧,从而引发争议的事件;广义是指患方认为在诊疗、护理过程中患者权益(身体权、生命权、健康权、知情权、名誉权、隐私权、处分权等)受到侵害,要求医疗机构、卫生行政部门或司法机关追究责任或赔偿损失的事件。

二、医患纠纷的分类

（一）以引发纠纷的原因分类

根据医患纠纷产生的原因,将医患纠纷分为医源性纠纷和非医源性纠纷。

1. **医源性纠纷**　医源性纠纷是指由医方因素引发的纠纷,可分为医疗过失引起的纠纷和服务缺陷引起的纠纷。

（1）医疗过失引起的纠纷:由于医疗机构或医务人员在诊疗、护理过程中存在过失行为,出现医疗事故、医疗差错等引发纠纷。此类纠纷多由于医务人员在诊疗工作中出现疏忽、技术水平和经验不足或不严格执行医疗规章制度和诊疗操作常规等引发。

（2）服务缺陷引起的纠纷:由于医方在医德医风、服务质量、医疗收费、医院管理等方面存在缺陷,导致患方对医疗服务不满意而引发纠纷。此类纠纷多由于医院工作人员责任感不强、服务态度差及管理不善等引发。

2. **非医源性纠纷**　非医方因素引起的纠纷统归为非医源性纠纷,下列情况比较常见。

（1）无过错损害:医疗机构及其医务人员在医疗活动中不存在过失行为,但出现了医疗意外、并发症、疾病自然转归等情况,患者发生了死亡、残废、组织器官损伤等难以防范或避免的后果。患方不能理解和接受,误认为是医务人员不负责任或技术水平差所致而引发纠纷。

（2）患方自身因素:因患方自身因素延误诊疗,导致不良后果,如患者不遵守医疗机构规章制度,在诊治过程中不配合治疗,擅自离院,甚至自杀等。患方往往以医院管理不善,未尽看护责任等投诉医院。

（3）患方不良动机:部分患方存在不良动机,企图通过吵闹,甚至扰乱医疗秩序等行为挑起纠纷以获得经济利益。

（4）其他事件引发的医患纠纷:一些患者涉及交通事故、劳资纠纷等争议,这些患者的伤情诊治、处理后果的好与坏,直接关系到案件的处理。争议各方对医院出具的诊疗证明等文件不满意时,可引发医患纠纷。

（二）以引发纠纷事件的性质分类

根据引发医患纠纷事件的性质将医患纠纷分为医疗事故纠纷和非医疗事故纠纷。医疗事故纠纷是指医疗机构及医务人员在医疗活动中,违反法律、法规、部门规章和诊疗护理规范、常规,造成患者人身损害事故而引发的医患纠纷;其他如医疗意外、难以防范或避免的不良后果、并发症、疾病自然转归等情形归于非医疗事故纠纷。

（三）以纠纷发生的学科分类

按医患纠纷发生的学科进行分类,可分为:内科医患纠纷、外科医患纠纷、妇产科医患纠纷、儿科医患纠纷、神经科医患纠纷等。这种分类方法紧密结合医学科学规律,体现了专业特点,适用于医疗事故的技术鉴定。

三、医患纠纷的特点

医患纠纷有其独特性,其特点主要有:

1. **处置专业性强**　医学的专业属性很强,有相当部分医患纠纷产生的原因不是医方医疗行为过错。在处置医患纠纷过程中,需要有医学专业、法律专业、管理专业人才的参与,否则,很难妥善处理医患纠纷。

2. **发生的概率高**　医学本身就是一个实践学科,很多疾病本身的发病机理仍不明确,治疗手段也在不断地完善和进步;一些新技术的风险性也非常高,在实施过程中医疗风险时刻伴随。一旦出现医疗风险,医患纠纷较易发生。

3. **造成的危害大**　医患纠纷不只是对医方的声誉造成影响,经历过纠纷的医务人员或多或少都会留下难以消除的心理伤害,导致防御性医疗行为蔓延。当患者的利益和诉求得不到满足时,很容易发生医患冲突,严重时可引发群体性事件,扰乱医疗秩序,给医院、社会带来恶劣的负面影响。

四、医患纠纷与医患沟通的关系

近十几年来,医患纠纷较以前明显增多,有统计表明,在已经发生的医患纠纷中,由于医患沟通不充分导致的纠纷占2/3。可见,医患沟通与医患纠纷关系密切。

（一）医患沟通不良易引发医患纠纷

医疗行为具有很强的专业性,医患之间对医疗信息的掌握具有不对称性。为保障患者的医疗活动参与权和知情选择权,医务人员应该向患者说明其病情（除保护性医疗措施之外）,告知治疗方案的适应证、疗效和可能出现的副作用,以取得患方理解和配合。如果医患双方未能进行有效沟通,不能建立良好的信任关系,一旦诊疗效果低于预期,患方常将医疗风险误认为医务人员的责任,从而引发医患纠纷。

（二）医患有效沟通可防范医患纠纷

医患沟通是医患双方心灵的沟通、感情的交流,是对患方心理疏导的有效手段。通过沟通使患方能够了解病情、诊疗方案及疗效、费用、风险等情况;使医师了解患方对疾病的认知状况、心理状态以及医疗费用承担能力等。沟通能够解惑释疑,增加医患之间的信任度,促进相互理解,达成共识,从而避免医患纠纷的发生。

（陈　虹）

第二节　医患纠纷的处理程序

一、处理原则

处理医患纠纷,必须以《中华人民共和国民法总则》《中华人民共和国侵权责任法》《医疗事故处理条例》《医疗投诉管理办法(试行)》等有关法律法规为基本准则,以事实为依据;遵循公开、公平、公正、及时、便民的原则,坚持实事求是的科学态度;依照合法的处理程序,认真做好调查研究和鉴定等工作;做到事实清楚、定性准确、结论有据、责任明确、处理恰当,以保护医患双方合法权益,维护医疗秩序,保障医疗安全,促进医学科学的发展。此外,近年来北京、上海、广东、天津等地陆续出台了医患纠纷处置的地方性法规,对医患纠纷处理原则做了更为明确的规定。

二、处理的主要途径与程序

(一)处理途径

目前解决医患纠纷的主要途径有:协商、调解、诉讼等。医患双方可以根据具体情况和意愿自由选择。

1. 协商　协商是指争议双方就争议有关问题在自愿、互谅的基础上,通过摆事实、讲道理,分清责任或搁置争议,达成共识,形成和解协议,使纠纷得以解决的过程。协商的基础是双方自愿和意思表达一致,原则是诚实、信用、平等、公平、合法。这一途径比较常用,可以快捷、有效地化解矛盾,解决纠纷,它可以在医疗鉴定之前,也可以在医疗鉴定之后。在协商处理过程中,医疗机构必须坚持原则,实事求是,不能抱着息事宁人或花钱"买平安"的思想,而放弃原则。

2. 调解　调解是指医患纠纷当事人在第三方人员或机构的介入或主持下,通过谈判和协商,达成协议、解决纠纷的过程。当医患纠纷发生后,由于患方情绪难免激动,协商解决存在困难或者双方对纠纷的认识差异较大,难以达成一致意见,此时由第三方出面调解往往可取得较好效果。调解是以医患双方当事人自愿为前提,以平等、互谅、互让为宗旨。根据调解人或机构身份的不同,调解可以分为医疗事故行政调解、医疗纠纷人民调解和诉前调解。

3. 民事诉讼　民事诉讼是指法院在双方当事人和其他诉讼参与人的参加下,审理和解决民事案件的活动以及由这些活动所发生的诉讼关系。针对医患纠纷,如果当事人不愿意通过协商、调解解决,或者协商和调解不能达成一致意见的,则可以直接向人民法院提起民事诉讼。法院一旦做出生效裁决,具有强制执行力,当事人必须履行。

需要注意的是,当事人向人民法院提起诉讼的,卫生行政等部门不再受理调解申请;已经受理的,应当终止处理。

(二)处理程序

医患纠纷发生后,医疗机构和医务人员应该立即采取有效措施,化解矛盾,妥善处理,并逐级向上,报告信息,避免事态扩大。

1. 及时报告　医务人员在医疗活动中发生或者发现可能引起医疗事故的医疗过失行为或者争议的,应当立即向所在科室负责人报告,科室负责人应当及时向本医疗机构医疗主管部门报告;医疗主管部门接到报告后,及时了解情况,并将有关情况如实向本医疗机构的负责人报告。

构成医疗事故的,医疗机构应当按照规定向所在地卫生行政部门报告。发生下列重大医疗过失行为的,医疗机构应当在12小时内向所在地卫生行政部门报告:①导致患者死亡或者可能为二级以上的医疗事故;②导致3人以上人身损害后果;③国家卫生健康委员会和省、自治区、直辖市卫生行政部门规定的其他情形。

当投诉人采取违法或过激行为时,医院应当及时采取相应措施并依法向公安机关和卫生行政部门报告。

2. **调查分析**　发生医患纠纷时,应当立即组织调查、核实有关情况,并采取积极有效的措施,防止事态扩大,具体做法如下:

(1)首诉负责:投诉人向有关部门、科室投诉的,首次接待人为首诉责任人,必须先做好解释疏导工作和首诉记录,尽量当场协调解决,并将投诉及处理情况报告投诉管理部门。投诉接待人员应当耐心、细致地做好解释工作,稳定投诉人情绪,避免矛盾激化。

(2)成立院科两级调查处理小组:对事件展开认真、细致的调查,包括患者意见、事情经过、判定是否存在过失以及过失与不良后果之间是否存在因果关系等。

(3)对需要提交鉴定的医疗事件,按《医疗事故处理条例》《医疗事故技术鉴定暂行办法》等要求,做好相应的准备工作。鉴定可以由医患双方当事人共同委托,也可以由卫生行政部门、法院移交鉴定。

(4)对需要进一步治疗的患者,给予积极治疗,把损害降到最低,争取更好的治疗效果。

3. **保存证据**

(1)病案:发生医疗事故争议时,应妥善保管病历及相关原始资料,严禁涂改、伪造、隐匿、销毁病历资料。因抢救而未能及时书写病历的,应当在抢救结束后 6 小时内补记,并加以注明。

(2)实物:医患双方应对疑似输液、输血、注射、药物等引起不良后果的实物进行共同封存和启封,封存的实物由医院保管;需要检验的,应由双方共同指定具有检验资格的机构进行检验;双方无法共同指定时,由卫生行政主管部门指定。

疑似输血引起的不良后果,在对血液进行封存时,应通知采供血机构派人员到场。

(3)尸检:患者死因不明或医患双方对死因有异议的,应当经死者近亲属同意并签字,在患者死亡后 48 小时内进行尸检。具备尸体冻存条件的,可以延长至 7 日。尸检由具有相应资格的机构和病理解剖专业技术人员进行。

4. **向患方告知处理意见**　医疗机构应当在调查研究的基础上,做出对医患纠纷的初步处理意见,之后,应向患方通报事件调查结论和处理意见。

5. **处理相关责任人**　医疗机构、卫生行政部门应当依照有关法律、法规和医疗机构管理规定,对存在违规行为的当事人、责任部门进行处理。

6. **结案报告**　医患纠纷解决后,医疗机构应当按照原卫生部印发的《医疗质量安全事件报告暂行规定》向所在地卫生行政部门报告。卫生行政部门应当按照规定逐级将发生的医疗事故以及依法作出的行政处理情况,上报上级卫生行政部门。

三、医患纠纷的防范

医疗机构应当做好医患纠纷的防范工作,采取有效措施防止发生医患纠纷。

(一)完善医疗规章制度,加强医疗质量监管

医疗机构应该根据国家卫生健康委员会有关规定及相关法律法规,结合本医疗机构自身特点,完善和落实各项医疗规章制度。其中制订符合医院实际,并切实可行的医患纠纷防范预案尤为重要。预案应包括医患纠纷防范组织架构、防控措施、部门职责、纠纷发生后处理原则及程序等。

医疗机构应成立医患纠纷防范领导小组,建立院科两级医疗质量控制体系。各职能部门在领导小组的领导下,按照工作部署和部门分工,各司其职、密切配合,将医疗质量监控贯穿于医疗过程中并进行持续医疗质量改进,共同做好医疗事故防范工作,防患于未然。

(二)加强卫生法律教育,树立依法行医理念

医疗机构应当通过院刊、橱窗、新媒介、知识讲座和培训等多种形式宣传相关法律法规;定期对医护人员进行律法知识教育;积极开展医患纠纷典型案例分析;加强规章制度、诊疗护理常规培训。从而提高医护人员法律意识,做到依法执业,并将依法执业的理念贯彻于诊疗护理活动中。

（三）重视医学继续教育，提高医疗技术水平

医疗机构要加强医护人员技能培训,完善继续教育制度,抓好医务人员"三基""三严"训练。定期举行医疗新理论、新技术、新方法等知识讲座和培训,提高医务人员诊疗水平和技术操作能力,为医疗安全打下坚实的基础。加强医患沟通学、医学伦理学、心理学、社会学、行为学和医患纠纷处理技能等方面的培训,提高医务人员的综合素质。

（四）加强医疗行风建设，提高职业道德水平

医疗机构应当组织"构建和谐医患关系"的系列宣传教育活动,大力宣传先进模范人物和事迹,树立学习的榜样。加强医务人员的医德、医风教育,提高职业道德水平。坚持以病人为中心,以医疗质量安全为核心的服务理念,建立平等、和谐的医患关系。

为了培养医务人员的沟通技能,搭建沟通平台,医疗机构可以通过专题讲座、经验介绍、医患沙龙、案例模拟训练等形式培养医护人员的沟通技巧和能力,通过座谈会、知识讲座、病友会、发放征求意见表等形式来实现与患方的沟通。提高医务人员对沟通重要性的认识,使医患沟通成为医务人员的基本技能。

（五）进行原因分析与持续改进

对发生纠纷的案例进行系统分析,多角度、多层次、多方面查找引发纠纷的因素,全面分析导致结果的原因,对存在的问题进行持续改进,从根源上解决问题,避免类似事件再次发生。

（陈　虹）

第三节　医患纠纷处理中的多方沟通

在医患纠纷处理中,必须加强各方面的沟通,包括医患之间、医务人员之间、医院部门之间、医院与外界(媒体、司法部门、卫生行政部门等)之间的沟通。秉承正确的沟通原则、建立良好的沟通渠道、掌握娴熟的沟通技能,是妥善处理医患纠纷的保证。

一、沟通原则和途径

医患之间具有共同的目的,即战胜疾病、解除或者减轻痛苦,两者之间是一种信任合作关系。医患纠纷的产生多数是由于医患之间缺乏沟通、互不信任所致。因此,在沟通中,医患双方应本着尊重、理解、解决问题的态度,以事实为依据,坚持公正合理、适度可行、互谅互让的原则。

沟通途径形式多种多样,如双方面对面沟通、电话沟通、书面沟通,通过传统媒体(报纸、广播、电视)、网络媒体(电子邮件、微博等)、新闻发布会等形式进行沟通。根据纠纷的性质、大小以及患方的诉求,可以选择一种沟通方式,或者几种沟通方式相结合。一般的医患纠纷,宜采取当面和电话沟通的方式,充分表达各自的观点和意见;书面沟通的形式较为正式,多在患方或医方同卫生行政部门、司法机关、公安机关等沟通时采用;当患方需要向不特定人群表达诉求和意见,或医疗机构向广大群众澄清事实、表达立场、通报结果等情况下,媒体报道和新闻发布会的形式较为常用。因此,充分认识每一种沟通方式的特点,合理选择有效的沟通途径,对于医患纠纷的处理和解决具有重要意义。

二、医患纠纷处理中的沟通

发生医患纠纷时,应冷静面对,妥善解决,力争将不良影响降到最低,并做好以下方面的沟通:

（一）医院内部沟通

1. **统一意见**　在医疗实践中,医师之间、科室之间、医院之间对患者的发病原因、诊治方案、处理方法有不同意见较为常见,尤其是疑难、危重患者。当发生纠纷时,应做好两方面的统一:一是在救治过程中,尤其病情复杂时,要及时组织相关科室和专家进行会诊讨论,统一治疗意见,以有利患者治疗为原则;二是在调查过程中,职能科室与临床科室之间、调查处理小组成员之间必须做好沟通,对病情

判断、治疗经过、存在的问题、患方问题的解答等要共同讨论,在尊重事实的基础上形成统一意见,避免科室和医院在接待患方时出现不同意见。

2. **协调配合**　医院内各部门之间要相互配合,相互支持,积极做好救治保障工作。医疗主管部门要做好组织和协调工作,后勤、药剂等部门要保障物资和药品的供应,各医技部门应提供快捷的检查、检验服务。各部门之间协调一致,良好沟通非常重要,稍有不慎,就会引发新的矛盾和问题。因此,做好医院内部各部门、各类人员之间的沟通是平息医患矛盾,妥善解决问题的重要环节。

（二）医患沟通

1. **沉着冷静、积极面对**　发生医患纠纷时,患方往往情绪激动或有过激行为,接待人员切忌惊慌,要保持冷静。在患方情绪比较稳定时,医院应积极与患方进行商谈,有理、有节的处理纠纷,帮助患者解决问题,满足患者合理要求。当患方情绪不稳,过激行为明显时,应在安全保护措施下接待患方。

2. **尊重患方、取得信任**　在处理医患纠纷过程中,要体谅患方的心情,耐心倾听其意见,以取得信任。在交谈中要让患方充分倾诉自己的意见和要求,理解、尊重患方,不过于计较患方的过激态度及谈话语气,更不急于解释。要善于使用安慰、劝说等语言,稳定患方的情绪,使患方相信医方有诚意处理纠纷。

3. **谨慎解释、科学引导**　由于患者对医学知识、医疗风险缺乏认识,当诊治未达到预期目的时,患方往往会认为医方存在过错。对此,医院接待人员要依据科学知识做谨慎的解释,对患方不能接受的客观事实要用简单、通俗易懂的医学知识给予说明。对患方不理智的行为要耐心加以制止,并告知处理医患纠纷的正确方法。

（三）同卫生行政部门的沟通

在处理医疗事故或可能导致群体事件的医患纠纷时,医疗机构应保持与卫生行政部门的沟通,一方面将事件进展、核查情况、患者伤残、采取的措施等情况及时向卫生行政部门报告,另一方面积极争取卫生行政部门的指导、帮助和调解。卫生行政部门的介入可增加患方的信任度,化解疑惑,有利于纠纷的处理。

（四）同司法机关的沟通

随着法律法规的健全,人们的法律意识不断增强,通过民事诉讼解决医患纠纷的情况越来越多。然而医护人员的法律意识普遍不足,司法人员对医院管理和医学知识了解也有限,因此,医疗机构与司法部门的沟通对妥善处理医患纠纷有积极的作用。

通过座谈交流、普法教育、纠纷案例分析、医学知识讲座等形式建立医法沟通平台,以提高医护人员法律知识和意识,促进法学界人员对医院管理、医学知识、医疗工作程序熟悉和了解。为公平、公正处理医患纠纷打下良好的基础。

（五）与公安机关的沟通

原卫生部、公安部《关于维护医疗机构秩序的通告》明确规定,有下列违反治安管理行为之一的,公安机关依据《中华人民共和国治安管理处罚法》予以处罚;构成犯罪的,依法追究刑事责任:

1. 在医疗机构焚烧纸钱、摆设灵堂、摆放花圈、违规停尸、聚众滋事。
2. 在医疗机构内寻衅滋事。
3. 非法携带易燃、易爆危险物品和管制器具进入医疗机构。
4. 侮辱、威胁、恐吓、故意伤害医务人员或者非法限制医务人员人身自由。
5. 在医疗机构内故意损毁或者盗窃、抢夺公私财物。
6. 倒卖医疗机构挂号凭证。
7. 其他扰乱医疗机构正常秩序的行为。

当遇到上述七种行为时,应迅速报告当地公安部门,并积极配合公安部门工作,努力劝说患方只有按法律程序办事,才能妥善处理有关问题。国家卫生计生委、中央综治办、公安部、司法部四部门于

2016年3月联合下发《关于进一步做好维护医疗秩序工作的通知》,通知中明确了医疗纠纷责任未认定前不得赔钱、滋事行为未制止前不得调解、涉及死亡事件12小时内上报国家等多项具体要求。对有严重过激行为的人,特别是对暴力伤害医务人员或者非法限制医务人员人身自由等违法犯罪行为,必须坚决果断制止,滋事扰序人员违法行为未得到制止之前,公安机关不得进行案件调解。对医院造成实质性的名誉损失和经济损失的,医院应按法律程序追究其法律责任。在处理此类事件时,医疗机构应当做好与上级行政主管部门、公安部门、患方所在单位的联系和沟通,请求支持和帮助,及时报告有关情况和动向,同时向患方讲明医患纠纷的处理程序和具体办法。

（六）与媒体部门的沟通

新闻媒体有着其他部门不可取代的社会舆论导向和社会监督作用。当新闻媒体介入医患纠纷,尤其是出现与事实不符并产生负面影响的报道时,医院应主动与新闻媒体沟通,坦诚接受记者采访,主动向新闻媒体说明情况,让其了解事实真相,消除误解,避免扩大不良影响。对善意的批评报道,医疗机构应给予重视,认真分析情况,并及时加以改进。

（七）与社会其他部门的沟通

妥善处理医患纠纷常常需要借助社会各界的支持和帮助,如维稳部门、第三方调解机构、患方单位等。医疗机构应加强与社会各界的沟通,搭建沟通平台,防止纠纷升级。

视频案例

视频13-1　医患沟通现场情景

（陈　虹）

第四节　医患纠纷第三方调解机制

一、医患纠纷第三方调解的基本概念

医患纠纷第三方调解是指医患纠纷双方在第三方个人或组织、机构协调、帮助下,通过谈判、协商,消除争议,签署和解协议的过程。根据第三方主体的不同,第三方调解有以下三种形式:

（一）医患纠纷人民调解

医疗纠纷人民调解委员会根据纠纷事实和社会规范(风俗习惯、伦理道德、法律规范等),采取说服、教育、疏导等方法,促使医患双方当事人消除隔阂,在平等协商、互利互让的基础上达成和解协议的过程。医疗纠纷人民调解委员会是依照《人民调解法》《人民调解委员会组织条例》依法设立的专业性人民调解组织,调解活动中遵照《人民调解工作若干规定》的要求。

（二）医疗事故赔偿行政调解

在卫生行政部门主持下,遵循自愿、合法原则,在查明事实、分清责任的基础上,促使医患双方友好协商、互谅互让而达成和解协议的过程。医疗事故损害发生后,在医患双方或一方不同意协商或经过协商不能达成一致意见的情况下,双方当事人可以向当地卫生行政部门提出调解申请,请求卫生行政部门进行调解。行政调解具有时效规定,当事人自知道或者应当知道其身体健康受到损害之日起1年内,可以向卫生行政部门提出医疗事故争议处理申请。

（三）诉前调解

医患双方当事人向法院提交起诉状之后、立案之前,法院对医患纠纷进行调解。这种在法院主持下达成的调解协议具有法律约束力,一方当事人不履行义务,另一方可以依据调解书协议请求法院强制执行。

二、第三方调解的特点

调解在我国具有浓厚的文化传统和社会基础,医患纠纷应当以"调解为先"。第三方调解在医患纠纷处理中最常用的是医患纠纷人民调解,相对于医患双方协商、行政调解和民事诉讼,医患纠纷人

民调解具有以下特点：

（一）中立性

卫生行政部门作为医疗机构的主管部门,在纠纷调解中的中立性一直饱受质疑。医疗纠纷人民调解委员会是依法成立的非营利性的群众性组织,不隶属于任何行政机关,只接受司法行政部门的工作指导,独立于医疗卫生系统,与医患双方当事人没有利害关系,上述机制保证了其在医患纠纷调解中能始终保持中立。

（二）高效性

相对于医疗鉴定和医疗诉讼繁琐的程序和时间,医患纠纷人民调解程序相对简单。医疗鉴定和医疗诉讼需要当事人前往专门的机构进行申请,人民调解可以在医患纠纷发生时由人民调解员到达现场,对医患双方进行宣讲,只要医患双方同意进行调解,即可以启动调解程序。一些省市规定,医患纠纷人民调解的时限不超过一个月,经医患双方同意可适当延长,一旦医患双方意思达成一致即可达成和解,签订调解协议书。

（三）经济性

医患纠纷进行医疗事故或医疗损害鉴定均需要申请方缴纳一定的费用,诉讼也需要承担相应案件受理费。人民调解委员会是非营利性的群众组织,在调解医患纠纷时,不收取医患双方的任何费用。人民调解委员会的运作费用由设立的单位承担,由各级财政部门对人民调解委员会的办公经费和支出给予支持,通过吸纳社会捐赠、公益赞助等渠道筹措。

（四）专业性

医患纠纷的解决过程中,因患方往往缺乏医学和法学等专业知识,无法对事实和责任程度做出客观的判断。医患纠纷人民调解过程中,人民调解委员会聘请具有专业知识的医学专家、卫生法专家或律师、法官组成调解专家组,根据医患双方陈述、病例资料等客观资料,并通过相应的听证、讨论、投票等程序,对医患纠纷中的责任做出认定,具有很强的专业性。

三、第三方调处机制的建立与完善

为了更好地发挥人民调解为主的第三方调解在处理医患纠纷中的作用,实现医疗风险共担、构建和谐医患关系、创建"平安医院",全国各地不断地进行探索和实践。近年来,在国务院相关部委的大力推动下,各级司法行政部门、卫生行政部门与公安、保监、财政、民政等相关部门密切沟通、协作,全国各地先后建立了以医疗责任保险为基础的医患纠纷人民调解工作机制。该机制以人民调解为依托,以建立医疗责任保险机制为突破口,通过市场化运作与政府推动相结合、人民调解委员会与保险经纪公司相结合,因地制宜地解决了人民调解委员会在经费投入、管理模式、地域拓展等方面存在问题。

为了有效化解医患纠纷、将医患纠纷从院内转移到院外,各地人民调解委员会还与法律援助、司法确认、案件诉讼紧密结合。一方面,通过司法确认的形式赋予了人民调解协议书的强制执行力,维护医患双方合法权益;另一方面,促进了调解与其他纠纷法定解决渠道之间的联系,使医患纠纷处理法制化、规范化,维护了医疗机构医疗秩序和社会的稳定。

（陈　虹）

第五节　医患纠纷案例分析

【案例 13-1】

（一）病历摘要

患者,男性,23 岁。工人,汉族,高中文化。患者因搬运重物时致左腕扭伤,在当地医院对症治疗和功能锻炼效果不佳,来院就医,收入院,诊断为"左腕下尺桡关节分离"。经科室讨论,决定择期行左尺骨小头切除术。术前1天经治医师因进修结束离院,未进行术前谈话和签字。患者手术顺利,术后切口甲级愈合,出院行功能锻炼。3个月后患者因症状无明显改善再次入院复查,肌电图检查无异常,考虑为术后功能锻炼不够,嘱加强功能锻炼。患者认为术中损伤神经,以疼痛为由拒绝功能锻炼。经治医师认为患者不配合功能锻炼,却找医院的麻烦。之后,患者前臂肌肉呈失用性萎缩。

（二）患者心理状态和表现

患者认为:①术前未谈话,未经本人同意切掉尺骨小头;②手术适应证掌握不严;③经治医师不负责任;④术中损伤神经。要求医院赔礼道歉,并赔偿经济损失。

（三）沟通过程与成效

医院调查认为,患者反映的术前未谈话、未签手术同意书问题属实,但手术有适应证,手术方法合理;经物理检查和肌电图检查不支持术中损伤神经;造成术后腕关节活动恢复不满意是因为缺少功能锻炼所致。院方向患者作了耐心、细致地解释和沟通,建议其加强功能锻炼,争取早日康复,对其有关赔偿要求予以拒绝。患者对医院答复不满意,情绪激动,向上级部门投诉,要求定性为医疗事故。为缓解矛盾,医院通知患者所在单位领导来院协助处理,经双方共同协作,患者情绪一度稳定,但仍拒绝功能锻炼。因反复劝解无效,医院申请医疗事故技术鉴定。鉴定认为不构成医疗事故,但存在"无术前小结和谈话签字"等不足。经医院、患者及其单位领导共同协商,达成和解协议,最终解决了这起长达2年的纠纷。

（四）沟通要点和分析

1. 从整个案情来看,经治医师工作责任心不强,交接班制度不落实,造成无术前小结和术前谈话,未签手术知情同意书,是引起纠纷的根本原因。

2. 在纠纷发生初期,个别医护人员不注意听取患者意见,解释不够耐心,语言生硬,使患者不理解并产生对立情绪,从而加剧医患矛盾。

3. 在患者投诉后,医院能及时组织调查,并封存病历及有关资料,积极与患者沟通,对诊治过程存在的不足作耐心、细致地解释,在一定程度上,取得了患者谅解,缓解了医患矛盾,防止了事态的扩大。

4. 在患者情绪激动,反复劝解无效等情况下,医院及时借助外围力量,联系患者单位领导来院协助处理,稳定患者情绪,并主动申请医疗事故技术鉴定。最终在医院、患者及其单位领导三方的共同努力下圆满解决了这起长达2年之久的医患纠纷。

【案例 13-2】

（一）病历摘要

患者,女性,25岁。汉族,外地务工人员。患者因妊娠39周入住妇产科。次日凌晨自然分娩一女婴,因脐带过长,绕颈3周,出现新生儿重度窒息,阿氏评分1分。经紧急抢救,产后5分钟后阿氏评分8分,转儿科治疗。

（二）患者家属心理状态和表现

患儿临床治愈后,家属拒接孩子出院,认为医务人员过失致婴儿产后重度窒息,可能引起弱智、低能或残疾,并以书面形式向医院提出:"放弃孩子,免收一切住院费用的要求"。此后,家属既不探视孩子,也不交付任何费用。

（三）沟通过程与成效

面对婴儿家长的无理取闹,医院继续精心照料和喂养婴儿。为证实患儿健康状态,获取权威性的诊断依据,儿科医师带婴儿到某儿童医院行健康检查,结果正常。此后多次请家属将婴儿接回家,最后婴儿父亲提出"在接到医院关于孩子一切后遗症由院方负责的担保书后,愿将孩子接回家抚养"的要求。对这种无原则的要求,医院显然不能接受,决定主动运用法律手段维护医院权益,遂向法院提出诉讼。经数次法庭调解和辩论,法院判决被告败诉。被告不服,上诉至中级人民法院,中级人民法院判决"驳回上诉,维持原判"。判决下达后,家属及时将患儿接回家,并支付了有关费用。

（四）沟通要点和分析

1. 这是一例利用法律手段解决医患纠纷的成功案例。院方在家属提出无原则主张,经再三做工作无效的情况下,果断地采用法律手段,依法维护了权益。

2. 在处理过程中,医院始终掌握了主动权,各种材料准备认真,证据确凿,理由充分,得到了法院的理解和支持,最后经过二审结案,使这起医患纠纷圆满解决,维护了医院合法权益。

3. 本案例也给我们留下了许多思考,告诫每一位医务人员,在医疗护理工作中,不但要有良好的医德、医风和精湛的技术,而且要具有强烈的法律意识和维权意识,只有这样才能沉着处理各种医患纠纷。

（陈　虹）

【作业题】

实践性作业

1. 在医院见习或实习期间,观察2例医务人员处理患者投诉或医患纠纷的过程,并根据医患纠纷沟通原则进行分析和提出建议。

2. 参加小组讨论会,交流医患纠纷的沟通技巧,归纳若干条经验。

推荐阅读

[1] 杨平. 医学人文科学词汇精解. 上海：第二军医大学出版社, 2002.
[2] 姜乾金. 医学心理学. 北京：北京科学技术出版社, 1993.
[3] 孙慕义. 医学伦理学. 北京：高等教育出版社, 2007.
[4] 张文显. 法理学. 4 版, 北京：高等教育出版社, 北京大学出版社, 2012.
[5] 黄丁全. 医疗、法律与生命伦理. 北京：法律出版社, 2015.
[6] 姜柏生. 医事法学. 5 版. 南京：东南大学出版社, 2017.
[7] 庄一强. 医患关系思考与对策. 北京：中国协和医科大学出版社, 2007.
[8] 麻友平. 人际沟通艺术. 2 版. 北京：人民邮电出版社, 2016.
[9] 王斌. 人际沟通. 北京：人民卫生出版社, 2011.
[10] 刘惠军. 医学人文素质与医患沟通技能. 北京：北京大学医学出版社, 2013.
[11] 张大庆. 医学人文（下篇）. 北京：人民卫生出版社, 2016.
[12] 刘志红. 肾脏病临床集锦——精选病例 100 例. 北京：科学技术文献出版社, 2014.
[13] 杨秉辉. 医患关系与医患沟通技巧. 上海：上海科技出版社, 2011.
[14] 祝墡珠. 全科医学概论. 4 版. 北京：人民卫生出版社, 2015.
[15] 唐丽丽, 王建平. 心理社会肿瘤学. 北京：北京大学医学出版社, 2012.
[16] 国务院法制办公室. 中华人民共和国——侵权责任法. 北京：中国法制出版社, 2010.
[17] 国务院法制办公室. 医疗事故处理条例. 北京：中国法制出版社, 2002.
[18] 宋儒亮. 医事纠纷律师事务——案例分析与诉讼指引. 北京：中国法律出版社, 2012.
[19] 米歇尔·福柯. 临床医学的诞生. 南京：译林出版社, 2001.
[20] 威廉·科克汉姆. 医学社会学. 杨辉、张拓红, 译. 北京：华夏出版社, 2000.
[21] 马克·范·胡克. 法律的沟通之维. 孙国东, 译. 北京：法律出版社, 2008.
[22] Silverman J, Kurtz S, Draper J, et al. 医患沟通技巧. 杨雪松, 译. 北京：化学工业出版社, 2009.
[23] 桑德拉·黑贝尔斯, 理查德·威沃尔二世. 有效沟通. 7 版. 李亚坤, 译. 北京：华夏出版社, 2005.
[24] 谢利·泰勒. 健康心理学. 7 版. 朱熊兆, 唐秋萍, 蚁金瑶, 等译. 北京：中国人民大学出版社, 2012.
[25] 彼得·泰特. 医患交流手册. 5 版. 潘志刚, 刘化驰, 译. 上海：复旦大学出版社, 2011.
[26] 杨叔子. 相互渗透 协调发展——谈正确认识科技与人文的关系. 高等教育研究, 2000(01): 39-42.
[27] 彭馨, 胡翠华. 论医学人文教育的必要性及实施构想. 学理论, 2014(21): 146-148.
[28] 余运西, 孟小捷. 叙事医学：让医生走进病人的世界. 健康报, 2011-11-11.
[29] 樊代明. 整合医学纵论. 医学争鸣, 2014, 5(05): 1-13.
[30] 唐文佩, 张大庆. 健康人文的兴起及其当代挑战. 医学与哲学, 2017, 38(06): 1-5.
[31] 陈琦, 张大庆. 新世纪医学人文学科建设：现实与挑战. 医学与哲学, 2017, 38(04): 9-14.
[32] 陈洁. 人文医院的内涵与管理模式探析. 中国卫生事业管理, 2014, 31(09): 663-665.
[33] 李曌懿, 王志杰. 当代我国医学职业精神的基本特征. 医学与哲学（人文社会医学版）, 2010, 31(06): 54-55.
[34] 孙福川. 伦理精神：医学职业精神解读及其再建设的核心话语. 中国医学伦理学, 2006(06): 13-17, 40.
[35] 吕春华, 倪娜娜, 张莎, 等. 医务社会工作者进驻医院的模式分析与探索. 现代医院管理, 2016, 14(03): 42-44.
[36] 潘杰, 杨志寅. A 型、D 型人格与冠心病的相关性研究. 中华行为与脑科学杂志, 2010, 19(11): 967-969.
[37] Albus C. Psychological and social factors in coronary heart disease. Annals of Medicine, 2010, 42(7): 487-494.
[38] Kent LK, Shapiro PA. Depression and related psychological factors in heart disease. Harv Rev Psychiatry, 2009, 17(6): 377-688.
[39] Chida Y, Steptoe A. The association of anger and hostility with future coronary heart disease: a meta-analytic review of prospective evidence. American College of Cardiology. Journal, 2009, 53(11): 936-946.
[40] The Lancet. Truth telling in clinical practice. The Lancet, 2011, 378(9798): 1197.

［41］ 王锦帆.《侵权责任法》背景下临床决策新路径与方法探讨. 医学与哲学(临床决策论坛版). 2011,32(01):4-6,10.

［42］ 黄正接,罗琪."同理心"在外科医患沟通中的应用. 中国医学伦理学,2010,23(01):59-60,97.

［43］ Margaret Lloyd. Communication skills for medicine. Livingstone:Churchill Livingstone,2009.

［44］ 王秀娟. 医学生儿科医患沟通情景训练方案的设计与实践. 中华医学教育杂志,2017,37(2):260-264.

［45］ 张超,冯燕英,邬要芬,等. 初诊癌症患者的心理特征与危机干预. 中国医学伦理学,2009,22(04):68-69.

［46］ 陶炯,叶明志,易欢琼,等. 癌症患者的心身状况及心理干预. 中山大学学报(医学科学版),2005(05):582-586.

［47］ Muzzatti B, Annunziata MA. Assessing the social impact of cancer:a review of available tools. Support Care in Cancer, 2012,20(10).

［48］ 郭连荣,赵延英,张华岩,等. 美国医生对于医疗坏消息告知的程序及具体方法. 医学与哲学,2005(11):72-73.

［49］ Amy L. McGuire,Laurence B. McCullough,Susan C. Weller,et al. Missed expectations? Physicians'views of patients'participation in medical decision-making. Med Care,2005,43(5):466-470.

［50］ 高焱莎,刘颖,叶丹,等. 临床实习中沟通技巧的恰当有效运用. 中国高等医学教育,2009(07):93,116.

［51］ 司法部,卫生部,中国保监会. 关于加强医疗纠纷人民调解工作的意见. 司发通〔2010〕5 号.

附录一　医患沟通教学与学习指南

一、主旨

医患沟通主要以医学和多门社会学科的基本理论为基础,研究现代医学与现代医患关系的客观实际和变化规律,内容由三部分组成:①医患沟通的基础理论,它是由哲学、医学、政治经济学、人学、社会学(社会医学)、伦理学(医学伦理学)、心理学(医学心理学和社会心理学)、法学(医事法学)、人际沟通原理等组成;②医患沟通的基本原理与技能;③医患沟通的专科方法及临床经验等。生物医学仅仅是医学体系的一部分,医学的另一重要部分就是人文医学。

本课程通过系统的教学与相关实践活动,旨在把医学人文理论知识与临床医疗实践密切融合,让医学人文学科转化为人文医学应用,并提高医务人员、医学生的医学人文素质和实践能力,优化医学实践的过程与方法。培养医学生产生医学人文情怀,掌握必备的人文医学知识和较强的医患交流沟通能力,获得医疗服务中各科的医患沟通临床经验。

二、教学计划

如何让医学生在学习医学专业知识和技能的同时,学好医患沟通这门课,必须有合乎医学教育规律的教学计划和安排。根据一般本科医学院校的课程设置和医患沟通的教学内容,将该门课程设置在第四学年(伴随专业课教学)内为好,课程内教学时数,根据不同专业,宜在 27～36 学时之间,讲授课时不应多,其中至少总学时的 1/2 要用于实践性教学和案例讨论。为了保证教学效果,教学过程应在医院的环境内,应发挥临床教学环境的优势,注重课外实践环节。临床教师要在临床见习课中做好医患沟通的示范,同时,课余时间要安排并指导学生在门诊和病房尽可能多地接触患者和亲属,增加体验和经验。针对长学制学生、研究生以及医师培训的教学计划,应适当减少课堂教学课时,强化自主研究性学习,并结合临床实践,提高医患沟通的实际能力。

人卫慕课《医患沟通》(2017 年被教育部定为首批国家精品在线开放课程(http://www.pmphmooc.com/)已经在线运行,如果缺乏理论课师资,建议用"慕课-翻转课堂"教学模式。即要求学生在规定时间内自行观看慕课,然后用 18～30 学时进行翻转课堂教学,并将学生翻转课堂表现以一定分数计入课程总成绩。

三、教师选择

课程教师至关重要。由医学人文课程教师参与授课是必要的,但更重要的应让临床骨干教师、科主任、医务(教)处主任、医院领导及卫生管理干部参与授课,甚至可请患者(或标准化病人)参与教学活动。因为他们具有较丰富的医患沟通的实际经验和体会,教学效果会更佳。同时,教学相长的规律也一定会提高教师的医患沟通教学与实践水平。

四、教学与学习方法

1. **理论联系实际**　医患沟通中的学科门类较多,理论知识点多,经验性知识多,受篇幅所限,不能展开阐述。因此,教师的理论讲授应深入浅出,联系社会实际和临床实际,力争讲精讲透,举一反三,把握知识性和应用性的结合。

2. **突出重点**　本课程内容较多,信息量较大,课时量较少,需突出重点和难点才能以点带面。同时,更重要的是通过有限的课堂教学活动,引导学生建立医患沟通的思维方式,学会提高医患沟通能力的方法与路径,为今后学习和实践奠定基础。教学目标的重点有:

(1) 树立现代人文精神,领会新观念和新思想。

(2) 深刻理解医患沟通的基本理念和基本原理。

(3) 掌握医患沟通的原则、策略及模式和各种应用技能。

(4) 熟悉临床医学各学科医患沟通的知识与经验要点。

教学内容的具体重点,可参考"临床医学专业课程计划"和"课程时间分配表",应根据不同专业安排。

3. 重视讨论式教学   医患沟通既是临床医学的难点和重点,又是现代社会问题的热点和焦点,观点和看法较多,见解不一。所以,要注重教学中,开展小组或大课上的问题讨论和案例讨论,加强师生互动,尽量多给学生发言的时间和机会,这将有助于对各种复杂问题的深刻认识和把握,有助于提高学习兴趣,增强学习效果。

4. 开展多形式的实践教学活动   医患沟通的实践性很强,教学中一定要安排适宜的实践活动,内化理论和知识为个人的素质,更好的培养学生医患沟通的实践能力。可开展的实践教学活动主要要有:①课堂情景模拟和案例讨论;②沟通技能训练;③门急诊导医;④病房陪护;⑤社区健康咨询等。此外,学生在临床见习和实习过程中,特别需要临床教师言传身教,以身作则,树立榜样。

在精心组织课堂讲授的基础上,本课程还应采用较为丰富的教学方法和形式:

(1) 引导自学:通过自建校内医患沟通课程网和医患沟通网,以及推荐相关参考书籍和期刊引导学生自学,全面了解相关知识与信息,并以考核加分鼓励学生参与网上师生交流。

(2) 课堂讨论:教师在前一次课上(或通过书面)布置需讨论的若干个问题或案例,要求每一个学生利用课余时间阅读教材、看参考书、查期刊或上网,制作电子课件(需交老师)。讨论课上,教师鼓励学生上讲台发言,每人(或组)5~8分钟PPT发言后,教师可适当点评。下课前,教师用5分钟进行评价和总结。该形式也适用学生数较多的大班(70人以上)教学。教师要有效控制学生发言时间。

(3) 沟通技能训练:教师从本教材中选定合适的若干项技能项目,先将学生分成若干个小组(3~5人/组,并确定组长),教师请学生上台配合,逐一演示训练的技能项目。之后,学生分组逐项逐人演练,同学之间互相提示、评价。本课最后留20分钟左右,各小组回到教室推选1~2名同学汇报演示,教师点评并总结。学生对这种教学内容和形式有较大兴趣,可能部分同学会羞涩,但很快就积极参与其中。该形式也适用学生数较多的大班(70人以上)教学。

(4) 课堂情景模拟:教师课前准备好若干个适宜的临床型医患沟通案例(情节简单),课堂上可以安排学生骨干扮演患者模拟情景,也可应用SP(标准化病人)扮演患者模拟情景,学生扮医护人员进行医患沟通。每次演示后,教师和学生围绕其内涵和学生的表现进行简短的评价。该种教学形式也适应与70人以上的班级。

(5) 门急诊导医:教师事先与医院门诊部联系安排妥当,在课堂上布置门急诊导医的基本安排和要求,并请学生班长做好分组和与门诊部负责老师的联系工作,落实具体时间、地点、导医岗位等事宜。导医内容主要为引导、咨询、扶弱及维护秩序等。每次导医后,门诊部医护老师在学生作业本上评价并签名,后须交课程负责教师,作为考核成绩依据。

(6) 病房陪护患者:教师事先与医院相关科室联系安排妥当,在课堂上布置病房陪护的基本要求,并请学生班长做好分组和与相关科室负责老师的联系工作,落实时间、地点、陪护床位等事宜。病房陪护的主要内容,是与一位或若干位患者及亲属"聊天",或给患者生活照料及相关健康教育等。相关科室医护老师在学生作业本上评价并签名,须交课程负责教师,作为考核成绩依据。

5. 自学方法   《医患沟通》是医学教育中的新课程,由于总体上教师教学经验欠缺,课时数较少以及医疗综合环境等因素影响,学好本课程非常需要学生与教师的合作与互动,特别需要学生发挥自主学习的能动性,并在老师的指导和帮助下,从以下三方面认真自学:

（1）学习人文,形成观念:本教材的前四章是总论部分,综合了许多知识和经验的学科,其中包含的人文知识和新思想新理念较多,老师不可能都通过讲授完成四个章节的学习。因此,学生应在课外通读完这四部分内容,学习中应着眼医疗和社会的实际,透过现象看本质,深刻理解人文精神内涵,形成医学人文观念,有效地指导今后的学习与实践。

（2）体验感受,换位思考:在整个课程学习过程中,学生应结合本人或亲友就医的经验和体会,或在门诊导医等各种形式的实践教学活动中,有意识地感受作为患者"求医问药"的辛苦,进行换位思考。医患沟通就是要使医患双方相互理解、信任并合作,医者首先以这种换位思维方式才能理解患者,才能转变我们自己。因此,学生全身心地投入到实践教学活动中对提高学习成效至关重要。

（3）学以致用,重在实践:医学的实践性和经验性决定了医患沟通同样如此,学好医患沟通,知识理论是基础,人文情怀是动力,应用实践则是关键。要发挥这门课程在四年级临床专业阶段和在医院环境学习的优势,在学习过程中学以致用,在见习课以及实习中多接触患者和亲属,多向医护老师请教,才能有效地掌握临床医患沟通的基本技能和许多经验性的知识。

五、考核方法

根据医患沟通课程学科交叉性和应用性的特点,也考虑我国医师定期考核的要求,应将在校学生的考核重点放在医学人文精神的理解、人文知识的掌握及医患沟通技能的运用方面。具体考核方法,应根据不同专业和不同层次的学生设计安排,本课程不应以闭卷考试为重点,可选择:①"闭卷考试";②"导医等实践活动表现";③"课外作业"(2~3篇为宜);④教学条件允许可进行"医患沟通基本技能考核"。本课程的成绩宜由上述2~4项考核成绩集合而成,每项占总分的30%左右。

六、课程时间分配表（30个学时参考）

章节	内容	学时
第一章	医患沟通导论	2
第二章	医患沟通基础	4
第三章	医患沟通原理	4
第四章	医患沟通技能与实施	4
第五章	门诊与急诊医患沟通	2
第六章	内科医患沟通	4
第七章	外科医患沟通	4
第八章	妇产科医患沟通	2
第九章	儿科医患沟通	2
第十章	全科医学医患沟通	自学
第十一章	中医医患沟通	4（仅中医专业）
第十二章	其他临床科室医患沟通	自学
第十三章	医患纠纷与医患沟通	2

说明:第一章至第四章为总论部分,各专业均应安排教学,具体学时数和教学形式自定。第五章至第十三章为各论部分,不同专业教学应有较强的选择性,学时数和教学形式也自定

七、临床医学专业课程计划（参考）

教学时数：30 学时　2 学时/周

章节	内容	学时	教学安排	考核内容	教师
第一章	医患沟通导论	2	课堂讲授	课外作业	相关
第二章	医患沟通基础	2 2	课堂讲授或 课堂问题讨论	发言 PPT	相关
第三章	医患沟通原理	2 2	课堂讲授	课外作业	相关
第四章	医患沟通技能与实施	2 2	沟通技能训练	课外作业	SP 相关
第五章	门诊与急诊医患沟通	2	课堂讲授 （课外安排门急诊导医 2 次）	导医工作表现	相关
第六章	内科医患沟通	4	案例讨论 2 病房陪护 2	陪护工作表现 陪护体会作业	内科
第七章	外科医患沟通	4	案例讨论 2 病房陪护 2	陪护工作表现 陪护体会作业	外科
第八章	妇产科医患沟通	2	课堂讲授	见习体会作业	妇产科
第九章	儿科医患沟通	2	课堂讲授	见习体会作业	儿科
第十三章	医患纠纷与医患沟通	2	案例讨论	课外作业	相关

　　说明：第一章至第四章为总论部分，各专业均应安排教学，具体学时数和教学形式自定。第五章至第十三章为各论部分，不同专业教学应有较强的选择性，学时数和教学形式也自定

附录二 医患沟通通俗形象语言精选

一、精选说明

由于医学知识和专业的广博与深奥，医疗活动中，医生在解释病情、诊断、治疗及预后等医患沟通时，描述语言几乎都是本专业的术语，患方难以听懂和理解。这就需要医生用比较通俗形象的语言进行有效表达。然而，"通俗形象语言"在临床上完全是个性化、差异化的，不可能用一种语言模式解决所有问题。原因在于：其一，患者及亲属在文化程度、科学素养、生活经历及职业类别等方面有着巨大差别，如用"阀门"道理的通俗形象语言来解释胃食管反流病，相当一部分患者就会理解不了；其二，疾病的种类和诊疗方案非常多，各个临床科室都有着较强的专业特征，如外科、儿科、妇产科、口腔科等，这些通俗语言中还必须要有相当的专业性和科学性，用一种语言方式是不可能覆盖全部的；其三，医生群体自身的背景和素质差别也非常大，表达通俗形象语言时，也要适合其本人的专业素养和沟通能力。

因此，我们精选了20个临床主要科室常用的通俗形象语言案例，作为示范性和借鉴性的医患沟通语言，供学习和应用参考，这些语言通俗形象性比较明显，但可能专业性和科学性还达不到非常严谨，医生不能用它们进行专业内容的学习。此外，这些语言不宜在《患者知情同意书》内使用。

二、精选语言

（一）解释心脏瓣膜病做换瓣手术

咱们心脏的心腔，就像这个有两扇门的诊室，瓣膜就像这个房间的门，只能向里开。瓣膜出了问题就像门坏了一块，有缺损，必须要把瓣膜给换了，才能把门修好，所以要做换瓣手术。

（二）解释什么是肠梗阻

正常情况下，一个人进食后，食物经过咽部、食管、胃、小肠和大肠，完成消化吸收，未被吸收和无营养价值的残渣经过肛门排出体外。肠梗阻就是指这一条通路上某个部分或出口由于各种原因出现阻塞，致使肠内容物无法往前运行，就像一条公路上，某个路段或出口处发生阻塞，后续的车辆就无法前行。

（三）对呼吸病高龄患者家属告知医疗风险

老龄呼吸病患者往往合并心、脑、血管等基础疾病，而且老年人就像一辆行驶了多年未保养的汽车，心、脑、肺等如同汽车零件会老化，但又不能更换。汽车如果没有及时保养、维护和更换部件，就可能随时发生故障。随着人体衰老，各种脏器会像开了多年又疏于保养的汽车一样发生突发事故，尤其是遇上感染、肺炎等这些很差的"路况"时，老人面临生命危险是非常大的，所以我们要共同谨慎、小心地治疗和照护他。

（四）解释血液透析的原理

咱们肾脏好比体内的一个重要的垃圾清运站，血液中的许多毒素就是一类垃圾，肾脏有病，功能严重不全时，毒素就不能被正常排出去。血液透析就是用机器代替了你肾脏的一部分或全部，让你的血液通过一个血液透析机把你身体里的毒素和多余的水分过滤出去。所以俗称为"人工肾"。血液透析也好比洗衣店，需要将脏衣服送进去，然后将干净衣服收回来。

（五）解释"甲亢"和"甲减"

向患者介绍甲状腺功能亢进与功能减退时，患者有时难以理解。可以比喻为，甲状腺是我们人体内生产甲状腺激素的工厂，甲状腺激素每天生产的数量有严格的限定，数量多了、少了人都会有不好的症状表现出来，如好发脾气或精神不振。"甲亢"是甲状腺生产了过量的甲状腺激素，"甲减"是产量不足甚至停产，都不能满足人体的正常需要。因此，医生要根据"甲亢"或"甲减"不同的生产量和病人的症状表现，给予不同的治疗方案。

（六）解释动脉粥样硬化

一般年轻人和健康人的血管，就好比新的水管子，管壁光滑干净，管道通畅。如果平时不注意良好的生活习惯，如一味抽烟、喝酒会损伤血管壁，容易附着东西；如多吃油腻食物，油脂就像垃圾沉积在血管壁上，导致血管狭窄。而且垃圾一旦掉下来，就会顺着血流，堵塞脑血管等处，发生中风。

（七）解释呼吸机使用的必要性

与患者家属沟通："目前考虑患者是×××疾病，患者由于上呼吸道感染，出现胸闷气短，血气分析提示明显缺氧和二氧化碳滞留，靠自己的呼吸能力已不能满足氧供，需要紧急气管插管，借助于人工呼吸机辅助呼吸。肺好比车胎，车胎瘪了，不能行驶，人工呼吸机就像打气筒，用打气筒往车胎充气，同时把二氧化碳排出。尽管插管可能会导致患者的黏膜损伤、气管食管瘘、心律失常甚至心搏骤停等风险，但这是目前最积极、有效抢救患者生命的措施，如果您同意，我们会尽快给予患者插管使用人工呼吸机"。

（八）解释"保守治疗"与"手术治疗"的区别

可以通俗地把它们比作对待危险分子的两种手段。比方说：村子里潜入一只野兽，村长可能组织村民冒一定的风险抓捕野兽，一举消灭它（即手术治疗），村长也有可能通知村民加强自家的防备，遇见野兽则驱赶走，要断其粮、消耗其体力，让其自生自灭（即保守治疗）。在治疗过程中，医生充当了村长角色，患者就像是村民，如果患者决定手术治疗，就要用最好的状态去面对，与医生默契配合，齐心协力对付疾病。

（九）解释手术中可能损伤邻近脏器的风险

外科医生跟病人家属谈话签字时，可以这样比喻：如果煮水饺时，两个饺子粘在一起的话，分开时很容易会把饺子分破。同样道理，人的脏器，如果因为炎症或肿瘤，互相粘连在一起，手术分离时就有可能损伤到病灶邻近的脏器。损伤的程度跟脏器粘连的程度有关，医生会尽可能小心去分离，但即便这样，粘连严重的脏器也难以避免不同程度的损伤。

（十）对脑血管病患者及家属解释及时手术的必要性

外科医生跟患者及家属谈话签字时，可以这样比喻脑部手术的必要性：脑细胞就像稻田里的秧苗一样，离不开水分的滋养。一旦脑梗死，势必引起供水不足，早期尚不致死，如果及时疏通血管恢复灌溉，可能活得过来；如果干旱时间过长，地缝都裂开了，再灌溉就晚了，神经细胞功能损害后是不可恢复的，所以应该尽快做手术，避免脑细胞受损。

（十一）解释重度颅脑挫伤病人的抢救效果

医生在跟患者家属沟通时，可以这样比喻：现在病人的脑袋就像一个西瓜摔在地上，瓜瓢破碎了，脑组织和血液都混在一起了，病情十分严重，我们一定会尽全力抢救，但治疗成效难以确定，如果生命抢救过来了，后期能恢复到何种健康状态，目前我们也难以判断，所以，治疗期间需要家属的理解与积极配合。

（十二）解释异常子宫出血需做诊断性刮宫

对异常子宫出血需要做诊断性刮宫的通俗表达：您现在的子宫内膜，像多年失修的房屋墙壁，不少地方剥脱和凹凸不平。我们给您做个"子宫内膜大扫除"，清理出异常的组织，送去做病理检查，既可以明确诊断又能够有效止血。

（十三）解释剖宫产术后再次妊娠风险

子宫就像汽车轮胎，轮胎一旦有破损了再怎么补也不能像完好那样结实了。如果这次做了剖宫产手术，下次再怀孕时就可能会有发生子宫破裂的风险。

（十四）对家长解释患儿输液后高热不退

患儿因肺炎静脉输液已两天，高热反复不退，家长焦虑万分，质问医生为什么输液不管用？医生可以这样回答并安慰家长：俗话说，病来如山倒，病去如抽丝。患儿宝宝因肺炎发高烧，来势凶猛，如同一场山火燃烧，灭火需要一个过程，有时山火还会复燃，我们静脉用药就是退烧消炎"灭火"的过程，请家长保持耐心与冷静，积极配合医生和护士的治疗与护理，我们都希望宝宝的病尽快好转。

（十五）　解释骨性膝关节炎的用药治疗

膝关节骨性关节炎，是膝关节软骨退变造成的问题，就像自行车链条生锈了，也没有加油，用力活动时，容易发出"咯吱咯吱"的声音还会疼痛，关节腔注射玻璃酸钠，就像是给链条擦点油，这样关节就顺畅一些，也舒服多了。

（十六）　对老年患者解释做多项实验室检查的目的

老年患者病情复杂需要多做检查时，他们经常要问："我行动不方便，给我做个心电图就行了，为什么还要做心脏超声甚至冠状动脉造影检查？只做一个就不能诊断我是什么病吗？"，医生可以解释："您的心脏就像这个房间，心电图检查相当于看这个房间里的电路通不通，灯能不能亮；心脏超声相当于检查这个房间的墙壁有没有破损，窗户有没有缺失；而冠状动脉造影则是检查这个房间里的水管和暖气管道有没有堵的地方，这三个检查的侧重点是不同的，不能互相替代。"

（十七）　对老年患者服药较多选药有疑问的解释

老年患者因合并其他疾病较多，在临床选药过程中也经常会遇到很多疑问和顾虑。老年患者经常会问："您开的这个药毒性大吗？我可以不吃或少吃吗？您选的这几种药和我现在吃的治糖尿病和脑血管病的药有冲突吗？可不可以互相代替？"我们可以解释："中国有句老话，是药三分毒，没有任何副作用可能就不是治病的药啦。吃药治病就像我们修房子一样，修理房顶和修理门窗及地板所用的工具和零件肯定是不一样的，不能互相代替，哪里出了问题，我们就要维修哪里，但是我们医生会注意避免药物共同使用的副作用。"

（十八）　向患者解释什么是视网膜脱离

可以形象地比喻眼球就像篮球，有"内胆"和"外皮"，视网膜就像"内胆"，脉络膜和巩膜就像"外皮"，正常情况下"内胆（视网膜）"和"外皮（脉络膜和巩膜）"是贴在一起的；一旦发生视网膜脱离，即视网膜与脉络膜、巩膜分离，就像篮球的"内胆"与"外皮"分离了一样，如果不及时贴回去篮球就会瘪，如果脱离的视网膜不及时复位，眼球也会萎缩的。

（十九）　解释穿刺活检术的必要性

医生好比是拿枪站岗的哨兵，突然发现远方一个模糊的人影，在没弄清楚对方是朋友还是敌人之前，能射击这个人影吗？显然不行。对于医生而言，发现患者身体里多出一个可能是肿瘤的东西，为取得这个东西是否是肿瘤细胞的病理学证据，就必须进行局部穿刺取出细胞，在显微镜下看看究竟是"好人"还是"坏人"，决定是否需要做手术，并帮助医生确定下一步治疗方案。

（二十）　对抑郁症患者解释治疗的方法

抑郁症就像是精神上的感冒，不要过分担心，很多人都可能不同程度的得病，治好了也可能再发。坚持吃药就可以维持得很好，同时，要加强营养，注意心理调节以及锻炼身体，两种方法要密切结合，才能更有效增强对精神"感冒"的抵抗力。